日本古代の氏の構造

義江明子著

吉川弘文館刊行

目次

目次

挿図目次

総論　日本古代の氏《ウヂ》と「家」

一　従来の研究と本書の視角

日本の古代には、蘇我氏・物部氏等としてしられる氏《ウヂ》集団が多数存在していた。こうした氏《ウヂ》集団の実態はいかなるものであり、どのような歴史的意義を有するのか。

氏《ウヂ》については、古来、多くの議論が積み重ねられてきた。その一つは、氏《ウヂ》をいわゆる氏族＝クランの概念で、すなわち父系なり母系なりの出自規則に基づき構成される、外婚制の血縁集団としてとらえるものである。その多くは氏《ウヂ》を一貫して父系氏族とみるのであるが、太古に母系氏族の存在を想定し、そこから父系氏族への転化の過程をみる見解もある（高群逸枝）(1)。しかし、日本古代の氏《ウヂ》に関する史料の分析からは、こうした古典的な氏族の姿はなかなか浮かび上がってはこない。そのため、第二のとらえ方として、氏《ウヂ》を氏族＝クランとみることを放棄して、たんなる家の集合体とみる説も有力である（津田左右吉）(2)。そこでは古代の氏《ウヂ》は血縁集団ではなく政治的組織であることが強調され、血縁集団としては「家」の原理が日本の社会を普遍的に貫くものとして位置づけられることになる。

以上の説は、肯定的・否定的のいずれにしても、単系出自と外婚制を指標とし、成員間の平等を原則とする古典的氏族概念を前提としている。それに対して、非単系制社会に関する文化人類学の分野での研究の進展を背景に、非単系（双系）制・非外婚制で成員間の階層性（支配―従属関係）を特質とする円錐《コニカル》クランの一類型として氏《ウヂ》をとらえる見解が、近年、うち出されてきた（吉田孝）(3)。これによって、従来の古典的氏族概念に比して、氏《ウヂ》の特質はより良く把握され得ることとなった。しかし、そこでもすでに指摘されているように、氏《ウヂ》は社会の全成員を組織したものではなく、また、始祖からの分節による血縁的距離と階層差が直結していない、という二点において、円錐クランとは顕著な相違をみせている。したがって、文化人類学の理論を援用するだけでなく、日本古代の氏《ウヂ》の実態に即して、新たな集団理論を作り上げていくことが、現在、必要とされているのである（第一編補論参照）。

これまでの研究成果に基づくならば、氏《ウヂ》とは、古代において支配層――具体的には共同体の首長層――の形成した組織である。そうした大小の氏々《ウヂ》の族長（→氏上）が、氏人および配下の土地・人民を率いて大臣・大連等として大王（→天皇）の朝廷を構成し、また伴造・国造等として大王に仕えるというのが、律令制国家以前の政治支配のしくみであった。

したがって、共同体首長層がいかにして自らを支配者集団として組織していったかという意味で、氏《ウヂ》は国家と共同体を媒介する位置を占める。日本古代の国家形成の特質を明らかにする上で、氏《ウヂ》の実態の解明が必要不可欠と考える所以である（付編第一章参照）。

一方、日本の古代社会を、流動的で不安定な小家族が双方的親族関係で結びついた、いわゆる双系的社会としてとらえるべきことが、近年、次第に明らかにされてきつつある（明石一紀等）(4)。氏《ウヂ》は、そうした親族関係の中で形成された唯一の明確な族集団である。支配層のみが、いかにして、何故に、明確な族集団を形成し、どのように変質を遂げていくのか。この点を明らかにすることは、社会の基底に存する家族・親族の在り方を、超歴史的にではなく、各時代の諸条件の中でとらえていく上で、重要な意味を持つといえよう（付編第二章参照）。

以上の点よりして、日本古代の氏《ウヂ》を、支配層――共同体首長層――のみの形成した政治組織にしてかつ族組織、と定義する。そして本書では、集団結合の原理という側面からの氏の構造の解明に視点をすえ、国家と共同体と族制の接点に位置する氏《ウヂ》の在り様を探っていきたい。

二　系譜観念の特質

古代の氏《ウヂ》についてまず第一に注目されるのは、系譜観念の強固さである。

近年、埼玉県稲荷山古墳から出土した鉄剣の銘文には、上祖オホヒコからヲワケ臣に及ぶ一系系譜が記されている。銘文の「辛亥年」が四七一年、ヲワケ臣の仕えた「ワカタケル大王」が雄略天皇をさすとすれば、これは五世紀後半のまさに我国最古の確実な系譜史料である。この段階ではまだ氏《ウヂ》の名（氏姓）は成立しておらず、氏《ウヂ》は集団としての形成の端緒段階にあった。すなわち、氏《ウヂ》は、強固な系譜観念をテコに、いわば系譜先行型の集団形成を遂げた点に大きな特色を有する。

ここで重要なことは、銘文の後半に「世々、杖刀人の首と為り奉事し来り今に至る……吾が奉事の根原を記す」ためにヲワケ臣がこの鉄剣を造らせた、とあることである。また、始祖のオホヒコは、後に孝元天皇皇子＝大彦命として『記』『紀』の四道将軍伝承中に定着する人物である。このことは、氏《ウヂ》が、大王に奉仕する職掌の世襲を軸に結集した集団であり、系譜観念においても、大王に結びついていく強度の求心性と、伝承を共有する一つの政治的世界内での横のつながりを併せ持っていたことを意味する。

鉄剣銘の八代にわたる一系系譜は、従来、すでにこの段階で父系出自原則が（少なくとも支配層においては）成立していたことを意味すると解されている。しかし、七世紀半ば以前には、こうした一系系譜とは全く原理を異にする、複数の祖から発して自己に収斂する系譜があった（継体天皇についての『上宮記』系譜）。前者は、族長位の継承を示すのみで横の広がりを持たず、始祖と自己を直結する系譜観念に基づき、奉事根源の文言を伴う。それに対して、後者は、上に広がる親族関係を内包し、親子関係の連鎖による系譜観念を表示するものであり、「娶二〇〇一生児」の形式を必須とする。前者が個々の集団の性格を示し、その永続性に関わるのに対し、後者は自己が双方的親族関係によって複数の集団に帰属し得ることを示し、そのことによって集団相互の有機的結合を支える。この意味で、後者を仮に両属系譜と名づけることにする。

氏《ウヂ》はこの段階ではまだ出自集団ではなく、個人の出自は、一系系譜と両属系譜の併存により示される。ある個人が同時に複数の集団に帰属するとすると、そこでは集団の範囲は不明確にならざるを得ず、そもそも強固な集団の形成自体が困難なはずである。にもかかわらず、氏《ウヂ》は、族長を通じての大王への奉仕を軸に、比較的早い段階から明確な集団を形成しはじめた。しかし、集団としての氏《ウヂ》を支えたのはこうした強度の一系性だけではない。朝鮮の系譜観念の在り様と比較すると、双方的親族関係がたんなる関係の次元にとどまらず、複数の祖から発して自己に収斂する系譜（両属系譜）として、すなわち、出自に関わる概念として明確化されていることが、日本古代の氏《ウヂ》の大きな特色として浮かび上がってくる（第三編第四章参照）。氏《ウヂ》は、双方的親族関係が集団形成の原理そのものとして高度に活用された組織である点に、独自の、顕著な特色を有し、高度な一系性はそれと表裏一体の関係にある。氏《ウヂ》のこうした特質を、それが双方的親族関係とも、地位継承に関わる一系性とも区別された、まさに帰属に関わる特質であるという意味で、両属性として概念化しておく（第1図・第2図。詳しくは第一編補論参照）。

一系性と両属性を車の両輪として、共同体首長層は、支配者集団としての結集を早熟的に成し遂げていったのである。したがって、いうまでもなく、これらの系譜は実際の血縁関係の表示にとどまるものではなく、血縁関係をないまぜにした政治関係の表現とみなければならない。

こうして成立した氏《ウヂ》集団は、次第に本拠地の地名や朝廷における職掌名等にちなむ集団の名称を定着させていく。およそある集団への個人の帰属は、社会的にはその集団名の使用によって明示されるのを通則とする。したがって、両属性原理の下では、ある個人の社会的存在は複数の集団名をつらねることによって示される。たとえば、物部守屋は『日本書紀』に物部弓削守屋大連と記されている。守屋は、物部氏の成員として大連の地位を父から継承し、弓削氏の成員として本拠地・奴婢等を母から受け継いだのであって、その社会的存在はまさに「物部弓削」としてあらわされるしかない。後世、弓削道鏡はこの守屋を、自己の政治的地位を規定する祖と観念しているのである。

臣・連・直等のカバネは、本来、王権と氏《ウヂ》を結ぶ観念的な血統の秩序の表現である（溝口睦子）[5]。しかしそれはもっ

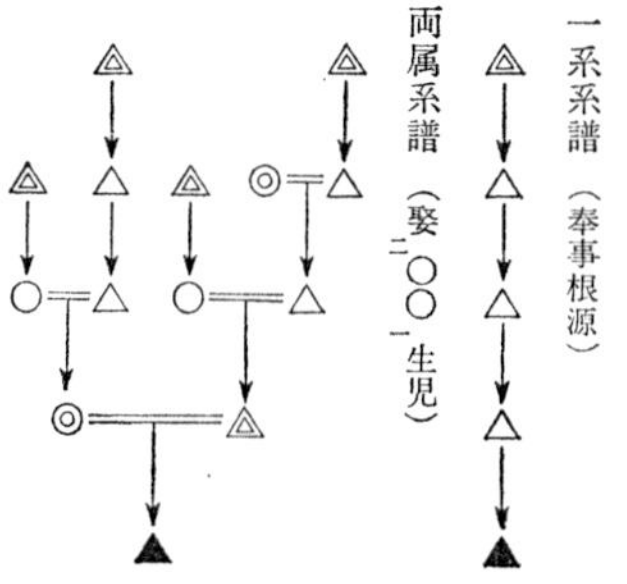

第1図　一系系譜と両属系譜

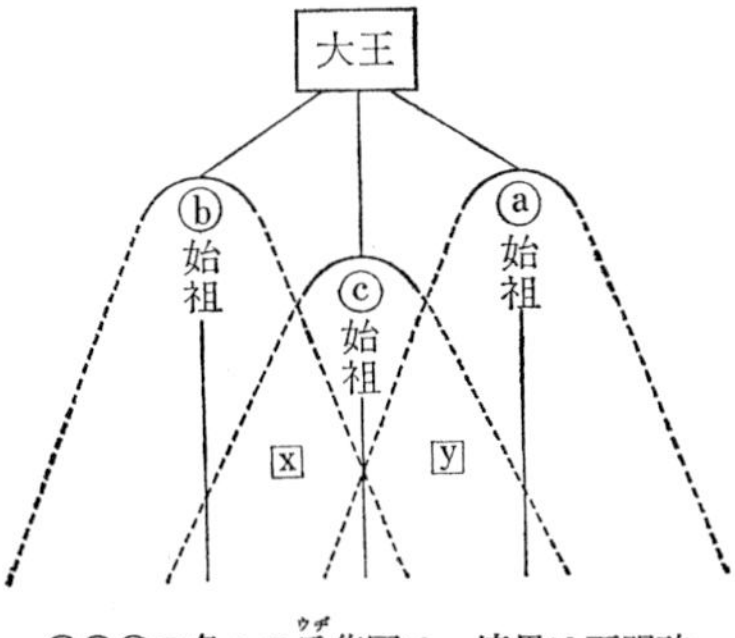

ⓐⓑⓒの各々の氏《ウヂ》集団は，境界は不明確だが，族長位の継承を示す一系系譜によって結集・存続する。一方，個々の成員[x][y]の社会的存在は，それぞれ，ⓐⓑⓒまたはⓐⓒの成員を祖とする両属系譜によって示され，これによって各氏《ウヂ》は有機的に結びつけられている。

第2図　氏《ウヂ》集団と系譜観念

ぱら族長位に関わる政治的な血の論理であって、親子関係の連鎖を内包する両属性の血縁原理とは質を異にする。父姓相承の原則の樹立に伴い、この両者が統合されて、個人名の表示方式としてのいわゆる姓《セイ》（集団名＋カバネ）が成立する。こうした意味での姓氏の制度的成立は七世紀後半のことであり（加藤晃[6]）、以後、複数の集団名による通称としての個人名が成立する条件は失われた。ただしこの姓氏はまだきわめて政治的な性格の濃厚なものであって、父系出自集団の社会的表示名としての、すなわち後世的な意味での氏名《ウヂナ》が成立するのは九世紀以降のことである（八で後述）。

三　奴婢の譜第隷属性

一系系譜と両属系譜の併存よりなる系譜観念は、氏《ウヂ》の形成期（五世紀後半〜七世紀半ば）にあって、大王を中心とする、氏《ウヂ》の存続と結合の理念的な支えとして大きな意味をもった。それに対し、共同体支配との接点で、氏《ウヂ》の成立と相互の結合を支える現実的な支えとなったものとして、ここでは宅と奴婢の問題をとり上げたい。

八世紀前半の財産相続法たる大宝戸令応分条は、従来考えられてきたような家産の相続法ではなく、主として、氏《ウヂ》の財産の相続を規定したものである。そこで「宅および家人奴婢は並びに嫡子に入れよ」と規定される「嫡子」とは、実は氏《ウヂ》の代表者をさし（第一編第一章参照）、この条文は、宅と奴婢（家人）の氏《ウヂ》的所有を規定したものに他ならない。奴婢は現実には各成員によって分有され、戸籍にも個人の所有物として記載されるのであるが、それは社会的にも法的にも氏《ウヂ》の所有に包摂されて存在している。その故に、男女成員の分有する奴婢はともに、その子孫が絶えたならば「本宗」（所有主体たる氏《ウヂ》）に返還されねばならないのである。

男女成員の分有する奴婢がその子孫によってうけつがれるということは、ある個人に即していえば、父方母方双方の氏《ウヂ》の所有する奴婢を、その成員としての資格によって保持するということである。「良男良女ともに生むところの子は其の父に配せ」とする男女の法と父姓相承の原則によって、公的には父系出自の原則が確立した八世紀においても、両属性原理が底流では存続していることを、こうした奴婢相続の在り方にうかがうことができよう（第一編第二章参照）。

大宝戸令応分条において、何故に、宅と奴婢とが特に氏《ウヂ》的所有の対象として規定されねばならなかったのか。それを明らかにするためには、律令法規定の前史に遡らねばならない。宅《ヤケ》は、氏《ウヂ》の共同体支配・農業経営の拠点として一つの氏《ウヂ》に複数存在し、奴婢（ヤッコ・メノヤッコ）は、そもそもは、そうした宅の周辺に居住した民が、宅の支配・経営の機能と結びついて次第に氏《ウヂ》への譜第隷属性を強めていったものである。したがって、七世紀末の中国からの律令制の導入により奴隷規定を与えられ、賤身分として確定された後にあっても、奴婢は氏《ウヂ》との密接な関係を保ち続けている。戸籍に各個人の所有物として記載される私奴婢も、相続者なき時は「本宗」（氏《ウヂ》）に返還されるか、あるいは解放されて良身分となるのであり、奴隷制が社会的に広範に展開していた中国古代のように、転売されることはない。律令制下で個人の所有とされた私奴婢が早期に衰退していくのに比して、宅の後身形態たる寺・宮等の機構と直接に結びついたまま固定された寺賤・官

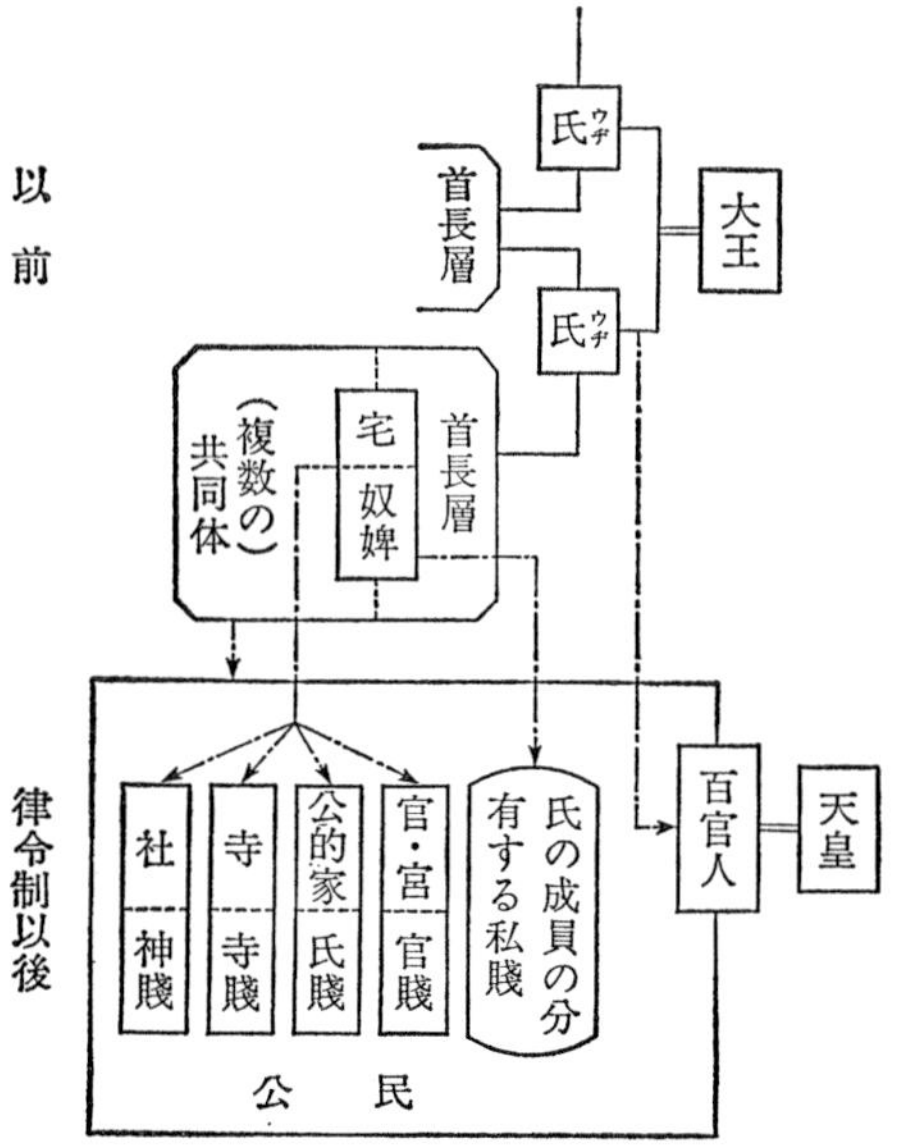

第3図　宅と奴婢

賤・神賤・氏賤等は、比較的後にまで存続し、しかも、その隷属自体は賤身分から解放されても続いている。日本古代の奴婢は、氏《ウヂ》を離れては存在し得ないものだったのである（第3図。詳しくは第一編第三章および付編第二章参照）。

こうした日本古代の奴婢の隷属の在り方は、家父長的奴隷制概念に基づく従来の国家論に対しても再検討を迫るものといえよう（付編第一章参照）。

古代の婚姻は、かなりに長期の妻問いを経た妻方居住婚あるいは新処居住婚を主とする（関口裕子[7]）。両属性原理を基底にあって支えたのはかかる婚姻形態に他ならない。したがって、一つの氏《ウヂ》に複数存在する宅とそこに付属する奴婢の一部は、首長層の女子からその所生子へとうけつがれ、複数の氏《ウヂ》を結合する現実的拠点としての機能を持った。七世紀半ば以前には各代毎に移動した大王の宮も、同様の構造によって、王権と各氏《ウヂ》を結合する「宅」の一種として位置づけられる。氏《ウヂ》は、共同体と密着した支配・経営の拠点たる宅（と奴婢）を核として、有力な族長（例えば物部守屋）を中心に、常に新たな形で現実に再結集されるのである。しかしこうした構造は、律令制国家の成立によって重大な転換を遂げ、奴婢は氏《ウヂ》と共同体を結ぶ現実的核としての本来の意義を失っていく。大宝戸令応分条にみえる奴婢相続法は、かつてのこうした構造の遺制を示すものにすぎない。

四　律令制国家の成立と氏《ウヂ》

七世紀末から八世紀初めにかけての律令制の施行に伴い、氏《ウヂ》を構成していた共同体首長層は、個々人が官位を与えられ、その官位に相当する官職を得て朝廷に出仕することとなった。これによって、それまでの大小の氏《ウヂ》々による朝廷の組織とは原理的に面目を一新したのである。しかし実際の官人の任用・昇進は族姓（氏《ウヂ》の大小）をよく検じてなされるべき定めであった。このことと、一位の嫡子は初めから従五位下に叙すというように、父の朝廷における地位を実質的に継承し得る制度（蔭位制）とが相まって、大宝令の施行時には、すでに従来の有力な氏《ウヂ》々が自らの地位を再生産し得る仕組が整っていた（青木和夫[8]）。律令官僚制の成立は、現実には有力な氏《ウヂ》々による支配体制を制度的に固めるという意味を持っていたのである。そのことをうけて、奈良時代初期には、朝廷の政治を動かす議政官（参議以上）に阿倍・大伴・藤原等々の有力氏《ウヂ》の族長（氏上《ウヂノカミ》）が一人ずつ任ぜられるという原則が存した（阿部武彦[9]）。

日本の律令国家については、中国から移入された律令制の原理と旧来の氏族制の原理とによる二元的国家とみる説（井上光貞[10]）が、従来有力であった。これは、それ以前の氏族制から律令制へという通説的理解に対して、律令制下での氏族制原理の存在をクローズアップしたものとして重要である。ただし、そこでいう「氏族制」とは、津田説をうけて主として政治組織としての側面でとらえられている。しかし、氏《ウヂ》は政治組織にしてかつ族組織たる点に最大の意義を有する。したがって、日本の律令国家の形成は、共同体の首長層により構成された族組織がそのまま政治組織でもあった原始的段階から、そうした族組織が整然とした国家機構におおいかぶさることによる政治支配の段階への転化としてとらえられねばならない。律令制の導入によって共同体の首長層が明確に階級的支配者としての結集を遂げたという意味で、ここに日本古代における国家の確立をみとめることができよう。

この時期における父系出自原則の成立は、右のことと関わって理解されねばならない。すなわち、階級支配のための整然とした律令制国家機構を得たことで、従来の両属性という族組織の原理そのものによる支配層の相互結集の必要性はなくなった。律令制成立期には、天武十一年（六八二）十二月の詔に「其の眷族多く在らば、則ち分ちて各々氏上を定めよ……己族に非ざる者を輙く附すなかれ」とあるように、まず氏人の範囲の画定がめざされている。両属性による従来の錯綜した関係を解消して父系相承の原則による氏《ウヂ》の再編を行なうためには、氏上（族長）の確定から氏人

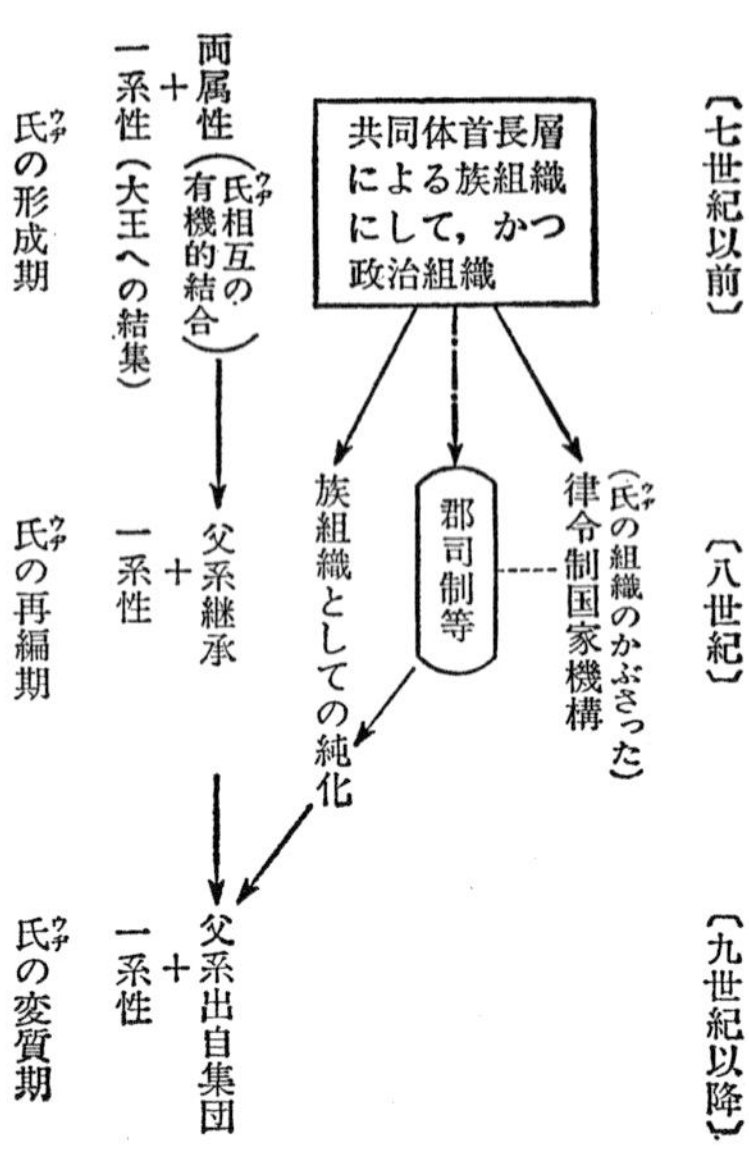

第4図　律令国家と氏《ウヂ》

の確定へという手続きが必要とされたのである（平野邦雄(11)）。

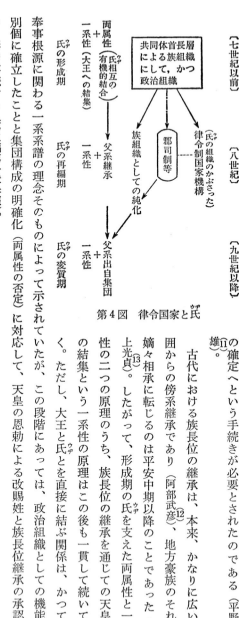

　古代における族長位の継承は、本来、かなりに広い範囲からの傍系継承であり（阿部武彦(12)）、地方豪族のそれが嫡々相承に転じるのは平安中期以降のことであった（井上光貞(13)）。したがって、形成期の氏《ウヂ》を支えた両属性と一系性の二つの原理のうち、族長位の継承を通じての天皇への結集という一系性の原理はこの後も一貫して続いていく。ただし、大王と氏《ウヂ》とを直接に結ぶ関係は、かつては奉事根源に関わる一系系譜の理念そのものによって示されていたが、この段階にあっては、政治組織としての機能が別個に確立したことと集団構成の明確化（両属性の否定）に対応して、天皇の恩勅による改賜姓と族長位継承の承認という形で存続する（第三編第一章参照）。

　橘氏は八世紀前半に成立した新しい氏《ウヂ》であるが、そもそもは、県犬養橘三千代と美努王の間に生まれた皇族である葛城王が、母姓にちなむ橘宿禰姓を賜わり臣下となったところに始まる。この改姓により、高位の女官（内命婦正三位）たる母の朝廷における勢威を受け継いだのである。物部弓削守屋の場合と異なり、律令制下の父姓相承の原則のもとにあっては、底流としての両属性を強く保持しつつも、天皇による改賜姓の手続きを経ることによってはじめて母を継ぐ者であることが社会的に認知され得たのである。ところが九世紀初めの『新撰姓氏録』では、敏達天皇―難波皇子（美努王の祖父）より始まる皇別としての父系一系系譜が橘氏の系譜として記されている。すなわち、政治組織との一体性を脱却した系譜観念は、八世紀以後、純粋に出自に関わる理念となり、独自の発展を遂げていくのである（八で後述）。

三千代の例にみられるように、八世紀前半にはまだ女性は政治的地位を保持し、実質的な始祖ともなり得た。天平勝宝元年（七四九）四月の聖武天皇の詔に「男《ヲノコ》のみ父名負《チヽノナオヒ》て女《メノコ》はいわれぬ物にあれや　立双仕奉《タチナラビツカヘマツル》し理在《コトワリナリ》」とあるように、八世紀半ばにおいても、旧来の氏《ウヂ》の組織による職掌奉仕の原理（女子を排除しない）と、律令官僚制の原理（女子を排除）とのズレは強く認識され、男女子そろっての出仕の方が道理にかなうとの通念が強固にみとめられる（ここでいう「名《ナ》」の継承が「奉事根源」に関わり、両属性と併存することについては、第三編第二章参照）。しかし、橘氏創始の例が示すように、律令制下にあっては、氏《ウヂ》にとっての「奉事根源」をある個人（この場合には三千代）の朝廷における官人としての地位に求める状況が生まれている。ここから氏《ウヂ》と「家」の関わりが生じてくるのであり、この「家」の原理の進展により、八世紀を通じて次第に政治の世界は実質的にも男性の独占するところとなっていく。

五　氏《ウヂ》と「家」の二重性

律令制の導入が従来の氏《ウヂ》の組織に与えた変化は、父系氏《ウヂ》の成立だけではない。もう一つ「公的家」の問題がある。先に述べたように一氏から一人の議政官というのが律令制成立初期の理念であった。しかし律令官僚制の原理そのものはあくまでも個人を官人として登用するものであり、一氏から複数の成員が高官に任ぜられることを妨げない。蔭位制も嫡庶の別ありとはいえ、兄弟相並んでの出身を保証している。したがってかかる官僚制原理をよく自らのものとなし得た氏《ウヂ》は、朝廷において急速に勢力をのばすことが可能となる。天平三年に武智麻呂以下の藤原四兄弟が、それぞれ大納言・参議等として朝政に参画することとなったのはまさにかかる事態を示す。一氏から一人の議政官という原則はここに至って破られたわけである。しかし一方で彼ら四兄弟はそれぞれの「家」を構成し、居宅の所在地や官職名に因んで南家・北家・式家・京家と呼ばれた。かかる「家」と氏《ウヂ》とはいかなる関係にあるのか。

律令の規定によれば、三位以上の官人は公的家政機関たる各々の「家」を設置し、家令以下の職員が官より任命される。養老三年にはその範囲は五位以上にまで拡大された。律令制の施行に伴い、支配層は経済的にも国家の官人としての地位に依存することとなったのであるが、彼らに対する位禄以下の給与物は、この公的家政機関によって運営されたのである。三位以上というのは官職でいえば先に述べた参議以上の議政官に相当し、五位以上というのは氏上を公的に認定して登録した氏《ウヂ》の範囲にあたる。したがって一氏に一つの「公的家」というのが律令制成立期の理念であったといえよう。藤原氏は、四兄弟がそろって高位に登り、各自の「公的家」を設置することでそれを打破したのである。この「公的家」は官位を有する男女個人について設置され、夫婦・親子といえども別々の「家」を構成する点に、後代の「家」の概念ではとらえられない顕著な特質を有する。(追補1) 藤原氏の場合も、四兄弟の「家」とともに、女子の光明子も自らの「公的家」としての「内家」をもったと推定される(第二編第一章参照)。

この「公的家」と氏《ウヂ》との関係をみるとき注目すべきことは、高い官位を得、自らの「公的家」を設置した個人が、しばしば新たな氏姓を賜わることで自らを始祖とする氏《ウヂ》を創始したこと、すなわち、「公的家」は容易に氏《ウヂ》へと転化し得たことである。(追補2) 八世紀には氏《ウヂ》の細分化再編成が著しく進む。それは一氏に一つの「公的家」という理念が、一氏より複数の高位官人が輩出する事態のもとで、「家」＝氏《ウヂ》という形で再生したものともいえよう。不比等の四子は藤原氏にとどまったが、武智麻呂の子の仲麻呂に至っては、藤原恵美朝臣と名乗ることにより、明白に別氏創始の志向を示している。このように「公的家」そのものは、いまだ多分に原理的には氏《ウヂ》と重なり合うものであった。したがって、先に三で大宝戸令応分条をめぐって、「嫡子」は氏《ウヂ》の代表者をさすと述べたが、これはより正確には、氏≒「家」の継承者をさすといわねばならない。日本令の「嫡子」には、氏《ウヂ》の代表者としての性格と、理念的にはその氏《ウヂ》に一つずつ設定された官人の「家」の継承者としての性格が集約されているのである。

ここで注意すべきことには、郡司の任用に際して「譜第重大」が問われることに明瞭に示されるように、郡司層はこうした律令制の「家」の原理にきわめて不充分にしか組み込まれていない。郡司層は、氏の原理による共同体首長層の政治的結集という性格をそのまま残存させて、律令官僚制の外延部に位置づけられている（前掲第4図参照）。郡司職についても、天平二十一年（七四九）以降、中央の氏《ウヂ》と同様に立嫡制の導入が図られるが、それが現実のものとなるのにはかなりの時日を要したのである（第一編第一章参照）。

「公的家」は男女個人について設置されるが、男官と女官とには決定的に重要な相違点があった。父姓相承・蔭位制によって父の朝廷における地位が子によって公的に継承されたのに対して、母は律令制下にあっては継嗣を持ち得ず、女官の「公的家」には発展の途がとざされている。したがって、県犬養宿禰橘三千代の場合には、「今、継嗣无くんば、恐くは明詔を失わん」として、葛城王が母の功績にちなむ橘姓に改姓することで、はじめて「家」⇒氏《ウヂ》として発展し得たのである（第二編第一章参照）。

このように、この段階の氏《ウヂ》≒「家」は、官職を得た個人を中心として、官職の継承を軸として形成されるところに特色がある。八世紀の史料に見られる「承家」「累世相継の家」の観念は、いずれも実質的にはいまだ氏《ウヂ》≒「家」の代表者の地位の継承を意味するものでしかない。しかし、ともあれ官職の父系継承を通じて「家を承ける」という観念が成立してくるのであり、そこから次第に、氏≒「家」的在り方を脱してそれ自体として存立し継承される「家」が、観念的にも実体としても作り出されていく。それには、政治的地位の継承のみならず、所有・経営の次元での新たな動きが決定的な重要性を持った。

六　「家」＝家族の形成へ向けて

家という言葉には通常三つの内容が含まれている。①血縁による緊密な人間関係としての家族、②寝食をともにする同居集団、③生産・所有の機能を持つ経営体、がそれである。家がこのように経営体を意味するのは、家族がともに生活するところから、すなわち①と②が重なり合うところから生じてくる。以上の三つは多かれ少なかれ各民族に共通の要素であろうが、我国の「家」にはさらにこれに加えるに④永続する社会組織、という性格が存した。①②③が一体となって、血縁関係（家族）に基づく永続する経営体となるところに、まさに我国の前近代社会における「家」の特質が存するのである。

ところが以上のように考えた場合、少なくとも八世紀においてはいまだ永続する経営体としての「家」は成立していなかった。庶民層においてはその家族構成は流動的で、生産単位としても非自立的で未熟であった。豪族層においては一つの経営体としての「家」が形成されつつはあったが、それは経営の主体（家長・家室）が死亡したり、捕えられたりすれば直ちに崩壊してしまうようなものであった（吉田孝[14]）。このことは実は当時の家族形態・婚姻形態と密接に結びついている。すなわち、先述の如く、妻問い婚を経て妻方居住・独立居住のいずれかに移行するのが当時の主要な形態であって、成人した父子は原則として同居しない。そこでは夫婦別産・親子別産であって、家長と家室（妻）が相寄って形成した経営体が固定的に代を経て継承されていく条件を欠いている。すなわち、先にあげた①②③の家の要素がいまだ密接不可分に結びつくに至っていないのである。

それでは貴族層においてはどうか。律令制下においては彼らの経済力は官人としての地位に依存しており、その収入は各々の家政機関（公的家）によって運営された。この「公的家」は官人個人を単位に設置されるものであり、親子・兄弟・夫婦がそれぞれに別々の「家」を構成した。かかる「公的家」の性格は、まさに当時の婚姻形態・家族形態に適合した経営体の在り方を示すものであることが了解されよう。①②③の不一致という当時の家族の歴史的発展段階の下で、個人単位の「公的家」という形でしか明確な経営体としての「家」は存在し得なかったのである。ただし、官人身分自体が本質的に氏《ウヂ》の成員としての資格に基づくのであるから、個人単位の「家」とはいっても、その実際の経営機能は従来の氏《ウヂ》の組織と結びついて始めて働き得た。一氏に複数の「公的家」が成立しても、それが直ちには氏《ウヂ》内の「家」として分立発展する方向に向かわずに、別氏を形成する途をたどったのもその故である。

右にみた如く、八世紀にはいずれの階層においても、いまだ永続する経営体としての「家」は成立していなかった。永続する集団の原理④を有していたのは氏《ウヂ》であり、貴族層の「公的家」は、政治的地位継承の側面のみならず、所有・経営の次元においても、氏《ウヂ》の組織に重なる形で永続し得た。しかしその一方で、「公的家」の経営の中には、氏《ウヂ》的共有の原理を脱して、家産形成につらなる要素も含まれていたのである。

「公的家」によって運営される食封以下の国家的給与物（共同体成員からの貢納の国家機構を通じての分配）は、本来ならば官人の死亡や解官に伴って収公されるべきものである。ところが八世紀前半には、有力な官人についてはその死後も収公を停め、さらに莫大な功封・功田等をも与えるということがしばしば行なわれた。これらの国家的給与物は、具体的には子孫の「公的家」によって運営された。藤原仲麻呂とその子等の例を見ると、高位の官人となった彼等がそれぞれに形成した「公的家」の職員相互間には人的なつながりがみられる（岸俊男）。[(15)] こうしたところにも、父と子の「家」が経営体として一体的に展開せんとする姿をうかがうことができよう。

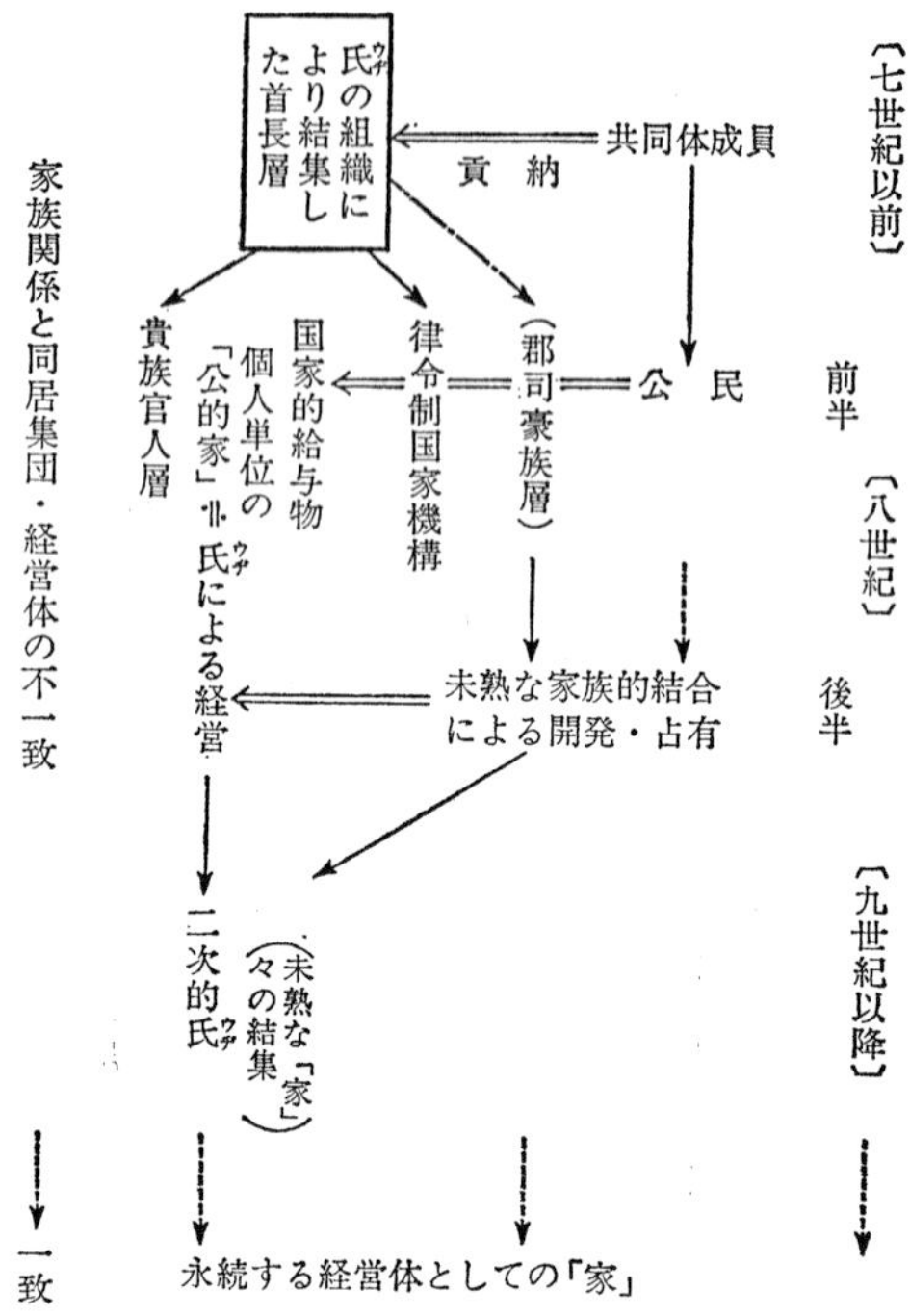

第5図　氏《ウヂ》≒「家」から二次的氏《ウヂ》を経て「家」≒家族へ

しかし現実にはここでの「家」の永続性はまだきわめて微弱なものでしかない。その故に「公的家」はしばしば寺に転化することで経営体としての具体的な存続の場を得たのであり、公的には継嗣を有さない高位女性の「家」において特にそれは著しい(第二編第一章参照)。寺の家産結集機能をも重要な一つの拠りどころとして、永続する経営体としての「家」が真に成立してくるのは平安後期以降のことである。

八世紀においてそうした家産の形成の方向を促したものとしては、国家的給与物の運営と併せて、より根本的には共同体内部での私有の芽生えがあった。八世紀後半からの墾田開発の進展の基礎には、農民層における未熟な家族的結合による開発・占有がある。貴族層の「公的家」は、官人としての勢力を拠りどころとしてそうした墾田開発を統合し、そこから前記の国家的給与物とは異なる独自の経営機能の発展が促されてもいくのである。貴族層のように明確な公的経営体を持たない豪族層においても、「己身之時物」(戸令応分条古記)という形で、共有の枠外の私有の存在が法的にも確認し得る(第一編第三章参照)。

経営体としての「公的家」の発展は、九世紀以降、豪族層・農民層の私的経営の発展と結びついて活発に展開する院宮王臣家へと連なっていく。ここにおいて支配層は(貴族層・豪族層を含めて)共同体首長層の結集体そのものとしての存在を脱し、氏《ウヂ》の組織は、その本来の役割を終える。しかし先に述べた家族婚姻形態の特質（①②③の不一致）に規定されて、こうした私的経営の要素は、永続する経営体としての「家」の形成に直ちには結びつかない。それは、律令官僚制の父系継承の原理と結びついて形成される父系出自集団としての氏《ウヂ》に内包されることで永続性を確保しつつ、次第に「家」の内実を固めていくのである。したがって、九世紀以降の父系出自集団としての氏《ウヂ》を、それが本質的にはこうした未熟な「家」々を結集するものへと転化しているという意味で、二次的氏《ウヂ》と規定しておきたい（第5図）。

日本古代における明確な所有経営単位としての家族の未成立（①②③の不一致）は、近年、次第に明らかにされてきつつある。ただしその場合にも、寝食をともにする生活共同体（関口裕子[16]）あるいは流動的小家族（吉田孝・明石一紀[17]）という形で、①と②の一致は自明のこととされている。通常、家族の存立にとって同居は主要な規定要因の一つである。しかし、長期（または生涯）の妻問いという婚姻形態の特質（高群逸枝[18]）からいって、古代には夫と妻、また父と子の非同居が広範な現象として存在した。にもかかわらず（あるいはその故に）、そうした中から地位の父系継承を主要な軸として、永続する経営体としての「家」が形成されてくるのである。したがって日本古代の家族の発展を真に社会全体との関わりの中でとらえるためには、たんなる婚姻関係とも、また同居集団そのもの（②）とも区別される、非同居の緊密な人間関係をも含み得るような家族概念（①）を設定し、それと、②③それぞれとのズレと重なりを明らかにしていく必要があろう（付編第二章参照）。

七　両属性から双方的親族関係へ

四で述べたように、律令官人制の導入に伴い、氏《ウヂ》は公的には父系原理にのっとって再編され、氏上の確定から氏人の範囲の画定へという手続きを経て再編された。しかし現実にはそれだけでは、従来の両属性原理とさまざまな側面で矛盾をきたすはずである。近親婚の急増という現象はこの矛盾の解消と関わる。八世紀に入ると藤原氏・大伴氏等の有力な氏《ウヂ》の間で、他の氏《ウヂ》の成員との婚姻が減少し、異母兄妹婚・イトコ婚など同氏《ウヂ》内での父系近親婚が集中的に現われてくる(西野悠紀子)(19)。これによって、父方・母方双方のパイプを通じて成員権を受け継ぎ得るという従来からの両属性の原理に基づきながら、実際には公的な父系氏《ウヂ》の枠外への勢力・財産の拡散を防止できるわけである。(大王一族の場合には、これに先だつ七世紀に同様の現象がみられ、天智・天武期の天皇権の確立の一つの基礎が準備されていく)。逆に、母の勢威を受け継ぐべく橘姓に改姓した諸兄は、同母異父妹である多比能と婚している。この場合も、両者の間に生まれた奈良麻呂は、卓越した女官としての地位を有した祖母三千代の財産、政治的勢威を父母双方から受け継ぎ、新興の橘氏の基礎を固め得たことになろう。このようにして、従来からの両属性の原理にのっとりつつ、次第に父系出自集団としての氏《ウヂ》の内実が固められていくのである。

両属性とは、社会の基底に存する双方的親族関係が、支配層の集団結合の原理そのものとして活用されたものである。したがって父系出自集団の形成に伴い、集団結合の原理としての両属性は次第に双方的親族関係へと姿をかえて生き続けることになる。

天平勝宝元年(七四九)四月の聖武天皇の詔には「天《アマ》つ日《ヒ》嗣高御座《ツギタカミクラ》の業《ワザ》と坐《マ》す事《コト》は進《スス》みては挂《カ》けまくも畏《カシコ》き天皇《スメラ》が大《オホ》御名《ミナ》を受賜《ウケタマ》はり退《シリソ》きては婆婆《ハハ》大御祖《オホミオヤ》の御名《ミナ》を蒙《コホムリ》てし……」という言葉がみえる。すなわち、天皇としての自己の地位の正統性が父方・母方双方に求められており、両属性の強固な残存を示す。ただし、二で述べた『上宮記』の継体天皇に関わる両属系譜に明らかなように、氏《ウヂ》の形成期にあっては明確に系譜として示されたものが、父系出自原則下のここでは、「御名《ミナ》を蒙る」という観念的なものへと変化しているのである。

また、聖武天皇の后である光明皇后は、天平宝字元年（七五七）の奈良麻呂の乱にあたって「大伴宿禰等は吾族《アガウガラ》にもあり。……」との詔を下している。光明皇后の属する藤原氏と大伴氏との間には複雑な婚姻関係があるので、それに基づく同族観念が「吾族」という呼びかけとなってあらわれたものであろう。「族」とは、大伴家持の有名な「族に喩す歌」（『万葉集』四四六五番）に「大伴の氏《ウヂ》と名に負へる……」と詠われていることにも明らかなように、氏《ウヂ》を意味する言葉である。ここには公的な父系氏《ウヂ》である大伴氏・藤原氏の存在と併せて、そうした枠組をこえた実際の同族観念の在り様が示されている。大伴宿禰等は、大伴氏の成員であると同時に、また光明皇后から「吾族」と呼びかけられる存在でもあった。

光明皇后と聖武天皇の間に生まれた孝謙天皇（重祚して称徳天皇）は、天平神護元年（七六五）十一月の大嘗祭の祝宴に際して「必人《カナラズヒト》は父がかた、母がかたの親《ウガラ》在て成《ナル》物に在《アリ》。さて王《オホキミ》たちと藤原朝臣《フヂハラノアソミ》たちとは朕親《アガウガラ》に在《アル》が故に……」と述べている。ここでも孝謙＝称徳天皇にとって、王族（父方の親）と藤原氏（母方の親）とは全く均等に「朕親」の観念でとらえられている。

以上に見た八世紀後半の同族観念の在り方は、かつての両属性原理の影を色濃くにじませたものということができよう。ところが、桓武天皇に至ると、延暦九年（七九〇）二月の詔で、婚姻関係によってつながる氏《ウヂ》の人々が「朕の外戚なり」といわれており、もはや「吾族」「朕親」とはされない。このことは、先に述べた近親婚等による両属性原理の換骨奪胎の過程を経て、八世紀末には氏《ウヂ》の組織原理が大きな転換をとげたことを示唆する。以後は、純粋な双方的親族関係が、父系出自集団と併存して続いていくのである。

八世紀半ばから九世紀半ばにかけては、母方で成長したために誤って母の氏《ウヂ》の名を付したが、訂正して父の氏《ウヂ》の名に改姓したい、とする冒母姓改姓記事が国史に散見する。これは、父系出自原則による姓氏の制度的確立期（七世紀後半～八世紀初頭）に、従来の両属性原理によって母方の氏《ウヂ》の名を公的称とする場合が多々あったこと、それが氏《ウヂ》の父系出自集団化の深まりに伴い、必要（父姓に改姓した方が政治的に有利な場合）に応じて組み直されていったことを意味する。さらにその背景には、八世紀末～九世紀初めにかけての出自観念・系譜観念の完成と、氏名《ウヂナ》の持つ意味自体の変化の過程があった。

八　「祖先」の成立

氏《ウヂ》の形成期（五世紀後半～七世紀半ば）に、非出自集団たる氏《ウヂ》の組織を支えるそれぞれ別個の原理の表現として併存していた一系系譜と両属系譜は、律令制の導入に対応して氏《ウヂ》の再編整備がすすむ七世紀後半以降、両者の組み合わせによる出自系譜を形成しはじめる。七世紀半ばの地方豪族層の結合様式を示す「山ノ上碑」は、こうした両者の組み合わせによる系譜の一例である。この碑文の存在は、両属系譜で表現される系譜観念が、大王等の一部特殊な事例にとどまらない普遍的なものであったことを雄弁に物語るといえよう。氏《ウヂ》の構成原理の単純化（両属性の否定）に伴い、かつては有力な個人を核として存在した同族関係は、集団相互の関係として固定され、神話的始祖から発する同祖系譜の体系が完成する。九世紀前半の『和気系図』はこうして成立した氏族系譜＝出自系譜の一典型であって、その上部にはかつての両属系譜の一断片が残り、末尾には先に述べた未熟な「家」の形成に対応する新たな系譜意識の芽生えがみとめられる（第6図。詳しくは第三編第二章参照）。

古代の氏族系譜にみられる「多祖」的現象は、直接には、氏《ウヂ》が母系から父系へと推移したことを意味するもの（高群逸枝[20]）ではなく、これらの氏族系譜が複数の両属系譜と一系系譜の組み合わせから成り立っていることを示す。そこに展開される同祖関係の神話的表現は、いわば壮大な虚構の体系であり、古代の系譜が本来的に持つ政治性の歴史的積み重ねの総決算といえよう（第三編第三章参照）。また、一系系譜と両属系譜との併存から、両者の組み合わせによる出自系譜の成立、さらには出自系譜自体の純化とその中での新たな系譜意識の芽生えという系譜意識変容の過程は、文章系譜→竪系図→横系図という系譜形式の変化と密接に対応しているのである（第三編第四章参照）。

律令制以前の氏《ウヂ》の組織による政治機構は、ある氏《ウヂ》が世々奉じる職掌は、その職掌の由来（奉事根源）の中で語られる

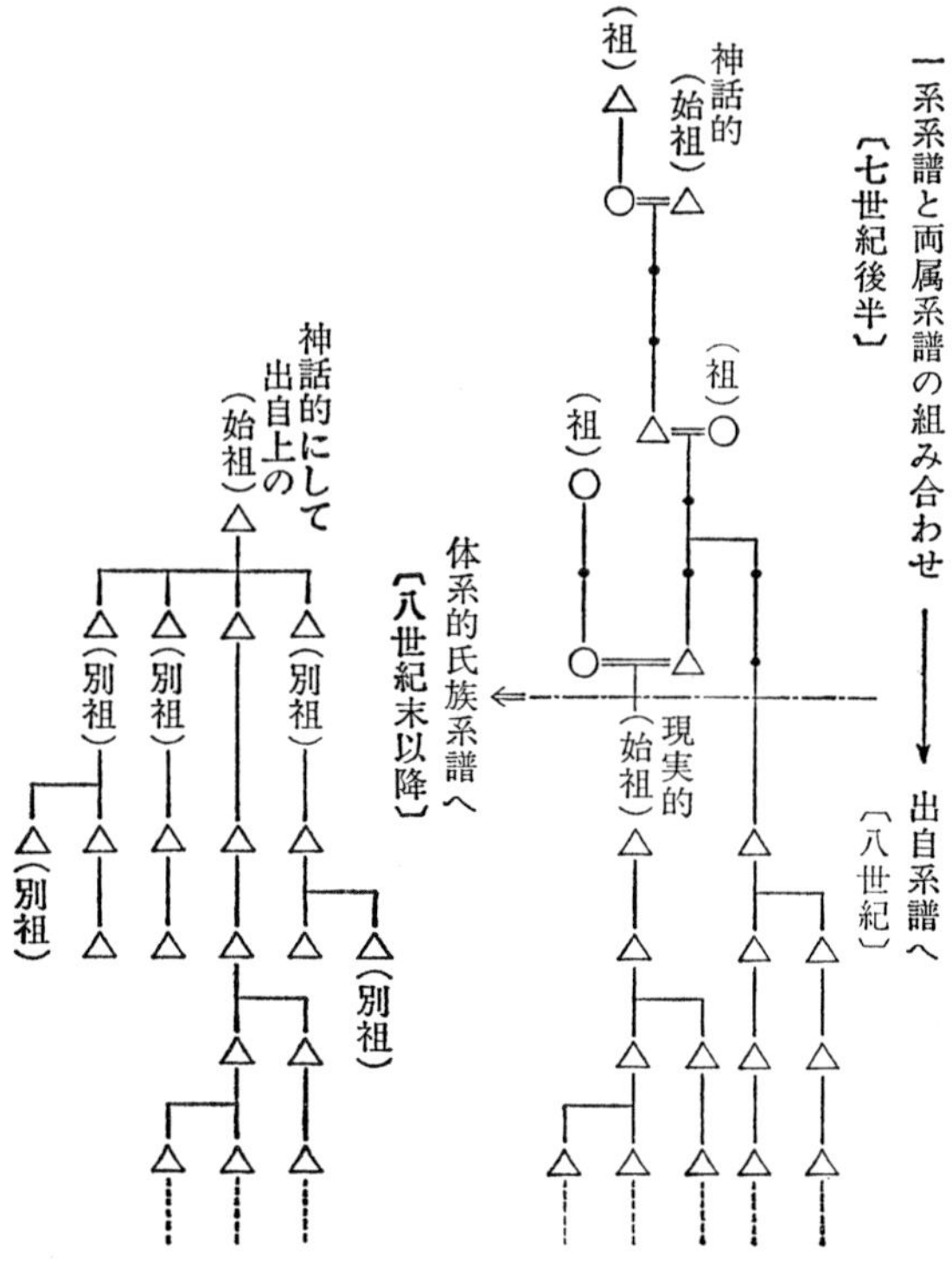

第6図　出自系譜の形成

始祖の血をひくものによってのみ担われ得るという原始的観念を支えとして成り立っている。この観念（「名《ナ》」の継承）は、双方的な血の流れにより構成される現実の集団としての氏《ウヂ》に相即的なものであって、上記の過程を経て二次的・三次的に整えられてくる氏族系譜の体系とは一致しない。こうした乖離は、整然とした律令制支配機構導入による奉事根源の実質的意味の喪失と、父系継承、父系出自の原則の浸透による出自集団の形成に伴い、九世紀前半に、奉事根源の理念が出自理念に吸収統一される形で解消する。因支《イナギ》

首から和気君《ワケ》への改姓はその顕著な一例である(第三編第二章参照)。それは国家形成の観点からするならば、原始的な政治機構の遺制からの最終的脱却を意味し、族制発展の観点よりするならば、ここにおいて系譜上の神話的始祖が出自概念に基づく「祖先」としての位置を獲得するに至ったことを意味する。

古代の姓氏は、本拠地にちなむにせよ職掌にちなむにせよ、高度に政治的な性格を有することを特色とする。天皇の改賜姓によって随時変更され、そうした改賜姓をうけた有力個人を中核に常に新たな集団としての氏《ウヂ》が形成される、というのがその本来の構造であった。出自理念・出自集団の形成を背景に氏《ウヂ》の再編秩序化が活発にすすむ八世紀末から九世紀前半にかけては、おびただしい数の改賜姓記事が国史に記載されている。この過程を経て従来の構造は止揚され、出自集団の社会的表示名としての氏名《ウヂナ》が成立する。したがってこれ以後、従来のような政治的要因による新しい姓氏(≠氏《ウヂ》)の発生は散発的な事例にとどまることとなり、源平藤橘に代表されるような古代的氏名《ウヂナ》が固定していく。

さて、系譜上の神話的始祖が出自概念上の「祖先」の位置を獲得する過程に対応して、そうした神話的始祖を「祖先」神とする狭義の氏神信仰が、八世紀末から九世紀にかけて成立する。伊勢神宮が、たんなる『記』『紀』の神話中の皇祖神たるにとどまらず、皇室の「祖先」を祀る宗廟として位置づけ直されるのも、この時期のことである(高取正男)[21]。

八世紀以降、氏《ウヂ》が共同体首長層の政治的結集体そのものとしての性格を脱して、律令国家の官僚制支配機構に依拠する存在となっていく過程は、同時に、氏《ウヂ》が族組織としての純化を遂げていく過程でもあった(前掲第4図参照)。その結果、八世紀末から九世紀にかけて内実をもった父系出自集団が形成され、かかる人間集団の守護神としての氏神が成立するのである。平野社・梅宮社の成立はこの族結合の原理の最終的転換(両属性→父系)の前後に位置する。梅宮社が天皇との外戚関係をテコに橘氏氏神として九世紀前半に成立するのに対し、八世紀末の平野社の場合には、外戚神ではなく皇室の守護神そのものとして成立し、後、梅宮社の成立と軌を一にして外戚神へと変質するのである（第二編第一章・第二章参照）。

一方、もっぱら律令制官僚機構に依拠しての発展を遂げた藤原氏の春日社の場合には、先駆的に八世紀段階において、両属性原理に基づきつつ氏神信仰による「家」々の結集が図られている（第二編第三章参照）。すなわち、在地と一応の分離をはたした人間集団の守護神としての氏神とは、私有の契機を含む「家」々の結集のカナメに他ならず、「氏神」が「私氏神」として八世紀末に広範に登場するのはその故である。それはかかる未熟な「家」を内包する二次的氏《ウヂ》の形成に対応する信仰形態であった。共同体から分離した「私」の明確な主体として最初にたちあらわれる集団が、共同体の解体の中から成立してくる家族ではなく、また貴族層の未熟な「家」（王臣家）そのものでもなく、共同体首長層の政治的族組織が転化変質したものとしての二次的氏《ウヂ》であったということは、まさに日本の古代社会の展開の特質を如実にさし示すものといえよう（第二編補論参照）。

氏《ウヂ》による神祭りそのものの歴史は古いが、それは①共同体の首長がとり行なう在地の自然神に対する神祭り、あるいは①′それを再編した国家的祭祀の氏上による主掌、および②豊穣をもたらす自然の力への崇拝と結びついた共同体首長霊に対する信仰を内容とする。②の広義の祖霊信仰は、貴豪族層においては②′自然の霊力との結びつきを欠落させた個々の霊魂の問題としてひとまず仏教に吸収されていき、③系譜上の神話的始祖に対する神祭りは、それとは一応別個に独自の発展の途をたどって、③′出自上の「祖先」に対する氏神信仰を成立させる。これは、同じく氏上による神祭りではあっても、①′とは明確に質を異にする「私祭祀」であった。中世以降の「家」の祖先崇拝は、いったん分離した②と②′の、③′を媒介とする再統合である。日本社会の普遍的特質であるといわれる、祖先崇拝を精神的拠りどころとする永続的「家」（柳田国男）[22]の直接の基点はここに求められるのであり、それはまさに一つの歴史的生成物であった。

このような永続的「家」の成立の背景には、婚姻形態・家族形態の変化があった。すなわち、平安末期には、前代の婿取儀式→独立居住の様式を表面には強固に残しつつも、その内実は嫁入婚へと大きく傾斜しつつあった。これによって、父から子へと受けつがれる「家」の実質的な形成が可能となるのである。そこでは女子の子孫は「他人」であり、家領の分散、他家への流出を防ぐために、庶子への相続制限と併せて女子一期分の相続慣行が成立する。女子成員の子孫が当然のこととしてその氏《ウヂ》に包摂され、成員としての資格を持って氏《ウヂ》の財産を相続し得た奈良時代の財産相続法と対比するとき、そこには氏《ウヂ》の原理から「家」の原理への転換をあざやかにみてとることができよう。

九　ま　と　め

以上、八項目にわたって集団結合の原理という側面から、国家と共同体と族制の接点に位置するものとしての、日本古代の氏《ウヂ》の特質をさぐってきた。そこで明らかになったように、両属性原理こそ、日本古代の氏《ウヂ》に固有の特質であり、それが最終的に失われたとき、氏《ウヂ》は二次的形態へと転化を遂げる。かかる氏《ウヂ》の変質過程において、整然たる律令制国家機構の導入により、氏《ウヂ》が従来の政治的組織にしてかつ族組織という性格を脱して族組織としての純化をはじめる七世紀末から八世紀初めが第一の画期、父系継承、父系出自原則の浸透と共同体内の「私」の芽生えによって、氏《ウヂ》が未熟な「家」々を結集する父系出自集団へと転化する八世紀末から九世紀前半が第二の、本質的画期である。

五世紀後半から六世紀にかけて、一系性と両属性を主要な二本の柱とする氏《ウヂ》の形成を通じて、共同体首長層は自らの政治的結集を遂げていった。それは、双方的親族関係に基づく社会での早熟的な国家形成に際して、支配層が必要不可欠とした族組織形態であった。従来、律令制国家成立以前の支配機構については、国造制・部民制等として考察が深められてきている。しかし、それらの制度も具体的には氏《ウヂ》の組織原理に組み込まれて機能し得たのであり、氏《ウヂ》の構造の特質をふまえることによってはじめて、全体的把握が可能となろう。

氏《ウヂ》は、大王への政治的求心性と他氏との相互関係性を出発点からの特質として持つ非自律的集団である。両属性原理を脱却することにより氏《ウヂ》にとってかわった「家」も、主従関係を軸に存続するという他律的一系性を不可欠の要素として持つ。我国の集団の組織原理としては、一系性は形をかえつつも時代を超えて貫く普遍的特質であり、それは、社会の基層における双方的親族関係の普遍的存在と表裏一体の関係にある。したがって、双方的親族関係が集団形成の原理そのものとして高度に活用された両属性を、古代の氏《ウヂ》に固有の特質として明確に把握することは、「家」の歴史的相対化のために重要な視点を提示するといえよう。

文献史料から遡り得る限りでの族集団形成への歩みは以上に述べた如くであり、より古い段階に族外婚制を持つ古典的氏族＝クランの存在が想定できるとしても、それはその後の大きな社会的変動の中でいったん消滅したものとみなければならない。ここで明らかにしたような特質を持つ氏《ウヂ》を、古典的氏族とは異なるクランの一類型として理論化し得るか否かは困難な問題であり、氏族理論自体の再検討が必要とされよう。それは、集団結合の原理という側面にとどまらない氏《ウヂ》の構造の全体的解明と併せて、本書以後の課題である。(補)

註

（1）　高群逸枝『大日本女性史（母系制の研究）』厚生閣、一九三八年。『高群逸枝全集』第一巻、理論社、一九六六年、所収。
（2）　津田左右吉『日本上代史の研究』岩波書店、一九四七年。
（3）　吉田孝『律令国家と古代の社会』岩波書店、一九八三年。

（4）吉田氏右掲著書および明石一紀「日本古代家族研究序説」『歴史評論』三四七、一九七九年。
（5）溝口睦子『日本古代氏族系譜の成立』学習院、一九八二年。
（6）加藤晃「日本の姓氏」『東アジア世界における日本古代史講座』一〇、学生社、一九八四年。
（7）関口裕子「古代家族と婚姻形態」『講座日本歴史』二、東京大学出版会、一九八四年。
（8）青木和夫「浄御原令と古代官僚制」『古代学』三—二、一九五四年。
（9）阿部武彦「古代族長継承の問題について」『日本古代の氏族と祭祀』吉川弘文館、一九八四年（論文発表は一九五四年）。
（10）井上光貞「日本の律令体制」『岩波講座世界歴史』六、岩波書店、一九七一年。
（11）平野邦雄「〝甲子宣〟の意義」『（井上光貞博士還暦記念）古代史論叢』上、吉川弘文館、一九七八年。
（12）註（9）に同じ。
（13）井上光貞「カモ県主の研究」『日本古代国家の研究』岩波書店、一九六五年。
（14）註（3）に同じ。
（15）岸俊男『藤原仲麻呂』吉川弘文館、一九六九年。
（16）註（7）に同じ。
（17）註（3）（4）に同じ。
（18）高群逸枝『招婿婚の研究』講談社、一九五三年。註（1）『全集』第二・三巻所収。
（19）西野悠紀子「律令体制下の氏族と近親婚」『日本女性史』第一巻、東京大学出版会、一九八二年。
（20）註（1）に同じ。
（21）高取正男『神道の成立』平凡社、一九七九年。
（22）柳田国男「先祖の話」『定本柳田国男集』第十巻、筑摩書房、一九六九年。
（補）「古代の氏《ウヂ》と共同体および家族」（『歴史評論』四二八、一九八五年）。本書との異同については「あとがき」参照。

（追補1）（追補2）　関口裕子「日本古代の豪貴族層における家族の特質について（下）」『原始古代社会研究』2、校倉書房、一九八四年。本稿改稿の際に私のミスで註が落ちていた。関口氏ならびに読者諸賢の御寛恕を乞う（一九九三年六月記）。

第一編　氏《ウヂ》と奴婢所有

——戸令応分条の分析を通じて——

問題の所在

日本古代の奴婢（ヤツコ・メノヤツコ）は、七世紀末から八世紀初めにかけての律令国家の成立に伴い賤身分として確定され、法制上の奴隷規定を与えられた。奴婢をめぐる研究は数多く、枚挙にいとまがないが、いずれも律令法制上の奴婢＝奴隷と解して怪しまない点に一つの問題が存するのではないか。

従来の研究で明らかにされてきた我国古代の奴婢一般の特質としては、家族的結合・私業従事・譜第隷属性といったいわゆる「家人的形態」をとることがあげられる。なかでも顕著な特質は譜第隷属性であって、律令規定の上でも、所有者の血統が絶えたならば、奴婢は（唐令の如く）売却して葬事費用に充てられるのではなく、分与以前の旧所有者に返還されるか、あるいは放賤（解放、良民化）されるのである。このような奴婢の存在は、日本の古代社会の展開においていかなる意味を持っていたのか。譜第隷属性とはすなわち、奴婢の所有者と奴婢との関係の質の問題である。したがって奴婢の所有主体の性格を明らかにし、奴婢の隷属の質について考えることは、家父長的奴隷制概念の適否、ひいては日本の古代国家の性格規定とも関わる重要な課題といわねばならない。本編ではそれを、八世紀前半の財産相続法たる大宝戸令応分条の分析に的をしぼって考察したい。

大宝戸令応分条は、嫡子による宅・家人奴婢一括相続を規定するが、継嗣令との関連からみて、ここにいう「嫡子」は実は氏《ウヂ》の代表者たる性格を持つ。「嫡子」による一括相続とは、氏《ウヂ》の代表者による氏《ウヂ》の財産の管理権の継承をいったものに他ならない（第一章）。また、被相続人の妻が「妻家」から得て所有している奴婢も、実は妻方の氏《ウヂ》の所有に包摂されて存在する（第二章）。これらの点からみて、大宝戸令応分条は主として氏《ウヂ》の財産相続法を規定したものであり、その中でも特に奴婢は氏《ウヂ》の所有の枠内になければならなかった。こうした応分条規定の前史としては、氏《ウヂ》の拠点たる宅と密接不可分な譜第隷属民の存在が浮かび上るのである。大宝令応分条から養老令応分条への大きな変化も、氏《ウヂ》自体の変質の過程と関わってとらえられねばならない（第三章）。また、父方母方双方の氏《ウヂ》の奴婢を併せて相続するという在り方からは、たんなる財産相続慣行をこえた氏《ウヂ》の成員権の問題がうかがえ、「両属性」という氏《ウヂ》の組織上の顕著な特色が明らかになるのである（補論）。

第一章　日本令の嫡子について

――戸令応分条の再検討のために――

はじめに

周知の如く、戸令応分条は家族財産の相続法を規定したものとしてのその内容の重要性から、またそれが手本とした唐令と大宝令・養老令相互の間に見られる大きな違い(1)によって、たんなる空文規定ではなく日本の当時の社会の実状を何らか反映していると考えられることから、これまでも注目を集めさまざまな研究が積み重ねられてきた。ところでその三令を比較しての主要相違点(2)は、まず何よりも嫡子得分の大きな変化である。特に大宝令から養老令への変化は、あるいは嫡子得分の大幅な減少として、あるいは貴族中心の相続法から庶人の均分相続法との折衷へ、としてこれまで説かれてきた(3)。しかし大宝・養老両応分条の「嫡子」を同内容のものとしてとらえてよいであろうか。またそれははたしてこれまで考えられてきたような実体的なものであろうか。日本戸令応分条の性格を明らかにするためには、まずそこにおける嫡子概念を究明する必要があろう。従来の研究においても当然こうした点にふれられてきてはいるが、未だ嫡子概念の特質を充分に明らかにし得てはいないと考えられる。そこで本章では戸令応分条の再検討を行なうための前提として、そこにおける「嫡子」がいかなる性格のものとして令制定者によって位置づけられているのかを明らかにしたい。
　さて『令集解』の諸注釈を参照すると、この応分条の嫡子概念は継嗣令継嗣条のそれと密接な関連を有している。そこでまず第一節では継嗣条における嫡子概念を大宝令から養老令への変化に注目しつつ明らかにし、次いでそれが応分条の嫡子とどのように関わっているのかを検討し、さらに日本令の嫡子概念の背景にあるものが何であったのかを考えていくこととする。

第一節　継嗣条の嫡子

1　大宝継嗣令の嫡子観念

養老継嗣令2継嗣条の本文を以下に記す（条文番号は日本思想大系『律令』による。以下同じ）。

凡三位以上継レ嗣者、皆嫡相承。若無二嫡子一、及有二罪疾一者、立二嫡孫一。無二嫡孫一、以レ次立二嫡子同母弟一。無二母弟一、立二庶子一。無二庶子一、立二嫡孫同母弟一。無二母弟一、立二庶孫一。四位以下、唯立二嫡子一（謂、庶人以上。其八位以上嫡子、未レ叙身亡、及有二罪疾一者、更聴二立替一）。其氏宗者、聴レ勅。

大宝令文は、中田薫氏が『令集解』戸令応分条・継嗣令継嗣条の「古記」に基づいて、次のように復原されている[4]。

凡八位以上継嗣者、皆嫡相承。若無二嫡子一及有二罪疾一者、立二嫡孫一。無二嫡孫一、以レ次立二嫡子同母弟一。無二母弟一、立二庶子一。無二庶子一、立二嫡孫同母弟一。無二母弟一、立二庶孫一。其氏上者、聴レ勅。

しかしこの冒頭の「八位以上」との限定句の有無をめぐっては異説が存する。これは大宝令継嗣条の性格を考える上で重要な論点であるので、まずはじめにこの点をめぐる異説の当否を以下に検討していきたい。

石井良助氏は、大宝令文を「凡継嗣者、皆嫡相承……」と復原された。(5) すなわち中田氏の復原案から「八位以上」との限定句が取り除かれているのだが、「ややこれ（中田説のこと、義江）と異なる」とするのみで、(6) その根拠については述べておられない。しかし一方において石井氏は、大宝令における継嗣の目的は蔭位の承継にあることを明らかにし、その論拠として、①定嫡子条「古記」の「承ㇾ重、謂㆓祖父之蔭承継㆒也」との解釈、②大宝令に至って、官位相当と蔭位の結合により有位者の特権維持の制度が整ったこと、③皇兄弟子条にはじまる継嗣令の構成自体が蔭位を中心としていること、④継嗣条は唐の封爵令の規定(7)を模倣したものであり、唐の封爵は日本ではほぼ位階に相当すること、の四点をあげられた。大宝令における継嗣の目的が蔭位にあるということは、この石井氏の綿密な考察によってほぼ明らかにされたといえよう。(8) また石井氏は「令の建前からいえば、庶人には嫡子はないのである。けだし、継承すべき位階を有しないからである」（四四頁）と明確に述べ、養老五年籍式によってはじめて庶人嫡子の制が成立したとされている。ということは、「凡継嗣者……」よりはじまる復原案も、たんに下限の明記がないだけで、実質的には有位者のみの蔭による官位の承継を規定したものであり、庶人については令の規定外であった、として石井氏はとらえられたのであろう。

ところが今江広道氏は積極的に、庶人立嫡が大宝令においても規定されていたと主張された。(9) その論拠を今江氏の叙述の順序に従って以下に列挙すると、

①大宝二年戸籍には嫡妻長子に「嫡子」の記載があり、これは「継嗣令に言ふ『嫡子』と同一である。」（二〇頁）

②応分条の「古記」に、「問、定㆓嫡子㆒有ㇾ限以不。答、内八位以上得ㇾ定㆓嫡子㆒、以外不ㇾ合。……問、立㆓嫡孫㆒有ㇾ限

以不。答、此亦内八位以上」とあるのは、継嗣条に「立嫡の範囲を規定した語句がなかった」ためこのような問を発したのであって、この「古記」に基づいて「凡八位以上継嗣者……」との大宝令文を復原した中田説は誤りである。（二六頁）

③継嗣条の嫡子の相続の客体が蔭位であるならば、「無位の者は実際にある『イヘ』を継承出来ない事になるから、継嗣条の外にもう一ケ条無位者の『イヘ』相続の箇条がなければならぬ」が、そのような箇条はない。（二九頁）

④したがって大宝令・養老令を通じて、「嫡子が相続するのは有位無位を通ずる祭祀＝家督であ」り、養老五年籍式はやや不明確だった庶人立嫡についての令規定をあらためて確認したものである。（三〇頁）

すなわち今江氏は、大宝令文そのものに「八位以上」との限定がなかったということと、大宝二年戸籍の「嫡子」が継嗣条の嫡子と同様に承家人としての内容を持つものであるということとを拠りどころにして、大宝令・養老令を通じ、また有位無位を通じて、「祭祀＝家督」を継承するものとしての嫡子概念が存したとされているのである。

それに対し宮本救氏は、戸籍の記載事実と大宝令継嗣法とを直ちに結びつけるのは誤りであるとして今江説を批判し、大宝令継嗣の目的は明確に蔭位の継承にあったとされた[10]。ただし、宮本氏は大宝令文の復原そのものは石井説に従って「凡継嗣者……」とされ[11]、また大宝二年戸籍にみえる庶人嫡子が承家人を意味するとの今江説に賛同しておられる。したがって、対象を八位以上に限定する「古記」の解釈は、「現実の事実よりすれば、誤りとしなければならないのであるが、法規―立法の企図・主旨より見るならば、必ずしも誤りとなし得ない」（六四頁）、養老五年籍式は庶人について「従来の立嫡―家相続を公的に確認したもの」と解されるのである（六六頁）。『律令』補注[12]も、中田氏復原案の後に右述の石井氏以下の異説の存在を紹介しているが、特に判断は下していない。

そこでまずはじめに②の「古記」の文の解釈を検討して、大宝令継嗣条文に「八位以上」との限定句が存したとみるべきか否かを明らかにしたい。今江氏は、大宝令文に「八位以上」とあったならば、「全く不必要であるべき『定嫡子（孫）有限以不』と言ふ質問を、何故古記が取上げてゐるのか」と述べておられる（二六頁）。しかし「古記」がここで問題としているのは継嗣条にいう嫡子そのものではなく、大宝令応分条の「宅及家人奴婢並入二嫡子一……」という規定の中の嫡子である。すなわち、この応分条の財産相続にいう嫡子には「有レ限以不」という問を発し、継嗣条にいう嫡子と応分条にいう嫡子とは同一のものであるとの判断のもとに、継嗣条の規定を援用して「内八位以上得レ定二嫡子一」と答えているのである。したがって継嗣条に嫡子について規定されていない庶人については、「古記」の考えによれば応分条の「並入二嫡子一」との規定も適用されないこととなり、その意味で「以外不レ合、財物均分耳」とされる。ただし、蔭による官位継承のための嫡子を定める必要のない階層であっても、現実に相続すべきまとまった財産を有していて応分条規定の対象となるべき「累世相継富家」（後述）については、「准二八位以上一処分也」とされるのである。この部分の「古記」が一貫して継嗣条の嫡子と応分条の嫡子の関係を問題とし、後者の前提として継嗣条の「八位以上」との規定をとり上げているに過ぎないことが明らかであろう。

　このことは嫡孫をめぐる問答においても同様といえる。「立二嫡孫一有レ限以不」という「古記」の問は、この応分条には「兄弟亡者、子承二父分一、兄弟倶亡、則諸子均分」とのみあって嫡孫への言及がないため、「問、嫡孫分法未レ明二令文一。答、嫡子一種。一云、庶子一種也」と述べたのに続けて、継嗣条の嫡孫規定との関連について疑問を発したものであり、これも同じく継嗣条の規定を前提としているはずだという意味で、「此亦内八位以上」と答えているのである。この部分に異説としてひかれた「一云」は、「三位以上蔭及レ孫、即是嫡孫合レ立。四位以下不レ合レ立也」としているが、これは立嫡はそもそも蔭位継承のためのものであるからには、蔭が孫にまで及ばない四位以下については嫡孫を立てるべきでない、との考えを述べたものである。大宝令継嗣のそもそもの観念からいえば「一云」の説が妥当であり、大宝令継嗣条文の嫡孫規定にはその意味で不備なところがあったために、養老令文では「凡三位以上……立二嫡孫一」と明記されるに至ったということは、すでに先学が明らかにされている(13)。

ところで、今江氏や宮本氏のいわれる如く、大宝令文には「八位以上」との限定句はなかったのに、「古記」が蔭による官位の継承と継嗣とを結びつけて「内八位以上」と解釈したのに過ぎないならば（今江氏はこれを「古記」の解釈の誤りとされ、宮本氏は立法の趣意に適ったものとされる違いはあるが）、当然「古記」は孫にまで蔭の及ぶ三位以上についてのみ立嫡孫を認めたのではないだろうか。そうではなくて、条文に「凡八位以上継嗣者、皆嫡相承。……立二嫡孫一……」と明記されていたために、応分条の財産相続に関する嫡孫の有無についても、「古記」は継嗣条のこの規定をそのまま援用して答えざるを得なかったのである。しかし継嗣条のこの規定自体に不備があることはすでに述べた通りであるから、「古記」は異説としての「一云」を引用することにより、一応、令の規定そのものからは離れて論理的な解釈を示そうとしたものであろう。この嫡孫に関する問答が、前述の嫡子の場合と同様、財産相続のための嫡孫の位置づけとその前提としての継嗣条文を問題としたものであることは、その末尾に「即承二嫡子分一太難也」とあることよりしても明らかである。

以上の考察により、大宝令継嗣条文は中田説の如く「凡八位以上継嗣者……」と復原され、有位者の蔭による官位の継承のための立嫡を定めたものであることが明らかとなった。ただここで一つ問題となるのは、「古記」が「内八位以上」といっていることである。これについては、第四節で継嗣条全体の意義を検討する際に再度とり上げ、そこで最終的な復原案を提示することとしたい。

それではこの蔭による官位継承のための有位者嫡子とは別に、庶人の承家のための嫡子が存したであろうか。次にこの点について今江氏の論拠とされた①と③を検討しつつ考えていきたい。今江氏は戸婚律疏の「立レ嫡者、本擬二承家一、嫡妻之長子為二嫡子一」[14]に基づいて、継嗣令にいう嫡子は嫡妻長子のことでありそれは承家の内容をもつものであると考えられた。そして大宝二年戸籍の「嫡子」記載が「単に正妻腹諸子一般を指すもの」ではなく「嫡妻長子＝特定の個人を指すもの」であることを検証し、それをもって戸籍の庶人嫡子＝継嗣令の嫡子＝承家人、とされたのである。

これに対し関口裕子氏は、大宝二年戸籍を検討して「破片的寄口にまで嫡子の記入がなされた事実」を指摘し、「これら嫡子が何ら承家人としての実体を有したことを意味せず、これらの嫡子記載が、造籍に際して、嫡妻長子に該当する男子全員に機械的に記入された結果に過ぎないこと」を明らかにされた[15]。すなわち戸籍の嫡子は承家人ではないのである。

大宝二年戸籍の嫡子記載という事実にもかかわらず、「古記」が「内八位以上得レ定二嫡子一、以外不レ合」とし、「一云」が「養老五年籍式、庶人聴レ立二嫡子一」としているのは、継嗣条の定める立嫡と戸籍上の単なる嫡子記載とが異なるものであることをこれら大宝令の注釈者が明確に認識していたためであって、戸籍の嫡子記入が継嗣条の具体的適用例であるならば、このような注釈を記すことはあり得ないであろう。したがって、庶人にも嫡妻長子＝嫡子という意味での嫡子理念の導入が図られていたことは確かだが、それは「継嗣＝立嫡」とは一応別のものであり、大宝令継嗣条は有位者の蔭による官位継承のための立嫡を定め、それを承家の形式で表現したものと考える。

また今江氏のいわれる③の庶人の「イヘ」相続に関しては、家の継承の客体が蔭の継承を除いては存在しないとの関口氏の指摘、また当時の家族実態についての吉田孝氏の研究成果[16]よりしても、「庶人に於ける実際の『イヘ』の継承」ということを、少なくとも当然の前提とすることはできない。

2　養老継嗣令の嫡子観念

大宝令継嗣条が以上のような内容のものであったとすると、養老令ではそれがどのようにかえられているのであろうか。庶人を対象外とした上で、八位以上に共通して嫡子と嫡孫を規定していた大宝令文とは異なり、養老令文では、有位者に関してはよりいっそう資蔭の制と密着した明確な規定となるとともに、一方では庶人立嫡が明記されるに至った。すなわち、三位以上は嫡子・嫡孫をたて、四位以下庶人以上は嫡子をたてる、ただし八位以上には嫡子立替に制限があるのである。このように庶人立嫡を含む養老令継嗣条にいう嫡子が、大宝令のような蔭による官位継承のための嫡子であり得ないことは明らかであろう。ただし養老令は養老年間に制定されたもののその後天平勝宝九歳に至るまで施行されなかった(17)。そしてその間に養老五年籍式が出されそこで庶人立嫡のことが規定されている。したがって養老令継嗣条の性格を考察する前提として、まずこの籍式にいう「嫡子」の性格を明らかにせねばならない。

戸令応分条の「一云」は、「養老五年籍式、庶人聴レ立二嫡子一。即依二式文一、分レ財之法、亦同二八位以上嫡子一耳」と述べている。今江・宮本両氏はこの養老五年籍式を、庶人に一貫して存在した「承家」のための嫡子をあらためて確認したものと解されたが、この考えが成り立たないことはすでに述べた通りである。それではここに至ってはじめて認められた「庶人立嫡」の内容は何か。大宝二年戸籍に記入された「嫡子」とどう異なるのか。

関口氏は、大宝二年戸籍の嫡子が嫡妻長子たるすべての男子に記入されていてなんら承家の実体を有しなかったのに対して、養老五年下総戸籍の嫡子は郷房戸主長子に限って記載されていて、承家人としての嫡子の意を付与されていることを指摘された。そしてこの場合の「承家」とは「郷房戸主として律令的収奪を完納する責任自体を父たる郷戸主より継承す」ることであり、これこそ養老五年籍式に規定された庶人立嫡の内容であることを明らかにされた(18)。氏のいわれる「律令的収奪単位として律令国家に把握された戸」の継承とは、すなわち当時の明法家の言葉をかりていえば「戸政」の継承に他ならない(19)。そしてこの「戸政」の継承という内容を付与されることではじめて庶人嫡子は「承家」の形式を備えるに至ったのである(補1)。

　このように養老五年籍式自体は、直接には律令制収奪の整備と関わって、養老令の施行を待つことなく独自に実施されたものである。しかしこの籍式に定められたような庶人立嫡の観念を前提として、はじめて養老令の継嗣規定はなり立つ。大宝令の継嗣は有位者の蔭による官位継承を目的とするものであったが、それが同時に家の承継として考えられていたことは、すでに石井氏が指摘されている。一方養老五年籍式の庶人立嫡規定により、蔭による官位継承という客体をもたない庶人層も、「戸政」の継承という内容を付与されることで、承家の形式を備えるに至った。養老継嗣令継嗣条が有位者については蔭による官位の継承という性格をよりいっそう明確にする方向での修正を加えながら、一方で大宝令にはなかった「謂、庶人以上」との本註を明記し、有位無位を通じての継嗣規定となっている由来はこの点にあると考える(20)。

　養老令における継嗣規定が、蔭による官位継承のための有位者嫡子のみならず、戸主の地位の継承という意味での庶人嫡子をも対象としていることは、戸令5戸主条の諸注釈からも明らかである。「凡戸主、皆以二家長一」という令文に関して、「義解」は「謂、嫡子也。凡継嗣之道、正嫡相承。……故以二嫡子一為二戸主一也」とし、「穴」も「家長謂二嫡子一也。无二嫡子一立二嫡孫一、以レ次立、皆依二継嗣令一耳也。……凡立二戸主一者、一依下立二嫡子一之条上耳」と述べている。すなわち戸主の地位の継承は嫡子によってなされるべきであり、その立嫡法は継嗣条規定によることが明言されている。

それに対し「古記」は、「問、父不レ定二嫡子一死、母見在、以レ誰為二戸主一。答、以レ母為二戸主一。……問、有二嫡子一幼若、若ヨ為処分一。答、嫡子幼弱者、猶為レ以レ母耳」と述べている。そこでは戸主の地位継承と嫡子とは必ずしも直結せず、また継嗣条規定も何ら問題とされていないのである。ここの「一云」の「依レ法定二嫡子一、合レ為二戸主一」という解釈は、応分条の「一云」とも対応しており、養老五年籍式の庶人立嫡規定によって、大宝令継嗣条の立嫡範囲が修正拡大されたとの考えに基づくものである（次節後述）。

このように継嗣規定が蔭による官位継承のためのみのものではなくなったとすると、継嗣の観念も当然それに伴って変化せざるを得ない。継嗣条に続く定嫡子条の「其嫡子有二罪疾一、不レ任レ承レ重者……」という規定の「承重」をめぐって、「義解」「釈」は、「継レ父承レ祭。々事尤重、故云レ承レ重」「継レ父承レ祭者也。祭事尤重、故云レ承レ重」との注釈をほどこしている。滋賀秀三氏によれば、この承重というのは中国における祭祀相続の観念を示すものであって、「宗廟主祭権の単独相続、及びその相続順位における嫡長系の優先という二つの原理」に基づいている[21]。しかし中国にあっても、かかる祭祀相続の原理そのものは周代以降後世にはすたれ、ただ封爵相続を伴う場合に機能するにすぎない（第三節後述）。したがって前述の「義解」「釈」の解釈は、我国の古代にかかる祭祀相続の実態があったことを示すものではなく、「中国における古義を伝えたもの」である（滋賀氏、八五頁）。

何故にこのような注釈がなされたのであろうか。それは、有位者における官位の継承、庶人における戸政の継承という異なる二つのものが、養老継嗣令では「承家」＝継嗣の形式の下に統一されているために、それら両者を包摂し説明し得る観念として採用されたものなのである[22]。大宝令文にもこの「承重」の語は存したが、「古記」は「承レ重、謂説二祖父之蔭承継一也」と述べ、もっぱら蔭の継承をその内容としてあげて事足れりとしている。「義解」「釈」と対比するならば、この間の相違は明らかであろう。

以上、継嗣条の嫡子概念について考察してきたことをまとめるならば、大宝令継嗣条は八位以上を対象とし蔭による官位継承のための立嫡を定めたものであって、それが同時に「承家」＝継嗣として観念されていた。それに対し庶人はこのような継嗣規定とは無縁であり、戸籍の嫡子記載はたんに嫡妻長子を嫡子と表現しているだけで、「承家」のための立嫡を意味していない。養老令継嗣条は、有位者に関しては嫡孫の位置付けを明確にし、よりいっそう資蔭制と密着した規定へと改められた。ところが一方で、庶人嫡子も「戸政」継承のための立嫡という意味で「承家」＝継嗣の形式を備えるに至ったため、それをも包摂して養老令継嗣条は有位無位を通じての継嗣規定となっているのである。

さて継嗣条の嫡子概念、大宝令から養老令への変化をこのようにとらえるとすると、それは応分条の嫡子概念および其の大宝令から養老令への変化とどのように関わっているのであろうか。すでに考察の過程で若干ふれた部分もあるが、次節ではこの点を明らかにしていきたい。

第二節　応分条の嫡子

1　大宝令の継嗣条嫡子と応分条嫡子

まずはじめに大宝令における継嗣条嫡子と応分条嫡子との関係を明らかにするために、応分条の「古記」と「一云」をあらためてとり上げ検討する。

古記云、……問、定二嫡子一有レ限以不。答、内八位以上得レ定二嫡子一。以外不レ合、財物均分耳。但累世相継富家財物者、准二八位以上一処分也。一云、養老五年籍式、庶人聴レ立二嫡子一。即依二式文一、分レ財之法、亦同二八位以上嫡子一耳。

前節でも述べたが、ここで「古記」は応分条の財産相続規定にいう嫡子の範囲に限定があるのかどうかを問題とし、継嗣令継嗣条の規定を援用して、この応分条の嫡子も同様に八位以上だとしている。すなわち継嗣条の嫡子と応分条の嫡子は密接不可分、後者は前者を前提として成立している規定とみていることが明らかである。したがって、たんに嫡妻長子の意味で戸籍に記入されているだけで、継嗣条の立嫡規定に含まれない庶人の嫡子は、この応分条の「並入二嫡子一」という財産相続法とも関わりないものであって、「以外不レ合、財物均分耳」とされざるを得ない。この「財物均分」とは、文脈をたどってくれば明らかなように、応分条の嫡庶異分規定を適用する範囲外（「以外不レ合」）だという意味で述べられているのであって、それ自体としては必ずしも積極的に庶人の均分相続を主張しているわけではない。すなわち、庶人の財産相続ということはこの応分条では全く問題外なのである。継嗣条の立嫡規定の対象外でありながら、この応分条の財産相続に関しては八位以上に准じて処分する、とされている「累世相継富家」が何をさしているのかは、最後の「おわりに」のところで明らかにしたい。

このように大宝令文は庶人を問題外としていたのだが、前節で明らかにしたように、たんなる嫡妻長子という意味ではない庶人立嫡の制が養老五年籍式により実施された。天平年間に成立した「古記」がそれを無視しているのは、あくまでも大宝令文の注釈をするという立場から、継嗣条が「凡八位以上……」として立嫡の範囲を限定している限り、それを前提とするこの応分条嫡子には庶人は含まれない、との考えによるのであろう。それに対して「一云」は、「依二式文一、分レ財之法、亦同二八位以上嫡子一耳」との異説を述べている。しかしこれも、応分条の嫡子が継嗣条の嫡子規定を前提としていることをふまえた上で、式文で庶人の立嫡が制度的に認められたということは、大宝令継嗣条の立嫡範囲が修正拡大されたということを意味するのであろうから、(23)この式文を拠りどころにして考えると、継嗣条規定の八位以上嫡子に適用されるべきこの応分条の分財法も、また同様に庶人嫡子にも適用されるべきであろう、との解釈を示しているのである。

それでは継嗣条の注釈においてはどうか。ここでも「古記」は、「……但父先立レ嫡、嫡身亡、更未レ立之間、父身亡、幷父立已訖、身亡未レ分レ財、及不レ被レ蔭之間、嫡子身亡、及有二罪疾一者、更不レ合レ立レ嫡」と述べている。蔭の継承と分財に際しての得分との双方にともに関わるものとして立嫡の手続きを問題としているのであり、応分条の注釈にみられたところと一致する。

以上の検討を通じて明らかになったように、大宝戸令応分条の嫡子は継嗣令継嗣条の嫡子と密接不可分、いいかえれば応分条は有位者層の財産相続のみを問題としたものなのである。(追補1)それでは養老戸令応分条ではこの関係はどうなっているのだろうか。まず継嗣令に関する注釈からみていきたい。

2　養老令の継嗣条嫡子と応分条嫡子

養老継嗣令2継嗣条・3定嫡子条の諸注釈は、嫡子の死亡・罪疾の際の嫡子立替をめぐって種々の説を述べているが、前に紹介した「古記」とは異なり、多くは継嗣令の規定の内部でのみ考えていて応分条への言及はない。ただし継嗣条の「穴」は、「穴云、……問、八位以上嫡子、叙訖身死、不二更立替一。其若未レ処二分財物一者、一宅合二諸兄弟均分一。初位及庶人、嫡子身死、更立替、与二情願一宅一。何故八位以上倒下二於庶人一由何。答、依レ文習耳。又為二両度不レ可レ叙故」と述べている。

ここで「穴」がいっているのは、八位以上の嫡子には叙法との関係で立替に制限があり、それを前提として考えると、分財に際しても、嫡子が存在しないために財物は兄弟均分という事態が生じ得る。それに対し初位・庶人の嫡子は本来叙法とは関係ないので、立替にも制限はない。したがって分財に際しても常に嫡子は規定の得分を得ることができる。とするならば八位以上の嫡子は庶人の嫡子よりも冷遇されていることとなりおかしいのではないか、として疑問を発しているのである。すなわち、養老令応分条の「嫡子二分庶子一分」という分財規定の嫡子は継嗣条の嫡子を前提としていることを認識した上で、そのままでは分財に際して矛盾が生じ得ることを指摘したものである。この矛盾は、応分条嫡子の前提たる養老令継嗣条の嫡子が、蔭の継承のための有位者嫡子をも含む庶人以上共通の概念として規定されているところから生じるものであって、大宝令の注釈たる「古記」のように、継嗣条・応分条ともに有位者層にのみ関わるものとして統一的に理解し得なくなっていることを示している。

また「讃」は、「讃云、雖レ不レ得二出身一、為二身承レ家更立レ嫡、如二庶人一也」としている。これは前記の「穴」が、疑問を発しながらも結局は令文規定によって、分財に際して嫡子不在という事態が生じるのもやむを得ないとしていたのに対して、有位者については、叙法にのみ関わる立嫡規定とそれ以外の立嫡とを切り離して考えることにより、この矛盾を解消しようとしたものである。定嫡子条の「或云、……但嫡子有レ罪後立二嫡子一者、難レ得二嫡子之位一、唯得二嫡子之物一耳」という注釈も、同様の方向を示すものであろう。

では応分条においてはどうであろうか。「……嫡子各二分」の部分に関して次のような注釈がみられる。「穴云、……又問、叙了死者、不レ得二立替一、雖レ為二出身一不レ許。而与レ財承レ門、許レ立レ嫡哉。答、叙了、身亡不レ立耳。少不レ安。……問、其八位以上嫡子叙訖、身死、更不二立替一、於二此処分一何。又庶子立(人?)二嫡子一、嫡子身死、更有二立替一乎。(今説、兄弟亡者、子承二父分一。即明、嫡子之子承二父二分一、庶子之子承二父一分一。然則雖レ有下依二彼令一立上而不レ与二嫡子之分一耳。)答、於二庶人ニ不レ合レ有ニ叙位之類一、然則以レ次立替无レ禁。以レ此准、八位以上嫡子叙訖身死者、依ニ此令心一、更立替、与ニ二分一。但不レ聴ニ出身一耳。不レ依ニ此説一也」

ここでは、嫡子が叙位の後に死んだ場合には嫡子立替を聴さないのが継嗣令の規定だが、その場合分財のための立嫡は許されるのか、との問を発して、立嫡せずと答えている。継嗣条と応分条の嫡子が密接不可分なものであるかぎりこういう答にならざるを得ないわけだが、そこで「少不レ安」とされるような矛盾が何故に生じるのかは、それに続く「問、其八位以上嫡子叙訖……」以下の部分に明らかである。ここでは八位以上と庶人とに分けて再度の疑問を出し、庶人は叙位に関係ないのだから継嗣条の規定よりして嫡子立替に制限はない（したがって応分条の「嫡子二分……」の規定が常に適用される）、それによって考えれば、八位以上の嫡子が叙位後に死亡した場合もこの応分条に関しては嫡子を立替て二分を与える、しかし継嗣令の規定により出身は聴さない、との答が示されている。

すなわちここでも矛盾は、養老令継嗣条が蔭による官位継承のための有位者嫡子としからざる庶人嫡子を形式的に同一の嫡子概念のもとに規定し、応分条嫡子がその継嗣条の嫡子を前提としているところから生じているのである。したがって「穴」はその解決のために、有位者に関して継嗣条と応分条とを切り離して考えるという一つの解釈のあり得ることを示しながらも、「不レ依ニ此説一也」として、結局は初めの問に対する答と同一の立場を堅持している。それに対し「今説」は、継嗣規定に従って嫡子を立替えても、分財に関しては依然として前の嫡子の子が父の二分を承けるのだと述べていて、別の方向からであるが、これも有位者に関して継嗣条と応分条を分離することを主張したものといえよう。

さて以上の検討を通じて明らかになったように、大宝令においては継嗣令継嗣条の嫡子は、八位以上の官人の蔭による官位の継承を目的として規定されたものであり、戸令応分条の嫡子もそのような嫡子規定を前提として、有位者層の財産相続にのみ関わるものであった。その限りで両条とも一定の実体を対象として規定されたものといえよう。それに対し養老令では継嗣条の嫡子は、蔭の継承を目的とする有位者嫡子と戸政の継承を目的とする庶人嫡子とを、形式的に承家の概念で統一して規定したものであり、それを前提とする応分条の嫡子もまた当然に有位者層のみの財産相続に関するものではあり得ない。しかしそれが形式的に統一されただけの嫡子概念を前提としている限り、蔭の継承のための厳密な立嫡規定（立嫡孫・嫡子立替等）を有する有位者層の分財に際して、法的に矛盾の生じてくることはさけられない。そのために、有位者に関してのみ継嗣条と応分条の嫡子を切り離して考えようとする法解釈も生じてくるのであるが、養老令文自体に即していえば、同じ令文の規定として、継嗣条の嫡子と応分条の嫡子が密接不可分である限り、それは、かかる嫡子概念に基づく応分条の分財規定そのものが観念的な要素を多分に持つものであることを意味しているのではないだろうか。(24)

第三節　継嗣条と氏上

1　氏上について

第一節では継嗣条嫡子の性格を検討し、次いで第二節でそれと応分条嫡子との関係を明らかにした。ところで継嗣条は継嗣のための立嫡・立嫡孫の規定に続けて、後段に氏上（養老令では氏宗）についての特別規定を設け「聴レ勅」としている。ということは氏上の継承が、蔭による官位の継承を客体とする有位者の継嗣と、同じ継嗣条に規定されるべき何らかの関連を有していることを意味するであろう。また養老令応分条には「氏賤不レ在二此限一」との本註によ る例外規定があり、これについて「釈」および釈背の「或云」は、「入二氏宗之家一」「充二氏宗之家一」と述べている。そこで、応分条を再検討するための前提として、この氏上(氏宗)の性格を検討し、それが何故に立嫡規定と併せて継嗣条に規定されているのかを明らかにしておきたい。

まずはじめに「氏」「氏上」について考察する。「氏上」の語は『日本書紀』天智三年二月丁亥条に、「其大氏之氏上賜二大刀一、小氏之氏上賜二小刀一、其伴造等之氏上賜二干楯・弓矢一」とあるのが初見であり、ここでいう「氏」は畿内の豪族をさすと考えられる。また天武十年九月甲辰条には、「詔曰、凡諸氏有二氏上一未レ定者、各定二氏上一而申二送于理官一」とあり、同十一年十二月壬戌条にも重ねて同趣旨の詔が出されている。そしてこれと関連して、『続日本紀』大宝二年九月己丑条に、「詔、甲子年《(天智三年)》定二氏上一時、所レ不レ載氏今被レ賜レ姓者、自二伊美吉一以上、並悉令レ申」とあるのよりすれば、「氏上」を定めて理官で登録した「氏」の範囲は、大宝段階では伊美吉(忌寸)以上であることがしられる。

一方前述の如く、継嗣令2継嗣条の最後は「其氏宗者聴レ勅」(大宝令では「但氏上者聴レ勅」)、それに続く3定嫡子条は「凡定二五位以上嫡子一者、陳二牒治部一、験レ実申レ官」となっている。そして「氏上」を登録した理官の後身官司は治部省にあたることから、令制下において「氏上」を勅定して治部に登録されるような「氏」とは、ほぼ五位以上の官人を出し得る階層であると推定される。また後宮職員令の氏女采女条には「凡諸氏々別貢レ女。……其貢二采女一者、郡少領以上姉妹及女……」とあり、これについて「古記」は「其氏女謂二京畿内一也」と述べているので、氏女を出し得るのは郡司層とは区別された京畿内の「氏」であることがわかる。

以上のような「氏」「氏上」に関する史料をふまえて、直木孝次郎氏は「『氏』は、主として畿内を本拠とし、中級以上の官吏を出すだけの勢力をもった血縁集団を意味する」とされた。(25) そしてさらに「国造・郡司クラスの地方豪族は『氏』の中にはいらないのが、一般の用語例」であり、「政治史的にはこの区分は重要である」が、「社会構造の上からみた場合……『氏』の構造の特質の基本的なものは、地方豪族の中にあらわれていると考えてよいであろう」と述べておられる。

右の直木氏の見解で、令制下で「氏上」を定めて官に登録する「氏」が、カバネでいえば忌寸以上、官位でいえばほぼ五位以上の官人を出し得る畿内の貴族層である、との指摘に私も従いたい（以下の論述ではかかる意味の氏《ウヂ》を「氏」と表記する）。またかかる「氏」の範囲の限定は政治史的区分であって、国造郡司クラスの地方豪族も同様の構造の氏《ウヂ》を形成していた、といわれる点もその通りであろう（この意味の氏《ウヂ》を、前記の「氏」と特に区別するために以下の論述では氏結合と記す。したがって氏《ウヂ》の語は、これら両者およびこれらが制度的に成立してくる以前の形態を指す場合に用いる）。しかしその貴族豪族を通じての氏《ウヂ》の基本的性格として、直木氏は「血縁性」とともに「豪族すなわち社会の支配階級に属するものが集団の中心に存すること」とされている。形成された氏《ウヂ》が血縁性（擬制をも含めて）を有していることはその通りであるが、後者の指摘はこれだけではやや不明確のように思われる。

これについて門脇禎二氏は、「諸農業共同体の首長とその一族からなる支配者集団が、それぞれ成長してきた共同体の外部で、有力首長を中心に重層的に結合したのが日本古代の『氏族』的結合であった。したがって、それら『氏族』の中心になる首長が氏上、これと結合した諸共同体の首長・一族が氏人であった。……これらの『氏族』のうち、有力な『氏族』の氏上がいわゆる古代貴族である」と述べておられる。[26]

諸共同体の首長・一族が支配のために結合した組織として、そもそもの日本古代の氏《ウヂ》の本質をとらえる右の門脇氏の見解に私も従いたい。[追補2]ただし門脇氏の見解では、「氏上」とそれを定める「氏」の範囲の固定・制度化ということの意義が不明確であるが、この点は前述の如く直木氏の説に従うべきものと思う。また氏《ウヂ》は「大和朝廷と何らか政治的関係をもつことを原則とする」との直木氏の指摘も重要であろう。

さてそのような氏《ウヂ》の発展の中から、前記の内容を持つ「氏」が制度的に確立されるに至ったとして、そのことは令制下において「氏」以外の豪族層については、現実としての氏結合を有するのみで、その氏結合は何ら国家的には把握されていなかったことを意味すると考えるべきであろうか。そうではあるまい。『続日本紀』大宝二年四月庚戌条の「詔定二諸国々造之氏一、其名具二国造記一」、選叙令郡司条の「古記」にいう「先取二国造一、謂必可レ被レ給二国造之人一……以外、雖二国造氏一不レ合」をみても、郡司に補任されるべき階層が郡司個人としてではなく「国造氏」として把握されていることが明らかである。また先述の氏女采女条は、畿内の「氏」は「氏女」を、郡司層は「采女」を出すべきことを規定しているのであるが、これも「氏」として確定されたものが郡司層を除く畿内の氏《ウヂ》であることを示すと同時に、そのような「氏女」を出す「氏」と「采女」を出す郡司層が、貢進主体として共通する構造を有しており、そのような単位として国家的に把握されていることをも示している。

文武二年九月戊午条には麻續連・服部連に関する氏上・助の任命記事がみえるが、この二氏のカバネが連であって先述の忌寸以上という「氏」の範囲にあてはまらないところから、この任命は特例の措置と解されている(27)。そうだとしても、そのことは結局、「氏上」を定めて登録することや「氏」の範囲の確定は制度的なものであり、実体としての氏結合およびその結合のカナメとしての氏上的なものは、かかる「氏」の外延部に広範囲に存在し、またそのようなものとして把握されていたが故に(補2)、必要に応じての特例措置が可能であったことを示すものであろう。

またたとえば「阿波国板野名方阿波等三郡百姓等言。己等姓、庚午年籍被レ記二凡直一。……於レ是改為二粟凡直一」(28)等等の改姓申請記事の背後にも、改姓申請の主体としての氏結合の広がりを見出すことができよう。朝廷の政治に直接に参画する部分を「氏」として確定した後、それ以外のものについては公的には姓の制度を通じて把握されたと考えられ、継嗣（おそらく氏上の登録も）を掌った治部省は同時に「掌二本姓一」とされていて、それについて「釈」は「本姓者、天下諸氏之本姓也」、「古記」は「本姓者、諸人姓氏也」と述べている。(29) ただし、大宝以後の姓（氏姓のこと、以後特に「カバネ」とことわらない限りこの意味）の秩序の整備拡充とともに、(30) このような氏結合の把握も次第に形骸化し、遂には「姓＝氏」として表現されるのみとなる。(31)(補3) 前述の大宝二年の「甲子年定二氏上一時、所レ不レ載氏、今被レ賜レ姓者、自二伊美吉一以上、並悉令レ申」との詔は、そのような政策動向の中で、あらためて政治的に区別さるべき「氏」「氏上」の確定を図ったものとして位置づけられる。また同年に国造氏を定めて国造記にのせたのも、中央の「氏」「氏上」の治部省台帳への登録に対応する措置であって、(32) 地方における中核的氏結合を同様の面から掌握したものといえよう。

阿部武彦氏は奈良時代の太政官政治を検討して、「旧豪族は同一氏から一人を議政官に送り、その者が死んだ場合他氏に優先して後継者を議政官に送り得た」ことを明らかにされ、「いわば諸氏の代表として選出せられたこれらの人人は氏の首長ともいうべき人々ではなかったであろうか」と述べておられる。(33) 「氏」として定められたものの範囲を考えあわせるならば、これは結局、議政官のように一氏一人という原則ではないが、中央の官人には、「氏」を代表して出仕する側面があることを意味する。

以上の考察により令制下の「氏上」とは、広範に存在する氏《ウヂ》の中から、ほぼ五位以上の官人を出し得るような畿内の上級・中級の「氏」（カバネでいえば忌寸以上）を特に区別して制度的にその構成員の範囲を確定し、その構成員を率いて直接に朝廷の政治に参画するものとして定められたものであることが明らかになった。とするならば、そのような「氏上」の継承が継嗣令継嗣条の末段に定められていることはどのように考えたらよいであろうか。それぞれ対象を異にする継嗣として併せ規定されている、というにはとどまらない深い関連がそこには存するのではないか。

2　封爵継承と「氏」の継承

右に関して参照すべきは喪葬令10三位以上条の次のような規定である。

凡三位以上、及別祖氏宗、並得レ営レ墓。以外不レ合。雖レ得レ営レ墓、若欲二大蔵一者聴。

この「別祖氏宗」について、「義解」は「別祖者、別族之始祖也。氏宗者、氏中之宗長。即継嗣令聴レ勅定、是也」とし、「跡」「古記」はそれぞれ「別祖、謂仮士師給二秋篠姓一之類」「別祖、謂本同族、今別姓也」と述べている。すなわち、「別祖」とは天皇から別姓を賜わって新たな「氏」を形成することを認められた始祖＝初代の氏宗（氏上）のことである。

ところでこの三位以上条に該当する唐令の条文は、喪葬令にはみられないが、次にあげる儀制令の規定がこれと密接に関連するものと思われる(34)。

諸文武官、二品以上祠四廟、五品以上祠三廟（三品以上不レ須二兼爵一、四廟外有二始封祖一者、通祠五廟）、牲皆用二少牢一。六品以下達二於庶人一、祭二祖禰於正寝一、用二特牲一（縦祖父官有二高下一、皆用二子孫牲一(35)）

「始封祖」とは、「王公侯伯子男」という封爵(36)を始めて授けられたもののことであり、その者の廟はその後を継いだ承嫡者によって、通常の父祖の廟とあわせて代々祭られるべきことを規定したのが右の令文である。

そもそも封爵とは、周代に諸侯に封土を賜与したところにその淵源を有するが、すでに唐代においては、特に功のある一部のものに実封を与える以外は一定の特権を伴う栄典へと変化していた。しかしこの爵は子孫代々継承されるという点で、他の官と異質であり、「爵＝所領支配」だったころの遺制をその原理としてひきついでいる(37)。そして周代においては、封土を与えられた諸侯が周室の礼制に従って自己の父祖を祭るということが周の支配体制維持のために重要な意味を持っており[38]、「始爵者＝大祖廟主」をまつる宗廟祭祀の単独相続制が士大夫について成立したのである[39]。通常の父祖を祭る宗廟祭祀そのものは宗族制の社会的広がりとともに広範に存在するが、第一節でも述べたように、かかる宗廟主祭権の単独相続は唐代にはもっぱら封爵相続を伴う場で機能しているにすぎない[40]。

すなわちこの儀制令条文のいう「始封祖」の廟は、封爵を継承した承嫡者および子孫一族と国家との関わりを象徴するものなのである。宗廟祭祀の存在しない日本においては、それが営墓資格をめぐる令規定として問題とされているのだが、そこには共通する原理を見出すことができる。三位以上条の「一云」は、問題の「別祖」について「雑戸陵戸官戸家人奴婢訴レ良、得レ免亦合レ聴。為二後表一故也」と述べている。解放された雑戸以下についても営墓を認めるというこの解釈は、「別祖氏宗」という令文の規定からは明らかに逸脱しているが、それも「賜姓＝氏《ウヂ》の把握＝後表のための営墓」という原理を、二次的に変質した賜姓の機能だけに着目して拡大解釈したためなのである。

さてこのように考えてよいとすると、唐令の「始封祖」が日本令では「別祖氏宗（氏上）」に改められていることになる。すなわち、別姓を賜わり新たな「氏」を形成することと封爵を賜わることが、ある意味で対応しているわけである。ところが第一節で述べたように、この封爵の嫡々継承法を定めた唐封爵令の規定が、まさに日本令では有位者の蔭による官位継承を内実とする継嗣規定へとくみかえられている[41]。この間の関係をどのようにとらえたらよいであろうか。

3　封爵継承と官位の継承

日唐令における資蔭制度を比較された牧英正氏は、日本では唐の科挙に倣って貢挙の制が設けられてはいたものの、それらはほとんど人材登用の機能をはたさず、一方蔭位の制が著しく強化されていて、それが高位者の特権的地位の再生産を保証するものとなっていることを指摘された[42]。日本の官人出身法が資蔭制を基本としていることは牧氏の明らかにされた通りであるが、日唐の官人再生産の構造において著しい相違をなすのは、たんに蔭の優遇の度の強弱ということではない。すでに述べたように、日本の中級以上の官人には「氏」を代表して出身するという側面が存した。青木和夫氏が指摘されたように、族姓の秩序の整備と官位相当制の確立により、「位が氏姓に代る機能を果」すものとなったために、大宝令では氏姓の大小が論じられなくなったものと考えられる[43]。このように資蔭制が氏姓の秩序を背景とし、それを支えるものとして機能している点こそが重要であろう[補4]。

唐制でも蔭出身者が優遇されることには変わりがないが、南北朝以来の長い経過の中で門閥貴族はすたれ、「官人個人の官品が蔭の基準」となる体制の下で新たな官人秩序が形成された[44]。封爵はこのような官品とは別個に、皇族および有功の臣に特に授けられる栄典として存在し、子孫一族によってうけつがるべきものとしての特殊性の故に、唐令は特にその継承のために立嫡規定を設けている[45]。かかる族的把握の淵源が周代に存することは既述の通りであるが、それはこのように限定された場に遺制としてあるにすぎないのである。

日本にはかかる封爵の制が存在しない。しかしそれは伝統的「氏」の地位の再生産が官位の継承そのものによって保証されているからであり[46]、唐封爵令の封爵継承のための立嫡規定が、我国では蔭の継承を目的とする継嗣令継嗣条の立嫡規定にくみかえられているのはそのためである[47]。すなわち、官位相当制と資蔭の制には、「氏」を官人制という律令的表現を通じて把握したものという側面が存する。蔭の継承のための立嫡を定めた継嗣条の後段にかかる上・中級官人の出身母体を直接に把握したものとしての「氏」の統率者たる「氏上」の継承規定が記されていること、宗廟祭祀をめぐる唐令の「始封祖」と営墓資格についての日本令の「別祖氏宗」とが対応していること、その別祖たる指標が氏《ウヂ》把握のもう一つの側面である賜姓にもとめられていることも、これによって容易に理解し得るであろう(48)。唐令の封爵の継承をめぐる規定は、我国では蔭による官位の継承と「氏」の継承に関する規定に複雑に重なり合いながら分化しているのである。

このことは、かかる継嗣条の嫡子概念を前提とする応分条の分財規定を検討するに際しても、忘れてはならない重要な点であろう。

第四節　地方豪族と立嫡制

1　「内八位以上」をめぐって

前節では継嗣令継嗣条の立嫡規定の背景に「氏」が存することをみてきた。ところで律令官人制により把握されたのは「氏」のみではない。五位以上の官人が際だった特権を有しており、彼らの出身母体のみが特に「氏」として公的地位を得ていることの意味は大きいが、大宝・養老両継嗣条を通じて、蔭による官位継承のための立嫡が必要とされているのは「八位以上」であり、中小豪族の氏結合も資蔭制による把握の対象となっていることは明らかである。それでは郡司層に代表される地方豪族の氏結合もこの制度の中に組織されていたと考えてよいであろうか。ここで問題となるのが、第一節で検討を保留した「内八位以上」という「古記」の文である。そこで本節では郡司層の出身法と立嫡制との関わりを明らかにし、大宝令継嗣条が律令官人制全体の構造の中でどのように位置づけられるのかを明らかにしていきたい。

　律令官人制の構造を検討された野村忠夫氏によれば、その出身法には蔭子孫・位子・白丁の区分があり、それぞれが再生産される仕組みになっている。すなわち五位以上の子孫は選叙令38五位以上子条・軍防令46五位子孫条によって、嫡庶の別に応じて従五位下から従八位下にわたる位を授けられ内舎人等として出身する。また内八位以上の嫡子は軍防令47内六位条により大舎人・兵衛・使部として出身するのであり(49)、継嗣条の八位以上の立嫡規定はまさにこの出身法と関わっている。ただ、ここで注目すべきことは、軍防令内六位条に「凡内六位以下、八位以上嫡子……」とあり、また後述の天平宝字五年乾政官奏に「外六位已下、不レ在二蔭親之限一……」とあるように、外位たる地方郡司層の子弟は、蔭子孫・位子の制の範囲外なのである(50)。

　それでは郡司層の再生産はどのように保証されていたのか。この点を明確にされたのは今泉隆雄氏である。今泉氏によれば、地方においては一般白丁と異なり郡司の子弟のみが、学令2大学生条と軍防令38兵衛条によって、国学→貢挙と兵衛出仕による出身法上の特権を与えられていた。そして郡領任用についても「郡領子弟→兵衛出仕→郡司任用というコースが令の原則として存した」のである(51)。ここでは「国学生、取二郡司子弟一為レ之」「凡兵衛者、国司簡二郡司子弟……」とあるように嫡庶の別は問題とされない。

　右に明らかにした郡司層の再生産の在り方をふまえて、日本の律令制における氏《ウヂ》と官人制との制度的関連を継嗣条規定を中心に整理してみるならば、おおよそ次のようにいえるであろう。中央の氏《ウヂ》は各々族姓の序次に応じてその代表的構成員が官位を与えられて出仕し、資蔭制によって階層的に再生産される。その中でも特に五位以上の官人を出し得る貴族層は、その出身母体たる氏《ウヂ》が直接に「氏」として公的地位を得、令文上にも位置づけられる。以上の関係を規定したのが継嗣令2継嗣条（立嫡と氏上継承）に他ならない。

　これに対し外位を有する地方郡司層は、それ自体としては資蔭制にくみこまれておらず、また「氏」のように明確化されることもなく氏結合そのものとして存在し、全体として郡司を再生産する。大宝二年詔の「定㆓諸国々造之氏㆒」、選叙令13郡司条の「先取㆓国造㆒」はそのことを示している。その一方、先述の「郡領子弟→兵衛出仕→郡司」という郡領任用コースのカナメたる兵衛は内考＝内位であり、(52) また外位の最高位たる外五位は内位に准じて蔭位制の対象となる。(53) 結局、官人としての出身法と深く関わる継嗣条の背景にあるのは、実は「氏」のみではなく広く氏《ウヂ》一般であり、それを特に「氏」に即した表現で規定したものであることが理解されよう。同様の関係は前節で検討した喪葬令10三位以上条についてもいえる。氏《ウヂ》を、その代表的構成員個人に官位・官職を与えるという形ではなく、集団として把握するのが、律令規定を超えて天皇により賜与される姓の制度なのだが、その原理は令文上では「別祖氏宗（氏上）」としてしか規定されないのである。

　さてそこで大宝令継嗣条文をいかに復原すべきかを、ここであらためて明確にしておきたい。第一節では一応中田氏の復原案に従って「凡八位以上……」とした。しかし継嗣条文をそのままに引用したと考えられる応分条の「古記」が「内八位以上」としていること、右に検討した官人出身法の構造と継嗣条立嫡規定との関わりからいって、この部分は「凡内八位以上……」と復原されてよいと考える。応分条の「古記」に基づいて復原された中田氏が、何故に「内」を除いたのかは不明であるが、おそらくこれを修正した養老令継嗣条が「……其八位以上嫡子……」となっていることを考慮されたのであろう。しかし後述の如く養老令継嗣条は大宝令と異なり、庶人以上を対象とするとともに、有位者に関しても内外位を通じての立嫡規定となっているのである。また軍防令内六位条にも明らかな如く、「凡内八位以上継嗣……」という表現は令文として何ら不適当なものではない。

2　地方郡司層と立嫡制

以上のような地方郡司層と立嫡制との関係は、天平二十一年に至り変更を加えられることとなった。

勅曰、頃年之間、補二任郡領一、……是以其緒非レ一、其族多レ門、苗裔尚繁、濫訴無レ次、……自レ今已後、宜下改二前例一、簡二定立レ郡以来譜第重大之家一、嫡々相継、莫上用二傍親一。終塞二争訟之源一、永息二窺窬之望一。若嫡子有二罪疾及不レ堪二時務一者、立替如レ令。(54)

すなわち、これ以後は郡司職の継承そのものが「嫡々相継」されることとなり、その嫡子に罪疾等があれば、令規定(=継嗣令)に従って立替られるのである。この勅は周知の如く郡司職をめぐる地方豪族層内部の争いの激化という動向の中から出されてきたものなのだが、本章で問題としている継嗣条との関わりでいえば、従来立嫡―資蔭制によってではなく氏結合の首長による継承が行なわれてきた郡司職について、中央の氏《ウヂ》と同様に立嫡制に基づく組織化を図ったものといえるであろう。継嗣令がまさにそうした氏《ウヂ》の組織化と密接不可分なものであることを右の勅は示している。

この動きは天平宝字五年に至ってさらに明確化された。

乾政官奏曰、外六位已下、不レ在二蔭親之限一。由レ此、諸国郡司承レ家者、已無二官路一、潜抱二憂嗟一。朝議平章、別許二少領已上嫡子出身一、遂使二堂構無レ墜、永世継レ宗。但貢二兵衛一者更不レ得レ重。奏可。(55)

これは天平勝宝九歳に施行された養老令の継嗣条が、庶人以上を対象にするとともに内外位を通じての立嫡規定となっていることをふまえた上で、先述の軍防令内六位条による限り蔭親の範囲外である外六位以下についても、郡司層の嫡子には出身法上の特権を与えることを定めたものなのである。このことが、このように明確な立嫡＝官位継承制にくみこまれる以前の兵衛出仕↓郡領という再生産のコースを、形をかえて把握しようとしたものであることも、「但貢二兵衛一者更不レ得レ重」とあることから明らかであろう。

しかしこの制は宝亀三年に至り停止された(56)。このことは氏結合の内部に嫡々相承制が成立していないことを示すとともに、首長による支配そのままの氏結合の性格を払拭しえていない、郡司職の官職としての特殊性による。「氏上聴レ勅」に関して「不レ論二嫡庶一」とあるように、集団の首長としての嫡々相承が成立していないことは中央の「氏」についても同様である。しかし「氏」は同時に、その代表的構成員が官位＝官職を媒介とする「家」を構成した(57)。その点に、蔭による官位継承のための立嫡が「承家」の観念の下に一般的「継嗣」として表現されえた根拠が存するのだが、郡司層の氏結合については、郡司職の継承そのものがかかる立嫡＝官位継承制によることは、その性格からいって本来的にはあり得ず、わずかに先述のような形態で再生産コースの一部がそこにくみこまれていたにとどまるのである。

おわりに

以上四節にわたって述べてきたことを簡単にまとめてみると、

①戸令23応分条の嫡子は継嗣令2継嗣条の嫡子を前提とし、それと密接不可分なものである。

②その継嗣条は、大宝令においては有位者（厳密には内八位以上）のみを対象として蔭による官位継承のための立嫡を定めたものであったが、養老令ではかかる有位者嫡子と戸政継承のための庶人嫡子をあわせ規定したものへと修正

された。かかる変化に対応して、応分条も、大宝令では庶人を問題外として有位者層のみの財産相続を規定していたのが、養老令では庶人以上を対象とするに伴い、観念的なものに変わっているのではないかと推定される。

③日本の官人出身法の基本たる資蔭制の背景には古来よりの氏《ウヂ》が存在し、その氏《ウヂ》の一部を特に政治的に確定し公的地位を与えたものが「氏」に他ならない。その故に、継嗣条の後段にかかる「氏」の首長たる「氏上」の継承が規定されるのであり、前段の立嫡制と併せて、律令制的に把握された氏《ウヂ》の両側面を示している。

④郡司層の再生産の在り方をふまえると、立嫡制の中に明確に組織化されてはいないものの、官人出身法と深く関わる継嗣条規定の背景には、これら郡司層の氏結合もまた存したものと考えられる。

　さて以上の検討結果をふまえるならば、有位者層の立嫡を定めた大宝令継嗣条の嫡子概念を前提とする同戸令応分条は、同様に有位者層の財産相続を定めたものに他ならない。そしてその立嫡＝官位継承制の背景には明確に氏《ウヂ》が存在したのであり、この「嫡子」とは、すなわち氏《ウヂ》の首長層の官人制的な一表現形態とみることができる。このことは、「応レ分者、宅及家人奴婢並入二嫡子一……」ではじまる大宝戸令応分条が、実は氏《ウヂ》の財産相続を問題としたものであることを意味していよう。その場合、継嗣条が中央の「氏」に即した表現となっていることをうけて、応分条の嫡子も直接には「内八位以上」に限定される。しかし、継嗣条の背景に氏《ウヂ》一般と官人制との関わりが存したのと同様に、応分条も実は氏《ウヂ》全体に関わるものであった。そのことを如実に示すのが、「古記」のいう「累世相継富家財物者、准二八位以上一処分也」であって、この「累世相継富家」とは、具体的には地方郡司層の氏結合をさしている。「累世相継」の「家」とは、前節でとり上げた天平二十一年勅・天平宝字五年乾政官奏にいうところの、郡司職をめぐる「相継」「承家」と関わる観念に他ならない。

　以上、本章では令文に示された嫡子概念の性格のみに問題を限定して、戸令応分条を再検討するための一つの前提作業を行なってきた。そこで得られた結論は、大宝戸令応分条は唐令の如き共財の家産の兄弟による分割法ではなく、中田氏のいわれるような家長の遺産の相続法(58)でもなく、氏《ウヂ》の財産の相続法を問題としたものではなかったのか、ということである。このようなとらえ方が妥当かどうかは、さらに次章以下で応分条全体の構成を検討する中で明らかにしていきたい。

註

(1) 日本思想大系『律令』(以下、『律令』と記す)戸令23、および補注23a〜pを参照。
(2) 中田薫「養老戸令応分条の研究」『法制史論集』一、岩波書店、一九二六年、五四・五七頁に各々の主要相違点が列挙されている。
(3) 中田氏右掲論文。石井良助『長子相続制』(法律学大系第二部ノ84)、日本評論社、一九五〇年。宮本救「日本古代家族法の史的一考察」『古代学』三—四、一九五四年。井上辰雄「戸令応分条の成立」『(坂本太郎博士還暦記念)日本古代史論集』下、吉川弘文館、一九六二年。吉田晶「氏賤・家人・奴婢の関係についての覚書」『続日本紀研究』一〇—六・七、一九六三年、等。
(4) 中田薫「養老律令前後の継嗣法」、註(2)前掲書、九一頁。
(5) 石井氏註(3)論文、三九頁。
(6) 同右、五〇頁註(1)。
(7) 仁井田陞『唐令拾遺』封爵令二乙
諸王公侯伯子男、皆子孫承レ嫡者伝襲。若無二嫡子一及有二罪疾一、立二嫡孫一。無二嫡孫一以レ次立二嫡子同母弟一。無二母弟一立二庶子一。無二庶子一立二嫡孫同母弟一。無二母弟一立二庶孫一。曾玄以下准レ此。無レ後者国除。
(8) 「蔭位」は直接には五位以上に関わる用語(野村氏註(49)著書)であるから、以下の論述では石井氏のいわれる意味での有位者嫡子による継承を「蔭による官位の継承」と表現する。

(9) 今江広道「戸籍より見た大宝前後の継嗣法――特に庶人の嫡子について――」『書陵部紀要』五、一九五五年。

(10) 宮本救『日本古代家族法』補考――継嗣相続法について――」『芸林』七―六、一九五六年。

(11) 宮本氏註(3)論文、三七〇頁。

(12) 『律令』補注、13継嗣令2a。

(13) 同右参照。

(14) 『訳註日本律令』二、戸婚律九立嫡違法条。この部分は唐律疏では、「立レ嫡者、本擬二承襲一」となっている。これは、そもそも唐令の立嫡規定が封爵伝襲のため（註(7)参照）であることに対応しているのであり（滋賀秀三『中国家族法の原理』創文社、一九六七年、九二頁註(59)）、日本令はそれを蔭による官位継承のための立嫡規定にくみかえつつ、しかもそれを「承家」＝一般的継嗣として表現しているのである（第三・四節後述）。

(15) 関口裕子「律令国家における嫡庶子制について」『日本史研究』一〇五、一九六九年、一九頁。ただし一方で関口氏は、「大宝継嗣令制定の第一義的目的は、嫡々相承による家の相続法の確立であった」として、蔭位継承のためとする通説をしりぞけ、「官人層への嫡々相承・庶人への子の世代における嫡子制の導入」を想定された（一〇・二二頁）。この見解に従い得ないことは本文で述べた通りであり、継嗣条と戸籍記載との「矛盾」は、関口氏が石井・今江説に従って「凡継嗣者……」との復原をされた（一六頁註(32)）ところより生じたものと考える。

(16) 吉田孝「律令制と村落」『岩波講座日本歴史』三、一九七六年（のちに改稿して『律令国家と古代の社会』岩波書店、一九八三年、所収）。

(17) 『続日本紀』天平宝字元年五月丁卯条。

(18) 関口氏註(15)論文。また早川庄八氏も同様の見解を述べておられる（「戸籍Ⅲ養老五年下総国」『書の日本史』一、平凡社、一九七五年）。

(19) 戸令5戸主条「朱」所引「或説」・賦役令38仕丁条「穴」等。

(20) 関口氏は、大宝継嗣令が家の相続法の確立を目的としたのに対し、「養老令では、継嗣はもっぱら蔭との関係で考えられるようになる」（註(15)論文、一〇頁）と述べておられる。しかしそれでは、養老令継嗣条が「謂庶人以上」と明記するに至ったことの意味がつかめないのではないだろうか。

(21) 滋賀秀三「『承重』について」『国家学会雑誌』七一―八、一九五七年、八二頁。

(22) こうしたとらえ方は、すでに石井氏によっても指摘されている（註(3)論文、四六頁）が、石井氏がこれを氏神祭祀という固有法と中国流の祭祀相続の合体したものとされる点には従えない。

(23) これと同様の解釈が戸令5戸主条の「一云」にみられることは前節で述べた。

(24) 養老令応分条のかかる性格は大宝令との対比において明確になる。これについては次章以下で考察を行なうが、その内容をごく簡単に述べるならば以下の如くである。

本章での検討結果、および「妻家所得」に関する規定、「随状」処分に関する規定の検討をふまえるならば、大宝令応分条は家産の相続ではなく氏《ウヂ》の財産の相続を規定したものであり、それが特に「宅及家人奴婢」に対象を限定することも、律令的奴婢制の前史たる氏《ウヂ》の隷属民の存在形態と密接に関わっている。それに対して養老令応分条は、このように実体的な氏《ウヂ》的所有物を対象としたものではなく、そこでの「嫡母継母及び嫡子各二分……」という分財規定は、養老令継嗣条の庶人以上を含む観念的な嫡子概念を前提として、国家と関わる「家」を構成すべき家族員の家族秩序を明示する点に主たる意義があったとみなされる。その故に、かかる観念的な分財規定に含まれ得ない氏《ウヂ》的所有物の相続のために、大宝令条文には存しなかった氏賤・功田功封・存日処分規定が明記されるに至るのである。

(25) 直木孝次郎「『氏』の構造について」『日本古代の氏族と天皇』塙書房、一九六四年、一〇四頁。

(26) 門脇禎二「近代以前の家族・日本古代」『講座家族』一、弘文堂、一九七三年、三五～三六頁。

(27) 『律令』補注、13継嗣令2b。

(28) 『続日本紀』神護景雲元年三月乙丑条。

(29) 職員令16治部省条。また大解部の職掌として「掌レ鞫ヨ問譜第争訟ニ」があげられ、これについて「窮ヨ問譜第之争訟一、定ニ其族姓之次序ニ」「鞫ヨ問天下人民本姓争訟ニ耳」「譜第者、天下人民本姓之札名也」等の注釈がみられる。

(30) 拙稿「律令制下の公民の姓秩序」『史学雑誌』八四―一二、一九七五年、参照。

(31) 『新撰姓氏録』に示される氏《ウヂ》の姿はまさにそのようなものであろう。

(32) 平野邦雄「〝甲子宣〟の意義——大化改新後の氏族政策——」『(井上光貞博士還暦記念)古代史論叢』上、吉川弘文館、一九七八年、五一八頁。

(33) 阿部武彦「古代族長継承の問題について」『日本古代の氏族と祭祀』吉川弘文館、一九八四年(論文の発表は一九五四年)。

(34) 唐喪葬令には、墓田の広さ・墳高等を定めた条文(『唐令拾遺』喪葬令一八)が存する。日本の喪葬令はこれに対応する条文を規定せず、そのかわりに営墓の資格範囲を定めた問題の三位以上条を設け、墓の具体的な高下長広については別式によるとしている(同条「古記」)。一方、設廟の資格・数を定めたこの唐儀制令の規定に対応する条文は、日本の儀制令には存しない。

(35) 『唐令拾遺』儀制令二八。仁井田氏は『開元礼』によってこの条文を復原されたのであるが、同じく典拠としてあげられている『通典』の文では、「三品以上須二兼爵一」となっていて「不」の字がない。いずれをとるべきなのか私には判断できないが、仁井田氏復原案に従った場合も、参考としてあげられている『新唐書』の「……五品二廟……四品五品有二兼爵一亦三廟……」と考えあわせると、この部分は、「五品以上祠三廟というのは、(四品五品は兼爵があって始めて三廟だが)、三品は兼爵がなくても三廟(あれば四廟)であり、(二品以上は同様に兼爵がなくても四廟で)あればさらに五廟」という意味に解される(この点については佐竹靖彦先生の御教示を得た)。いずれにしても、爵を継承した承嫡者が通常の父祖の廟の他に始封祖の廟をまつる、という制であることには変わりない。

(36) 『大唐六典』巻二、『唐令拾遺』封爵令六。

(37) 池田温「中国律令と官人機構」『(仁井田陞博士追悼)前近代アジアの法と社会』勁草書房、一九六七年。

(38) 松丸道雄「殷周国家の構造」『岩波講座世界歴史』四、一九七〇年。

(39) 加藤常賢『支那古代家族制度研究』上編「古代家族制の型体的研究」第三章「宗制度序説」・第四章「大宗」・第五章「小宗」、岩波書店、一九四〇年、参照。

(40) 滋賀氏註(21)論文。

(41) 註(7)。

(42) 牧英正「資蔭考」『大阪市立大学法学雑誌』二―一、一九五五年。
(43) 青木和夫「浄御原令と古代官僚制」『古代学』三―二、一九五四年、一二八頁。
(44) 池田温「律令官制の形成」『岩波講座世界歴史』五、一九七〇年。
(45) このことは、「諸王公侯伯子男、皆子孫承レ嫡者伝襲……無レ後者国除」（註(7)参照）とある点にも明らかである。
(46) 皇族に関しては、継嗣令1皇兄弟子条と選叙令35蔭皇親条によって、その地位の再生産が保証される。
(47) 資蔭制を定めた条文（『大唐六典』巻二、『唐令拾遺』選挙令二六）の「子」を牧氏は嫡長子をさすと解された（註(42)論文、一一一頁）が、高明士氏によればこれは嫡庶を分かたず「包括其他諸子」するものである（『日本古代学校教育的興衰与中国的関係』第四章「日本古代学校学生之出身与中国之関係」、学海出版社、一九七七年。これについては吉田孝氏の御教示による）。すなわち、この官品を有する官人個人が形成する家は、唐戸令応分条にいう兄弟均分の家と対応する。それに対して唐代における「嫡子」とは、本来族的把握の中心としての特殊な「家」（封爵・宗廟主祭権を単独相続する）のみに関わるものなのである。日本令の「嫡子」概念の由来もここに求められる。
(48) 平野邦雄氏は、八世紀において、氏上的個人への授位・賜姓にひき続いてその族員の改姓が行なわれる、という原則の存したことを明らかにされている（同氏註(32)論文、および「八世紀〝帰化氏族〟の族的構成」『(竹内理三博士古稀記念)続律令国家と貴族社会』吉川弘文館、一九七八年）。
(49) 野村忠夫『律令官人制の研究・増訂版』第二篇「律令官人の出身と階層構成」第一章「蔭子孫・位子・白丁―官人の出身区分―」、吉川弘文館、一九七〇年、および『官人制論』序章「古代律令官僚の構成原理」、雄山閣、一九七五年。
(50) 平野博之「位子について」『日本歴史』八五、一九五五年。
(51) 今泉隆雄「八世紀郡領の任用と出自」『史学雑誌』八一―一二、一九七二年、一一・一二頁。
(52) 野村氏註(49)著書。
(53) 選叙令38五位以上子条。
(54) 『続日本紀』天平勝宝元年二月壬戌条。
(55) 『同右』天平宝字五年三月丙戌条。

(56)『同右』宝亀三年十月辛酉条。
(57) 家令職員令に定めるところの家令を置く「家」がすなわちこれだが、この「家」は決して三位以上に限定されるのではなく、蔭による官位継承のための立嫡を要する階層にはすべてかかる「家」の観念が存したとみるべきである。郡司層に関しても、郡司職の継承をめぐって「承家」の観念が表われることは「おわりに」のところでふれる。ただし以上のことは、かかる「家」が実体的に嫡々相承されたことを意味せず、原理的には官位についた者がそれぞれ個々人に「家」を持ちえたものと思われる(この点は関口裕子氏の御教示による)。なおこのような「家」のもつ意味については吉田孝「ヤケについての基礎的考察」『古代史論叢』中、吉川弘文館、一九七八年(のちに改稿して註(16)前掲書、所収)、参照。
(58) 中田薫「唐宋時代の家族共産制」『法制史論集』三下、岩波書店、一九四三年、および滋賀氏註(14)著書、第一章第二節三。
(補1) 長久保(児島)恭子氏は、養老五年(七二一)下総国戸籍の嫡子記載を綿密に再検討して関口説を批判され、「戸籍上、郷・房戸主の長男でありながら『嫡子』の記入がない例は17例あり、嫡子21例に比して単なる書き漏らしとはいえないほどの数である」「郷・房戸主にのみ嫡子を設定するという方針があったという認識そのものに再考の余地があるのではないだろうか」とされる(「養老五年籍の嫡子・嫡弟」『早稲田大学』文学研究科紀要』七、一九八〇年)。長久保氏によれば、下総国戸籍の嫡子は十四歳以上に限られ、これは成人として世間に認められる年齢を意味している。また、一房戸に二人の嫡子の例もあり、養老五年籍の嫡子は、実態としての家族ごとに嫡子が設定されている具体例であって、養老五年籍式は、嫡子制を広く一般に及ぼし、庶人における承家人を把握しようとしたものである、という。

長久保氏の研究は、流動的で不安定な中に芽生えつつある、庶民の家族的集団の存在を戸籍から検出し、また、律令国家がそれを一定の視角から把握せんとしていたことを明確にされた点で、きわめて貴重なものである。したがって、本章で、養老五年籍の嫡子を房戸制と直結させ、戸政の継承者を意味するとした点は訂正されねばならない。しかし、長久保氏自身も述べておられるように、神亀三年(七二六)の山背国計帳にはもはや嫡子記載はなく、「このことは、嫡子が、養老五年籍で設定された後は消滅してしまうというほどの現実離れした存在であったことを示す」(傍点、義江)。長久保氏は、直系継承は未確立でも現実の家族は確固として存在したとして、「嫡子をたてようがたてまいが、現実の家長が次々と継承されていく」といわれるのだが、このことは何ら証明されていない。八世紀の庶民クラスにおいて永続的に継承される家が存在していたとは、多方面からの考察によっても到底肯んじ得ないところである（吉田孝、註(16)前掲書、参照）。律令国家が、貴族官人層における「家」の継承者としての嫡子制の原理をもって、庶民層に芽生えつつある家族的集団を把握しようとしたことは認められるが、それはこの段階では何ら永続的なものではなく、その故に、官位の継承および氏《ウヂ》という永続性の支えを持つ貴族官人層の「嫡子」とは異なり、定着し得なかった、とみるべきであろう。したがって、大宝令から養老令にかけての嫡子概念の変化を、貴族官人層においてかかる実体的基礎を持つ「嫡子」を、実体を持たない庶人層にまでおし広げたことによる観念化、とみる本章の論旨には基本的に変更はない。

（補2）　因支首→和気公の改姓をめぐる史料（「貞観九年（八六七）讃岐国司解」『平安遺文』一五二号）の考察結果に基づけば、地方の中小豪族層についても、各氏《ウヂ》毎に勅による族長位継承がなされていたらしい（第三編第一章第一節2参照）。熊谷公男氏は、令制治部省の成立過程の検討を通じて、大宝令制によりウヂの族制秩序から継嗣制による個別把握へという出身法上の転換がなされ、氏上制は形骸化の途をたどる、とされている（「治部省の成立」『史学雑誌』八八—四、一九七九年）。「唐では襲封にのみ適用された嫡系主義の継嗣法が、わが国では承家法に改変され、さらに大宝令では新たに設けられた蔭位制・位子制にも結びつけられたのであ」り、「これは天武・持統朝の氏上制が考選法に対してもっていた役割が、大宝令制では継嗣制が出身法に対してもつ役割として、形を変えながらも引きつがれているとみることができる」とされる点に異論はないが、その場合にも、本章で明らかにしたように、「承家法」におおいかぶさる形で族集団としての氏《ウヂ》が厳然として存在していたというもう一つの面を見逃してはならない。律令制と重なり合いつつ基底に広がる氏《ウヂ》の存在、およびその氏《ウヂ》と天皇とを直結する独自の構造（賜姓・族長位継承・系譜等）の意義は、八〜九世紀を通じても失われてはいないのである。

（補3）　氏《ウヂ》が「姓⊇氏《ウヂ》」としてとらえられるようになる背景には、八〜九世紀にかけての同姓者の父系出自集団としての純化と、姓に象徴される奉事根源（王権への世襲奉仕）の理念の出自観念への吸収同化という動きがあった（第三編第二章第三節参照）。したがって、本章で「姓⊇氏」をたんに氏結合の把握の形骸化としてのみとらえたことは一面的であり、氏《ウヂ》は、この過程を経て新たな段階へと変質を遂げるのである。

（補4）　宇根俊範氏は、日中の蔭位制の特質を比較して、日本のそれは(1)蔭位を高くし、(2)庶子にまで範囲を拡大し、(3)世代範囲を縮小し、(4)蔭叙年齢を二十一歳以上に引き下げている、という相違点を指摘された。そして、(1)(2)は旧来の族制的要素を官人制体系に組み込んだものであり、特定少数氏族の専権防止と一氏族内部での幅広い傍系族長継承に相即的だが、(3)(4)は官人個人の出身による「家」の継承の原理を助長する。他氏族が旧来の氏《ウヂ》の原理に規制されていたのに対して、藤原氏は(3)(4)の要素を活用して発展し、桓武朝以降の新氏族もまた同様の性格を有していた、とされ、奈良期以前の氏族と平安貴族の断絶を強調される（「律令官人制と貴族」『史学研究』一五五、一九八二年）。日本の蔭位制の果した機能をこうした両面からとらえることは重要であり、本章での私見は、蔭位制が氏《ウヂ》と相即的な面を持つことを強調する余り、宇根氏のいわれる(3)(4)の要素を軽視する結果となっている。「承家」の「家」には、まさにこの両面が集約されていると見るべきであろう。

（追補1） 森田悌氏は近稿において、大宝令継嗣条の嫡子と応分条の嫡子を共通のものと解する中田薫氏以後の通説（私見をも含む）を批判され、応分条嫡子は家や家産の継承を旨とする嫡子であり、戸籍上の嫡子、戸令戸主条の家長に相当する、とされた（「戸令応分条について——嫡子と妻家所得を中心として——」『日本史研究』二七二、一九八五年）。しかし大宝二年戸籍の嫡子は、戸主のみならず破片的寄口に至るまでの嫡妻長子に機械的に記入されているので、森田説に従うと、継承されるべき家産を有した家が同一戸内にいくつも存在したことになる。したがって、応分条嫡子＝戸籍嫡子とすると、大宝令応分条の嫡子得分規定は、何ら森田氏のいわれる「戸主優遇策」「戸の維持策」とはならないのではないか。大宝令下（養老五年籍式以前）の「嫡子」は、継嗣令と戸令の二種類にではなく、令規定と戸籍上の嫡子の二種類にわけてとらえられねばならない。戸令家長条の法解釈で戸籍の嫡子をとり上げる際に、応分条嫡子の解釈の場合とはうってかわって何ら継嗣条嫡子に言及しない「古記」説には、明法家としての一貫した態度が認められよう。この二種類の嫡子に共通する法源は、唐戸婚律立嫡違法条疏議の嫡妻長子＝嫡子であるが、唐律令の「嫡子」は、同居共財の現実の家とは別個に、封爵継承に関わる場でのみ機能した概念である。そのようなものによってしか、家産・戸の法的把握をなし得なかったところに、逆に当時の日本における「家」の実態の未成立が示されている。

（追補2） 本章成稿時には、氏《ウヂ》を「諸農業共同体の首長」の結合組織とみる門脇氏の見解（註(26)参照）に一応従った。しかし「経営単位としての家族」の一般的未成立からして、「農業共同体」概念には疑問がある。氏《ウヂ》は「共同体の外部」で首長家族が結合した組織ではなく、首長としての共同体支配をそのままに含み込んだ「二重性」を本質とする組織とみるべきである（拙稿「古代の氏《ウヂ》と共同体および家族」『歴史評論』四二八、一九八五年、参照）。

第二章　「妻家所得奴婢」の性格

はじめに

家産相続法を規定したとされる戸令応分条は、周知の如く、そのもととなった唐令、および大宝令・養老令相互の間に顕著な相違を有する。(1)したがって、そこに規定された相続法およびそれを通じてうかがえる家族の在り方には、何らか我国固有の慣習・形態が反映されているのではないかと考えられ、こうした観点から従来よりさまざまな研究が積み重ねられてきている。この三令の相違点を、中田薫氏の整理(2)に依拠しつつ簡単に示すならば、それはほぼ(1)田地、(2)氏賤・功田功封、(3)嫡庶異分、(4)女子相続権、(5)妻家所得、の五点をめぐって表われているといえる。本章では、日本古代の奴婢所有の特質を明らかにするための作業の一つとして、前記相違点の中の妻家所得をとり上げ検討する。

この妻家所得をめぐる三令の規定相互間の相違にはきわめて注目すべきものがあるのだが、従来の諸氏の研究では必ずしも充分に究明されてはいない。しかしこの妻家所得に関する規定の検討結果は、日本戸令応分条全体の性格を明らかにするための重要な手がかりを提供するものであり、同時に我国の古代の奴婢所有の特質をもうかがわせるものである。そこで以下、唐令から大宝令・養老令への修正内容の検討を通じて、こうした点を明らかにしていきたい。

第一節　大宝令の規定

1　三令の相違点

まずはじめに、各応分条の中から妻家所得をめぐる部分のみをとり出して記すと次のようになる。大宝令文は、中田氏が戸令23応分条および喪葬令13身喪戸絶条の「古記」により復原されたものである(3)。

(A)大宝令

妻家所得奴婢、不レ在ニ分限一（還ニ於本宗一）

(B)養老令

妻家所得、不レ在ニ分限一

(C)唐令

妻家所得之財、不レ在ニ分限一（妻雖ニ亡没一、所有資財、及奴婢、妻家並不レ得ニ追理一）(4)

これらの相違点について中田氏は、大宝令は「遺産中より控除すべき妻家所得の財産を、奴婢丈に限定し而も之を本宗に返還すべきものと定めたこと」、養老令は「遺産より分離すべき妻家所得の財産を、唐令の如く、一切の将来財産に引戻したこと」と指摘された(5)。しかし養老令によって結局は「唐令へ復古」したと解するのみで、大宝令で重大な改変を加えた理由、奴婢に限定したことと本宗返還規定との関わり、養老令でさらに修正して本宗返還規定を除いた理由、それと奴婢に限定しないこととの関わり、については何ら言及がなく、唐令に復古したはずの養老令文においてもなお、唐令の「之財」との二字が削除されていることについても、「その理由は不明である」とされている。

応分条の検討を行なった宮本救・井上辰雄の両氏にあっても、この妻家所得規定に関しては相違点の指摘のみで、改変・修正の理由については考察されていない(6)。しかし右にあげた相違点相互の間には密接な関連が存するはずであり、それを検討することにより、唐令の用語を借りて日本令が表現しようとしているものを明らかにすることができると考える。そこでまず、大宝令の妻家所得規定を検討して、唐令とどのように異なった内容を持つものであるのかを明らかにし、次で、それが養老令ではどう変えられたのか、はたして唐令への復古であったのか、といった点を考察していきたい。

2　奴婢の「本宗」所有

妻家所得規定とは、そもそも家産の分割に際して、その各構成員の妻が生家より将来した財産を、分割すべき家産中から分離すべきことを規定したものである。ただし、唐令応分条が共財の家産の兄弟による分割法であったのに対して、日本令応分条は家長の遺産の相続法となっていること、それに伴って「妻家所得……」の「妻」も、唐令では相続人たる兄弟の妻を意味したものが、日本令では被相続人たる父の寡妻をさすものとなっていることは、すでに中田氏が明らかにされている(7)。

さて大宝令の妻家所得規定を唐令と比較してまず第一に注目されることは、大宝令文には「妻家所得奴婢、不㆑在㆓分限㆒（還㆓於本宗㆒）」とあり、本宗に返還することが原則となっていることである。唐令の「妻雖㆓亡没㆒……妻家並不レ得二追理一」という本註とはまさに正反対といわねばならない。この唐令の本註は、妻の実家より将来した財産は、妻の生存中は勿論のこと妻の死後といえども妻家が返還要求することはできない、という意味であり、大宝令はこの本註に対応して、それと明確に異なる点を特に簡潔に規定して「還二於本宗一」と表現したものである。したがって本宗に還すのは妻の死後であって、分離後直ちにという意味ではない(8)。すなわち、中田氏が明らかにされた日本令応分条の前記の性格をふまえるならば、この大宝令の妻家所得規定は、家長の死後の遺産相続に際して、その死者の妻が生家より与えられて所有している奴婢はその相続財産中から分離し、妻の死後は妻の本宗に返還せねばならぬ、との意味であると解される。このように、大宝令文が本宗返還を原則として定めたものであることをまず確認しておきたい。

さてこのように大宝令が唐令とはまったく正反対といえる改変を加えたことは、そうせざるを得ない重大な理由が存したから、と考えるのが自然であろう。たんに、養老令ではさらに修正削除して「唐令へ復古」した、としてすませ得る問題とは考えられない。それではこの大宝令独得の「還二於本宗一」との表現は具体的にはどういうことを意味するのか。これについて天平年間に成立した「古記」は、「若有二妻子一者、子得。无レ子者、還二本宗一耳」としている。これによると、「還二於本宗一」とはいってもそれは妻の実子がない場合だけであって、妻に子があれば当然子にひきつがれる、という規定であるかのようにも解される。そのため『律令』補注も「令の本意は未詳」としているのである(9)が、これについては「古記」がさらに続けて述べているところをみねばならない。

「古記」は右に引用した部分に続けて、「問、妻家所得奴婢者、父母既与歟、身生之間、令レ仕歟。答、既与者、不レ云。此者身生之間令レ仕耳。雖二已与一、而妻无レ子死者、猶還二本宗一耳」と述べている。これによれば、「妻家所得奴婢」として令文が問題としているのは、妻の「身生之間令仕」のために妻の父母が仮に与えたもののことである（「既与者、不レ云」）。(10)「身生之間令仕」ということは、すなわち依然として本宗が所有していることを意味し、その点で「既与」と対比されるのであるが、大宝令文では、妻の父母の家より将来した奴婢は依然として妻方の本宗の所有下にある、という基本形態を想定していることになる。

3　令規定と相続慣行

ところですでに述べたように、同じ「古記」の前半で、ここの妻家所得奴婢を本宗に還すという規定は、妻の子がその奴婢を相続することを排除するものではなく、子がない場合にはじめて返還するのである、と述べていることに注目したい。前述の如く、「古記」の後半によれば、この規定が対象としているのは「既与」ではなく「身生之間令仕」の奴婢のことである。本宗の構成員である「妻」（＝女子）の「所有」が本宗の潜在的所有権と矛盾しないことは当然であろうが、「古記」の前半でいっていることは、「妻」のみならず「妻」の子孫の「所有」もまた本宗の所有と矛盾しない、いいかえれば、妻および子孫は妻方の本宗の構成員として包摂され得る、ということを意味している。したがって、「還二於本宗一」という規定は妻の子がない場合、すなわち本宗の所有を離れんとする際に適用されるべきもの、と「古記」は解しているのである。

しかしこれが大宝令文の本意であろうか。「古記」の如く解すれば、本宗に返還するのは妻に実子がない場合の例外規定ということになるが、前述のように令文は「妻家所得奴婢不レ在二分限一（還二於本宗一）」と明確に本宗返還を原則として定めている。しかもこの返還の時期は唐令の「妻雖二亡没一……」との対応関係よりして妻の死後直ちにと解すべきであって、「古記」のいう如く妻の子孫が絶えたときに発動すべき規定ではない。すなわち、令意においては女子の子孫は本宗には含まれていないのである。

伊東すみ子氏が古代の夫婦財産制について詳細に検討し明らかにされたところによれば、中国において（兄弟の）妻の持参財産が家産分割に際し除外されるのは、夫の得分と併合して新しい家産を作るためであり、いったん形成された家産は夫妻の死亡後は当然のこととして夫の子に均分され、妻の実子か否かは問題とならない。それに対し日本では、大宝令・養老令を通じて「母の財産を子に伝えることは当時の法意識において無言の原則[11]」であった。

「古記」の解釈はこのような原則に則ったものであり、当時の慣行を反映していると考えられるのであるが、それでは大宝令文が妻の死後は妻方の本宗に返還するという特異な規定となっているのは何故か。大宝令文の「妻家所得奴婢、不㆑在㆓分限㆒（還㆓於本宗㆒）」という規定が、養老令で「妻家所得、不㆑在㆓分限㆒」と修正されているのよりすれば、奴婢に限定したことと本宗返還規定の間には密接な関連があるとみるべきであろう。すなわち、大宝令制定時において、奴婢は他の財物と異なってあくまでも本宗（女子の子孫を排除した概念としての）の所有下にあるべきものと規定されていたのではないか。

そもそも大宝令・養老令両応分条を通じて、「家人奴婢」は、「宅及家人奴婢並入㆓嫡子㆒……財物半分……」「家人奴婢……田宅資財……総計作㆑法……」とある如く、「財物」「資財」には含まれず、それと並ぶものとして記されている。唐令が「田宅及財物者、兄弟均分（……若無㆓父祖旧田宅邸店碾磑部曲奴婢……㆒）」と、「財物」の具体的内訳の一つとして「部曲奴婢」を記すのとは対照的である。ただし「古記」は奴婢の「本宗返還」について「財物亦同」としている。しかし中田氏も指摘された如く、「大宝令の立法者が、唐令の『妻家所得之財』を、特に改めて『妻家所得奴婢』と規定して居る以上、奴婢以外の財物も亦、奴婢と同例なりとなすの説は、立法者の意思に背くもの」（圏点、中田氏）である。[12]「財物亦同」というのは、「古記」が「還㆓於本宗㆒」の意味するところを、令意からはなれて当時の財産相続一般の慣行に合わせて解したところから生じた解釈であろう。令文自体は、奴婢と他の財物を区別して、前者はあくまでも本宗（狭義の）の所有下にあるべきものとして規定しているのである。

しかし当時の慣行にひきつけてとはいえ、「身生之間令仕」（＝本宗所有）について妻の子の相続を当然とする解釈は、既述の如く「妻」（本宗からいえば女子）と「妻」の子孫を含む広義の「本宗」概念の存在を前提としてはじめて可能となる。それではこの「本宗」とは具体的には何をさしているのか。唐令で「妻家所得之財、不レ在二分限一（……妻家並不レ得二追理一）」とあるものを改変して、大宝令で「妻家所得奴婢、不レ在二分限一（還二於本宗一）」と表現される際の「本宗」とは何か。「妻家」とどういう関係にあるのか。『律令』補注は、「『還二於本宗一』即ち妻の生家へ還すとし……」と述べているが、[13] 唐令との対比において考えるならば、この「本宗」にはたんに「妻の生家」という以上の意味が含まれているのではないか。妻が両親あるいは兄弟等から得て保持しているものを、唐令の規定に倣って「妻家所得」と表現したことは理解できるとして、それを返還すべき対象が「妻家」でなく特に「本宗」の語で表現されているのは、すなわち、妻の両親等の「所有」していた奴婢が、本来的にはより広い「本宗」の所有に包摂されて存在しているものであることを意味するであろう。それでは当時の日本にあって、「家」を超えてそれを包摂し得るものとして存在している集団とは何であろうか。

第二節　「本宗」について

1　律令における「本宗」

ここで「本宗」の語義を検討してみたい。中国の家族原理を詳細に検討された滋賀秀三氏によれば、中国における「宗とは一言でいえば女系を排除した親族概念である。すなわち、共同祖先から分れ出た男系血統の枝々のすべてを統括してこれを一つの宗というのであり」、「法律用語として、自然的・社会的いずれかの意味において自己の宗に属する者、すなわち、男系血族およびその妻を総称して『本宗』または『本族』といい、女系血族および妻の実家やむすめの嫁ぎ先きなど、本宗に非ずして親類関係にある者を総称して『外姻』という」（傍点、義江）のである[14]。

このような中国の法律用語としての「本宗」の概念は日本の律令ではどうなっているであろうか。まず律についてみてみると、唐賊盗律の疏に「須レ従二本宗縁坐一」とあり、日本律疏も同様である[15]。この疏議の文は、「継養子孫」について自己の本来属する集団の縁坐によるべきことをいったものであって、この場合の日本律疏の「本宗」は、滋賀氏のいわれる「自己の宗に属する者」という意味に適合した表現といえる。

それではこの「宗」は日本でも中国と同様の宗族を指しているのだろうか。唐戸婚律、および闘訟律の疏にみえる「多是本族、其外姻小功者」「謂本宗及外姻有二緦麻服一者並同[16]」は、すなわち滋賀氏のいわれる「外姻」に対するものとしての用法なのだが、それに対応する日本律条文および疏は残存していないので、唐律と同様の意味での宗族概念が日本律で採用されていなかったと明言することはできない。しかし令においては、唐戸令の「同宗於二昭穆一相当者」[17]が、日本令では「四等以上親、於二昭穆一合者」[18]へと慎重に書き改められており、これは「中国的な同宗の父系集団が社会の単位となっていなかったため」[19]と考えられている。

とするならば、応分条のように日本の実情を背景とした大幅な改変を加えた条文の中で、しかも唐令と正反対の妻家所得返還を規定した部分で、唐令の「妻家」の語をあえて変更した「本宗」の語が、日本の実情と全く遊離した中国の宗族概念そのままの移入によるとは、到底考えられないことである。この語は、中国の宗族に該当するような日本の何らかの集団を指す語として、応分条制定者が中国の法律用語から借用したものと解するのが最も妥当であろう。中国では「宗族」は社会的にきわめて重要な概念なので史料上にも頻出するのに対し、日本ではこのような親族概念が現実に成立していないことを反映して、史料的には余り見出せない。しかしその用語例の検討を通じて、日本で「宗」の語で表現されたものが何であったのかを探ることができよう。

2　日本の「宗」と氏《ウヂ》

まず『家伝・上』[20]の用語からみていきたい。この書の作者は「大師」＝藤原仲麻呂であり、周知の如く仲麻呂は唐風文化に心酔し官名をも唐風に改めたほどの人物である。当時の日本の史料としてはめずらしく「宗」の語が多く用いられているのも、こうした傾向と無関係ではあるまい。ところでそこで「宗」として表現されているものは何であろうか。まず一例として、山背大兄滅亡事件に際しての豊浦大臣（蘇我蝦夷）の言葉として記された、「鞍作（＝入鹿、蝦夷の子）如レ爾癡人、何処有哉。吾宗将レ滅」がある。これだけでは何をさしているのか必ずしも明確でないが、鎌足が蘇我氏の一族たる山田臣を仲間にひき入れる際に語った、「大郎（＝入鹿）暴逆、人神成レ怨。若同レ悪相済者、必有二夷レ宗之禍一。公慎察レ之」と考えあわせるならば、前者の「宗」もともに蘇我氏を意味していると思われる。「必有二夷レ宗之禍一」とは、宗を滅ぼす恐れがあるということであって[21]、この言葉が山田臣に対するさそいかけの切り札となっていること、すなわち「宗」とは山田臣と大郎とがともに属する集団＝蘇我氏をさしていることがしられる。入鹿が蝦夷の妹である刀自古娘の生んだ山背大兄について語った「山背大兄吾家所生」との対比にも注意すべきであろう。

中大兄が皇極天皇に奏した言葉として記される「鞍作尽滅二王宗一、将レ傾二天位一、豈以二帝子一代二鞍作一乎」も、鎌足が中大兄への接近を図ったことを記した部分の「歴二見王宗一、唯中大兄雄略英徹、可二与撥レ乱」と考え合わせるならば、蘇我氏に対するものとしての天皇一族をさしていったものである。また「令レ嗣二宗業一、固辞不レ受」[22]というのは、鎌足が中臣氏の職掌たる神祇関係の職につこうとしなかったことをいったものであって、この「宗業」とは、かかる氏《ウヂ》が代々変わらず王権に奉仕すべき固有の「業」＝職掌を中国流に表現したものなのである。

正史においてはどうであろうか。『続日本紀』に数例みられる「宗室」の語[23]は、いずれも皇族、すなわち皇宗[24]・王宗に属するものを意味しており、天子の一族を宗室という中国流の表現をそのまま採用したものである。このことは、天長九年勅[25]の「宗族」が具体的には「王氏」「諸王」をさしている点にも示されている。そして一般的な「宗廟社稷」的用語を除けば、この他に『続紀』の注目すべき用例としては、「臣宗」「宗族」「継宗」の語が各一例ずつみられる（「正宗」については註(41)参照）。

「将レ滅二臣宗一」[26]は、先に検討した『家伝・上』の作者たる藤原朝臣仲麻呂の上言として記されており、そこで仲麻呂は鎌足以来の功業と栄華を述べ、安きにいて危きを忘れざらんがため鎌足の賜わった功田一百町を寺に施入せんことを願っている。したがってこの「臣宗」は、鎌足に対する賜姓よりはじまった新興氏族としての藤原氏一族そのものをさしており、同じ仲麻呂の言の中の「皇宗」に対比して用いられているのである。一方「宗族」(27)は、津連真道等が自分たちの先祖は百済国王より出たとして朝臣への改姓を願った上表文の中にあり、百済国王たる貴須王の一族をさす語として使われている。

また「別許二少領已上嫡子出身一、遂使二堂構無レ墜、永世継レ宗」(28)というのは、地方豪族の氏《ウヂ》の族長による郡司職の継承をさしており（前章第四節2参照）、先述の中臣氏の「宗業」＝神祇に対応する用法といえよう。元慶七年官符(29)の「一宗伝譲、或已忘二代遍之格一」も、郡司の任用に関して「一氏族による世襲ではなく数氏族がかわるがわるあまねく任用されるべきであ」ることをいったものである。(30)

以上みてきたように、「宗」の語は正史・官符（および中国思想の濃厚な『家伝・上』）の類で、日本の氏《ウヂ》を意味する中国流表現として用いられていることが明らかである。(31)このことは律令制定に際してはどうであったろうか。前章で日本の氏《ウヂ》の律令制下での位置付けを検討した際に、唐儀制令の宗廟祭祀をめぐる規定(32)が、日本令では喪葬令の営墓資格をめぐる規定(33)にくみかえられているのではないかと推定した。すなわち、唐令の「始封祖」が日本令では「別祖氏宗（氏上）」に改められており、別姓を賜わり新たな「氏」を形成することと、封爵を賜わり代々の承嫡者がそれを継承していくこととが、ある意味で対応していることを指摘したのである。

ところで中国の宗法に基づく宗族というのは、そもそもは所領を与えられた封建諸侯（これが封爵制の淵源(34)）の親族組織であり、周代に宗廟祭祀・嫡長子相続と一体のものとして制度的に整えられたのだが、後にはかかる厳格な宗法に基づく宗族制はすたれて、たんに男系同祖者の集団としての宗族が広く社会一般に成立するに至った。(35)本章で問題としている「本宗」というのはかかる意味での同祖者集団をさす法律用語なのだが、一方、嫡庶の別を厳格にし宗廟主祭権の嫡長系単独相続を行なうという原理は、封爵相続を伴う場でのみ依然として機能している。(36)すなわち、封爵を継承し始封祖を祭る承嫡者を中心とする集団は、士大夫における特殊な「宗族」に他ならないのである(37)。

以上の検討を通じて、日本の律令制定者は中国の「宗族」を日本の「氏」に対比させていることが明らかになった。そこで想起されるのは、養老継嗣令2継嗣条、および前述の喪葬令10三位以上条にみえる「氏宗」の語である。この「氏宗」とは「氏中之宗長(38)」、すなわち「氏」の統率者のことである。中国においても、「宗」の原義は祖廟であって、古くは祖廟に参集する宗族集団の中心となる本家すじという意味で用いられていたのが、先述の如く、かかる「要素が減退し、同祖者の集団という面が観念化され」るに至ったものである(39)。それに対し、先に検討した『家伝・上』以下の史料における用いられ方を子細にみると、日本での「宗」は、氏《ウヂ》の総称であると同時にその中核部分をさす語へと傾斜しているように思われる。しかしこのことも、世代原理のみに基づく純粋な親族組織としての中国の宗族と、有力首長を中心として重層的に結集したものとしての性格を本来的に有する「血縁」集団としての日本の氏《ウヂ》との相違を考えれば首肯されよう。そして日本では、後世に至るほど「宗」はもっぱら本家すじという意味でのみ用いられるに至るのである。「氏宗」の語は、かかる意味での「宗」の用い方を明瞭に示しているのだが、ともあれそれが「氏」に関していわれていることが注目されるのである。

3　実態としての「本宗」＝氏《ウヂ》

さてここで再度「本宗」の語にもどって考えてみたい。「宗」は日本の律令制定者によって氏《ウヂ》（令文上には「氏」としてしかあらわれないが(40)）を意味する語としてとらえられている。とするならば「本宗」とは、すなわち、かかる氏《ウヂ》集団を指す語に他ならない。中国における法律用語としての「本宗」の「自己の宗に属する者」という概念は、大宝律令制定者によっても充分に理解されていたはずであり、先述の賊盗律疏の「本宗」の語の存在もそれを証する。純粋の家産分与である妻家所得についての唐令での「妻家並不レ得二追理一」との表現を、あえて変更して採用されたこの大宝令応分条の「還二於本宗一」の「本宗」とは、日本の当時の氏《ウヂ》そのものをさしていると考えられるのである。(41)

前節では「古記」の解釈の検討から、「本宗」が「家」を超えてそれを包摂し得るものとして存在している集団であることを推定した。そして本節での「本宗」の語義の検討から、それが氏《ウヂ》を指すものであることが明らかとなった。「古記」によれば、この本宗概念は「妻」(＝女子)およびその子を含み得るものであったが、当時の日本の氏《ウヂ》がまさにそのようなものとして存在していたことは、関口裕子氏が金石文に示された古系譜の在り方を検討して明らかにしておられる。(42)「自己の宗に属する者」という「本宗」の語義は、宗＝氏《ウヂ》と置きかえた上でならば、まさに「古記」のいうような女子の子孫をも包摂する語としてふさわしいものなのである。

さてそれでは、大宝令文がそのようなおそらく当時の実際の在り方を示すとみられる「本宗」＝氏《ウヂ》集団の概念をあえて狭く限定して、女子の子孫を排除する規定となっているのは何故か。それは、前章でも述べたように、令制下では氏《ウヂ》は公的には姓の賜与によって把握されており、この姓とはまさに当時の日本において父系を明示するほとんど唯一の指標に他ならなかったからである。すなわち、氏《ウヂ》は姓の制度を通じて公的には父系集団として把握されていたのであり、大宝令文のいう狭義の「本宗」概念はまさにそれに合致するものである。

以上、大宝令の妻家所得規定の検討を通じて、そこで奴婢を返還すべき「本宗」とは実は氏《ウヂ》のことであり、「妻家」の「所有」はこのような氏《ウヂ》による所有に包摂されて存在していたことを明らかにした。(43)この氏《ウヂ》には女子の子孫も含まれるのが当時の実際の在り方であったが、(補1)令意はそれを父系の集団に限定していた。そしてこの本宗返還規定が奴婢に対象を限定していることは、すなわち、他の財物と区別されて奴婢のみが特に、当時の日本においてこのような氏《ウヂ》的所有の形態を濃厚に残しており、大宝令は未だそれを固定維持しようとの指向を持っていたことを示しているのではないだろうか。(44)

第三節　養老令の規定

1　奴婢限定の削除

さて大宝令の「妻家所得奴婢、不ㇾ在二分限一（還二於本宗一）」との規定が、養老令では「妻家所得、不ㇾ在二分限一」へと修正されている。すなわち奴婢との限定がなくなり、同時に「還二於本宗一」との規定も削除されたのである。これについて中田氏は、「これ事実に於て唐令への復古であるが、何故に唐令の文句から『之財』の二字を削り去ったのか、その理由は不明である」と述べておられる。(45) これをたんに唐令への復古として片づけるべきでないことは、前節での大宝令文の分析からも明らかであると思うが、まずはじめに「之財」の削除の意味から考えていきたい。

唐戸令応分条の「財物」の語が部曲奴婢を含む財一般の総称であり、日本令の「財物」「資財」の語が家人奴婢を除いた財をさすことはすでに前節で述べた。したがって唐令では、「妻家所得之財、不ㇾ在二分限一（妻雖二亡没一、所有資財及奴婢、妻家並不ㇾ得二追理一）」の部分でも、「之財」は「資財」と「奴婢」の総称として使われている。これに対し養老令では「之財」の語をここに用いると、日本令の「財」の用法からいって、大宝令の奴婢限定規定と正反対に奴婢を除いた資財に限定したことになる恐れがあったために、あえて「之財」の語の使用をひかえて「妻家所得」とのみ表現したのであろう。ついでにいえば、嫡子以下の得分規定において、大宝令が「宅及家人奴婢並入二嫡子一、……財物半分」、養老令が「家人奴婢……田宅資財……」と、同じく家人奴婢を除いた財をさす語でありながら、「財物」から「資財」へと修正しているのも、唐令における「財物」の語の日本令におけるのとは異なる意味を認識するに至ったが故と思われる。

すなわち、養老令の妻家所得規定は大宝令と異なり奴婢・資財をともに含むものであった。その意味では唐令の内容と一致する。では本宗返還規定を除いたことも唐令と同内容に「復古」したことを意味するのだろうか。しかし唐令の「……妻家並不レ得二追理一」との註をあえて採用しなかったのにはそれなりの理由があろう。

2　本宗返還規定の削除

養老令の諸注釈はこの部分について次のように述べている。

釈云、称レ妻者、是兄弟之妻也。仮有、婦随レ夫之日、将二奴婢牛馬幷財物等一寄ヨ従夫家一。夫婦同財故、婦物為二夫物一。亦有レ父、父子同財。因転為二舅物一。夫之父母終亡之日、兄弟欲レ別之時、出二兄弟之婦家函書一、陳ヨ置残物一、各与二其夫一、只均ヨ分父母財物一。故云、妻家所得不レ在二分限一。問、妻家所得不レ在二分限一者、未レ知、夫妻共死、男女亦无レ有レ之。未レ知、妻家所得財物、誰人可レ得レ之。答、営ヨ尽功徳一耳。

私案、此時若有二妻祖一者、可レ還二妻祖一者。

朱云、妻家所得不レ在二分限一、未レ知、妻亡者其財何。答、妻之子得耳。未レ知、若夫得乎。答、无レ子者、夫得耳。不レ還二妻之祖家一也。夫婦同レ財人故也。此為下妻之子与二継父一存時上所レ論也。未レ知、妻亡无レ子、又継父亡何若。

此時与二継父之子一、若還二妻之祖家一、答。

「釈」は、「兄弟之妻」「夫婦同財・父子同財」「兄弟欲レ別之時」「兄弟之婦家函書」「均二分父母財物一」という用語・概念よりしても、全面的に唐令およびその注釈に依拠していることが明らかである。その上で、後半の夫妻・男女ともに无き場合は営尽功徳というのは、つまり身喪戸絶条を念頭に置いているのであろう。(46) しかし「私案」はこの場合について、妻の祖があればそちらに還すとの異説を述べている。

一方「朱」によれば、妻の死後は妻の子が相続するが、子がない場合は夫が得て妻の祖家には還さない、という。ということは、大宝令の注釈たる「古記」の説とは、子がない場合に本宗に還すか夫が得るかという点で明瞭に異なるわけである。大宝令では、「還二於本宗一」との本註がある限り、夫が相続するという解釈はありえなかった。しかし「朱」がこのように「妻の子か夫か」という形で問題をたてるのは、「妻の子と継父とが存する時」であって、通常は「妻の子が得るのみ」なのである。(47) また妻の子がない場合に継父が得るのは、「夫妻は財を同じくする人なるが故」なのだが、継父が死亡した場合にさらに継父の子がそれを相続することについては、「朱」も疑問を発している。

このことは、「夫妻同財」というのは唐令の概念によっているだけであって、妻家所得を妻方の本宗(「古記」の解釈にみられる広義の)から完全に切り離してしまうこと(妻の実子ならざる継父の子による相続)が、現実の法意識としてはいかに受け入れ難いものであったかを示しているのではないだろうか。「義解」が、改嫁した場合の母の財産の相続について述べた部分で、「令有下妻承二夫財一之文上、而无下夫得二妻物一之法上。即須レ与二其子一、不レ可レ入レ夫」と明言しているように、夫の所有という意味での「夫妻同財」の概念は日本令にはなじまないものであった。

以上みてきたように、養老令の諸注釈は全く唐令の概念によって妻家所得規定を解している。こうした注釈は、養老令が大宝令の「還二於本宗一」との本註を削除して、あたかも唐令に復古したかのような外観を呈しているところから可能となったものであろう。妻の死後は夫が得るという解釈は、本宗返還規定の削除により養老令は唐令と同一内容の規定になった、との理解に基づいてなされているのである。このことは、改嫁した場合の相続をめぐって「穴」が「妻死之後、妻以二奴婢一入二夫家一也」との「唐答」をそのまま引用し、また「妻死、夫存者、夫得。不レ被レ弃時不レ還」との「新令答」を引いたのに続けて、「又除下還二本宗一文上故」と記しているところに明瞭に示されている。

しかし養老令制定にあたり、「妻家不レ得二追理一」との唐令の規定をあえて採用しなかったということは、令意が、妻家所得（の奴婢と資財）を夫の所有に帰する唐令の規定とは異なるところにあったことを意味するのであろう。その故に前述の諸注釈も、唐令の概念によりかかって解しながらも、妻家所得を妻方の本宗から切り離してしまうことにはしばしば疑問を発しているのである。

前節で述べたように、奴婢・財物を問わず、妻家より将来のものは妻および妻の子孫が相続するというのが、当時の一般的相続の在り方であった。とすれば、養老令の妻家所得規定はそのような在り方をそのままに公認したものといえるであろう。すなわち、奴婢のみを特に狭義の本宗の所有とする大宝令文の特殊な限定が除かれたのである。それは決してたんなる唐令への復古を意味するものではなかった。

おわりに

大宝令の妻家所得規定は、奴婢に対象を限定して、それを妻の死後は妻方の本宗に返還することを定めたものである。そして第二節で明らかにしたように、この本宗とは日本古代の氏《ウヂ》を意味しており、「妻家」の「所有」はかかる氏《ウヂ》による所有に包摂されて存在していた。この氏《ウヂ》には女子の子孫も含まれるのが当時の実際の在り方であり、「古記」

の解釈はそれを反映しているのだが、令文はそれを姓の制度を通じて把握されうる父系の集団に限定していた。そしてそれが奴婢に対象を限定していることは、他の財物と区別されて奴婢のみが特に、このような氏《ウヂ》的所有の形態を濃厚に残すものであったこと、大宝令はかかる氏《ウヂ》的所有の枠を固定せんとする指向を持つものであったことを意味するであろう。

ところで、大宝令応分条の冒頭部分は、中田氏によれば、「応ㇾ分者、宅及家人奴婢並入㆓嫡子㆒（其奴婢等、嫡子随ㇾ状分者聴）。……」と復原される。ということはこの応分条全体の構成からみる限り、妻家所得奴婢を返還すべき対象は直接には（妻家の）「嫡子」でなければならない。それが「還㆓於本宗㆒」と表現されているのである。[48]「嫡子」による相続と「本宗」返還とが重なり合うことは、喪葬令13身喪戸絶条「古記」からもうかがえる。そこの「財物営㆓尽功徳㆒、其家人奴婢者、放為㆓良人㆒」について、「古記」は「唯父祖奴婢家人分得者、須ㇾ還㆓本宗㆒。何者、妻家所得奴婢為ㇾ還㆓本宗㆒故」と述べている。この「分得」とは、「並入㆓嫡子㆒」という規定の枠内での分有を意味しており（次章第二節2参照）、それが妻家所得奴婢と同様に「本宗」に返還さるべきことを、右の文は示している。すなわちこの意味では、「嫡子」＝「本宗」なのである。[補2]

ここで日本令における嫡子についての前章での検討結果を簡単に紹介したい。そこで明らかにしたことは、戸令応分条の嫡子は継嗣令継嗣条の嫡子と密接不可分であり、それを前提として成り立っている。そして、大宝令継嗣条は蔭による官位の継承を目的として、八位以上の立嫡を定めたものである。ところで日本の官人出身法の背景には氏《ウヂ》の統率者が氏《ウヂ》を代表して官位を授けられ出仕するという方式が明確に存在した。したがって、かかる再生産を保証するものとしての蔭の継承の主体たる継嗣条の「嫡子」は、すなわち律令官人制に組織するという形で把握された氏《ウヂ》の代表的構成員の一表現形態に他ならない。このゆえに、周代封建諸侯の所領支配に淵源を有し、他の官と異なって子孫に継承される特殊な栄典としての唐令の封爵の継承法が、日本令ではそのままこの継嗣条の立嫡規定として採用されているのである。一方、氏《ウヂ》を集団として公的に把握するものとしての姓の賜与と、封爵の賜与とが対応する側面を有していたことは、唐儀制令の「始封祖」が日本の喪葬令では「別祖氏宗（氏上）」におきかえられている点にうかがえる。そしてかかる氏《ウヂ》の中で、中級以上の官人の出身母体たる部分を特に政治的に確定して、直接に把握し公的地位を与えたものが「氏」であり、そのゆえに、その統率者たる「氏上」の継承法が、同じ継嗣条の後段に続けて記される。すなわち、唐令の封爵継承規定は、日本令では有位者の蔭の継承のための立嫡規定と「氏上」の継承規定へと分化しているのである。

以上の検討結果をふまえるならば、かかる継嗣条嫡子を前提とする応分条の嫡子もまた、氏《ウヂ》に関わるものといわねばならない。第二節で「本宗」の語義を検討した際に、この「本宗」が氏《ウヂ》を意味していること、ただし日本での「宗」には、氏《ウヂ》の総称であると同時にその中核部分を指す語としての側面があることを指摘した。その意味で、「妻家所得奴婢」の潜在的所有権を有する「本宗」＝氏《ウヂ》集団が冒頭の「嫡子」の語と重なり得るのであり、このことは、継嗣条の検討を通じて明らかにした「嫡子」の性格ともまた合致するものなのである。

とするならば、「応レ分者、宅及家人奴婢、並入二嫡子一……」ではじまる大宝令応分条は、家産の相続法ではなく、氏《ウヂ》の財産の相続法を定めたものということになろう。そしてこのように考えてはじめて、妻家所得返還規定が奴婢に対象を限定していること、この冒頭の規定が特に「宅及家人奴婢、並入二嫡子一」とされ、「其奴婢等、嫡子随レ状分者聴」との本註を有することが、重大な意味を持ってくるのである。また第三節で明らかにしたように、養老令の妻家所得規定はこのような特殊な限定をとり払ったものと考えられるのであるが、そのことも、養老令継嗣条における嫡子概念の変化、それを前提とする養老戸令応分条全体の性格、および日本古代における奴婢所有の在り方と関わって、さらに検討されねばならない。こうした点については、次章で応分条全体の分析を行なう中で明らかにしたい。

註

(1) 日本思想大系『律令』(以下、『律令』と記す)、戸令23および補注23a〜p、参照。
(2) 中田薫「養老戸令応分条の研究」『法制史論集』一、岩波書店、一九二六年、五四〜五七頁。
(3) 同右、五三頁。
(4) 同右、四六〜四七頁および仁井田陞『唐令拾遺』戸令二七。
(5) 中田氏註(2)論文、五五・五七頁。
(6) 宮本救「日本古代家族法の史的一考察――相続法を中心として――」『古代学』三―四、一九五四年。井上辰雄「戸令応分条の成立」『(坂本太郎博士還暦記念)日本古代史論集』下、吉川弘文館、一九六二年。
(7) 中田薫「唐宋時代の家族共産制」『法制史論集』三下、岩波書店、一九四三年、一三四〇頁。なお中田氏の「家族共産」概念の問題点については滋賀氏註(14)著書、第一章第二節三、参照。
(8) 伊東すみ子氏は、ここの法意を分離後直ちにと解されているようである。「持参財産は遺産分配に先立ち寡妻(中国と異なり、妻個人)に返還されなければならない。……ところで大宝令においては、持参財産中奴婢に限り、これを妻の本宗に返還すべきものとされていた」(「奈良時代の婚姻についての一考察」(二)『国家学会雑誌』七三―一、一九六〇年、一四頁)。
(9) 『律令』補注8戸令23i。
(10) 「一云」の「身生之間令レ仕、更不レ合レ論レ之也」とは、「(令の返還規定は)身生之間令仕についていったものである。(已与のものについては規定の対象外であり、『古記』本文の如く、已与で子のない場合云々を)もはやそれ以上論ずべきではない」との意味である。ここにも、令文を身生之間令仕を原則として解すべきことが示されている。
(11) 伊東氏註(8)論文、一六頁。
(12) 中田氏註(2)論文、七〇頁。
(13) 註(9)に同じ。

(14) 滋賀秀三『中国家族法の原理』第一章「基本的諸概念」第一節「親族について」、創文社、一九六七年。
(15) 『訳註日本律令』三、賊盗律一謀反大逆条。
(16) 『同右』二、戸婚律三四為祖免妻嫁娶条。『同右』三、闘訟律二六殴緦麻兄姉条。
(17) 『唐令拾遺』戸令一四。
(18) 戸令12聴養条。
(19) 『律令』補注8戸令12c。
(20) 『寧楽遺文』下、八七五頁。
(21) 『大漢和辞典』三、「夷」㈥―㈧ほろぼす。〔広雅、釈詁四〕夷、滅也。〔国語、周語下〕是以人夷二其宗廟一。〔注〕夷、滅也。
(22) 『書紀』のこれに対応する部分（皇極三年正月乙亥条）では「拝二神祇伯一」となっているが、「神祇伯というのは後の追記」であって、「たんに神祇関係の職についたと解」せられる（横田健一「大職冠伝と日本書紀」㊤㊦『続日本紀研究』五―九・十、一九五八年）。また平野邦雄氏も、これを「中臣の宗業たる祭祀」と解されている（「八世紀〝帰化氏族〟の族的構成」『〔竹内理三博士古稀記念〕続律令国家と貴族社会』吉川弘文館、一九七八年、三〇三頁）。
(23) 養老三年十月辛丑条・神亀元年十一月壬午条・天平宝字元年四月辛巳条・同五年三月己酉条・宝亀二年二月己酉条・同十一年十一月戊子条。
(24) 天平宝字元年閏八月壬戌条にこの語がみられる。
(25) 『類聚三代格』巻17、天長九年十二月十五日勅。
(26) 註(24)に同じ。
(27) 延暦九年七月辛巳条。
(28) 天平宝字五年三月丙戌条。
(29) 『類聚三代格』巻7、元慶七年十二月廿五日官符。
(30) 今泉隆雄「八世紀郡領の任用と出自」『史学雑誌』八一―十二、一九七二年、二四頁。
(31) 『日本書紀』には「宗廟社稷」的用法および中国流の概念そのままによる表現を除けば、『家伝・上』の「王宗」と対応する部分（皇極三年正月乙亥条・同四年六月戊申条）に「王宗」「天宗」の語がみられるだけである。

(32)『唐令拾遺』儀制令二八。

(33)喪葬令10三位以上条。

(34)池田温「中国律令と官人機構」『(仁井田陞博士追悼）前近代アジアの法と社会』勁草書房、一九六七年。

(35)広池千九郎『東洋法制史本論』第一巻第七章「宗族」、早稲田大学出版部、一九一五年、および滋賀氏註(14)著書。

(36)滋賀秀三『「承重」について』『国家学会雑誌』七一―八、一九五七年、および加藤常賢『支那古代家族制度研究』上編、第三・四・五章、岩波書店、一九四〇年。

(37)なお仁井田陞『支那身分法史』第二章「宗族法」、東方文化学院、一九四二年（『中国身分法史』として、東京大学出版会、一九八三年復刊）参照。士大夫においても、現実の宗族結合や族長の地位の継承は、このような承嫡法によるものではない。

(38)『令集解』喪葬令10三位以上条「義解」。

(39)滋賀氏註(14)著書、三九頁。

(40)氏《ウヂ》と「氏」の相違、およびそれと令規定との関係については第一章第三節参照。

(41)従来の研究ではこの本宗という語は、「蘇我本宗家」「阿倍本宗家」「物部氏の本宗」というように、氏《ウヂ》の中心となる家をさす語として用いられている。しかし以上に検討してきた結果をふまえるならば、これは「氏宗」の語、あるいは後世の「宗家」等の用法にひかれたものであって、古代に関してかかる意味で「本宗」の語を使用することはやや厳密性を欠くのではないだろうか。和銅五年十一月乙酉条にみえる阿倍朝臣宿奈麿の上言について、平野邦雄氏は、本来「阿倍氏の本宗家」ではない引田系の宿奈麻呂（慶雲元年に阿倍朝臣に改姓）が、「みずから、〃引田朝臣〃等を『実是阿倍氏正宗』と主張したのは、御主人なきあとの阿倍氏の本宗の地位を要求しようとする意図を示して」いる、と述べておられる（註(22)論文、三〇一頁）。平野氏がここの「正宗」をどう解しておられるのか必ずしも明らかではないが、これは、引田朝臣以下の六人が、引田・布勢・久努・長田等の諸氏を含む阿倍氏全体の中心的「氏」としての「阿倍朝臣」に本来属することを主張したもの、と考えられる。また「本宗家」という概念に従い得ないことは前述の通りである。

(42)関口裕子「日本古代家族の規定的血縁紐帯について」『(井上光貞博士還暦記念）古代史論叢』中、吉川弘文館、一九七八年、四五三頁。ここで関口氏は八世紀前半の東国豪族層の結合様式を示すものとして、「高田里結知識碑」＝「金井沢碑」（『寧楽遺文』下、九六八頁、または尾崎喜佐雄「上野三碑と那須国造碑」『古代の日本』七、角川書店）をとり上げ検討し、「姓は父系継承されているにもかかわらず、現実の結合は女系を通じてなされる当時の状況」を明らかにされた。この碑文にみられる結合様式は、地方豪族の氏《ウヂ》の自然的な在り方を示すものとして貴重であるが、一方平野邦雄氏は、中央の「氏」について、それが本来〝双系的〟性格を有したことを指摘しておられる（註(22)論文、補註）。なお、双系制概念については本編補論参照。

(43)　神野清一氏は、「大化前代」における后妃資養のための部曲の在り方との共通性から、「妻家所得奴婢の原理の背後でそれを支えているのが首長的奴婢所有であった」と述べておられる（「編戸と奴婢」『名古屋大学日本史論集』上、吉川弘文館、一九七五年、一六四頁）。しかしそこでは「本宗」の語義が検討されていないために、令制下における「首長的奴婢所有」なるものの内容が必ずしも明確となっていないように思われる。

(44)　なおここの「妻家所得奴婢」の「奴婢」とは、応分条の「穴」が「家女・婢有二二人一」と例示していることからもわかるように、家人奴婢の総称である。

(45)　中田氏註(2)論文、七〇頁。

(46)　喪葬令13身喪戸絶条「凡身喪、戸絶無レ親者、所レ有家人奴婢及宅資、四隣五保、共為二検校一、財物営二尽功徳一、其家人奴婢者、放為二良人一。若亡人存日処分、証験分明者、不レ用二此令一」。

(47)　これはつまり通常は、夫は夫妻の間の子が妻＝母の財産を相続することを通じて間接的に妻の財産を得るものであることを示しており、その故に「継父」の場合が特に問題とされているのである。

(48)　註(46)参照。

(補1)　「妻家所得奴婢」の相続が、たんなる母財の子による相続（これ自体は後世にも普遍的に存する）と異なるのは、ここで問題となっている奴婢が氏《ウヂ》の所有として存在し、「妻」の子による相続は、妻方の氏《ウヂ》の一員としてのものである点にある。これはまた、男子は父財を、女子は母財をといった相続慣行とも異質であって、ここでいう「子」は何ら男女をとわない。この子が父方の氏《ウヂ》の一員としてその所有する奴婢をも相続し得ることはいうまでもなく、八世紀前半の大宝令制下において、ある個人は実質的には父方母方双方の氏《ウヂ》の成員権を有していたことがここから確認できる（本編補論参照）。

（補2） 布村一夫氏は、大宝令の「妻家所得奴婢」は「返還を約された持参財」であり、後世の一期分と同性格とされる（「下総国郷戸のなかの『家』」『歴史学研究』五二五、一九八四年）。しかし、大宝令の「妻家所得奴婢」は、婚姻に伴う女子の特有財産（いわゆる持参財）ではなく、男子・女子を通じての氏《ウヂ》の成員としての分有であり、本宗への返還も、女子の分有分についてのみならず男子のそれについても同様であった。このことは喪葬令13身喪戸絶条の「古記」をみれば明らかである（次章第二節参照）。「嫡子随レ状分」規定に裏づけられた男女成員の分有（同上参照）のうちで、女子の分有分についてのみ後文で「妻家所得奴婢」として特に規定されるのは、婚姻を媒介にして異なる氏《ウヂ》の所有が常に錯綜し重なり合う当時の現実の相続慣行の上に、父系氏《ウヂ》の原則にもとづく相続法の論理をかぶせたところに由来する。唐令の持参財規定を組みかえて成立したものでありながら、両社会の所有形態の相違を反映して、その内実は全く異なる性格のものとなっているのである。

（追補） 森田悌氏は「本宗」＝氏《ウヂ》（したがって大宝令応分条＝氏《ウヂ》的所有の相続法）とする私見を批判され、法律用語としての「本宗」は家をさすとされた（「戸令応分条について――嫡子と妻家所得を中心として――」『日本史研究』二七二、一九八五年）。しかし、賊盗律謀反大逆条疏の「須レ従二本宗縁坐一」とは、継養子孫が、継養先のでなく、本来自己の所属していた側の宗の縁坐に服するとの意であり、その縁坐の具体的範囲は、何ら本宗自体の範囲とイコールではない。よって、縁坐の範囲が「兄弟ないし直系の尊卑属」であることをもって、「本宗」＝家とみる解釈には従えない（なお、唐律における宗族と縁坐親の関係については仁井田氏註(37)著書、第二章第四節参照）。また森田氏は、氏《ウヂ》が財産所有の主体たり得るような整った組織となるのは平安期摂関時代に入ってからとして、私見を批判された。しかし、大宝令応分条の奴婢相続規定の歴史的背景にあるのは、たんなる財産としての奴隷ではない譜第隷属民としてのヤッコと、共同体の首長層の結集体としての氏《ウヂ》との関係である。したがって、奴婢が氏《ウヂ》の譜第隷属民としての実体を失い、氏《ウヂ》自体が首長層の結集体としての階級的性格を喪失して、官僚貴族の族組織としての純化を遂げた段階の「所有（私有）」概念でもって、大宝令応分条の解釈を行なうことは妥当ではない。

第三章　日本古代奴婢所有の特質

はじめに

日本古代の奴婢に関する研究はすでに夥しいものがあるが、本章は奴婢の所有主体の究明を通じてそれを考えようとしたものである。そこでまずはじめに、どういう意味で我国古代の奴婢所有を問題としようとするのかを、従来の研究史の成果をふまえて明らかにしておきたい。

奴婢に関する現在の研究は、石母田正「古代における奴隷の一考察」(1)を直接の出発点とし、それに対する批判・検証の積み重ねとして展開してきたといえよう(2)。その中で、家族的結合・「私業」従事・譜第隷属性といういわゆる「家人的形態」(3)が我国古代の奴婢身分一般の特質として存したことが明らかにされてきた(4)。そして八世紀の官奴婢・寺奴婢等をめぐる研究(5)によれば、それらはかかる「家人的形態」で官司や寺内の雑事に従事したものであり、かれらの主要な源泉は旧皇族所有の譜第隷属民にもとめられる。また、律令的奴婢身分成立以前の奴婢＝ヤッコとは、本来、貴人に対する従者＝家僕たることを特色とし、その現実の存在形態は部民とほとんど異ならなかったことが指摘されている(6)。

一方、中国の史料によれば、三世紀の女王卑弥呼の治める社会について「其犯㆑法、軽者没㆓其妻子㆒、重者滅㆓其門戸及宗族一」(7)と記されており、犯罪による身没奴隷が古くより発生していたことがうかがえる。また六世紀の倭国についての「盗者計レ贓酬レ物、無レ財者没レ身為レ奴」(8)、天武五年の下野国司奏(9)、および持統五年の「若有ニ百姓弟為レ兄見レ売者、従レ良。若子為ニ父母一見レ売者、従レ賤。若准ニ貸倍一没レ賤者、従レ良。其子雖下配ニ奴婢一所上レ生、亦皆従レ良」(10)との詔をみるならば、六〜七世紀において、人身売買・債務による賤の発生がみられたことも明らかである。しかし弘仁刑部式の規定(11)をも参照すると、この持統五年詔は、以前に親により売られた者のみをこの時点で賤として確定し、以後は親による売児をも含めて一切の人身売買・債務による新たな賤の発生を禁止したものである(12)。また犯罪による身没者や捕虜等もその多くは部民として存在していたと考えられる(13)。

さてこの持統五年詔はまさに律令的良賤制の確立を画する法令であるわけだが、右に述べたこと、および前述の諸研究の成果をふまえて考えるならば、奴婢身分の法制化とは、右述の方向（身没・捕虜・人身売買・債務等）で発生してくる奴隷をそのまま法的身分として確定したのではなく（それが中国の律令制の移入による奴隷規定を与えるに際しての核として存在したことはもちろんであるが）、直接的には、部と未分化な中から譜第隷属性の強固な部分を法制的に区分したものということになろう。それはすなわち、奴婢身分として確定されたものの前身が、必ずしも共同体成員権を喪失した存在ではなかったことを意味するはずであり、奴婢一般に基底的に存する「家人的形態」なる特質としての家族結合・「私業」の存在も、本来的にはその点に由来すると考えられるのである(14)。

以上のように考えるとすると、このような奴婢を譜第に隷属させる所有主体はどのようにとらえるべきであろうか。律令制成立の前後を通じて、いわゆる共同体首長層に奴婢所有が集中していることは従来から指摘されてきた。そしてそれは共同体の唯一の所有者である首長層のもとに奴隷が排他的に集積されたことに由来すると考えられている(15)。しかし律令制下で奴婢身分として確定されたものの内容を先述のように解するならば、そのような奴婢が首長層に集中的に所有されていることの意味も、たんに共同体所有の奴隷が首長層の私有物に転化しつつある段階を示しているということだけでは説明し得ないのではないか。それを明らかにするためには、奴婢身分の確定に際していかなるものがその所有主体として法的に把握されたのかを検討する必要がある。そのことによって、我国古代の奴婢の「譜第隷属性」なる特質の内容をも明らかにする手がかりが得られるであろう。

本章ではそれを、八世紀において奴婢所有の主体がどのようなものとして規定されているのかを検討するところから考えていきたい。具体的には、奴婢を含む財産の相続法を規定した戸令応分条を分析の対象とし、それとの関わりで規定の背後にうかがえる実態、およびその前身形態をも可能な限り考察していくこととする。

第一節　大宝令の嫡子得分

1　三令の相違点

戸令応分条には周知の如く、そのもととなった唐令、および大宝令・養老令の間に顕著な相違がある。特に大宝令の規定は、その骨組自体からして唐令とは大幅に異なる独自性を示しており、その故に、従来からも我国の固有法が何らかの形で反映されているのではないかと考えられてきた。しかし大宝令・養老令各応分条の性格、および相互の関連は、多くの研究の積み重ねにもかかわらず、未だ必ずしも充分に解明されてはいない。本章ではこれら先学の成果に学びつつ、特に奴婢の相続の在り方がどのように規定されているのかという観点から、各応分条の性格を検討していきたい。三令相互間の主要な相違については中田薫氏が整理して示しておられる(16)が、その中で特に本章において問題とすべきは、(1)嫡子得分規定、(2)妻家所得規定、(3)氏賤規定であろう。これら三点は、ともに奴婢の相続に関わるものとして相互に密接な関連を有するはずである。

まずはじめに応分条の全文を大宝令・養老令・唐令の順で掲げる。大宝令文は中田氏が『令集解』の戸令23応分条と喪葬令13身喪戸絶条の「古記」により復原されたものであり、唐令文は同氏が『宋刑統』所引宋戸令応分条に基づいて復原されたものである(17)。

(A)大宝令

応レ分者、宅及家人奴婢並入二嫡子一(其奴婢等、嫡子随レ状分者聴)。財物半分、一分庶子均分。妻家所得奴婢、不レ在二分限一(還二於本宗一)。兄弟亡者、子承二父分一、兄弟俱亡、則諸子均分。寡妻無レ男、承二夫分一(若夫兄弟皆亡、各同二一子之分一。有レ子無レ子等、謂在二夫家一守レ志者)。

(( )内は本註部分、〰〰は養老令文により補修した部分である)

(B)養老令

凡応レ分者、家人奴婢(氏賤不レ在二此限一)、田宅資財(其功田功封、唯入二男女一)、総計作レ法、嫡母継母及嫡子、各二分(妾同二女子之分一)、庶子一分。妻家所得、不レ在二分限一。兄弟亡者、子承二父分一(養子亦同)。兄弟俱亡、則諸子均分。其姑姉妹在レ室者、各減二男子之半一(雖二已出嫁一、未レ経二分財一者亦同)。寡妻妾無レ男者、承二夫分一(女分同レ上。若夫兄弟皆亡、各同二一子之分一。有レ男無レ男等、謂在二夫家一守レ志者)。若欲二同財共居一、及亡人存日処分、証拠灼然者、不レ用二此令一。

(C)唐令

諸応レ分、田宅及財物者、兄弟均分（其父祖亡後、各自異レ居、又不二同爨一、経二三載以上一、逃亡、経二六載以上一、若無二父祖旧田宅邸店碾磑部曲奴婢、見在可レ分者一、不レ得二輒更論一レ分）。妻家所得之財、不レ在二分限一（妻雖二亡没一、所有資財及奴婢、妻家並不レ得二追理一）。兄弟亡者、子承二父分一（継絶亦同）。兄弟俱亡、則諸子均分（其父祖永業田及賜田亦均分、口分田即准二丁中老小法一。若田少者、亦依二此法一為レ分）。其未レ娶レ妻者、別与二娉財一。姑姉妹在レ室者、減二男娉財之半一。寡妻無レ男者、承二夫分一。若夫兄弟皆亡、同二一子之分一（有レ男者、不二別得一レ分、謂在二夫家一守レ志者。若改適、其見在部曲奴婢田宅、不レ得二費用一、皆応レ分人均分）。

これをみると、大宝令では相続すべき遺産のうちで宅と家人奴婢はすべて嫡子が得、それ以外の財物は半分を嫡子が得て残りの半分を庶子が均分することになっている。ただし「奴婢等」を嫡子が状に随って分けることは聴される。女子の相続権は認められない。それに対し唐令では、分割すべき家産は田宅と財物であり、財物のうちには部曲奴婢が含まれている。それらをすべて兄弟が均分するのであり、在室の女子には男子の娉財の半分だけが与えられる。

このように唐令の諸子均分が大宝令では大幅な嫡庶異分となっているため、その理由について従来からさまざまな議論が重ねられてきた。その場合、大宝令がこのように重大な改変を加えたのは、何らか当時の日本の現実に根ざした事情があって唐令の規定をそのままに受け入れることが不可能であったから、と考えるのは当然のことであろう。中田氏が「嫡子が遺産の全部若くは大部分を相続した、日本古来の慣習法に由来したもの」[18]（傍点、中田氏）とされたのも、この規定をそのまま日本の現実の反映とみたからである。

石井良助氏は、大宝継嗣令における嫡子概念の検討をふまえて、「大宝令の財産相続法は有位者については、固有法的色彩の強い嫡庶異分主義、庶人については、中国流の諸子均分主義という、二元主義の上に立っていた」とされた[19]。宮本救氏も大宝令応分条は有位者層（＝「累世相継富家」）の家の歴史的慣行を背景としているとみて、「かゝる家にとって、それを維持するためには、少くとも嫡庶異分主義或は『祖父伝来産』の不分割世襲による正嫡継承こそ最も適応する必要な条件であった」と述べておられる。[20]

すなわち石井・宮本両氏は、有位者層に限定した上ではあるが、大宝令応分条の嫡子得分規定をかかる階層の現実の家産相続の在り方を反映したものとみておられる。したがって両氏によれば養老令の「嫡子二分庶子一分……」への変化は、庶人の均分主義との折衷であり、有位者層に関していえば嫡子得分の「激減」としてとらえられることになる。しかし、大宝令の背景に有位者層の家における家産の正嫡継承をみ、大宝令から養老令への嫡子得分の変化を文字通りの減少としてうけ取ってよいであろうか。

井上辰雄氏は大宝令について、普通の家では諸子均分的相続法、有位者ないしは累世相継富家では「『家父専用主義』を思わせる」としておられる。ただし同時にその背景として井上氏は、「……大宝令のように『嫡承物』として奴婢を始めとする財物を一切承継すると言う事は、集団の首長たるべき地位を有する家長の家に就いては、その共有財産を家長となるべき嫡子が管理権を承継していくと考えることも出来るのである」（傍点・圏点、井上氏）と述べておられる。[21] このように大宝令の嫡子得分を「管理権」の承継ととらえる点には注目されるのであるが、その管理する「共有財産」なるものの具体的性格は明らかでない。

以上の諸説を通じて特徴的なことは、「応ㇾ分者、宅及家人奴婢並入二嫡子一……」とあるにもかかわらず、大宝令の「極端な」嫡庶異分主義と、[22] それが特に宅と家人奴婢についていわれていることとの関連が何ら考察されていないことである。しかし養老令で、家人・奴婢・田宅・資財を一括して「総計作ㇾ法」し、「嫡母継母及嫡子各二分」という得分規定に改変されていることをみるならば、宅・家人奴婢に限定することと極端な嫡庶異分主義との間には密接な関連があるはずである。

2　奴婢所有と「嫡子」

右のことを考えるために、まず氏賤規定との関連を考察していきたい。これは養老令応分条に「凡応レ分者、家人奴婢（氏賤不レ在二此限一）、田宅……」として規定されているものであり、氏賤の語は律令の条文ではここにのみみられる。これについて中田氏は養老令応分条の修正点の第一として、「分配すべき遺産に関しては、一方に田地を加へたが、他方には氏賤及功田功封を、別途の相続法に拠らしめたこと」（中田氏、五七頁）と指摘されたが、氏賤についての特別規定を設けたことと分財規定全体の修正との関連については特に考慮されていない。

しかし大宝令では、宅・家人奴婢と財物とにわけて前者の全部と後者の半分を嫡子得分とする規定であったものが、養老令で家人奴婢以下を一括して「嫡子二分庶子一分……」という規定に修正されるに伴って、「氏賤不レ在二此限一」との註記が加えられているのである。ということは、大宝令の「宅及家人奴婢並入二嫡子一」との規定の内部には氏賤が含まれており、それが養老令で他の財物と一括しての分財規定となるに際して、どうしてもその規定のうちに含み得ない部分であったが故に、特に註記して「不レ在二此限一」とされるに至ったものであろう。

この氏賤について『令集解』の諸説は次のように述べている。

釈云。其氏賤者、不レ入二財物之例一。氏家人奴婢者、転入二氏宗之家一耳。

或云。継嗣令云、氏宗聴レ勅。仮令、諸氏々別以二其中長者一、勅定為二氏宗一故、此氏賤不レ入二均分之限一、則充二氏宗之家一。仮如、甲元為レ宗、丁子後為レ宗者、甲子不レ可レ得レ之、丁子為レ宗之故。挙レ一反レ三、従レ之可レ知。

すなわち氏賤は「氏」の長者たる「氏宗」によって継承されるものであり、この「氏」とは畿内の氏《ウヂ》のうちで中級以上の官人を出し得る部分を特に政治的に確定し直接に把握したものである（後述）。また「氏ノ家人奴婢」とあるように身分的には家人奴婢であり、大宝令では「家人奴婢並入二嫡子一」という規定のうちに含まれていたと考えられる。ということは、大宝令の「嫡子」は「氏」の所有物たる氏賤の継承主体としての性格をも持つものということになろう。しかし前記の諸説、および継嗣条の「古記」にみられる如く、「氏」の長者たる「氏上・氏宗」は嫡々相承ではなく、また嫡子はかかる特殊限定的な「氏」にのみ定められたものでもない。大宝令応分条の「嫡子」は、「氏」の所有物の継承主体でもあり得るが、「氏上」そのものではなく、また嫡々相承制でもない、という一見きわめて矛盾した内容を持つものなのである。

次に、妻家所得規定と嫡子得分との関係を考えたい。この妻家所得の性格については、前章で詳細な検討を行なった。それによれば、大宝令の妻家所得規定は、奴婢に対象を限定して、それを妻の死後は妻方の本宗に返還することを定めたものである。そして法律用語としての「本宗」の語義、および日本の史料における「宗」の用法よりすると、この「本宗」とは日本古代の氏《ウヂ》を意味していると考えられる。「妻家」の「所有」はかかる氏《ウヂ》による所有に包摂されて存在しており、この氏《ウヂ》には女子の子孫も含まれるのが当時の実際の在り方であった。

ところで一方、「宅及家人奴婢並入二嫡子一」という冒頭の規定をふまえるならば、令文の構成よりいって、妻家所得奴婢の返還先は直接には妻家の「嫡子」ということになるであろう。それが「還二於本宗一」と表現されている。「嫡子」による相続と「本宗」返還とが重なり合うことは、喪葬令13身喪戸絶条の「古記」にも示されており（次節後述）、この意味では「嫡子」＝「本宗」でもあるのである。すなわち、氏賤規定・妻家所得奴婢返還規定と嫡子得分規定との関係を考えるならば、大宝令応分条における「嫡子」とは、実は（「氏」をも含む）氏《ウヂ》の一表現に他ならない。それでは何故に氏《ウヂ》による所有が「嫡子」による所有として集中的に表現され得るのか。

3　氏《ウヂ》的所有の相続法

ここで日本令の嫡子についての第一章での考察結果を簡単に紹介しておきたい。そこで明らかにしたことは、戸令応分条の嫡子は継嗣令継嗣条の嫡子と密接不可分であり、それを前提として成り立っている。そして、大宝令継嗣条は蔭の継承を目的として、八位以上の立嫡を定めたものである。ところでこの資蔭制を基本とする日本の官人出身法の背景には、共同体の首長層が重層的に結集した「血縁」団体としての氏《ウヂ》が明確に存在した。その故に、周代封建諸侯の所領支配に淵源を有し、子孫代々に継承される栄典としての唐令の封爵の継承法が、日本令ではそのままこの継嗣条の立嫡規定として採用されているのである。氏《ウヂ》の成員を律令官人制へと組織する具体的方式は、中央と地方とで、また有力な氏《ウヂ》と否とで異なるが、その再生産の基本をなす蔭の継承の主体たる「嫡子」とは、すなわちかかる形で把握された氏《ウヂ》の代表的構成員の一表現形態とみるべきであろう。一方、氏《ウヂ》を集団として公的に把握するものとしての姓の賜与と、封爵の賜与とが対応する側面を有していたことは、唐儀制令の「始封祖」が日本の喪葬令では「別祖氏宗(氏上)」におきかえられている点にうかがえる。そしてかかる氏《ウヂ》の中で、中級以上の官人の出身母体たる部分を特に政治的に確定して、直接に把握し公的地位を与えたものが「氏」であり、そのゆえに、その統率者たる「氏上」の継承法が、同じ継嗣条の後段に続けて記されるのである。

唐令では、実体として存する家の家産分割(兄弟均分)を応分条に規定し、それとは別に国家より与えられる封爵と食封の継承のために嫡々相承制を定めた(食封相続に関しては第五節後述)。その封爵継承規定が、日本令では有位者の蔭の継承のための立嫡規定と「氏上」の継承規定へと分化している。そして「承家=継嗣」の形式で表現された立嫡規定の背景に存したのは氏《ウヂ》であり、「承家」の客体は蔭以外に存しなかったとするならば、かかる継嗣条嫡子を前提とする応分条の嫡子もまた氏《ウヂ》に関わるものといわねばならない。

すなわち大宝令応分条は、家産相続の形式の下に氏《ウヂ》的所有の相続法を定めたものなのである。ただし同じく氏《ウヂ》を背景とする「嫡子」の語で表現しながらも、継嗣条は蔭による官位の継承を目的として内八位以上に対象を限定するのに対し、応分条はその背景にある集団の現実の財産相続を直接の対象とするものであって、「古記」のいう「累世相継富家」とは具体的には地方郡司層をさす。継嗣条の立嫡規定に含まれない庶人の（戸籍上の）嫡子は、この応分条の「並入二嫡子一」という規定とも関わりないものであって、「古記」のいう「以外不レ合、財物均分耳」とはかかる意味に他ならず、それ自体として積極的に庶人の均分相続を主張したものではない。庶人の財産相続ということは、この大宝令応分条では全く問題外なのである。

氏《ウヂ》的所有の主体を「嫡子」の語で表現し得た背景としては、以上に述べてきたような継嗣規定と氏《ウヂ》との関係があり、また特殊限定的な「氏」の統率者たる「氏上」の語ではそれを表現できなかったことも明らかである。しかしそれ以上に積極的に「宅及家人奴婢、並入二嫡子一」という形で氏《ウヂ》的所有の相続を表現した理由としては、やはり家父長制イデオロギーの導入という側面を考えねばならないであろう。しかしそれはこの段階では、主として有位者層における嫡子制の強調という側面でのみ問題とされており(補1)、その意味で井上氏の、皇位の嫡々相承の確立を求める持統天皇の意図とこの応分条嫡子得分規定との深い関わり、という指摘は重要性を持つ。ただしこの応分条の規定を、直接に財産相続に関して「当時の一般の慣習法よりも、更に強く嫡子の優位を法的に定めんとした」（傍点、井上氏、一六七頁）ものと解されるのには、前述の令規定における嫡子概念と氏《ウヂ》の特殊な関連がつかまれておらず、ここの「嫡子」を実体的にとらえている点でそのままでは従えない。

また井上氏は、皇位継承に関してのみならず、「他の豪族にも、氏の首長を出す家の固定化は、この時代の傾向として見られた」（二七一頁）とし、それを大宝令応分条規定の背景として考えておられる。しかし「氏」の統率者たる「氏上」「氏宗」の継承が大宝令・養老令を通じて嫡庶を論ぜず勅定とされていること、[23] また地方豪族の郡司任用をめぐって、嫡々相承制の導入が図られながら実現し得ないでいること（第一章第四節2参照）をみるならば、政治的地位の継承に関しても氏《ウヂ》の中心としての「家」が成立していないことは明らかである。[24] 前章で「本宗」「宗」の語義を検討した際に、日本での「宗」は氏《ウヂ》の総称であると同時にその中核部分を指す称へと傾斜していることを指摘したが、それは氏《ウヂ》の中心となる嫡々相承の「家」の存在を示すものではない。「本宗」による所有は現実には女子とその子孫による相続をも矛盾なく含み得たのであり、大宝令応分条の「嫡子」の語で表現された実体は、かかる意味での「本宗」＝氏《ウヂ》の統率者に他ならない。

以上の検討により、大宝令応分条が氏《ウヂ》の財産の相続法を定めたものであることが明らかとなった。とするならば、その「嫡子」得分が「宅及家人奴婢並入二嫡子一」とされ、妻家所得返還規定も奴婢に対象を限定していることは、他の財物と区別されて、奴婢のみが特に氏《ウヂ》的所有の遺制を濃厚に残すものであったこと（宅については第三節後述）、大宝令はかかる氏《ウヂ》的所有の枠を固定維持せんとする指向を持つものであったことを意味するであろう。

第二節　分有規定

1　氏《ウヂ》的所有と成員の分有

それでは、氏《ウヂ》的所有を集中すべき嫡々相承の家が確立されていないにもかかわらず、「並入㆓嫡子㆒」と表現されているとしたならば、かかる「本宗」＝氏《ウヂ》による所有は現実にはどのように保証されるのか。これについては「其奴婢等、嫡子随㆑状分者聴」との本註を検討せねばならない。私見ではこの「随㆑状」を「事状・実状に応じて」の意に解し、この本註は氏《ウヂ》的所有の枠内での奴婢の分有を規定したものとみるのである。しかしこれについては、「状」＝遺言状と解し、この本註を存日処分規定と関わらせて理解する通説が存するので、まずこの点から検討していきたい。

中田薫氏は「……被相続人の処分状（遺言状）であらうから、彼は遺産の中『奴婢等』丈けは、之を遺処分するの権利を有つて居たものと解さねばならぬ」（傍点、中田氏）と述べて、明らかに「状」＝財主の遺言状と解しておられる。(25)しかしこの本註が、遺言状の相続人（嫡子）による執行を定めたものであるならば、その前提として財主の遺言処分権がこの応分条の令文に規定されていなければならない。財主の処分権に関する規定としては、養老令では戸令23応分条に「若欲㆓同財共居㆒、及亡人存日処分、証拠灼然者、不㆑用㆓此令㆒」、喪葬令13身喪戸絶条に「若亡人存日処分、証験分明者、不㆑用㆓此令㆒」と明記されている。しかし大宝令においては、応分条の「古記」が「問、亡者処分用不」、身喪戸絶条の「古記」が「問、絶戸亡人存日処分者、任用聴㆑之。未㆑知、戸令、応㆑分者、宅及家人奴婢、並入㆓嫡子㆒、財物半分、一分庶子均分。此条、亡人存日処分者用不」と述べていることよりして、存日処分規定は身喪戸絶条にのみあって応分条には存しなかったことが明らかである。また唐令応分条にも存日処分規定はなく、大宝令応分条におけるこの規定の欠如も直接にはそこに由来しているのであろう。

ただし、「古記」は応分条に関して存日処分を用いるのかどうかとの前述の問に答えて、「答、証験分明者、依二処分一耳」（応分条）、「答、此亦依二処分一耳」（身喪戸絶条）としており、応分条の「寡妻妾無レ男者、承二夫分一（……有レ男无レ男等）」の部分の「古記」も、「夫存日、妻妾之家別、処分営造、分ヲ異奴婢一、雖二嫡子一不レ得二恐覚(認カ)一」と述べているので、実際には存日処分が認められていたらしいことがうかがえる。しかし令文の規定としては、身喪戸絶条には規定するにもかかわらず、応分条では存日処分を認めていないのであるから、かかる規定を前提として成立し得るはずの相続人(「嫡子」)による処分執行のみを、本註として明記するということはあり得ないのではないだろうか。

またこの本註が存日処分権と関わるものであるかどうかは、いわゆる「祖父伝来産」の問題とも関わってくる。すなわち「古記」は前述の如く応分条に関しても「処分に依れ」とするのであるが、続けて引かれた「一云」はその処分の対象を限定して、「己身之時物者得レ分也。従二祖父時一承継宅家人奴婢者、不レ合、依レ令耳」（応分条）、「若為二嫡承継物一者、不レ合レ聴。唯当レ身之時物者、随二処分一耳」（身喪戸絶条）と述べている。宮本氏は大宝令応分条から養老令応分条への変化を、大きくいって(B)制限処分制から(A)自由遺処分制への流れの上にあるものととらえ、ここの「古記」は(A)の立場、「一云」は(B)の立場を示しているとされる。また問題の本註に関しては、中田氏と同様に「状」＝遺言状と解して、「大宝令は『奴婢家人』についてはその処分を認めるも、本来原則的には法定強制相続の立場をとって」おり、前述の制限処分制の見解は、「大宝令の法意し(ママ)（実情）に極めて忠実に添わんとしているものである」と述べておられる。(26)

しかし、「状」＝遺言状とみて、「奴婢等」についてのみ存日処分を認めるのが大宝令の法意であると解されることと、「祖父伝来産」の処分を認めない「一云」は大宝令の法意に忠実な制限処分制の立場を示すとされることとは、矛盾しているのではないか。なぜならば、「一云」の「従二祖父時一承継宅家人奴婢」という限定が、「宅及家人奴婢並入二嫡子一」との令文を念頭においていることは明らかであり、それは存日処分によらずに令規定によるべし（「不レ合、依レ令耳」）とされているのである。したがってそこで準拠すべき令規定の一部たる「其奴婢等、嫡子随レ状分者聴」という本註に、存日処分を聴す内容が含まれていることはあり得ない。すなわち「一云」は、大宝令応分条の規定が対象としているのは氏《ウヂ》的所有物（「従二祖父時一承継宅家人奴婢」「嫡承物」）であり、それは令の分財規定（本文・本註を含めて）によるが、氏《ウヂ》的所有の枠外のもの（「己身之時物」）は令規定の対象外であり、したがって応分条に明記されていない存日処分が認められる、ということを述べたものなのである。

そもそも存日処分を意味する語としては、条文・諸注釈ともにあくまでも「処分」としかいっていない。「随レ状」の「状」を遺言状・処分状と結びつけて考えるのは、後世の歴史事実による観念にひきずられたものであろう。他の令文に数例みられる「随レ状」も、いずれも実状・状況に応じての意と解される。(27) 以上の検討により、「随レ状分」が遺言状の執行を意味するとの説は成り立たないことが明らかになった。「状」＝事状・実状であり、「其奴婢等、嫡子随レ状分者聴」とは、「宅と家人奴婢はすべて嫡子が相続する規定であるが、そのうちの『奴婢等』については実際の状況に応じて嫡子が分配してよい」という意味なのである。(28)

さて先に、氏賤規定・妻家所得奴婢返還規定と嫡子得分規定との関連、および継嗣条の嫡子概念との関連の検討を通じて、この大宝令応分条の「嫡子」が氏《ウヂ》的所有の主体を意味していること、しかしその氏《ウヂ》的所有を集中すべき嫡々相承の家は未だ確立されておらず、女子とその子孫による相続をも矛盾なく含み得るものであったことを指摘した。

「並入二嫡子一」との総括規定の細則としての「随レ状分」＝分有の承認こそ、かかる氏《ウヂ》的所有の在り方を法的に把握したものであろう。

　この嫡子得分・分有・妻家所得が相互に密接な関連を有することは、喪葬令13身喪戸絶条の「古記」にも示されている。同条では、絶戸の場合に「財物営二尽功徳一。其家人奴婢者、放為二良人一」とされているが、それについて「古記」は、「唯父祖奴婢家人分得者、須レ還二本宗一。何者、妻家所レ得奴婢為レ還二本宗一故」と述べている。すなわち戸の所有する奴婢は、「並入二嫡子一」という氏《ウヂ》的所有の枠内での分有（「分得」）として存在し、妻家所得奴婢もまさにそれと同様の性格のものとしてとらえられているのである。大宝令文は養老令と異なり「妻家所得」以外に女子相続権を明記していないが、奴婢相続についていえば、それは実は成員による分有としてこの「随レ状分者聴」との本註に含まれているとみることができよう。その故に両者はともに氏《ウヂ》的所有の枠外に出ることなく、（絶戸および妻の実子なき場合には）「本宗」に返還されなければならないのである。

2　「氏賤」と氏《ウヂ》の奴婢

　ここで吉田晶氏の「氏賤・家人・奴婢の関係についての覚書」[29]に示された見解にふれておきたい。そこで吉田氏は養老令の氏賤規定と大宝令の嫡子得分規定、および本註との相互関係に着目し、大宝令応分条から養老令応分条への修正の意味を考察しておられ、本章もそこから多くの示唆を得ているが、結論的に私見とはかなりに相違する点があるからである。

　まずはじめに吉田氏は、大宝令の嫡子一括相続の規定と養老令の氏賤相続法との間に親近性を認め、そこから大宝令応分条の本文（「宅及家人奴婢並入二嫡子一」）は貴族層の「氏賤相続の慣行を原則に立てられたため、家人奴婢とことなる氏賤なるものを特別に規定する必要のなかったこと」を指摘された（①）。それに対して大宝令の本註（「其奴婢等嫡子随レ状分者聴」）は本文規定と「原理的にあきらかに矛盾して」おり、それは大宝二年戸籍にみられる賤民の分割相続、一般公民家族の嫡子記載よりして、「民間の慣行が分割相続を主としていたこと」より生ずるとされた（②）。すなわち、大宝令応分条は貴族的慣行（本文）と民間の慣行（本註）とを併せ記したものであり、養老令では逆にその民間の慣行を家人奴婢相続法の本文として規定し、貴族的慣行を氏賤相続として本註に特別規定するという修正を行なったもの、とみておられるのである。

　さらに吉田氏は大宝令応分条の規定自体の中にひそむ矛盾として、「次代の氏宗が現氏宗の嫡子では必ずしもないという事情」「嫡子の任意分割の対象にはならない家人奴婢」（＝氏賤）も「奴婢等」の中に含まれてしまうことの二点をあげ、かかる法的不備の面からも養老令への修正が必要であったとされた（③）。

　さてまず①についてであるが、大宝令の「並入二嫡子一」との規定と養老令の氏賤規定との間に「親近性」があるとの指摘はその通りであり、前者が後者の氏賤相続をも含み得るものである点に、大宝令応分条の性格を明らかにする一つのカギがあることはすでに述べた。しかしこの本文は貴族層の氏賤相続そのものを原則としているのであろうか。それでは「宅及家人奴婢」とある点が理解できないし、妻家所得奴婢の本宗返還規定との関連もつかめない。また吉田氏によれば、貴族層の所有賤民のうち氏賤でない部分については現実の慣行たる分割相続（本註規定）に従ったことになるが、それでは大宝令では何故に特殊限定的な「氏」の所有する奴婢のこれまた特殊な一部分たる「氏賤」の相続のみを原則規定としたのだろうか。また吉田氏の場合は、氏《ウヂ》と継嗣規定との関連が究明されていないために、何故に氏賤の所有主体を「嫡子」の語で表現し得たのかが明らかでない。

次に②についてであるが、第一章で明らかにしたように、大宝二年戸籍の嫡子記載は、大宝継嗣令継嗣条に規定された意味での「嫡子」が一般公民においても存在したことを示すものではない。応分条の「嫡子」は有位者層に限定された継嗣条の「嫡子」概念を前提とするものであり、庶人の財産相続については全く問題としていないのである。吉田氏のいわれるように、大宝令文の本註が貴族層以下一般公民に至るまでの分割相続の慣行を認め規定したものであるならば、「古記」の「内八位以上得レ定二嫡子一、以外不レ合、財物均分耳」や、「一云」の「養老五年籍式、庶人聴レ立二嫡子一。即依二式文一、分レ財之法、亦同二八位以上嫡子一耳」という議論の出てくる余地はないであろう。ただし、「随レ状分」を「嫡子の実情に見合う判断による分割」と解されている点は私見と一致する。

したがって、本文の「嫡子」も本註の「嫡子」もともに有位者層の嫡子概念に基づくものであり、本註は氏的《ウヂ》所有の枠の中で現実に進行しつつある個人「所有」を承認した規定であると考える。本文と本註の内容が「原理的にあきらかに矛盾して」いるとみるのは、本文を文字通りに嫡子個人による相続と解するからであって、これは氏的《ウヂ》所有の存続を「嫡子」相続という形で表現したものに他ならない。

次に③についてであるが、大宝令の「並入二嫡子一」の中には右述の氏的《ウヂ》所有の対象物のみでなく、明確に「氏上」により相続されるところの氏賎も含まれている。したがって、「勅を聴け」「嫡庶を論ぜず」とされる氏上＝氏宗と、ここの「嫡子」規定との間に一定の矛盾があることはその通りであって、それも養老令応分条への修正を促した理由の一つではあろうが、この「嫡子」は決して「氏上」そのものではない。またここの本註は「氏賎以外の家人奴婢については分けることを認める」という意味であり、その「奴婢等」と「聴」という語によって、氏賎を除くとの令意が示されているものと考える。[30] 養老令応分条への修正は、たんに大宝令の法文上の不備ということにとどまらずして、嫡子概念の変化および氏的《ウヂ》所有の変質とも関わって検討されねばならない（第五節後述）。

第三節　宅と奴婢

1　奴婢の譜第隷属性

さて前節までの考察を通じて明らかにしたように、大宝令応分条は氏《ウヂ》的所有を対象としたものであったと考えられるのだが、ここで問題となるのは宅と奴婢との関係である。注目すべきことには、「宅及家人奴婢、並入二嫡子一」とあり、また注釈にも「従二祖父時一承継宅家人奴婢者、不レ合、依レ令耳」とあるように、氏《ウヂ》的所有として「嫡子」が一括継承すべきものとしては宅と家人奴婢が特に規定されているのだが、その下で分有を認められているのはそのうちの家人奴婢のみであり、妻家所得返還規定も奴婢のみを対象としているのである。すなわち、一般の財物と異なり、宅と家人奴婢とは未だ氏《ウヂ》的所有の対象物としての性格を濃厚に残しており、それは法的には「並入二嫡子一」という形で表現されている。しかしそのうちの家人奴婢は、氏《ウヂ》的所有の遺制を残しつつもすでに成員による分有が進行しており、それを公認したのが、「其奴婢等、嫡子随レ状分者聴」との本註の意味に他ならない。

さてそれでは宅とは何であろうか。分有規定の対象とならない（すなわちあくまで氏《ウヂ》的所有として固定されている）この宅はいかなる性格のものであり、奴婢といかなる関係にあるのか。ここで想起されるのは、『日本書紀』崇峻即位前紀(31)に物部守屋の討滅後の処分として、「平レ乱之後、於二摂津国一、造二四天王寺一。分二大連奴半与一レ宅、為二大寺奴田荘一」と記されていることである。これによれば、当時において氏《ウヂ》の主要な財産として「奴」と「宅」とがあったことがしられるのであり、それこそまさにこの大宝令応分条の規定の前史として存在するものであろう。この即位前紀の記事、および用明二年四月丙午条と『荒陵寺（四天王寺）御手印縁起』[32]の記載とを参照すると、ここで没入された「宅」は渋河家・阿都別業・難波宅等であり、これらは物部氏の勢力圏に複数存在する根拠地としての性格を持つものであった。そして「奴」もその周辺に居住していたと考えられるのである。[33]

一方吉田孝氏は、ヤ・ヤケ（屋、宅）の語義の考察を通じて、「ヤッコとは本来、ヤの仕事に従事する人の意であったと想定される。そしてこの『ヤ』は建造物だけでなく、それに附属する機能をも含めた語であったろう」と述べておられる。[34]「はじめに」で研究史の整理を行なった際に、ヤッコ＝家僕とする平野邦雄氏の見解[35]を紹介したが、右述の吉田氏の見解をふまえてとらえ直すならば、ヤッコとは本来、氏《ウヂ》の結集・支配の拠りどころとしての機能をもって諸処に存在した「宅」の周辺に居住してそこでの仕事に従事した人間のことであり、そこから氏《ウヂ》構成員の上層部分の身近な従者的な性格をもおびるに至り、さらにはその譜第隷属の積み重ねの中から次第に下層身分の称として定着していったものと考えられる。そして、律令的良賤制の成立に際して法的に奴婢身分とされたものが、直接的にはこのようなヤッコの系譜をひく者であったと考えてよいとするならば、大宝令応分条が特に「宅及奴婢」をとり出して「並入二嫡子一」と規定する意味も、それが実は氏《ウヂ》的所有の濃厚な遺制の律令用語による表現であることも無理なく理解し得るであろう。[補2]宅と奴婢とは本来、氏《ウヂ》の支配の機能に関わる密接不可分なものとして一体的に存在していたのである。

このことをさらに『日本書紀』[36]雄略即位前紀の記事から考えてみたい。そこでは、葛城円大臣が女を妃として献上した際のこととして、「伏願、大王奉レ献臣女韓媛与二葛城宅七区一、請二以贖一レ罪」と記している。そして同じ事柄が『古事記』安康天皇段では、「亦副二五処之屯宅一以献。所レ謂五村屯宅者、今葛城之五村苑人也」とされている。すなわち氏《ウヂ》の拠点としての宅とその周辺に居住する民とが一体的に存在していたことがしられるのであり、かかる譜第隷属民が、後の律令良賤制の成立に際して、あるいは良民（「苑人」）となり、あるいは賤民（家人奴婢・氏賤）とされたのではないだろうか。前述の崇峻即位前紀には、一百人の手兵を率いて難波宅を守った資人（近侍者）たる捕鳥部萬なる者がみえるが、これも大連の「奴軍《ヤツコイクサ》」の一員であったろう。以上のように考えてよいとするならば、大宝令応分条の規定を通じてうかがえる、宅と奴婢とに特に濃厚に残っている氏《ウヂ》的所有の遺制とは、たんにそれらが氏《ウヂ》の古来の財産として重要であったことを意味するのみではなく、実はその「奴婢」の隷属性の内容と深く関わるものであるといわねばならない。

唐令の身喪戸絶条が「部曲客女奴婢店宅資財」をすべて財貨にかえて葬事を営む規定である[37]のに対し、日本令では財物と家人奴婢とを区別し、後者は放賤すべきことを規定している。応分条にも明らかな如く、日本令の「財物」の概念には家人奴婢が含まれていないのであるが、この身喪戸絶条は、現実の存在形態としても、家人奴婢が氏《ウヂ》に譜第隷属した民としての本来的性格を未だ濃厚に残しており、財産としての奴隷たり得ていないことを示すものであろう。また唐令では、戸絶の資産は葬事・功徳に充てた残りを女に与えるのであるが、日本令では、女があればたとえ夫戸に従っていてもまず女が相続する（「古記」）。これも妻家所得奴婢の性格の検討を通じて明らかにした当時の氏《ウヂ》結合の在り方を想起するならば当然のことであろう。「戸」の奴婢所有・妻家所得奴婢はともに、氏《ウヂ》の成員と、氏《ウヂ》に隷属していた民との関係の遺制として存在しているのであり、その故に、相続者なき時には転売することなく放賤されざるを得ないのである。[補3]

2 「戸主私奴婢」をめぐって

しかしヤッコ（宅っ子）の後身は中国の律令制の導入によって原則的に財産としての奴隷規定を与えられている。それは個人の所有物として「籍帳による所貫の決定と所有主の確定・公認」[38]がなされたのであり、応分条においても宅と切り離されて分有の対象となっている。これは根本的には律令制国家の成立に伴い氏《ウヂ》の機能が変容され、その結合が二次的意味しか持ち得なくなったためであろう。[補4]ここで戸籍の奴婢所有者記載の全面的検討を行なうことはできないが、「戸主奴婢」「戸主私奴婢」の問題をめぐって若干の私見を述べておきたい。

大宝二年筑前国戸籍の肥君猪手戸[39]にみえる「戸主奴婢」「戸主母奴婢」「戸主私奴婢」という注記については、「戸主私奴婢」がただ一例ここにのみみえることから、従来より注目を集めてきた。その場合、「戸主奴婢」＝氏賤とするのが通説であり、[40]それに対する「戸主私奴婢」＝戸主個人の私有奴婢、「戸主母奴婢」＝(母が実家より将来した) 妻家所得奴婢と解されている。これには猪手が「肥君」という姓と「大領」という地位を有する豪族であることも一つのよりどころとなっていよう。しかし地方豪族が「氏賤」を持ち得たのであろうか。また岡本堅次氏が批判されたように、戸籍記載法の統一性からいって、ここの「戸主奴婢」が氏賤であるとすれば、他の戸の「戸主奴婢」もすべて氏賤でなければならず、猪手戸の「戸主奴婢」のみが特に氏賤であったのならば、それと異なる通常の奴婢を「戸主私奴婢」とするのでなく、この「戸主奴婢」にこそ何らか特殊な形容詞が附されねばならないはずである。[41]

猪手戸の「戸主奴婢」＝氏賤であり得ず他の戸の戸主奴婢と同性格、とする右述の岡本氏の批判は全くその通りであるが、その上で岡本氏は、「戸主私奴婢」は戸主の私有奴婢ではなく、戸主妻奴婢のことであるとされた。しかし、「私」と「私部＝天皇のキサキに附属せる部民」との類比から大領の妻をさすとされる論証には無理があり、それは「戸主奴婢」を、「氏上」により継承される特殊な賤民である「氏賤」なのか否か、という点でのみ問題とされたためであると考える。私見によれば、猪手戸の「戸主奴婢」は(他の戸の「戸主奴婢」と同様)「氏賤」ではなく、氏《ウヂ》的所有の分有を示すものであり、他の「戸主妻奴婢」あるいは「色夫知奴」等々の記載に示される奴婢所有の性格と何ら異ならない。これら戸籍にみえる奴婢所有は氏《ウヂ》の成員による分有と妻家所得の子孫による相続（これが同性格のものであることはすでに述べた）の姿を示すものなのである。したがって、猪手戸にのみみえる「戸主私奴婢」こそやはり特殊なものと考えねばならない。これがすなわち、「一云」のいう「己身之時物」にあたるものであろう。

中国の戸籍においては、奴婢はあくまでもその戸の所有として戸籍末尾に列挙されるのであり、[42]「〇〇奴婢」と所有者名を注記するのは、日本の戸籍の特色である。ということは、戸が奴婢所有の主体たり得ていないことを示しているのであり、戸籍の奴婢所有者記載はまさに、応分条の「並入二嫡子一」との表現による氏《ウヂ》的所有、およびその下での分有（「随レ状分者聴」）規定に対応するものなのである。

吉田孝氏は「家」の成立を問題として応分条にもふれ、「奈良時代の明法家の間には、『累世相継富家』においては『祖父の時より承継せる宅・家人・奴婢』と『己が身の時の物』とを区別し、前者については勝手な処分を制限しようとする考え方が芽生えつつあった」として、「従二祖父時一承継宅家人奴婢」を「家産」成立の方向に関わらせて理解されている。[43] しかしすでに述べたように、ここでの「宅家人奴婢」という限定は「宅及家人奴婢並入二嫡子一」という規定を念頭に置いたものであり、それは氏《ウヂ》的所有の一表現としてしか考え得ないのである。「戸主私奴婢」＝「己身之時物」は、大宝二年段階では大領という在地でのトップクラスの者についてのみ見出されるのだが、家産の成立は、むしろかかる「己身之時物」の発展、および「嫡承継物」の変質によるそれとの一体化という方向の延長線上において、はじめて問題とされ得るのではないだろうか（第四編第二章参照）。

さて以上三節にわたって大宝令応分条の嫡子得分規定の性格を検討して、それが氏《ウヂ》的所有を律令的用語で表現したものであり、その「嫡子」という表現自体には有位者層の嫡子制を強調する意図が含まれていること、このような氏《ウヂ》的所有の枠内での奴婢の分有を認めたものが「其奴婢等、嫡子随レ状分者聴」との本註であることを明らかにした。

さらにそこでの宅と奴婢という限定を手がかりに、このような規定の前史、宅と一体的に存在した「奴婢」の隷属性の特質についても若干の考察を行なった。大宝令応分条はこのような氏的《ウヂ》所有の遺制をとらえたものであって、ここでの分有規定、および戸籍記載に端的に示されるように、奴婢はすでに宅ときりはなされて成員による分有が進行しており、律令制の導入はこの個人「所有」の方向を促進するものであった。それでは以上に明らかにした性格を持つ大宝令文と対比するとき、養老令応分条での大幅な修正は何を意味するのであろうか。

第四節　功田功封と氏賤

1　氏的《ウヂ》所有と功田功封

養老令応分条の大宝令文との主要な相違点は、家人奴婢と他の資財とが一括して分財の対象とされ、しかも嫡子の得分は二分へと減少していること、氏賤と功田功封についての別途規定が加わっていること、女子の相続権が認められていること、妻家所得規定から奴婢という限定と本宗返還規定が削除されたこと、亡人存日処分が明記されていること等である（第一節冒頭の両令文参照）。これらの相違点は相互に関連を有するはずであり、養老令文全体として、大宝令とも唐令とも異なる規定となっていると考えられる。そこで全体との関連に留意しつつ、まず功田功封と氏賤に関わる規定について検討していきたい。

養老令文には「其功田功封、唯入二男女一」との本註が存する。功田功封は田令・禄令でいずれも有功の臣の直系の子孫に相続さるべきことが規定されており、(44) 応分条はそれを前提として、直系の子孫に伝えらるべきことを「唯入二男女一」と表現したものである。より具体的にいえば、養老令は大宝令文と異なって、嫡母・継母・妾・姑姉妹在室者の相続権を明記しているため、そのような相続法によらず直接の子孫にのみ伝えるという意味で、功田功封規定が特に設けられているのである（「朱云、功田功封不レ及二妻妾一之理、田令禄令見レ文也」）。

応分条のこの部分に関する注釈は、「謂、不レ依二財物之法一、男女嫡庶、並皆均分也」「跡云、功田封戸、不レ別二嫡庶子一、合二均分一。為二師説一也」として、均分すべきことを述べている。しかしこの本註を明記した令意は、直接には「直系卑属にのみ相続されることを示す」(45)点にあるのであって、この規定自体に「均分」の意が含まれていたかどうかは必ずしも明らかではない。「義解」等の「均分」という解釈は、あるいは中田薫氏のいわれるように、唐令応分条の「兄弟倶亡、則諸子均分（其父祖永業田及賜田亦均分）」に基づくものであるかもしれない。(46)それはともかくとしてもここで注目されるのは、唐令が明らかに男子のみによる均分をいっているのに対し、養老令の功田功封規定は、「唯入二男女一」として女子の相続権を明記していることである。

この功田功封は田令6功田条・禄令13功封条ではいずれも「伝レ子」とされているだけだが、この「子」が男女を意味することは注釈諸説が一致して認めるところである。ただし功田条「古記」のみは「下功伝レ子、謂女子不レ入二子之例一。今行事、女子亦伝」としており、女子には伝えないのが令意であるという。しかしこれは女子の相続権を明記しない大宝令応分条の規定を想起すれば当然の解釈であって、そこでも実際には女子にも伝えると述べられているのである。

それでは女子の子孫にもそれは伝えられたであろうか。これについて功田条の『令集解』諸説は、「不レ及二女子之子并夫一也。死日即須レ授二其兄弟及姉妹一。若無者還レ公耳」「伝レ与遺男一也。女子之子、不レ可レ与レ分之故」「可レ与二女子一身、女子之子不レ可レ授レ之。為ニ異姓一故」と述べており、いずれも女子の一身限りでその子には伝えないという点で一致している。

ところで前章で明らかにしたように、大宝令の妻家所得規定は、奴婢に対象を限定した上でその「本宗」＝氏《ウヂ》による所有の枠を維持しようとしたものであった。そして令意はこの「本宗」を公的に把握された側面での父系集団としての氏《ウヂ》に限定しているものの、現実の氏《ウヂ》結合は女子の子孫を排除するものではなかった。その故に、本来的にはかかる氏《ウヂ》的所有の分有に基づくところの妻家所得奴婢の、女子の子孫による相続が当然のこととされているのである（「古記」）。したがって、奴婢という限定と本宗返還を削除した養老令文のそれは、奴婢財物を問わず女子の子孫による相続をも含めての分有の進行をそのままに承認したものと考えられる。

とするならば、養老令応分条の功田功封規定がこのような財産相続の在り方と異なっていることは明らかであろう。功田功封の相続に関しては、女子の子孫に伝えずと一致して述べる養老令下の注釈諸説も、妻家所得に関しては、「妻」（本宗からいえば女子）の子孫による相続を当然のこととして何ら疑っていないのである。すなわち、功田功封の相続はこのような衰退変質しつつある氏《ウヂ》的所有のもとでの分有とは明確に異なるものであり、その故に別途に規定されなければならなかったのであろう。それでは、功田功封はいかなる性格の財産として、この応分条の令文上に位置づけられているのだろうか。

2　「家」の所有

唐令では通常の家産分割法は戸令応分条に兄弟均分として規定されているのに対し、国家より給する食封の相続法は、嫡庶異分として別途に規定されている。その食封相続法は『大唐六典』によれば以下の如くである。[47]

凡食封皆伝二于子孫一

食レ封人、身没以後、所封物、随二其男数一為レ分、承レ嫡者加三与一分一。若子亡者、即男承二父分一。寡妻無レ男承二夫分一。若非二承嫡房一、至二玄孫一、即不レ在二分限一。其封物総入二承嫡房一、一依二上法一為レ分。其非二承嫡房一、毎レ至二玄孫一、準レ前停二其応レ得分一。房無レ男有レ女在レ室者、準二当房分得数一与レ半。女雖レ多更不レ加。雖レ有レ男、其姑姉妹在レ室者、亦三分減二男之二一。若公主食二実封一、則公主薨乃停。

すなわち通常の家産分割とは異なって、食封を賜わった父祖の霊を祭り子孫一族を代表して国家に相対すべき「承嫡者」には「一分」が増し加えられ、一定限度以上の拡散を防止するために玄孫以下の得分は「総入二承嫡房一」とされる。そして大宝令応分条の令文がほとんど日本独自のものであったのに対し、養老令の規定はこの唐食封相続法に直接に依拠して構成されているのである。

中田氏は、この食封相続法の「承嫡者加三与一分二」と養老令応分条の「嫡子二分庶子一分」との共通性、および「其功田功封唯入二男女二」と唐戸令応分条との関係に着目して、「唐令は普通遺産に就ては諸子均分主義を執り、食封相続に就ては嫡庶異分法に拠ったものであるが、養老令は全くこれと反対に出で、普通遺産に就ては嫡庶異分主義を執り、功封相続に就ては却て諸子均分法に拠ったのである。その理由は不明である」（傍点、中田氏）と述べておられる。[48]

中田氏の指摘をふまえた上でここで注目したいのは、国家より給された食封の相続のためには前述の意味で嫡庶の別がたてられたのに対して、普通の家産分割は兄弟均分であるという関係が、養老令において逆の形で類似性が認められるとするならば、この食封相続法を基にした「嫡子二分庶子一分……」という分財規定は何らか国家と相対する側面からの序列であって（次節後述）、「功田功封唯入二男女一」との簡潔な規定の背景にこそ何らかの現実の財産形態が存するのではないかということである。同じく別途規定とされた「氏賤」が公的に把握された「氏」により固定的に相続される賤民としての明確な形態を有していたことも想起されよう。

高橋崇氏は鎌足・不比等に与えられた功封のその後を追究し、「その功封の管理、名目上の所有者は武智麻呂であったとみることは可能である」「その収益が、分配されたか、それとも藤原一族の共同管理下におかれたか、したのではないか」「宝亀元年には、永手の手に管理権が、要するに、南家から北家へ、移動したとみることが妥当である」「以後は、藤原氏では、北家の優位性が確立されるのであり、二、〇〇〇戸は、北家の管理下に置かれたと考えられるであろう」と述べておられる(49)。

しかし「藤原」という姓（したがってその賜姓を通じて公的に確定された「氏」）は、通常の賜姓と異なり鎌足—不比等の直系の子孫にのみ限定して与えられたものであること(50)、他の「氏」と異なって藤原氏では不比等の四子がともに議政官となって「氏」内の「家」(51)として分立したことを考えるならば、鎌足・不比等の直系の子孫たる藤原氏一族によって管理されたことをもって、功田功封が一般に「氏《ウヂ》」によって管理されるものとして存在していたと考えることはできない。むしろこのような藤原氏の「氏」としての特殊性、養老令における功田功封規定と唐令における家産分割法の位置付けとの類似性を考えるならば、功田功封は、各「氏」の中核である貴族層にとって、国家の給与を媒介として成立する特殊な「家」の財産として、令文上では位置づけられているのではないだろうか。前述のように功田功封に関する注釈諸説が、衰退しつつある氏《ウヂ》的所有の下での分有の進行を示す妻家所得の在り方とは明確に区別して、「可レ与二女子一身一」と一致して述べていることも、このような性格との関わりにおいて注目されるのである。

さて大宝令応分条の「並入二嫡子一」という規定の中に氏賤相続が含まれていたことはすでに第一節で述べたが、この「氏賤」とは、そもそも氏《ウヂ》に隷属していた民の中から、成員の分有にゆだねられた一般の奴婢とは区別して「氏」全体により所有さるべき賤民として固定されたものである（それは氏上＝氏宗が一括管理継承し、氏神の祭祀等の用に供される）(52)。それに対し「功田功封」は、以上の考察を通じて明らかとなったように、「氏賤」とは対照的に、「氏」の中核部分に対して国家より新たに与えられた財産という性格を持つ。すなわち養老令応分条は、その性格は対照的ながら、貴族層にとってともに主要で明確な財産形態をもつものを特に抽き出して、それぞれ「氏賤不レ在ニ此限一」「功田功封唯入ニ男女一」と別途に規定しているのである。それは養老令の分財規定が、大宝令と異なってこれら両者を包摂し得ないものへと変質したためであろう。それではこの両者を別途規定にゆだねた残りの、養老令分財規定の性格はどのように位置づけられるのだろうか。

第五節　養老令の分財規定

1　観念的相続法

大宝令では「宅及家人奴婢、並入ニ嫡子一、財物半分、一分庶子均分」とある嫡子得分が、養老令では「家人奴婢田宅資財、総計作レ法、嫡母継母及嫡子、各二分、庶子一分」へと大幅に修正されている。これについては、大宝令応分条の規定は有位者層の嫡庶異分の伝統にたち庶人の均分主義は対象外であったと解する立場、あるいは大宝令は有位者層の嫡庶異分と庶人の均分主義を本文と本註に併せ記したものとする立場、または有位者層についても極端な嫡庶異分となりすぎているとみる立場、のいずれにしても養老令ではその両者の財産相続法を「折衷」し、あるいは「実情に近づけた」と解されている。しかし私見では、大宝令の規定は有位者層に関しても、文字通りの「嫡子」が家産を一括相続することを定めたものではない。したがって、有位者層の嫡子相続と庶人の均分相続とを現実の慣行として存したものとみた上での、両者の「折衷」という考え方も成り立たないと考える。それでは養老令の分財規定は何を意味するのか。

ここで、この養老令の分財規定が直接に依拠したとされる先述の唐食封相続法との関係をあらためて検討してみたい。中田薫氏は「唐食封相続法が、嫡子分を庶子分の二倍と定めた理由は、前掲天宝六載戸部奏文(53)に『唯享祭一分、百世不易云々』とあるが如く、嫡子が家の継嗣者として、祖先の祭祀を継続する重任を有するからである。我養老令応分条に於ける嫡子の割増分たる一分も亦実に、此『享祭一分』に外ならないのである」（圏点、中田氏）と述べておられる(54)。

しかし、唐食封相続法において、特に嫡子のみが「家の継嗣者として、祖先の祭祀を継続する重任を有する」のは、功臣（および皇族・外戚等）の公式の後継者として、その祖先の霊を祀りつつひきつづき一族を率いて国家に仕えるという責任を、代々の「承嫡房」の当主たる「嫡子」が有するからである(55)。それに対し一般の家族観念としては、男子は「父の気を承ける」ことにおいては全く同等であり、同等の資格をもって祖先を祭り祭られ財産権をもひきつぐ（＝兄弟均分）のである(56)。すなわち中国においても、「嫡子による祭祀相続」はそのままに家相続の実体として存したわけではなく、「享祭一分」は国家との関わりにおいてはじめて問題となってくる事柄なのである。

第一章で、大宝令継嗣条は有位者の蔭の継承のための立嫡を承家の形式で規定したものであることを明らかにした。日本においては、唐令における意味での「嫡子による祭祀相続」の観念すら存在せず、「古記」は「承レ重、謂説ニ祖父之蔭承継一也」と述べて事足れりとしている。(57)「義解」「釈」のいう「承重=承祭」の観念は、養老令継嗣条が、有位者の官位継承のための嫡子と庶人の戸政継承のための嫡子を形式的に承家の概念で統一したものへと変質したために、そのような「承家」の内容を説明するものとして採用されるに至ったのである。そして養老令応分条の嫡子得分規定は、このような庶人以上を対象とする嫡子概念を前提としている。とするならば、「嫡子の割増分たる一分」は、官位と戸政の継承という全く異なる内容ではあるが、ともに国家との関わりの継承責任という意味での「一分」として位置づけられているのではないだろうか。そして中国では現実に存在する家の家産分割法たる戸令応分条が、日本ではこのように特殊な内容を持つ「承家」の概念を媒介としてはじめて、庶人をも含む財産相続法として成立していることは、すなわちこれ以外に、財産所有主体としての家が普遍的に存在してはいなかったことを意味するであろう。有位者層を対象として氏《ウヂ》的所有の相続法を規定した大宝令文が、一般的家産相続法の表現形態をとっているのも、官位を媒介とする「家」観念の存在を一つの前提としているのである。

さて以上のように考えたとしても、それは嫡子が実際の財産相続において「二分」を得るべきことをめざした規定であることを必ずしも意味しない。なぜなら唐食封相続法と異なり、養老令応分条には「嫡母・継母及嫡子、各二分」とされているのである。この「嫡母継母」の二分は何であろうか。当時の日本の家族秩序において実体としての嫡妻・妾制が成立していないことは関口裕子氏が詳細に明らかにしておられる。(58)一方で女子の財産権、とりわけ母のそれは強固に存在しており、養老令応分条における女子相続権の明記という修正は、それを反映したものであることは明らかであるが、それが「嫡母・継母、……各二分、……(妾同二女子之分一)」という形で規定されているのは、嫡妻と妾との区別を明らかにするところに主たる目的があるのではないか。すなわち、嫡母・継母・嫡子は二分、庶子は一分、妾と女子は男子の半分、という分配率そのものは、「家」を構成すべき家族員の家族秩序を分財規定という形態で表現したものであろう。

養老令応分条の分財規定は、現実の家産分割法でも遺産相続法でもなく、あくまでも継嗣令継嗣条の嫡子概念を前提とするものであって、その国家と関わる「家」の継承という類似性から唐食封相続法に基礎を置きつつ、さらに嫡母・継母・妾の規定をも加えて、全体として男女・嫡庶・妻妾の別を明らかにしたものであると考える。大宝令応分条が、継嗣条の有位者嫡子を前提として、現実の氏《ウヂ》的所有の相続形態を問題としていたのに対し、養老令応分条の分財規定は、庶人までを含む抽象的な嫡子概念を前提として、このような家族秩序の明示に重点をおいた観念的なものへと変質しているのである。とするならば、かかる性格の分財規定に、貴族層にとっての現実の明確な財産たる功田功封と、「氏」の家人奴婢として固定さるべき氏賤の相続が、包摂され得ないことは明らかであろう。これらは大宝令では、ともに「並入㆓嫡子㆒」との規定の中に、一定の矛盾を持ちつつも包摂されることが可能だったのである。

2　「存日処分」をめぐって

養老令応分条の基本的性格は以上のように考えられるのであるが、それでは本章で問題としている氏《ウヂ》的所有の対象としての奴婢、すなわち大宝令では「其奴婢等、随㆑状分者聴」との本註で規定されていた広い意味での氏《ウヂ》的所有の枠内での分有は、養老令ではどのように規定されているのか。観念的分財規定の中に解消し得たのであろうか。その間の矛盾を解決するために明記されたのが存日処分規定であると考える。

この存日処分に関しては、第二節でも「随状」の解釈をめぐって若干ふれたので、まずこの点をふり返ってみたい。存日処分は、養老令応分条の末尾に「及亡人存日処分、証拠灼然者、不㆑用㆓此令㆒」として明記されているが、大宝令文にはこの部分は存在しなかった。しかし「一云」は『己身之時物』は分けてよいが、『従㆓祖父時㆒承継宅家人奴婢』は存日処分してはならない。令によれ」と述べている。ここで依拠すべしとされている「令」とは、「宅及家人奴婢並入㆓嫡子㆒（其奴婢等嫡子随㆑状分者聴）」という冒頭の規定をさしているのであり、したがって、「随㆑状分」＝存日処分の意ではあり得ない。すなわち「従㆓祖父時㆒承継宅家人奴婢」と対比される「己身之時物」とは、大宝令応分条が規定の対象としている氏的《ウヂ》所有の枠外のものであり、その故に応分条では明記しないところの存日処分が認められるのである。

あるいは、この祖父伝来産とは氏的《ウヂ》所有の対象物そのものではなく、「並入㆓嫡子㆒」と規定されているものの中で特に氏賤的なもののみをさす、と考えられるかもしれない。しかしそれでは「宅家人奴婢」とされていることが理解できないだろう。また身喪戸絶条の「古記」は、「父祖の奴婢家人を分得したもの」と妻家所得奴婢を同様の性格のものとしてとらえ、絶戸および妻の実子なきときにはともに本宗に還すと解している。このようなものが、氏上により固定相続される氏賤であり得ないことは明らかであろう。この「分得」とはまさに、氏的《ウヂ》所有の枠（「並入㆓嫡子㆒」）の下での分有規定（「随㆑状分者聴」）によって保証されているところのものなのである。

唐令では、存日処分は身喪戸絶条にのみ規定され、応分条にはない。これは「中国の家族法において、父子一体、兄弟平等は伝統的な社会通念となっていたので、親といえども恣意的な家産分割は許されない建前であった」[59]からだが、大宝令が身喪戸絶条にのみ存日処分を規定し応分条では認めていないのも、唐令にならったものであろう。しかし応分条に即していえば、それが氏的《ウヂ》所有の相続を対象とするものであり、その成員による分有を「随㆑状分者聴」として規定しているのである限り、唐令と同様、存日処分を認める余地はなかったともいえよう。したがって、存日処分は令文には規定されないまま、令規定の対象外たる「己身之時物」についてのみ現実には認められているのである。

さて大宝令文における存日処分規定欠如の意味を以上のように考えるとすると、養老令でそれが明記されるに至ったのは何故か。大宝令の注釈たる「古記」および「一云」には、前述のように「己身之時物」と「祖父承継物」との区別がみられるのだが、これは大宝令の法意に則った解釈であって、氏《ウヂ》的所有の衰退に伴い実際にはともに「依二処分一耳」（「古記」）と考えられるようになっている。とするならば、養老令応分条での存日処分の明記は、この延長線上にあるものとして位置づけられるであろう。前章で述べたように、養老令の妻家所得規定は、家人奴婢と他の財物との区別なく妻の実子により相続されるという現実の在り方を、そのままに認めたものである（奴婢限定・本宗返還の削除）。また氏《ウヂ》的所有の枠の存続をめざした「並入二嫡子一」との嫡子得分規定も、先述のように、全く性格を異にする観念的分財規定へと修正された。存日処分の明記も、このような全体の条文構成の変化と密接に対応しているのである。

大宝令文が特に氏《ウヂ》的所有の枠の固定存続を図るものとなっているのは、直接には天智朝以降大宝期に至る氏族政策と関わるであろう。養老令ではかかる指向を放棄して[補5]、貴族層にとっての明確な財産たる功田功封と氏賤については、（その性格は対照的ながら）ともに別途規定によることとし、貴族層をも含む「累世相継富家」以上の階層における、氏《ウヂ》的所有（その下での分有の進行という現実、および成立しつつある家産も含めて）については、存日処分規定の明記と妻家所得規定の修正に拠ることとした。そのうえで、庶人以上の抽象的な嫡子概念（養老令継嗣条）を前提とする分財規定そのものは、むしろ家族秩序の明示に重点をおいた観念的なものとなり得たのであろう。存日処分が明記されたことにより、「法定相続はそれのない場合に於ける補助規定」[60]として位置づけられるにすぎなくなったのである。

おわりに

本章は、八世紀における奴婢の所有主体の究明を通じて、「家人的形態」を一般的にとるとされる我国古代奴婢の隷属性の特質、およびその奴婢身分確定の意味を考えようとしたものである。そのために戸令応分条を分析の対象とし、まず第一節では、養老令の氏賤規定、および第一章・第二章で検討した「嫡子」概念、妻家所得奴婢の性格との関わりから、大宝令応分条が氏《ウヂ》的所有の相続を対象としたものであることを明らかにした。そして第二節では、「随状」処分を認めた本註が、かかる氏《ウヂ》的所有のもとでの成員による奴婢の分有を承認した規定に他ならないこと、妻家所得奴婢も本来同様の性格のものであることを明らかにした。さらに第三節では、「宅及家人奴婢」という限定を手がかりに、その前史をなすのは氏《ウヂ》の本拠地たる宅と一体的に存在した民（宅《や》っ子）であり、それが律令制の導入に伴い奴婢身分として確定され個人の所有物とされたのではないかと推定した。戸籍にみえる奴婢所有者記載、応分条の奴婢分有規定はまさにそのことを示すものであろう。そして第四節・第五節での養老令応分条の検討結果によれば、その分財規定そのものは、庶人以上を対象とする養老令継嗣条の嫡子概念を前提とする観念的なものであり、その故に、そこに含まれ得ない「氏」としての明確な財産、および氏《ウヂ》的所有物の相続のために、氏賤・功田功封・存日処分規定が明記された。すなわち大宝令・養老令を通じて、応分条規定の背景には変質しつつある氏《ウヂ》的所有が存し、奴婢所有はまさにかかる遺制のもっとも濃厚な部分として位置づけられるのである。

本章での考察は、戸令応分条の分析を直接の対象として、そこに氏《ウヂ》的所有の遺制が示されていることを明らかにしたものにすぎない。しかしその遺制の検討を通じて、我国古代の奴婢の特質を把握する上での重要な手がかりが得られたと考える。すなわち日本古代の奴婢は、本来的に氏《ウヂ》の結集の重要な核としての性格を有していた（この遺制を制度的に固定したのがすなわち「氏賤」であろう）のであり、その故に、必ずしも共同体成員権を喪失した存在ではないこれら「奴婢」（ヤッコ・メノヤッコ）を、律令的奴婢身分として確定することは、氏《ウヂ》の国家的把握を媒介としてはじめて可能であった。律令的奴婢身分の確定は持統四年の庚寅年籍を画期とするが、その際に二つの重要な詔が出されている。「はじめに」のところでふれた五年三月の詔が、人身売買等による新たな賤の発生を禁止したものであるのに対して、翌四月の詔は、旧来からの「奴婢」の身分確定・所属を問題としたものである。そこで「若氏祖時所レ免奴婢、既除レ籍者、其眷族等、不レ得三更訟、言二我奴婢一」といわれていることの意味も、このように考えてはじめて明確となるのではないだろうか。

律令制下の官賤・寺賤等の問題は、以上に述べてきたような前史をふまえ、その上に展開したものとして位置づけることができようが、氏《ウヂ》の結合の核としての本来の性格を失った律令的奴婢制は、詳細堅固な諸規定のもとで、現実には急速に崩壊の途をたどるのである。我国古代奴婢の隷属性の特質、および律令良賤制の意義は、氏《ウヂ》による支配の構造の究明を通じてはじめて明らかにされ得るであろう。

註

（1）石母田正『中世的世界の形成』東京大学出版会、一九五七年。

（2）これ以前の法制史家による律令賤民制の研究としては、宮崎道三郎「家人の沿革」『宮崎先生法制史論集』岩波書店、一九二九年。三浦周行「古代親族法」『法制史の研究』岩波書店、一九一九年（一九七三年再版）。滝川政次郎『日本奴隷経済史』刀江書院、一九三〇年（一九七二年再版）。同『律令賤民制の研究』角川書店、一九六七年、等がある。

（3）かかる特質は、本来は石母田氏が律令の家人規定の分析を通じて導き出されたものであるが、その後の研究では家人身分自体は空文規定に近いものとみなし、奴婢身分のものが現実には律令の家人規定に合致するような状態で存在していることを意味するものとして「家人的形態」ということがいわれている。本章でもこれに従う。

（4）神居敬吉「古代日本の奴隷家族について」『国史談話会雑誌』五、一九六一年。吉田晶「氏賤・家人・奴婢の関係についての覚書」『続日本紀研究』一〇—六・七、一九六三年。丸山忠綱「家人・奴婢に関する一考察」『法制史学』一六、一九六四年。丹生谷哲一「律令賤民制展開過程についての一考察」上・下『続日本紀研究』一三八〜一四一、一九六七〜一九六八年。磯村幸男「日本古代の奴婢について」『歴史評論』二七四、一九七三年。平野邦雄「家人と奴婢」『大化前代社会組織の研究』吉川弘文館、一九六九年、等。

(5) 直木孝次郎「寺奴の職掌と地位について」『奈良時代史の諸問題』塙書房、一九六八年。佐伯有清「今良の性格と史料」『日本古代の政治と社会』吉川弘文館、一九七〇年。神野清一「東大寺の奴婢の用途について」『日本歴史』二〇九、一九六五年。同「日本古代官奴婢論」『古代学』一六―一、一九六九年。宮原武夫「奴婢の身分解放闘争」『日本古代の国家と農民』法政大学出版局、一九七三年。石上英一「官奴婢について」『史学雑誌』八〇―一〇、一九七一年、等。

(6) 平野氏註(4)著書。

(7) 『三国志』魏書倭人伝。

(8) 『隋書』倭国伝。

(9) 『日本書紀』天武五年五月甲戌条。

下野国司奏、所部百姓、遇二凶年一、飢之欲レ売レ子。而朝不レ聴矣。

(10) 『日本書紀』持統五年三月癸巳条。

(11) 『延喜式』巻二九刑部省、および『政事要略』巻八四糺弾雑事、

凡父母縁二貧窮一売レ児為レ賤、其事在二己丑年(持統三)以前一、任依二元契一。若売在二庚寅年(持統四)以後一、及因二負債一被二強充一レ賤、并余親相売者、皆改為レ良。不レ須レ論レ罪。其大宝二年制レ律以後、依レ法科断。

(12) 天武五年の場合も朝廷は売子を認めていない。

(13) 平野氏註(4)著書。

(14) 吉田晶氏のいわれる「生益への依存」という事情(註(4)論文)は、奴婢身分の成立固定後においても、かかる特質が維持され承認されたことと関わって問題とされるべき事柄なのではないだろうか。

(15) ただし、八世紀の籍帳に示されるような奴婢所有の在り方がいかなる段階を意味しているのか、種々に見解はわかれる。門脇禎二『日本古代共同体の研究』東京大学出版会、一九六〇年。八木充「律令賤民制の成立」『律令国家成立過程の研究』

塙書房、一九六八年。吉田晶「古代の奴婢について」『日本古代社会構成史論』塙書房、一九六八年。鬼頭清明「八世紀の社会構成史的特質」『日本史研究』一七二、一九七六年。神野清一「編戸と奴婢——八世紀初葉における奴隷所有の発展段階——」『名古屋大学日本史論集』上、吉川弘文館、一九七五年、等。

(16) 中田薫「養老戸令応分条の成立」『法制史論集』一、岩波書店、一九二六年、五四〜五七頁。

(17) 同右、四六・五三頁。および仁井田陞『唐令拾遺』戸令二七、日本思想大系『律令』戸令23補注参照。

(18) 同右、五五頁。

(19) 石井良助『長子相続制』(法律学大系第二部ノ84)日本評論社、一九五〇年、五三頁。

(20) 宮本救「日本古代家族法の史的一考察」『古代学』三—四、一九五四年、三七一頁。

(21) 井上辰雄「戸令応分条の成立」『(坂本太郎博士還暦記念)日本古代史論集』下、吉川弘文館、一九六二年、一三八・一四二頁。

(22) 石井氏註(19)論文、五三頁。

(23) 継嗣令2継嗣条、およびその注釈諸説。

(24) 井上光貞氏はカモ氏の神官の地位の継承が平安中期以降ようやく嫡々相承となることを明らかにされ、これは族長継承一般の在り方であり、郡司相続の在り方とも対応することを指摘しておられる(「カモ県主の研究」『日本古代国家の研究』岩波書店、一九六五年)。

(25) 中田氏註(16)論文、八〇頁。

(26) 宮本氏註(20)論文、三六八〜三六九頁。

(27) 戸令19造戸籍条・軍防令45在庫器仗条・同令46五位子孫条・公式令4奏事式条・同令21諸司会式条・医疾令19国医生試条・獄令54有疾病条。

(28) この本註に関して、「古記」は「謂必令レ分、任レ意不レ聴也」、「一云」は「嫡子任レ意耳、抑不レ合レ令レ分也」と述べている。この「古記」は「必ず実状に従って分ける、分けるか分けないかは嫡子の任意ではない」、「一云」は「分けるか分けないかは嫡子の任意である。本来は『並入二嫡子』の規定よりして分けるべからざるものなのだから」との意味であろう。すなわち「古記」は「嫡子」の語に表現された氏《ウヂ》的所有とその下での分有という大宝令の法意に忠実な見解であり、「一云」は「並入二嫡子一」という令文の表現にとらわれた見解なのである。したがって、この両説についての宮本氏の理解（註(20)論文、三六八頁脚注）には従えない。

(29) 吉田氏註(4)論文。

(30) ここに「聴せ」とあるために「必ず分けるのか否か」という議論が生じるのだが、これについては註(28)参照。

(31)『日本書紀』崇峻即位前紀七月条。

(32)『続群書類従』第二七輯下。

駆二摂守屋子孫従類二百七十三（二カ）人一為二寺永奴婢一。……居宅参箇所并資財等、悉計二納寺分一畢。

…

守屋臣子孫従類弐佰漆拾弐人

弓削五村居家男百六十人 女百十二人

(33) 今井啓一「物部戦争と太子・四天王寺」『日本歴史』二九九、一九七三年、三四頁。

(34) 吉田孝「ヤケについての基礎的考察」『（井上光貞博士還暦記念）古代史論叢』中、吉川弘文館、一九七三年、四〇三頁（のちに改稿して『律令国家と古代の社会』岩波書店、一九八三年、所収）。

(35) 平野氏註(4)論文。

(36)『日本書紀』崇峻即位前紀八月条。

(37) 仁井田陞『唐令拾遺』喪葬令二一。

(38) これは律令賤民制の重要な原則の一つである（吉田氏註(4)論文）。

(39)『大日本古文書』編年一、一〇二～四頁。『寧楽遺文』上、九八～九頁。

(40)『古事類苑』二〇、一五四頁、等。

(41) 岡本堅次「大宝二年筑前国戸籍に見える『戸主私奴婢』について」『歴史の研究』七、一九五八年。

(42) 池田温『中国古代籍帳研究』東京大学出版会、一九七九年、参照。

(43) 吉田氏註(34)論文、三九二頁。
(44) 田令6功田条・禄令13功封条。
(45) 日本思想大系『律令』戸令23〔応分条〕頭注。
(46) 中田氏註(16)論文、六七頁。
(47) 『大唐六典』巻之三。
(48) 註(46)に同じ。
(49) 高橋崇『律令官人給与制の研究』第七章「藤原氏と律令制給与」、吉川弘文館、一九七〇年。
(50) 『続日本紀』文武二年八月丙午条。
(51) ここでいう「家」は、家令職員令に規定された公的な「家」（＝三位以上）のことであり、一氏から大夫（議政官）を一人しか出さない慣行は、実質的には有力な氏《ウヂ》に一つずつ公的な「家」を認めることでもあった、と考えられる（吉田氏註(34)論文、三九二頁）。
(52) 高階氏賤に関する寛平五年十月廿九日官符（『類聚三代格』巻一、神社事）参照。
(53) 『唐会要』巻九〇、縁封雑記、および中田氏註(16)論文、五四頁。
(54) 中田氏註(16)論文、五八頁。
(55) 滋賀秀三「『承重』について」『国家学会雑誌』七一―八、一九五七年。
(56) 同右『中国家族法の原理』第一章第二節、創文社、一九六七年。
(57) 継嗣令3定嫡子条。
(58) 関口裕子「律令国家における嫡妻・妾制について」『史学雑誌』八一―一、一九七二年。
(59) 日本思想大系『律令』補注8戸令23P。
(60) 宮本氏註(20)論文、三七六頁。
(補1) 吉田孝氏は、「日本律令の制定者が、嫡子制による『イヘ』に支配体制の基礎を置こうとしたのは、首長位が傍系親をふくむ範囲で移動し、その構成員も絶えず変動する『ウヂ』の組織では、律令国家の支配者層の単位として、あまりにも流動的であったからと考えられる。嫡子制の導入の最大の眼目は、ウヂよりもはっきりした社会的単位として、父から子へ（とくに父から長子へ）の継承を原理とする支配者層の『イヘ』を政治的に創設しようとしたものと推定される」と述べておられる（『律令国家と古代の社会』Ⅲ章、六「嫡子制の導入」・七「『家』の成立」、岩波書店、一九八三年）。本章での私見は、たんに「家父長制イデオロギーの導入」というにとどまらない嫡子制導入の積極的側面を評価し得ていない点において不充分なものであり（第一章〔補4〕参照）、これについては吉田氏の見解に従いたい。しかし、この段階での嫡子による「承家」の観念は、まさに氏《ウヂ》と「家」の一体不可分のものとして存在していたことを確認しておかねばならない。吉田氏も一方では「これらのイヘは、未だウヂと基本的には異ならない集団であった」とし、「律令国家が先取りした『イヘ』は、このように（＝朝廷の官職の世襲化を媒介として）官人貴族層によってしだいに実体化されてくる」として、中世的なイエの成立を見通されるのであるが、そこではウヂ自体の変質の問題が把握されていないために、「ウヂから『イヘ』への変化」を段階をおって明瞭に把握することを困難にしていると思われる。私見によれば、「家」の実体化の背景には、官職の世襲化と併せて、氏《ウヂ》の結合原理の変質の過程があったのであり、その意味で、「家」の実質的な成立の端緒は、八世紀初めの嫡子制導入の時点ではなく、氏《ウヂ》が父系出自集団としての内実を備えるに至る九世紀初めに求められねばならない。このことは、神話的始祖に発する系譜意識から現実の身近な父系グループを出発点とする系譜意識への転換がこの時期に認められることに、明らかに示されている（第三編第四章参照）。また、官職を軸に成立する「公的家」（非氏《ウヂ》）が、そうした在り方を脱して「院宮王臣家」として私的経営体としての活動を活発に展開するのも九世紀以降のことであった。

（補2）　宅が、（「随レ状分」により分有を認められた）奴婢と異なり、嫡子による単独相続を規定されていることは、たんなる遺制を超える意味を持っていた。本文でもくり返し述べたように、宅《ヤケ》は、一つの氏《ウヂ》に複数存した点に意義を有する。なぜならば、妻問い（→妻方居住）を主体とする古代の婚姻形態と両属性原理の下で、主要な宅のうちのいくつかは（そこに付属する奴婢と併せて）族長層の女子からそのそれぞれの所生子へとうけつがれ、そのことによって。複数の氏《ウヂ》を結合する現実的拠点としての機能を持ったからである。大王の代毎に移動する七世紀以前の宮も、同様の構造によって、王権と各氏《ウヂ》とを結合する「宅」として位置づけることができる（こうした宮に付属する譜第隷属民の後身が官奴婢である）。成員の両属性によって流動的な構成をとらざるを得ない氏《ウヂ》は、共同体と密着した支配・経営の拠点たる宅を核として、常に新たな形で現実に再結集されるのである（これに対して、理念的な再結集・存続の柱となったのが系譜観念であった）。

したがって、大宝令応分条の嫡子による宅の単独相続規定は、①氏《ウヂ》の構成について父系出自の原則をたて（男女之法）、②従来よりも規模を小さくした上で氏《ウヂ》の成員の範囲を明確化し（平野邦雄「八世紀〝帰化氏族〟の族的構成」『(竹内理三博士古稀記念）続律令国家と貴族社会』吉川弘文館、一九七八年、参照）、③そうした氏《ウヂ》について、氏《ウヂ》＝「家」の継承者として設定された「嫡子」、という三点を前提とする。「妻家所得奴婢」の本宗返還をめぐる令意（女子の子孫による相続の排除）にうかがえる、氏《ウヂ》相互の有機的結合の否定は、宅の単独相続制にもあらわれているといわねばならない。なお、「田宅資財」として一括して観念的分財規定の対象となる養老令文の「宅」は、令意としては、このような氏《ウヂ》＝「家」と相即的な宅《ヤケ》ではなく、たんなる建造物の意である。

（補3）　身喪戸絶条の本文「其家人奴婢者、放為二良人一」に対する注釈として、「古記」が、「ただしそれが父祖の奴婢家人を分得したものであれば、妻家所得奴婢を本宗に還すのと同様に、本宗に還すべきである」と述べていることからして、絶戸の場合に放賤して良人とされる奴婢は、「己身之時物」、すなわち、氏《ウヂ》的所有の枠外の奴婢ということになろう。こうした新たに芽生えつつある私有の対象としての奴婢でさえ、店宅資財とともに売却される唐令の部曲客女奴婢とは異なって、放賤従良されざるを得ないのは、我国の古代においては、氏《ウヂ》への譜第隷属性を離れての自由な奴隷制の展開があり得なかったことを如実に物語るものであろう。

（補4）　ただし、第一章（補2）をも参照。

（補5）　（補1）に述べたところを併せ考えるならば、大宝令応分条から養老令応分条の功田功封・氏賤規定への変化は、このような意味での転換としてとらえられるべきではなく、氏《ウヂ》＝「家」とする把握の発展上に位置づけられねばならない。ただし、両応分条全体の原理は、氏《ウヂ》的所有の相続法から一般的観念的相続法へと転換しており、氏《ウヂ》＝「家」の所有の基底に広がる実態としての氏《ウヂ》的所有の遺制が、養老令では存日処分規定にゆだねられている、とみる論旨にも変更はない。大宝令文は、両者を含めたものを、氏《ウヂ》＝「家」の所有の相続法としてのみ規定しようとしたところに、法文としての無理があったといえよう。

補論　双系制と両属性

本書では、日本古代の氏《ウヂ》の特質を把握する上でのキー概念として「両属性」の語を用いている。「両属性」の内容をなす諸特徴は、従来（といっても近年のことではあるが）、日本古代社会の双系的性格を示すといわれてきたものと密接な関わりを有するが、それとイコールではない。そこで、「双系制」の語を排して新たに「両属性」なる概念設定をする理由を、ここで簡単に述べておきたい。

まずはじめに双系制の概念を明確にする必要がある。(1) 文化人類学上でいわれる出自とは、祖先から一定の規則によってたどられた血統のことであって、これによってある個人の集団への帰属が決定される。このたどり方には単系と非単系の二種類があり、単系の場合には、父系にせよ母系にせよ、ある個人は出生と同時にその属する集団が決定されており、集団の構成範囲もきわめて明瞭である。これに対して、非単系（双系）の場合には、血統は父方・母方の双方を通じてたどられるので、個人は両方の集団の潜在的メンバーシップを持ち、集団への帰属は、何らかの条件（居住・財産・地位等）の下で、出生後に撰択されることになる。すなわちいわゆる双系制は、出自規則としては撰択出自である。したがってこの場合にも、単系出自の場合と同様、祖先から発する明確な集団が形成されることには変わりがない。

これに対して、集団への帰属を問題としない双系制、すなわち父方母方双方に広がる関係そのものは、本来、自己より発する親族関係として、あらゆる社会に普遍的な関係である親子関係の連鎖のうちで、父方母方いずれかへの偏りをあまり持たない社会の特質を把握した概念である。この親族関係は、その性格上、世代が交替するごとに新たな内容を持って編成しなおされざるを得ないので、永続的集団の形成には結びつかない。すなわち、通常、双系制といわれているものの内容は、双方的親族関係のみか、あるいは双方的親族関係と撰択出自集団との組み合わせである。(2)

ただし、双方的親族関係と出自集団との組み合わせには別の形態もあり得る。二重出自・併行出自といわれるものがそれであって、二重出自は、ある個人が、土地財産は父系的に、墳墓祭祀は母系的にというように、社会生活の異なる側面において二つの集団に帰属する。併行出自はそれが、父から男子へ、母から女子へという形でなされるものである。先に述べた父系出自・母系出自・撰択出自の三者においては、個人はいずれにしても一つの集団に帰属するのに対して、後二者の場合には、社会生活の中の異なる側面において、複数の集団に属することになる。

さて、日本古代の社会の基底に広がる親族の原理が双系的なものであることは、近年、多くの研究者により明らかにされてきており、(3)そうした中で形成された明確な族集団である支配層の氏《ウヂ》についても、父系出自集団とする旧来のとらえ方とは異なる、新たな観点からの解明の必要が強く認識されるに至っている。そうした眼で氏《ウヂ》に関する史料をながめた場合に気づかれるのは、さまざまな局面での母方とのつながりの強さ、族長位においても母系継承がしばしば介在すること、ある個人が複数の集団と密接な関わりを有しているらしく見えること、集団の構成員の範囲が不明確であり、容易に再編・統合・分割され得ること、等々の現象である。これらの特色は従来、社会の基底に存する双方的親族関係の反映として、「双系制」あるいは「双系的」の語で表現されている。しかし、氏が（外延部は不明確であるにせよ）一つの族集団としてある限り、これはたんに現象の指摘にとどまらず、帰属の原理としてもより明確化される必要があろう。それは撰択出自、二重出自、または併行出自的なものであろうか。

本編で第一章から第三章にわたって、八世紀前半の財産相続法である戸令応分条の分析を行なった結果によれば、大宝令応分条は主として氏《ウヂ》の財産の相続法を規定したものである。その中でも特に氏《ウヂ》の財産の枠内にあるべきことを性格づけられた奴婢は、男女子成員によって分有され、その各々の子孫によってうけつがれ、子孫が絶えたときには本来の所有者たる氏《ウヂ》の代表者に返還されねばならない。したがって、ここには一般的な財産相続の慣行とは質の異なる、集団の成員権の問題が背後に横たわっているといえよう。ある個人は父方母方双方の氏《ウヂ》から、同時に、その氏の財産たる奴婢を相続するのであり、男子は父から、女子は母からというのでもなく、どちらかを撰択するのでもない。

また、次編で述べる氏神の成立過程をめぐる考察結果よりすると、八世紀においては、ある個人は父方母方双方の奉ずる神をうけつぎ祀っている。それは、光明子や桓武天皇の事例にみられる如く、それぞれの集団の主たる祭祀者のレヴェルにおいても、また天皇にあっても同様であった。これがたんに潜在的な信仰の次元の問題でないことは、神に祈願する祝詞の文言において、男女子成員双方の子孫に等しく神の恩恵の及ぶべきことが述べられる点にも明らかである。

八世紀にはすでに公的には父系出自の原則が確立されており、集団の表象である氏姓や政治的地位の継承には右の如き現象は原則としてみられないが、六〜七世紀には、大連物部弓削守屋のように、父方母方双方の氏姓（と政治的地位）を併せ有する例も見られる。右に例示した諸点に共通する帰属の特質は、ある個人が、同時に、社会生活の同じ側面において、複数の集団に帰属するというものであって、撰択出自・二重出自・併行出自のいずれとも質を異にする。私見によれば、これは双方的親族関係が、関係の次元にとどまらず、そのまま集団帰属の原理として顕在化したものである。この意味で、それを「双方的」でも「双系的」でもなく「両属性」として概念設定したい。

それでは、両属性の下では出自はどのようにたどられ、いかなる集団が形成されるのか。それが単系出自集団でないことは明白だが、血縁（擬制を含む）による集団である限り、何らかの出自観念の存在が想定されてしかるべきであろう。通常、出自は祖先から発する（ancestor oriented）概念であるのに対し、親族関係は自己より発する（ego oriented）概念であるとされる。ところが日本の古系譜を検討すると（第三編参照）、そこからは、族長位の継承に関わる、始祖より発する一系系譜と、個々の成員の帰属に関わる、自己に収斂する両属系譜（仮にこう名づけた）との併存、という特色が導き出される。

この場合の一系系譜は本質的には親子関係の連鎖を示すものではなく、横の広がりを持たない。それに対し、両属系譜は父方母方双方の親子関係を含み込んで上広がりの内容を持つ。ただし、それが自己から発して上広がりに系譜関係をたどるのではなく、系譜観念としては明確に複数の祖から発して自己に収斂する、すなわち、出自に関わる観念となり得ている点に大きな特色がある。そこでは、出自はこうした両系譜の併存により示されるのである。

集団の存続は王権への奉仕を内容とする族長位の一系継承を基軸とするが、集団の結合と集団相互の関係は個人を核とする両属性原理に支えられている。ここに形成される集団はまだ厳密な意味での出自集団ではなく、出自と帰属と系譜は相互に一致していない。氏《ウヂ》が出自集団としての内実を備えるに至るのは、一系系譜と両属系譜の統合から出自系譜が形成され（七世紀後半〜八世紀）、公的な父系出自原則の確立と官職の父系継承をテコに、族内近親婚等によって両属性原理を父系的なものに換骨奪胎する過程を経た、九世紀以降のことである。ここで氏《ウヂ》は、二次的形態（未熟な「家」を結集）へと変質をとげる。

日本の古代の氏《ウヂ》を、成員相互の平等を本質とする古典的クランとは異なる、階層的なクラン（円錐《コニカル》クラン）の一類型としてとらえようとする見解も存する[4]が、そこでも注意されているように、種々の共通性（非単系性、流動性、系譜の重要性、族内婚的傾向等）にもかかわらず、円錐クランのように始祖からの血縁的距離によって成員間の地位のヒエラルヒーが構成されるのではない、という決定的相違が存する。(5) これも、氏《ウヂ》においては本来、出自観念が始祖からの枝わかれとしてではなく、個人を核とするものとして存在し、一方、族長位は王権との政治的距離によって決定されるという、独得の系譜の構造に由来するのである。

右に述べた古系譜の特質は、氏《ウヂ》という集団の組織原理として、両属性が一系性におとらぬ本質的な重要性を持つことを明瞭に物語る。双方的親族関係により組織された社会から何らかの血縁集団（多かれ少なかれ一系性を組織原理として持つ）が形成されるに際しては、その社会のおかれた種々の条件下で多様な形態があり得たと思われる。その中で、日本の古代の氏《ウヂ》は、双方的親族関係が集団の組織原理そのものとして高度に活用された場合にあたり、従来の文化人類学の理論によっては充分に解明し得ない特質を備えている。これは氏《ウヂ》が、社会全体をおおう血縁組織たる氏族(clan)とは異なり、支配層のみの形成した族集団であったということと密接に関わる。同じことがまた、族長位継承に関わる高度の一系性と求心性をも要求したのであって、この点からいっても、他方の特質を、「双系性」ではなく「両属性」、すなわち帰属に関わる概念として明確に設定する必要がある。その上ではじめて、具体的な日本古代の氏《ウヂ》の分析を出発点として、新たに普遍的な集団理論を作り上げていくことも可能となるであろう。

註

（1） 本論で述べる双系制概念の整理にあたっては、以下の諸論考を参照した。中根千枝「親族」『人間の社会』〔I〕（現代文化人類学3）中山書店、一九六〇年。石川栄吉編『現代文化人類学』弘文堂、一九七八年。村武精一「社会人類学における家族・親族理論の展開」同氏編『家族と親族』未来社、一九八一年、および同書所収「解題」。田中真砂子「出自と親族」『親族の社会人類学』（現代のエスプリ別冊・現代の文化人類学③）至文堂、一九八二年。R・M・キージング（小川・笠原・河合訳）『親族集団と社会構造』未来社、一九八二年。なお、村武氏・田中氏からは種々、有益な御教示をいただいた。記して謝意を表したい。ただし、いうまでもなくこの小論に述べたところは、理解の不充分さによる誤りも含めてすべて私の責任によるものである。

(2)　G・P・マードック(『社会構造』〔内藤莞爾監訳〕新泉社、一九七八年)やR・M・キージング(註(1)右掲著書)のように「双系出自」概念を設定する見解もあるが、その場合にも、出自集団の構成としては結局、何らかの撰択が想定されている。したがって、ここでは、「〈双系〉プラス〈出自〉という表現は矛盾し、相反する性質をふくんでいる」とする村武氏の見解(註(1)右掲論文、二八二頁)に従う。

(3)　吉田孝「律令時代の氏族・家族・集落」『律令国家と古代の社会』岩波書店、一九八三年。明石一紀「日本古代家族研究序説——社会人類学ノート——」『歴史評論』三四七、一九七九年。関口裕子「高群逸枝の古代女性史研究の意義について」『女性史研究と現代社会』一、一九八二年。鷲見等曜『前近代日本家族の構造——高群逸枝批判』弘文堂、一九八三年。

(4)　村上泰亮・公文俊平・佐藤誠三郎『文明としてのイエ社会』中央公論社、一九七九年、および吉田氏註(3)論文、等。

(5)　吉田氏註(3)論文、一四三頁。

まとめと展望

本編では、戸令応分条の綿密な条文分析を行なった結果、奴婢の所有主体として氏《ウヂ》の存在を浮き彫りにすることとなった。そこからは、氏《ウヂ》と「家」、奴婢の隷属性、所有形態の変化等をめぐる重要な論点が導き出される。

氏《ウヂ》は共同体首長層の結集した政治的族組織であって、奴婢（ヤッコ・メノヤッコ）は、氏《ウヂ》の支配・経営の拠点たる宅（ヤケ）の周辺に居住し、宅の機能と結びついて次第に氏《ウヂ》への譜第隷属性を深めていった。しかし、それが本来、共同体成員と明確に区別された存在であったかどうかは疑問である。宅と奴婢は、両属性原理に基づき流動的な構成をとる氏《ウヂ》の組織にあって、複数の氏《ウヂ》の有機的結合を支える現実的核としての役割を有していた。しかし、奴婢は次第に氏《ウヂ》の成員による分有がすすみ、その主要部分は、古来からの身没奴隷、また新たに発生しつつある債務奴隷と併せて、律令制の導入に伴い賤身分として確定され、個人の所有物として戸籍に記載される（これに対して、宅との結びつきを保持し続けたのが氏賤・神賤・官奴婢・寺奴婢であろう。付編第二章参照）。

奴婢を個人の所有対象と規定することの背景には、支配者層の氏《ウヂ》を「家」として把握せんとする律令国家側の意図も大きく関わっており、大宝戸令応分条はこの過渡期の様相を示す、矛盾にみちた法文である。それは、家産分割法たる唐令の体裁に倣いつつ、実質的には氏《ウヂ》の財産の相続法となっており、しかもそれが「嫡子」による一括相続として規定されるのである。この「嫡子」には、氏《ウヂ》の代表者としての性格と、（理念的には）その氏《ウヂ》に一つずつ設定された官人の「家」の継承者としての性格が集約されており、氏《ウヂ》の成員による奴婢の分有は、「嫡子」の所有に包括されて存在する。奴婢は、律令制下においては明確に個人の所有物でありながら、同時に氏《ウヂ》の譜第隷属民としての性格を法的にも保持しており、成員の分有する奴婢は（妻の子孫により相続される「妻家所得奴婢」をも含めて）、子孫の絶えた場合には本来の所有主体たる氏《ウヂ》（の代表者＝「嫡子」）に返還されねばならないのである。

一方、この時期には私有の芽生え（「己身之時物」）も明確にみられ、それは奴婢の所有にもおよんでいる。養老令応分条は、氏《ウヂ》を「家」として把握する方向をさらに徹底させることで条文の整合化をはかり、氏《ウヂ》の所有として固定される範囲を特殊なものに限定するとともに、芽生えつつある私有をも相続法の対象に含み込むことをめざしている。この私有の芽生えは、律令国家により設定された氏≠「家」を超えて、氏《ウヂ》とは異なる新たな結合原理にたつ「家」（≠家族）の成立への方向に連なるものであり、八世紀を通じて、旧来の氏《ウヂ》の組織原理（両属性）は除々に消滅の過程をたどるのである。

奴婢は律令良賤制の導入に伴って詳細な奴隷規定を与えられたが、旧来の宅および氏《ウヂ》との結びつきを失うにつれて、こうした規定は現実の意味を失っていく。「己身之時物」としての奴婢も、相続者が絶えた場合には売却されることなく解放されるのであって、奴隷制への展開はみとめられない。戸令応分条の分析から明らかになるこうした日本古代の奴婢および奴婢所有の特質は、氏《ウヂ》の構造の特質に眼をすえた古代社会論を要請すると同時に、家父長的奴隷制概念に基づく国家論に対しても再検討を迫るものといえよう（付編第一章参照）。

第二編　氏《ウヂ》と氏神

問題の所在

氏神とは何であろうか。それはそもそも氏《ウヂ》の祖先を祀ったものなのか否か、古代の氏《ウヂ》にとって氏神信仰の持つ意味は何か、氏神信仰の内容の時代による変遷、日本社会の基層信仰の流れの中で氏神信仰はどのように位置づけられるのか、等々、いずれも古くからの困難な問いである。本編では古代の氏神信仰の成立過程を明らかにすることによって、こうした課題ととり組んでいく上での緒口を見出したい。

従来、氏神祭祀そのものは氏《ウヂ》の成立とともに古いとも考えられているが、「氏神」の語が明確に成立して史料上に頻見するに至るのは、ほぼ八世紀末以降のことである。そこで本編では、この前後に成立してくる三つの重要な氏神社（梅宮社・平野社・春日社）を考察の対象として、氏神成立の契機、神格、祀り手の性格、祈願内容等に検討を加え、こうした狭義の氏神信仰の歴史的意義を明らかにしていく。

『伊呂波字類抄』梅宮項に記された伝承によれば、梅宮社の前身となる神は、橘氏の実質的始祖である県犬養橘宿禰三千代から、その女子の光明子（藤原氏）・牟漏女王へと、公的には橘氏の成員ではない人間によって祀りつがれてきたらしい。それが、九世紀半ばに至り、皇室外戚神としてまた橘氏氏神としての地位を確立するのである。そこには、個人に即した神から集団の守護神形成への過程、また、氏神と在地の鎮守神との性格の相違等がうかがえる（第一章）。

一方、梅宮社に先だち八世紀末に成立した平野社は、桓武天皇の母方である和氏が奉じていた朝鮮系の神々を祭神とするが、その成立にあたっては、和氏氏神＝桓武外戚神としてではなく、皇室の祖神・守護神として、伊勢神宮に準じる位置づけを与えられている。梅宮社と平野社のこうした性格の相違の背景には、この間における集団の結合原理の転化の過程が想定される（第二章）。

藤原氏は最有力の外戚氏であるが、その氏神である春日社は、梅宮社・平野社とは異なり必ずしも天皇との外戚関係をテコにすることなく、独自に早期に氏神としての性格を固めている。春日祭祝詞の分析からは、藤原氏の氏神信仰の特質と、そのように早期に氏神信仰を成立させなければならなかった藤原氏の氏《ウヂ》としての特質が明らかになる（第三章）。

「氏神」はしばしば「私氏神」としてその姿をあらわす。この「私」の意味の追究からは、狭義の氏神信仰とそれ以前の氏《ウヂ》による神祭りとの決定的相違、さらにはその背景にある日本の古代社会における明確な「私」集団の成立が、大きな問題点として浮かび上がってくるのである（補論）。

第一章　橘氏の成立と氏神の形成

はじめに

現在京都市右京区に鎮座し、酒解神・大若子神・小若子神・酒解子神の四神を祀る梅宮社は、相殿に嵯峨天皇・檀林皇后（橘嘉智子）・仁明天皇・橘清友の四座を配祀し、橘氏の氏神として古来著明である。同社が橘氏に関わる神たることを明確に示す史料の初見は、元慶三年十一月辛酉条(1)であり、梅宮が嵯峨后たる橘嘉智子の奉じた神であること、嘉智子の子の仁明、孫の文徳の二代にわたって官祠とされてきたが、ここに至りそれを止められたことが知られる。

停㆓梅宮祭㆒。梅宮祠者、仁明天皇母、文徳天皇祖母、太后橘氏之神也。歴㆓承和仁寿二代㆒、以為㆓官祠㆒。今永停廃焉。

ところがいったん停められた梅宮祭祀は五年後に再開される。

是日、始祭㆓梅宮神㆒。是橘氏神也。頃年之間、停㆓春秋祀㆒。今有㆑勅、更始而祭。（元慶八年四月丁酉条）

そしてこの後寛平年間に再び停められ(3)、寛和・永延以降、また「復㆓旧基㆒」して祭られるに至る(2)。

仁明天皇の承和年間に始まる梅宮祭が、このように官祭の停廃・再開をくり返したのはなぜであろうか。その間の事情は、寛平年間の停廃の背景を考えるとき明らかとなる。これについては『伊呂波字類抄』も『年中行事抄』も直接には何ら理由を述べていないが、『年中行事秘抄』四月の項の次の記載は大いにこのことと関係があろう。

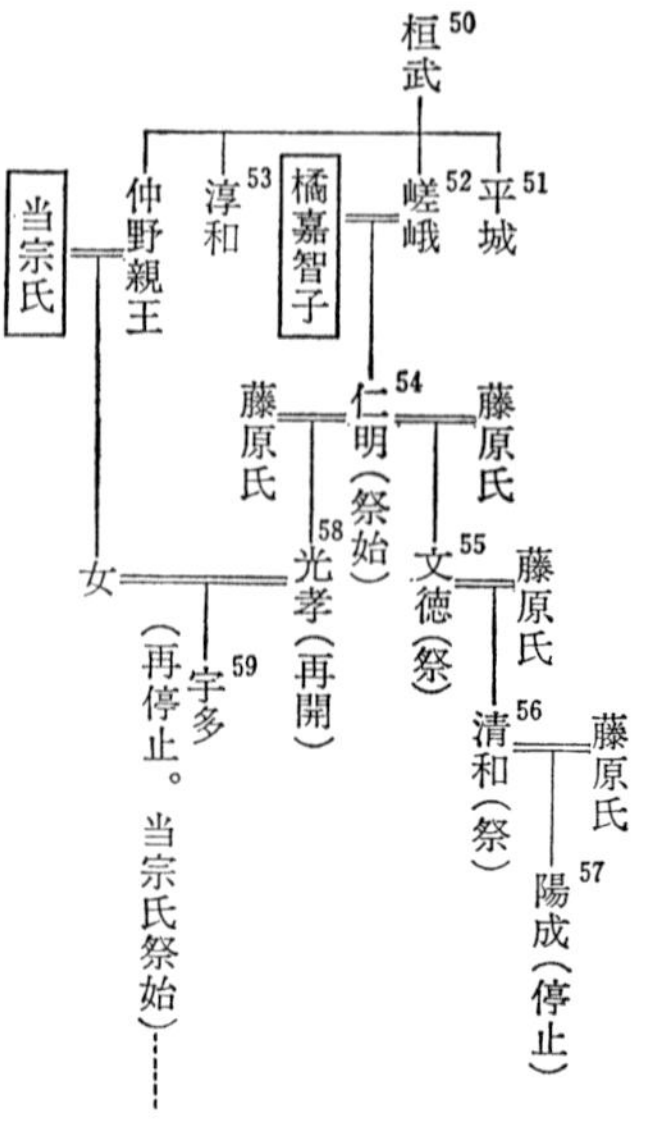

第７図　梅宮祭祀の停廃と皇統

上酉日当宗氏祭事。午日使立。
寛平御記云。仁和五年四月十四日乙亥。朕外祖父(母カ)当
(4)宗氏神在二河内国一。自二今年一可二祭始一之状仰畢。又
世記云。寛平五年(仁和カ)四月七日戊辰。是日始奉レ遣二河内
国志紀郡当宗氏神祭幣帛使一。国司一人専ヲ当其事一。
使食薑等竝用二国正税一。永為二恒例一。当宗社、天皇外
祖母之氏神也。

すなわち、梅宮祭を停止した宇多天皇は、自らの外祖母当宗氏の氏神を官祠とするべきことを命じているのである。(5)これによって考えれば、その前の元慶三年に梅宮祭が停廃されたのは、時の陽成天皇にとって、高祖母たる嘉智子の奉じた神は、もはや自らの存在には縁遠い神としてしか意識されなかったからであり、その五年後に光孝天皇が再び梅宮を祭り始めたのは、文徳―清和―陽成と続いた皇統をはなれて、直接に仁明を継ぐ者としての強烈な意識に支えられてのことであろう。以後の皇統はすべてこの天皇の子孫である。この間の系譜と梅宮祭祀との関係を図示すると第７図のようになる。

そもそも仁明天皇の時に梅宮祭が始められたのは「天子外家神」(6)として、すなわち母嘉智子の奉斎神を崇敬するという意味においてであり、その子文徳天皇（嘉智子の孫）にとっても事情は同じであった。しかしこうした天皇との血縁関係に支えられた祭祀は、その血縁関係が薄まれば容易に他の「外家神」（たとえば、宇多天皇にとっての当宗社）にその位置をとってかわられるものでしかなかった。(7)その意味で梅宮社はまさに典型的な「皇室外戚神」の在り方を示しているといえよう。本章では梅宮社が皇室外戚神として平安前期に成立するに至るまでの奉斎の歴史を検討すること

により、奈良から平安期にかけての氏神祭祀の在り方の特質を明らかにする。

第一節　『伊呂波字類抄』をめぐって

1　『字類抄』の史料的性格

梅宮社の前身をなす神の奉斎の由来を最も詳細に記すのは平安末成立の『伊呂波字類抄』である（以後、『字類抄』と記す）。しかし、その史料的性格をめぐっては胡口靖夫氏の否定的見解(8)が存するので、まずその点の検討を行ないたい。

胡口氏は、梅宮社の創始に関する通説(9)（三千代が祀り始め、光明皇后と牟漏女王が崇敬し、後に橘嘉智子が現在地に遷祭したとする）を批判して、おおよそ次のように述べておられる。

①諸説の源泉となった『字類抄』は、「鎌倉初期の増補」を含む十巻本である。

②『古事類苑』等が参照した『字類抄』の「洛隅葛野川頭」「相楽郡拚山」は誤りで、校合本の「洛隅内頭」「相楽郡提山」が正しく、この「提山」とは、橘諸兄の相楽別業があった相楽郡の井手村（現、綴喜郡）の玉岡峰＝井堤山のことであり、円提寺も拚山に存したのではなく、同じく井手にあった井手寺の別名である。

③とするならば、『字類抄』所引『譜牒男巻下』の意味するところは、「太后氏神祭二於（井手の）円提寺一。此神、始犬養大夫人所レ祭神也。大夫人子藤原太后及牟漏女王、祭二於洛隅内頭一。其後遷三祭於相楽郡（井手の）提山二」となり、「橘嘉智子は、藤原安宿媛と牟漏女王が、洛隅内頭から井堤山（円提寺＝井手寺）に遷祭した氏神を再度井手の円提寺に

祭ったことにな」る。このような論理的不整合よりしても『字類抄』の記述に全面的な信憑性を持たせることはできない」。

④『字類抄』に「末社　一所山城国井手寺内」とある神社は、『興福寺官務牒疏』に、橘諸兄が井堤に遷座したとして載せる「椋本《ムクモト》天神」のことであり、これが梅宮の最初の鎮座地である。

⑤『字類抄』において、梅宮の橘三千代創祀説をはじめその崇敬者に女性ばかり登場するのは、平安時代初期における橘氏の隆盛が、橘嘉智子主導型であったため、橘氏においては女性優位の観念が平安時代末まで持続し、それが逆に奈良時代の橘氏にも投影された結果ではないか」。

右のように、胡口氏は『字類抄』の記載の信憑性を批判した上で、梅宮＝椋本天神、橘諸兄創始者説をうちだされたのであるが、その批判内容には必ずしも従い得ないので、以下逐一検討していきたい。

まず胡口説の第一点である十巻本『字類抄』の史料的性格を考察する。『字類抄』の主要な伝本には二巻本・三巻本・十巻本があり[10]、現在普通に用いられているのは十巻本である。この三者の関係如何というに、川瀬一馬氏によれば[11]、天養頃（一一四四〜）に成った原形本に増補訂正を加えて長寛の頃（一一六三〜）には二巻本としていったん稿成り、二巻本の成立後約二〇年を経て、治承（一一七七〜）に至ってでき上ったのが、現存の三巻本である。そしてそれをさらに増補した十巻本は、「固有名詞の増加とその注記が詳細になつてゐる点に大いなる特色が見られる。従つて、諸社・諸寺の部等は殊に増補が多[12]」い。

三巻本の現存主要写本には前田本と黒川本があり、前田本は三巻本の撰者の浄書本か、少なくとも直接転写の一本であるが[13]、惜しいことに上巻（「伊」〜「与」）と下巻（「江」〜「須」）のみで中巻を欠く。一方の黒川本は前田本より出たもので、誤写誤脱等があるが、中巻をも存する完本である。そこで当面問題とする「梅宮」の項を黒川本で見るに、たんに「梅宮《ムメノミヤ》」と記すのみで、十巻本の如き詳細な注記・所伝の類は一切みられない。したがって十巻本の成立年代、その史料的性格、なかんずく増補せられたかかる注記の史料的信憑性が問題となるわけである。十巻本の校合をされた山田孝雄氏は、その成立年代を寿永二年（一一八三）のなお後、とされ[14]、川瀬氏は、新発見の古鈔断簡に拠って鎌倉初期には成立していたことが確認できるとされる[15]。

十巻本の現存諸写本は江戸前期に今井似閑が中院家本を書写したものを源としており、山田氏が「内閣文庫本、東京帝国大学本を以て校合」した『日本古典全集』本も同様である。胡口氏はこの山田氏校合本を参照されたのであるが、一方、大東急記念文庫蔵の室町初期写本があり[16]、これは川瀬氏によれば現存唯一の古写完本であり、かつ中院家本そのものではないかと推定されている[17]。この大東急記念文庫本と東京大学本[18]を対照すると、内容的には同文だがいくつかの表記上の相違がある。また山田氏校合本とも若干の相違点がある。そこで以下に、この大東急記念文庫本[19]によって梅宮の項の全文を記し、併せて山田氏校合本との異同を（　）で注記する。

諸社

梅宮《ムメノミヤ》　本地聖観音　次如意輪
　次不空羂索　次信蔵菩薩已上四神殿如レ此

天平宝字之比垂跡之由見レ伝

末社　一所二条西大宮学館院内号ニ酒殿社一
　一所　山城国井手寺内

祭事　仁明天皇　母文徳天皇　祖母橘太(大)后之氏神氏〈ママ〉也。太(大)后者諱嘉(喜)智子、内舎人贈大(太)政大臣清友之女也。清友者、左大臣諸兄之孫奈良麿(麻呂)之男也。元慶三年四月始停二此祭一、光孝天皇元慶八年四月丁酉又祭レ之、寛平又停レ之。承和仁寿二代以為二官祠一、永今停廃。永延以後祭レ之。十一月同レ之。

贈太政大臣正一位橘清友朝臣母伴宿禰邑等之女

大同四年十月十四贈正〈ママ〉五位下、弘仁六年七月三日贈大納言従三位、天長十年三月廿五日贈太政大臣正一位、鈴野山墓是。凡地十四町。諱二於康和〈ママ〉八年二月八日官符一也。

譜諜(牒)男巻下云。太后氏神祭二於円提寺一。此神、始犬養大夫人所レ祭神也。大夫人子藤原大(太)垢(后)及牟漏(乙牟漏)女王祭二於俗(洛)偶(隅)内頭一、其後遷ヲ祭於祠(相)楽郡提山一。此神為二　仁明天皇一成レ祟〈ママ〉、出二於御卜一。復託ヲ宣宮人一云、我今天子外家神也、我不レ得二国家大幣一、是何縁哉云々。天皇畏レ之、欲下盛立二神社一准二諸大社一毎年令中祟〈ママ〉壮上。太后不レ肯曰、神道遠而人道近、吾豈得下与二先帝外家一斉上乎。天皇固請レ之。太后曰、但恐為二国家一成レ祟。仍近移ヲ祭葛野川頭一、太后自幸拝祭焉。今梅官(宮)祭是也。除二内外氏一之外、未三嘗言二神異之事一。性敦二慈愛一、内外親戚無二遠近一皆養護之。但於二土(士)議一則先二賢能一而後二親戚一。弘仁天皇及時大臣、皆欲下以二大后弟之右大臣一為中宰相上。太后曰、恐天下以レ帝為レ私二於妾一。固辞不レ聴。及諸親戚非レ有二才能勲労一未三嘗為レ之請二官爵一、唯勧以二才学一励以二徳行一。仍立二一院一、以為二橘氏学書之処一。今学館院是也。（返点・読点、義江）

胡口氏は、右の梅宮の項の論理的不整合や表記上の誤りが、「十巻本の『鎌倉初期の増補』に起因する誤りではないか」として、その史料的信憑性に疑問を投げかけられた。しかし山田氏・川瀬氏によれば、十巻本の増補部分には「今は佚した諸書を屢々引用してゐるのが注意せられ」、「三巻本が出来て後、余り程遠からぬ頃に増補せられたものであ[20]」り、「三巻本等の外に特立して用ゐらるべき価値を有す[21]」る。とするならば、十巻本が鎌倉初期の増補にかかることをもってして、その史料的信憑性を決することはできない。また胡口氏のあげられた表記上の誤り（嘉智子→喜智子等）も、大東急記念文庫本によれば解消される。したがってその信憑性如何、すなわち奈良〜平安期の古伝に基づくものか、あるいは平安末から鎌倉初期の造作にかかるものかは、個々の記述内容に即して決する他ない。そのために胡口説の②以下をひき続き検討していきたい。」

2　梅宮＝椋本天神説について

まず、「円提寺」と「井手寺」は同一寺院であって相楽郡井手に存し、梅宮の前身は「洛隅内頭」から「相楽郡提山」に遷祭されたとするのが『字類抄』の記述内容である、との氏の所説（②）には異論はない。しかしそうであるからといって、「論理的にはなはだ不整合を起すことになる」（③）であろうか。「其後、遷ヲ祭於相楽郡提山二」というのは、一定の時間的経過を示す表現であり、次節で詳述するように、この部分の全体の構成からいっても、これは「藤原太后及牟漏女王」が遷祭したことを意味せず、嘉智子による遷祭をいったものである。したがって論理的不整合を起こすとみる理由はない。

最も問題となるのは④の梅宮＝椋本天神説であり、その際に胡口氏の依拠されたのは、『興福寺官務牒疏』（以下『官務牒疏』と記す）の次の記載である。[22]

井堤寺　在二綴喜郡井堤郷一。僧房八字、神人四人。推古二九辛巳年、山背大兄王本願也。本尊千手大士。号二観音寺一。左大臣橘諸兄公再建。

椋本天神　在二井堤一。下照比売神。神人三人、供僧一人。欽明帝元年八月庚寅、兎手玉津岡之南山降臨云云。聖武天皇天平三年九月庚午、井手大臣諸兄公、両社於二下津岩根一遷座。文応元庚申年、遷二今地一祭レ之。

井手寺が諸兄の本拠地と考えられる井手の地に存し、寺址の瓦の様式等よりしても諸兄が創建者であろう、との胡口氏の所説に異論はない。また椋本天神も諸兄の遷座とみてよい。が、はたしてその井手寺と椋本天神と梅宮とを一体的にとらえることができるであろうか。右の史料からいえるのは、井堤寺が諸兄の再建（実は創建―胡口）になり、椋本天神が同じくその遷座になること、の二点である。したがって問題は、椋本天神が本来的に井手寺に存したものか否か、そして『字類抄』にいう（梅宮の）「末社一所山城国井手寺内」に結びつくか否か、という点にしぼられよう（井手寺は、史料によって「井堤寺」とも表記される。以下の論述では、各々の史料に即しての説明の場合を除き、「井手寺」と記す）。

これについて『官務牒疏』は、「玉津岡の南山に降臨→諸兄が下津岩根に遷座→文応元年（一二六〇）に今地に遷祭」と遷座次第を記す。この記載内容の検討は第三節であらためて行なうが、ここで結論のみを記すと、これは梅宮末社の衰退後に玉津岡の麓の玉津岡神社から下照比売神を勧請したことをさしていったものである。すなわち、文応元年以前には同天神（の前身）は玉津岡山麓に存したのである。したがって、諸兄が井手寺の創建者であることはよいとして、そのことと椋本天神、ましてや梅宮とは直接には結びつかず、梅宮祭祀の創始者＝諸兄とすることはできない。

また椋本天神の祭神は、『官務牒疏』の記載、明治初期までの天神社、現玉津岡神社のいずれをみても、下照比売神である。一方、梅宮社の祭神については、承和三年十一月壬申条に「奉レ授二无位酒解神従五位上、无位大若子神、小若子神並従五位下一。此三前坐二山城国葛野郡梅宮社一」とあるように、神社成立の同時代史料に明確に酒解神以下三神と記されている。このことは以降の神階授与記事（承和十年四月己未条）を通じても変わらず、後に加えられた酒解子神（承和十年十月壬申条）とともに貞観式に「梅宮神四座」として載せられ[23]、延喜式でも「梅宮神社四座」「梅宮坐神四座」となっている[24]。『字類抄』の段階では、本地垂跡思想によりこれら四神に各々聖観音以下を配してはいるが、梅宮神が酒解神以下四神であることに疑問の余地はなく一貫しており[25]、梅宮の祭神が下照比売神たることをうかがわせる史料は存在しない。

また女性主導型の伝承であることをもって後世の述作とみなすこと⑸は、当該期における神祭りと女性との密接な関わりよりしても肯きがたいし、次節で述べる如く、橘氏において特に三千代以下の女性の存在を強調する思想も平安期の史料からはうかがえないのである。

第二節 『譜牒男巻下』をめぐって

さて以上、『字類抄』の記述を一概に信憑性ナシとしてしりぞけることはできず、『字類抄』を否定して胡口氏が提出された梅宮祭祀橘諸兄創始説は、種々の点よりして成立しがたいことが明らかとなった。そこで本節ではあらためて『字類抄』の梅宮の項に奉斎の由来を記すものとして引用された『譜牒男巻下』の史料的性格を検討したい。

その前に『字類抄』の梅宮の項全体の構成を概観すると、(1)梅宮の名称と四神、末社、(2)神格（橘太后之氏神）と祭祀の沿革、(2)′太后の父たる清友の略歴、(3)氏神奉斎の由来、よりなっている。以下で検討するのはこの(3)の部分であるが、ここも内容的には前半（今梅宮祭是也まで）と後半（今学館院是也まで）に分かれる。後半部分は神威の働きと学館院成立の由来を記しており、梅宮の末社が学館院内に存することと関わってここに記されているのである。ところで、前半部分で「仁明天皇」と記すのに対して、後半部分では嵯峨天皇のことを「弘仁天皇」と年号で記している。これは、この二者がやや別種の系統の史料であることをうかがわせ、諸種の譜牒類を編纂して成立したと思われる『譜牒男巻下』の性格（後述）と関わるであろう。本章の問題関心に従って、ここでは主として前半部分の成立事情を考察していく。

1　譜牒について

まず『譜牒男巻下』という名称から考えたい。これがいかなる性格の史料であるかは具体的には一切不明であるが、「譜牒」とあることからして、それが氏々《ウヂ》の由来を記した書であることは推測される。『弘仁私記序』に「使三天下諸氏各献二本系一、謂譜講（諜）為二本系一也」とある如く、各氏《ウヂ》から提出させた譜牒を本系として保存するのである。ところで、「譜牒（諜）」というのは中国より伝来の用語であるが、律令においては何ら規定されていない。こうした氏《ウヂ》の由来の記録と関わる令文の規定としては、治部省の大解部が掌るとされる「鞫問譜第争訟」があり、氏《ウヂ》の系譜に関わる何らかの公式の記録が治部省に保管されていたのである。(26)

このように系譜の次第という意味での「譜第」の用語は、我国においてかなりに古くより存したものであるらしい。『日本書紀』顕宗即位前紀をみると、本註部分に「譜第《カバネツイデノフミ》曰、市辺押磐皇子、娶二蟻臣女荑媛一。遂生二三男二女一。其一曰二居夏姫一……」とあり、『書紀』の成立した奈良時代初期に、王族の「系譜の次第」を書き上げた『譜第』なる書の存したことがしられる。「譜第」の語は、天平以降、もっぱら、郡司の任用規準に関わって『続日本紀』等に頻出するが、これも、王権に世々絶えず仕える「奉事根原」(27)(補1)（稲荷山鉄剣銘文）を記すところから成立してきたものであるという我国の古代の系譜の特質をふまえて考えるならば、こうした「譜第」の用法の延長線上に位置づけることができよう。

さて、それではこの「譜第」と「譜牒」とはどのような関係にあるのか。先にも少しふれたが、『弘仁私記序』には次のように記されている。

……凡ソ厥天平勝宝之前（注略）、毎ニ一代一使三天下諸氏各献ニ本系一謂譜講（諜）為ニ本系一也。永蔵ニ秘府一不レ得ニ輙出一、令レ存ニ図書寮一者是也。……

これによれば、天平勝宝以前には一代毎に諸氏にその本系＝譜牒を書き上げ提出させ、図書寮に保管したのであるという。各氏《ウヂ》に提出させた譜牒が、氏《ウヂ》の由来を検ずべき資料として保管されていたことは、延暦十八年十二月戊戌条の勅によってもしられる。

勅。天下臣民、氏族已衆。或源同流別、或宗異姓同。欲レ拠ニ譜牒一、多経ニ改易一。至レ検ニ籍帳一、難レ弁ニ本枝一。宜下布コ告天下一、令上レ進ニ本系帳一。三韓諸蕃亦同。但令レ載ニ始祖及別祖等名一、勿レ列ニ枝流幷継嗣歴名一。……

籍帳は国家により作成される公式台帳ではあるが、その性格上、氏姓を列記するのみで、氏《ウヂ》の「本枝」自体を弁ずることは困難である。一方これに対比される譜牒は、名氏《ウヂ》により作成され、始祖・別氏関係を含む氏《ウヂ》の記録であった。ただし、一代毎に提出されるこうした本系＝譜牒は、氏《ウヂ》の地位や系譜意識の変遷、改氏姓等に応じて少しずつ内容的ズレをみせることは当然であり、「多く改易を経たり」とはそうした事態を表現したものであろう。

それでは譜牒（本系）が図書寮に保管されるのはなぜであろうか。治部省保管の譜第とはどのような関係にあるのか。令文をみると、図書頭の職掌として「修撰国史」があり、中務卿はそれをうけて「監修国史」とされている。図書寮が譜牒（本系）を保管するのは、この「修撰国史」の職掌と関わってであろう。とするならば、国史編纂の素材として、たんなる系譜ではなく、氏《ウヂ》の由来に関わる多様な物語・伝承を含む記録を提出することが、諸氏に対して要請されたと考えられる。それに対して、治部省保管の譜第は、氏上およびその氏《ウヂ》の「枝流幷継嗣歴名」を列記した、氏《ウヂ》の公的記録であった。

さて、譜牒を官に提出するに際してはそのもととなった記録が存したはずであり、それは「家々古記」「家記」「家譜」「家牒」などと呼ばれた。また提出した「譜牒」の案文も各氏《ウヂ》に留めおかれ、同様に「譜牒」「家牒」「本系」などと呼ばれたのであろう。[28]前述の譜牒の性格（氏《ウヂ》の由来に関わる伝承・物語を多く含んだ記録）は、こうした「家牒」「家記」の実例の検討からも裏づけられる。すなわち、津連真道等は、先祖たる百済国貴須王以来の本系・奉仕本縁は「国史家牒」に詳載されているとして、朝臣への改姓を申請し認められ（延暦九年七月辛巳条）、大中臣諸魚は「家譜」を進めて、中臣朝臣は天照大神の神主として累世相承して神祇伯の任にあり、肉親の喪にあうも解任されない慣わしであった、という職掌（王権への奉仕）の由来を述べている（『紀略』延暦十一年閏十一月乙酉条）。また伴宿禰善男は、「家記」を検ずるに同族佐伯直豊雄等の別祖伝承に誤りなし、としてその宿禰への改賜姓を申請し認められ（貞観三年十一月辛巳条）、同じく同族の伴大田宿禰常雄等についても、その祖狭手彦にまつわる伝承を記し、「家諜（牒）」「家記」を検ずるに虚事ではない、として大田の両字を刊かれんことを申請し、同様に認められている（同三年八月庚申条）。

以上、「譜牒」あるいはそれに関連する「家譜」「家牒」「家記」等の語の検討を通じて明らかにしてきたように、「譜牒」とは氏《ウヂ》の本系であり、出自・本枝関係とともに累世職掌や始祖・別祖にまつわる伝承等を書き上げた各氏《ウヂ》の記録を、官に提出して国史編纂の素材ともしたものである。各氏《ウヂ》毎に詳しい伝承を書き上げた譜牒は、少なくとも天平宝字年間の撰氏族志所の設置以降、延暦年間の本系帳提出、弘仁年間の『姓氏録』作成、と数度にわたり提出されている。『弘仁私記序』のいう天平勝宝以前の各氏《ウヂ》毎の本系提出が事実か否かは、にわかには決し難いが、「譜牒」という用語について問題とする限り、それはほぼ奈良末以降一般化したとみてよいであろう。先にあげた実例からも知られるように、改賜姓申請にあたって、各氏《ウヂ》の保存する「家記」「家譜」等を引用して拠りどころとすることは、延暦以降はじめてみられる現象である。[29]令文にはない「譜牒」の語が『延喜式』では規定されていることも、[30]こうした所見と合致する。譜牒作成の動きは平安前期を通じて活発に見られるが、それ以降は衰えたものらしく、後世の書に引用された氏文《ウヂ》・本系帳類はいずれもこの期の成立にかかる。(31)(補2)『譜牒男巻下』の「男巻下」については考察の手がかりがないが、いずれにしても諸氏の保存する譜牒類を編纂して数巻に分かったものであろう。(32)その具体的編纂時期は不明であるが、以上の考察結果からして、素材となった譜牒は奈良末〜平安前期の作成になるものと推定されるのである。

2　橘氏の創始と伝承

さて、譜牒の一般的作成時期からは以上のように考えられるのであるが、それ以上に、ここで問題とする梅宮社の成立に関わる当該部分が、はたして奈良期の古伝に基づくものか、あるいは平安期の述作になるものかは、内容的検討から判断する以外にない。その際に注目すべきことは、平安期以降の橘氏に関する記載においては、『譜牒男巻下』に記すような三千代以下の女性を強調する思想が一切みられないことである。国史をみても、橘氏の人々はもっぱら「諸兄之曾孫」「奈良麻呂之孫」等々として記される。平安中期以降、橘氏の公卿が絶えたために藤原氏が橘氏是定として氏爵のことを行なうようになるが、その由来について、『西宮記』にはたんに「以二橘氏外戚王卿一」とある。また『字類抄』とほぼ同時代の『玉葉』に引用された橘氏の請状にも、(九条家は)「為二中納言橘澄清卿女厳子之外流一」(33)と説かれていて、三千代や光明子の存在にふれられてはいない。

一方、奈良期にあっては、そもそも諸兄等の賜姓自体が母三千代の賜わった「流二橘氏之殊名一」えるためであることは国史に明記されている(天平八年十一月丙戌条)。また天平勝宝元年四月甲午条の宣命でも、故三千代の歴代天皇に対する忠誠と不比等継室としての功績を賞讃した上で、その「孫等一二治賜」として、藤原氏の他、橘奈良麻呂・古那可智に授位されている。こうした点より考えるならば、平安中期以降の時期に、三千代・光明子・牟漏女王を主軸とする橘氏の伝承が新たに述作された蓋然性はきわめて乏しいとみるべきであろう。そしてこうした奈良期から平安期にかけての転換期の様相を如実に示すのが『姓氏録』橘朝臣条であり、ここに、『譜牒男巻下』以外の橘氏に関する記載としては唯一、牟漏女王についての言及が見られるのである。

　橘朝臣

甘南備真人同祖。敏達天皇皇子難波皇子男、贈従二位栗隈王男、治部卿従四位下美努王。美努王娶二従四位下県犬養宿禰東人女贈正一位県犬養橘宿禰三千代大夫人一、生二左大臣諸兄、中宮大夫佐為宿禰、贈従二位牟漏女王一。女王適二贈太政大臣藤原房前一、生二太政大臣永手、大納言真楯等一。和銅元年十一月己卯大嘗会、廿五日癸未曲宴、賜二橘宿禰姓於大夫人一。天平八年十二月甲子詔二参議従三位行左大弁葛城王一、賜二橘宿禰諸兄一。

右に見られる如く、『姓氏録』は難波皇子から始まる父系系譜を冒頭に記しながらも、同時に三千代に始まる橘氏創始の由来をも正確にかきとめている[34]。そしてさらに注目すべきこととして、橘朝臣という氏《ウヂ》の由来に関わる重要人物として、橘宿禰姓を賜わった実質的始祖たる三千代、王族を離れ母姓にちなむ姓を賜わることで橘氏を創始した諸兄等とともに、牟漏女王の名があげられている[35]。牟漏女王は諸兄・佐為とともに、美努王と三千代との間の子としてここに名を列ねているのだが、彼女は天平十八年正月己卯条の薨伝に「正三位牟漏女王薨」とある通り、天平八年の諸兄等の橘宿禰賜姓には含まれず、王族としてその生涯を終えたのであった。にもかかわらず、『姓氏録』の「橘朝臣条」に彼女の名が特筆されているのは、直接には、『姓氏録』編纂のもととなる本系帳を作成・提出した奈良末の時期において、その所生子たる藤原永手・真楯が廟堂で高い地位を占めていたからであろう。しかし『姓氏録』の他の諸氏の記載と比較するとき、そうしたことのみで橘氏の成員ではない彼女がここに記されたとは考えにくい。それはやはり、三千代を継ぐ者としての牟漏女王の存在（次節後述）が、橘氏の由来を語る上で欠かせないものとして橘氏の人々に認識されていたからであって、（氏神奉祀の由来を通じて）橘氏の歴史を語る上で牟漏女王の名を特筆する『譜牒男巻下』も同じ流れの上にあるものといえよう。(36)

以上、譜牒についての一般的考察、および橘氏についての記述の変化の検討を通じて、『譜牒男巻下』の記載内容（特に梅宮社の前身に関わる部分）が平安前期以前の古伝に基づくであろうことを明らかにした。とするならば、それがさほど時を隔てない奈良期についてのものであることからいっても、この伝承はかなりの信憑性を有するであろうことが推定できるのであるが、そのことはさらに内容の検討からも裏づけられるのである。これについては、次節で具体的に祭祀継承のラインを検討する中で明らかにしていきたい。

第三節　祭祀の継承

前節では、『字類抄』所引の『譜牒男巻下』は平安末〜鎌倉初の造作にかかるものではなく、奈良末から平安前期にかけて橘氏により作成された譜牒と密接な関わりを持ち、橘氏内部の伝承に淵源を有するであろうことを明らかにした。そのことをふまえた上で、本節では『譜牒男巻下』の記す伝承の検討を通じて、梅宮社の成立に至るまでのこの神の祭祀について明らかにしていきたい。

1　奉斎の歴史

『譜牒男巻下』は冒頭に「太后氏神祭ニ於円提寺ニ」として、葛野川頭に移祭され梅宮社となる直前のこの神の在り方を示し、次いでそこに至るまでの奉斎の歴史を「此神、始……」と説き起して注記し、しかる後に梅宮祭のはじめられた由縁を記す、という構成になっている。これを時間的経過に従って一応整理し直すと、次のようになろう。

①犬養大夫人が、神を祭る。

②藤原太后・牟漏女王が、洛隅内頭に、祭る。

③その後、相楽郡提山に、遷祭す。

④太后（嘉智子）が、円提寺に、氏神を祭る。

⑤太后が（仁明天皇の請により）、葛野川頭に、移祭す（梅宮祭の始まり）。

ここには、祭祀の主体と場所の変遷、また祭られる神の性格の変化、等種々の問題がうかがえる。そこでまずはじめに、祭祀継承のラインをその担い手に即して見ていく。

右の整理によれば、この神は犬養大夫人→藤原太后・牟漏女王→太后嘉智子と祭り継がれたのであり、第一節で述べたように、梅宮社の創始に関する通説もこの『字類抄』の記述をそのままに踏襲している。しかし、その意味するところについては、橘氏の始祖たる三千代からその娘に承け継がれ、橘氏中興の担い手たる嘉智子によって平安京内の梅宮社として成立した、として何ら問題とされていないようである。しかしはたしてそうであろうか。女性が祭祀の主体として登場すること自体は、古代の神祭りの伝統からして不思議ではなく、母から娘へとそれがひき継がれていることも当然のようではあるが、問題は、それが橘氏の氏神とされている点にある。というのも、嘉智子より前の三千代・牟漏女王・光明子の三者は、ともに橘氏の成員ではないからである。

まずはじめに牟漏女王について述べると、彼女は前節でもふれたように、天平十八年に薨ずるまで女王のままであり、天平八年の諸兄等の橘宿禰賜姓には含まれなかった。それがなぜかということは、この諸兄等の賜姓の性格と関わるであろう。それはすなわち、三千代が橘氏の始祖か否か、という問題でもある。

県犬養三千代は和銅元年の元明即位の大嘗会において、その累代の忠誠を賞して「橘宿禰」の殊名を賜わり、県犬養橘宿禰となった（天平八年十一月丙戌条、『姓氏録』橘朝臣条）。橘氏の起源はここに求められるのではあるが、厳密にいうと三千代を橘氏の始祖とすることはできない。律令制下では、父姓相承の大原則よりして、継嗣を有し得ない女性の始祖はあり得ず、三千代の場合も、和銅元年の時点では「県犬養橘宿禰」なる氏姓は三千代の一身にとどまり、いまだ別氏の成立を意味するものではなかった。橘氏は、天平八年に至り葛城王（諸兄）と佐為王が、王族を辞し橘宿禰姓を賜わった時点で誕生したのである。諸兄等は、「今、継嗣无くんば、恐くは明詔を失わん」として、「外家の橘姓を請」うたのではあるが、それはたんに母姓への改姓を願ったのではなく、母の功績にちなむ名を賜わることで新たに氏《ウヂ》を起したのであった(37)。

このことは、和銅元年の「賜橘宿禰」以降天平四年に薨ずるまで、三千代はあくまでも「県犬養橘宿禰三千代」であり、諸兄賜姓の後においても「県犬養橘夫人」と称されている点に明らかである。天平十三年の国分寺建立勅願(38)等では「橘氏大（太）夫人」とされてもいるが、これより後の天平勝宝元年の詔で「橘夫人」（佐為の娘の古那可智をさす）とともにあげられるときには、それと厳密に区別して「県犬養橘夫人」と称されている（元年四月甲午条）。したがって、この「橘氏大夫人」は「県犬養」を略したものとみるべきであろう。たんに母姓に従ったのではなく（もしそうならば、諸兄・佐為・牟漏の三者がともに県犬養橘宿禰となる）、葛城王・佐為王兄弟による橘氏創始であったが故に、牟漏女王は王族にとどまったのである（これに対して、佐為の娘の古那可智は父の賜姓により自動的に橘氏となり、先にみた如く、後宮に出仕すると「橘夫人」と称される）。三千代も実質的にはともかく、公的には始祖ではあり得なかった。公的始祖は諸兄であり、『姓氏録』では、その曾祖父の難波皇子より栗隈王・美努王・諸兄と続く父系系譜が橘朝臣の系譜として記さ

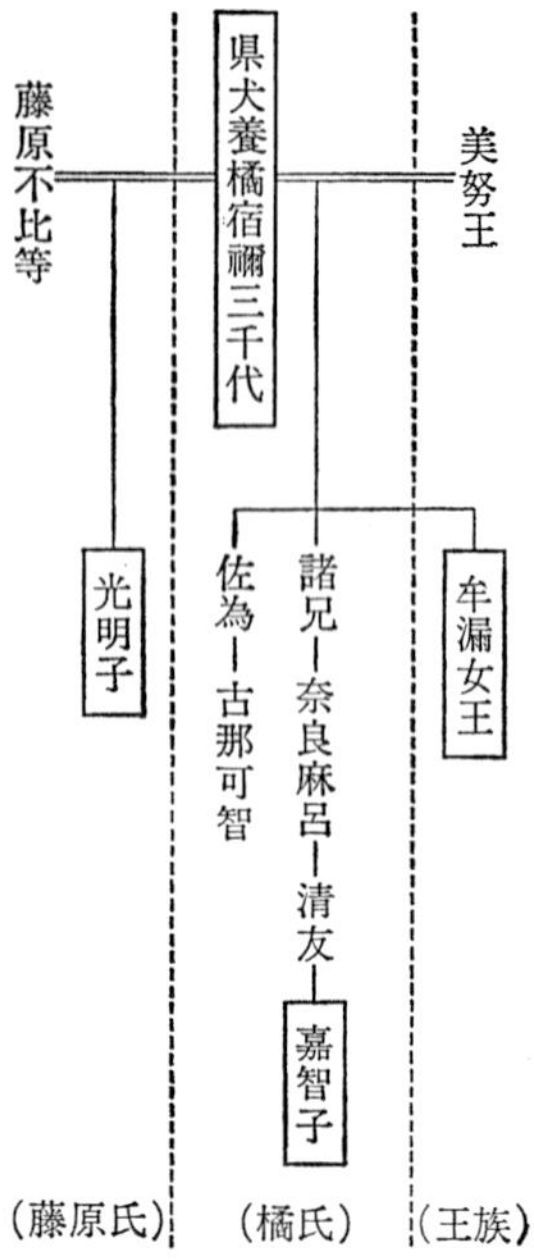

第8図　橘三千代の系譜関係

れるのである。(39)

『譜牒男巻下』は梅宮社の前身をなす神の祭祀継承のラインを、三千代→光明子・牟漏女王→嘉智子と記すのであるが、三千代・牟漏女王については以上に述べてきた如くである。残る光明子も、三千代と藤原不比等との間に生まれた娘であり、有名な「藤三娘」との署名(40)にも明らかな如く、藤原氏の成員である。すなわちこの祭祀継承ラインにおいては、前三者のいずれもが橘氏の成員ではないのである。もっとも三千代が橘氏の実質的始祖たることには疑いがないから、三千代の「所レ祭神」が橘氏の氏神とされても何ら不思議はないとも考えられよう。しかしそれでは何故にその主要な継承ラインが光明子・牟漏女王であって、諸兄、あるいは古那可智ではないのであろうか。諸兄は橘氏の創始者(別祖)であり、氏上である。(41)また佐為の娘たる古那可智は聖武夫人となり、天平九年には従三位に叙せられており(九年二月戊午条)、橘氏の成員中、三千代をひき継ぎ神祭りを行なう「ヒメ」(42)としての資格を有する第一人者である。三千代の奉じた神が、こうした橘氏の正統なラインによってではなく、娘であるという血縁によって、それぞれ公的には藤原氏と王族の一員たる光明子と牟漏女王により継承されていることは、この期の神祭りの性格が、嘉智子以降とは相当に異なるものであったことを意味するであろう。

　右のことは奉斎の場所の変遷とも密接に関わってくるので、次にこの点の考察を行ないたい。その前に、以上の考察でふれた系譜関係を簡略に図示しておく(第8図)。

2 「洛隅内頭」をめぐって

奉斎の場所の変遷は、先に整理して示した②〜⑤によれば、洛隅内頭→相楽郡提山→円提寺→葛野川頭となる。ここでまず第一に問題となるのは、①にはただ犬養大夫人が「所レ祭神也」とあって、奉斎の場所が示されないことである。これはすなわち、この神が一定の場所に鎮座する神としてではなく、まさに三千代の信奉する神として存在していたことを意味する。[43] ③⑤がそれぞれ「遷祭」「移祭」と場所の移動を明記するのに対し、①をうけた②がたんに「祭於洛隅内頭」となっているのも、母三千代の信奉していた神をここではじめて小祠として祭った、ということによるのではないか（④が「祭於円提寺」となっていることについては後述）。

さてそこで次に問題となるのは、②の「洛隅内頭」である。この部分は、『古事類苑』所引の『字類抄』[44]では「洛隅川頭」、『神祇志料』・『同附考』所引のものでは「洛隅葛野川頭」となっているが、『日本古典全集』、および前掲大東急記念文庫本の「洛隅（偶）内頭」に従う。「洛隅」は（平城）京内のある場所、という意味であるが、「内頭」とは何であろうか。一般には「祭ニ於洛隅内頭一」全体でたんに奈良の都の一隅に祭ったの意に解されているが、それならば「祭於洛隅」だけでよいのであり、「内頭」の意味を明確にする必要があろう。

「頭」には「ほとり、あたり」という意味があり、この『譜牒男巻下』では、すでに述べた如く「葛野川頭」の部分にも使われている。「川頭」は「川のほとり」と解して問題ないが、同様に「内頭」を「内のほとり」とすると、「内」が何をさすかが問題となる。そこで考えたいのは、光明子は皇后として、また牟漏女王は高位の女官として、ともに母三千代の政治的勢威をひきつぎ後宮に大きな地歩を占めていたことである。[45] とするならば、この「内頭」の内は内裏・内廷に関わるものであり、平城宮のどこか一隅という意味なのではないだろうか。『筑後国風土記』逸文にみえる「衙頭」（政所）[46]が、ある種の機構の存する場、をさす表現であることも参考となろう。

　さらにこれに関わってふれておきたいのは、光明皇后の私印とされる「内家私印」[47]についてである。岸俊男氏はこの「内家」を、藤原氏の内臣《うちつおみ》としての伝統に関わるものであり、内臣・内大臣の家の意と解されている。[48]「内」の字義を内廷に関わらせて考える点では私見と共通するのであるが、それを藤原氏全体をさすとみるのはどうであろうか。そういうものとしては別に「積善藤家」なる私印の存在がしられている。[49]光明子の四兄弟の「家」が、それぞれ居宅の位置や官職にちなむ名称で、南家・北家・式家・京家と呼ばれたことを考えるならば、この「内家」も藤原氏全体をさすのではなく、皇后となった光明子自身の「家」の通称、とみるべきではないだろうか。

　光明子は、父不比等の封戸・資人・第宅を相続し、その不比等第（平城宮東隅に位置する、後の法華寺）[補3]に皇后宮職が設置された。[50]この皇后宮職が、それ以前から存した光明子自身の「公的家」の発展形態たることは、関口裕子氏の指摘される通りであり、[51]私見ではかかる「家」（不比等第を具体的場とする）を、四兄弟の形成するそれぞれの「家」に対して「内家」と称したものとみるのである。[補4]さらに注目すべきことには、三千代の「公的家」（「県犬養橘宿禰第」、天平五年十二月辛酉条）も、夫である不比等の第宅の一部を具体的場として存在していたらしい（「太政大臣藤原の家の県犬養命婦」）[52]。以上の考察をふまえて考えるならば、光明子が母三千代の奉じた神をうけつぎ、後宮の女官たる異父姉牟漏女王とともに「洛隅内頭」にその神を祭った、との『譜牒男巻下』の記述が確かな伝承に基づくものであるらしいことが首肯されよう。

　さてこのように三千代が信奉し、娘の光明子と牟漏女王が「洛隅内頭」に祭る、という形で承け継がれてきた神は、ついで「相楽郡提山」に遷祭された。この「相楽郡提山」とは具体的には何をさすのであろうか。この部分の構成をみると、葛野川頭に移祭して官祠となす(⑤)直前の状態を、太后(嘉智子)が氏神を円提寺に祭っていた(④)として冒頭に記し、次いでそこに至るまでの奉斎の歴史を①②③と時間的経過に従って注記する。大東急記念文庫本・東京大学本とは異なり、『日本古典全集』所収の『字類抄』ではこの部分は注記ではなく本文として表記されているが、その場合にも内容の検討からいってこうした構成となっていることは明白である。

ここで注目すべきことは、①②④にはそれぞれ「犬養大夫人」「藤原太后及牟漏女王」「太后」と奉斎の主体を記すのに対して、③のみが主語を欠くこと、また「其後……」とあって②と③の間に一定の時間的経過が存することである。これは③と④とが同一の事態をさしており、その故に③では「太后」という主語を省略した、と見ることができよう。すなわち、「(梅宮神の前身は)太后が氏神を円提寺に祭っていたのであるが、(そもそもはというと)この神は……洛隅内頭から(太后が)遷祭したものである」という記述になっているのである。④が「祭ニ於円提寺ニ」という状態を記して、場所の移動を示す「移祭」「遷祭」の表現をとっていないことも、この部分が③→④という時間的・空間的経過、つまり、提山から円提寺への移祭を意味するのではなく、③=④であるとみることによって了解されよう。すなわち、「提山」とは「井手寺=円提寺」をさしていったものに他ならない。

さて、三千代が薨じたのは天平五年、牟漏女王は天平十八年、光明子は天平宝字四年である。一方、嘉智子は大同四年に二十四歳で嵯峨天皇の「夫人」とされたことがしられる(53)。仮に嘉智子による円提寺への移祭がこの前後として、光明子の薨じて後、奈良麻呂の乱による橘氏の衰退期を挟む約五〇年間、この神がどのように祀られていたのかは一切不明であるが、「洛隅内頭」に祀られていた神と嘉智子との関連をうかがわせるわずかな史料的手がかりが存する。それは嘉祥三年五月壬午条の嘉智子の薨伝である。同伝によれば、嘉智子が未だ少女のときに、法華寺の禅雲という尼が、将来嘉智子が天皇および皇后の母となることを予言したという。この法華寺こそ、前にも述べた如く三千代の

第宅がその一部に存し、後、光明皇后の内家→皇后宮職のおかれた場、すなわち「洛隅内頭」に他ならない。嘉智子は予言通りに仁明天皇と淳和太皇太后を生んで後、尼の言を追想して所在を訪ねたが、尼はすでに亡じていたという。とするならば、法華寺の一隅におそらく忘れさられたような存在となっていたであろうこの神と嘉智子との接点、および後に嘉智子がこの神を移祭し盛大に祀った事情もある程度了解できるのではないか。『譜牒男巻下』の記載の信憑性はこの点からも裏づけられるのである。

3　氏寺・氏神と在地神

次に円提寺への移祭の意味について考えたい。井手寺＝円提寺は諸兄の建立になり、「橘氏草創之道場」として、代代「氏僧侶」をもって別当に補すことを定めとした橘氏の氏寺である。(54) 井手寺＝円提寺の存する相楽郡（現、綴喜郡）井手の地は、「相楽別業」(55)の存在や「井手左大臣」(56)との称からもしられるように、橘諸兄の本拠地であり、嘉智子の父清友や兄氏公もこの地に深いつながりを有していた。(57)『字類抄』梅宮の項には「末社　一所　山城国井手寺内」と記すが、これが太后が「祭二於円提寺一」ところの神の旧祠であり、葛野川頭に移祭した後に末社として残ったものであろう。ところがこの井手の地には、別にもう一所、有力な神が存在する。それは第一節でもふれた椋本天神である。「遷二祭於相楽郡提山一」の意味を考えるためには、井手寺・椋本天神・井手寺内梅宮末社、三者の関係を明らかにする必要があると思われるので、以下この点の考察を行ないたい。

現在、上井手集落の東の玉津岡の山麓には玉津岡神社が鎮座し、大字井手内各集落の鎮守神となっている(以下の論述には第9図(58)を参照されたい)。その祭神は下照比売命・天児屋根命等六柱であるが、天児屋根命以下は、明治以降に近辺の小社五社を合祀したものであって、本来の祭神は下照比売命だけである。『官務牒疏』に「欽明帝の時、兎手玉津岡の南山に降臨し、諸兄が下津岩根に遷座した」と記す椋本天神（祭神下照比売神）は、すなわちこの玉津岡神社のことである。井手の付近一帯には六世紀以降の後期古墳が分布しており(59)、諸兄以前から開けていた地であることが確認できる。下照比売神はそのころから当地に鎮座し、現在にまで至ったものであろう。同神は『記』『紀』によれば、大国主神の女であり、阿遅鉏高日子根神の妹である(60)。

一方、井手寺跡の西方には明治十一年に玉津岡神社に合祀されるまで、天神社（祭神下照比売命・味耜高彦根命）が存した（小字玉ノ井）。また他方で、現在「井提寺故址」との石碑の建つ礎石群と土壇（小字西高月）の東南方にも、一群の礎石が存した。両礎石群を含む一帯が井手寺跡に比定されている(61)。

寺内に梅宮末社を祀るところの井手寺＝円提寺は、永万元年（一一六五）には梅宮社の神宮寺として、山城国梅

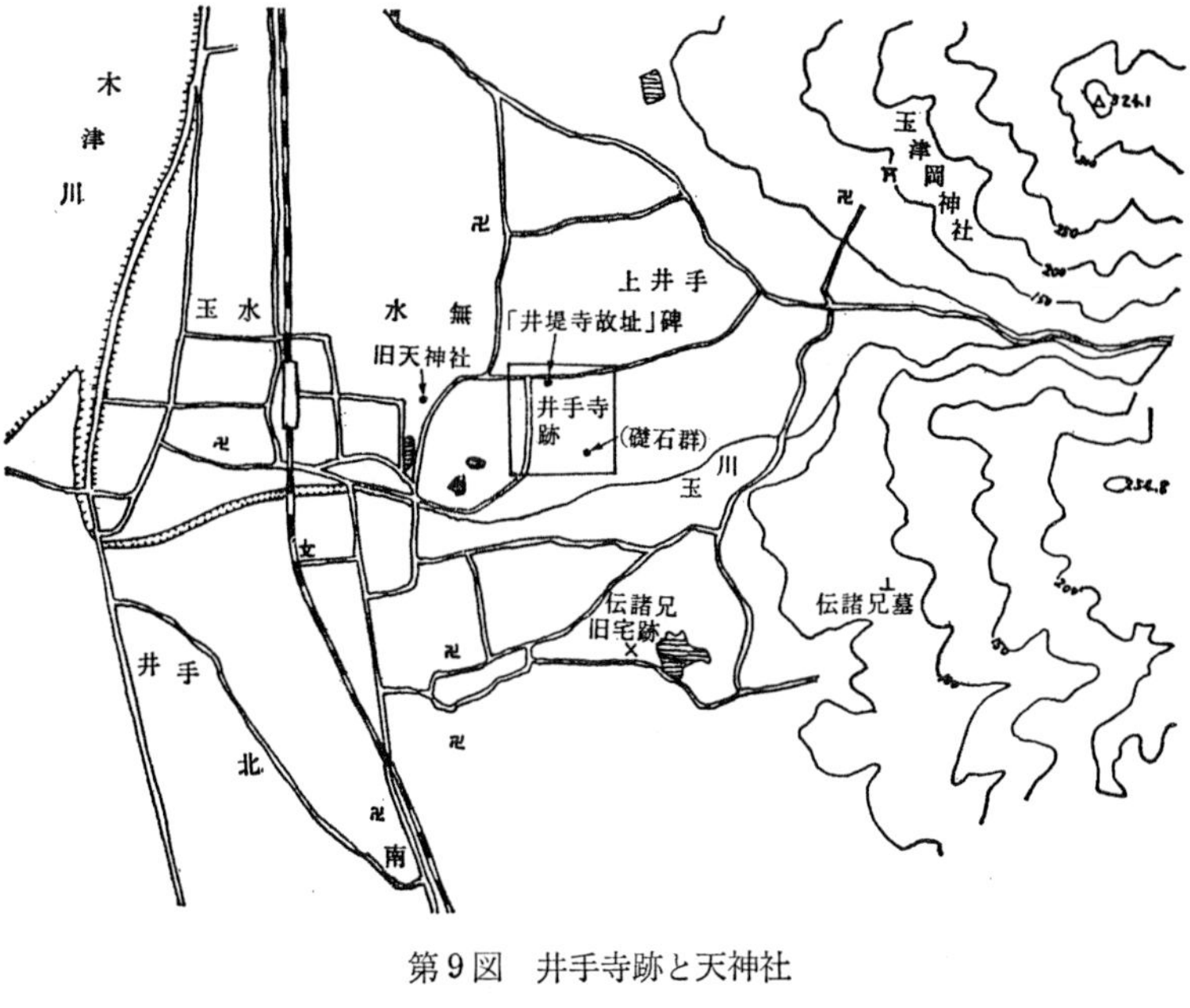

第9図　井手寺跡と天神社

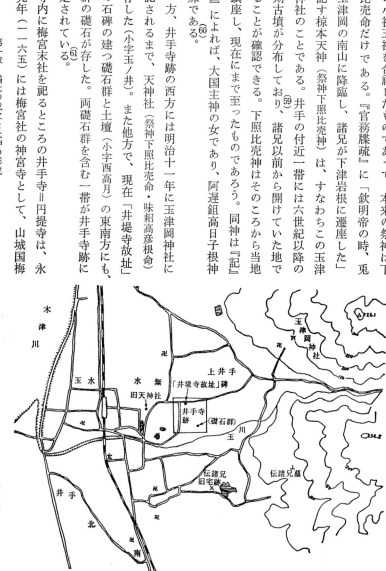

宮社の支配下にあった。[62]ところが同寺は後、次第に衰退し、『官務牒疏』が作成された嘉吉元年（一四四一）の時点までには興福寺の支配下に入りその末寺となった。このように橘氏の氏寺たる井手寺が衰退して興福寺の支配下に入るに際しては、当然、境内の梅宮末社がそのままに存続することはあり得ない。とするならば、『官務牒疏』がいう文応元年（一二六〇）の椋本天神遷祭はまさにこのことに関わって理解されよう。「椋本天神」の名称の由来は不明であるが、梅宮末社の消滅の後に、当地に元来から鎮座していた下照比売神を玉津岡山麓から分祀して遷し祭り、井手寺と相並んで興福寺の末寺末社としたのである。[63]井手寺跡西方の地に明治期まで存した天神社はその後身であろう。[64]

以上のように考えてよいとするならば、注目すべき点として次の諸点が浮かびあがってくる。第一には、井手には下照比売神が古くから祀られており、当地における橘氏の盛衰を超えて現在にまで存続していること、第二には、諸兄は相楽郡井手の地に別業・井手寺を営み本拠地とし、併せてその地に鎮座する下照比売神（および多賀神[65]）を奉斎したのであろうが、橘氏中興の担い手たる嘉智子は、その神をではなく、三千代から光明子・牟漏女王と祭りつがれてきた神を「氏神」として祭っていること、第三には、氏寺たる円提寺に遷祭する、という形でそれが実現されていること、第四には、そうした氏神としての梅宮末社は、当地における橘氏の勢力の盛衰と運命を共にして消滅したこと（葛野川頭に遷祭された梅宮本社は都に本拠を移した橘氏の氏神として栄え、後には都の住民にとっての産土社となって現在に至る）、以上の諸点である。

第四点は、第一点の下照比売神に対する信仰と対比して、古代の氏神信仰の特質を示すものであり、また第三点は氏神と氏寺の関係についての示唆を与えるものであるが、これについては「おわりに」で若干ふれることとして、ここではこれ以上立ち入らない。本章でこれまで検討してきた祭祀継承の問題と関わるのは第二点であり、この嘉智子による氏神奉斎の意味を考えるために、『字類抄』所引『譜牒男巻下』の記述を節を改めて引続き検討していきたい。

第四節　氏神と内外氏人

1　氏神祭祀における両属性

『譜牒男巻下』は前節で検討した奉斎の由来にひき続き、この神が仁明天皇に祟りをなしたので「葛野川頭」に移祭し梅宮祭が始められた、との伝承を記す。そしてその後にこの神について「除二内外氏一之外、未三嘗言二神異之事一」と述べている。梅宮の神は「内外氏」に関わること以外では託宣をしない、すなわち、その神恵の及ぶ対象は「内外氏」の氏人に限られるというのである。それではこの「内外氏」とは具体的には何をさすのか。

そもそもこの神が仁明天皇に祟りをなしたのは、「天子外家神」であるのに国家の大幣を未だうけていないことに怒りを発したからである。「外家」とは仁明天皇からみて母方の氏たる橘氏をさしているのであるが、これを逆に梅宮神の方からみるならば、橘氏の女子成員（嘉智子）の所生子たる仁明天皇（およびその子の文徳天皇等々）は橘氏の「外氏」の成員として、神恵（その裏返しとしての祟りも）を及ぼす対象に含まれることになろう。すなわち「内外氏」とは、橘氏、およびその橘氏の成員と外戚関係にある氏《ウヂ》（成員の母方の氏《ウヂ》、および女子成員の所生子の氏《ウヂ》）のことである。

こうした梅宮社と氏人との関係は、たんに「皇室外戚神」としての特殊性に基づくのではない。いいかえれば、ここにいう「内外氏」とは橘氏と天皇との関係だけをいっているのではない。また「内外氏」はたんに神恵の及ぶ対象としてのみ存在しているのでもない。そのことは次の史料(66)をみれば明らかである。

（A）梅宮社司等解　申請　是定左大臣殿政所裁□

（中略）

右謹検ニ案内一、円提寺者為ニ当社神宮寺一。勤ニ社役一于今□
絶之処、仲覚巧今案ニ之結構一、自ニ去年一相ヨ語西金堂□
押ヨ妨行政僧都寺務一之間、恒例神事依レ令ニ闕怠一、自□
令ニ申沙汰一之間、仲覚蒙ニ神罰一、去九月下旬之比□
死去畢。仍如レ本以ニ行政僧都一可レ令レ執ヨ行寺務一之□
被レ成ヨ下政所御下文一。任ニ先例一先自ニ社家一神人等遣ニ円□
令レ致ニ沙汰一之処、仲覚後房尚以致ニ狼藉一、陵ヨ礫神□
不レ令レ遂ニ沙汰一之条、理致可レ然乎。仲覚縦雖レ為ニ見□

（B）甚不当無レ極。就レ中円提寺者為ニ橘氏之草創之道□
本願起請以ニ氏僧侶一被レ挙ニ補別当一、為ニ当社神宮寺一□
神事無ニ懈怠一所レ令ニ勤備一也。何況当宮如レ此神宮□
有ニ指神領一、不レ勤ニ二季御祭之役一。曰レ之如レ此狼藉之時□
人等所レ令レ致ニ沙汰一也。於ニ行政一者為ニ外家氏人一預ニ氏□
鳥羽院宣補ニ別当職一、雖レ送ニ廿余箇年之星霜一于□
存也。至ニ仲覚一者以レ非ニ氏之身一不レ補ニ別当一、依致ニ狼□

(C)永令レ懲ニ向後狼藉一、将仰　憲法貴レ弥知神威異レ他□

解

永万元年十一月　日

権祝従五位下今木宿□

祝従五位下今木宿禰□

権禰宜従五位下今木宿禰□

禰宜従五位下今木宿禰□

(返点・読点、義江)

右の梅宮社司等解に述べるところによれば、円提寺は橘氏の草創の道(場)であり、現在は梅宮社の神宮寺となっている。その別当には代々「氏僧侶」を補す慣わしであり、行政僧都は「外家氏人」として氏(挙)に預り院宣を被り、別当職に補せられて長くその任を果してきた。ところが一方の興福寺住僧仲覚は「非ニ氏《ウヂ》之身一」故に別当に補せられず、狼藉を致したのであるという。すなわち永万元年(一一六五)の時点で、橘氏の氏人のみならず、「外家氏人」もまた「氏僧侶」に準じて氏寺(梅宮社の神宮寺でもある)円提寺の別当に補すことが当然とされるのに対して、「非ニ氏《ウヂ》之身一」者は厳しく排斥されているのである。

ここにみられる「氏僧侶」「外家氏人」「非氏之身」という三区分は、まさに先に見た「除ニ内外氏一之外……」という表現に対応するものであり、神恵の対象のみならず、祭祀の主体もまた「内外氏」より構成されていたことがここより知られる。氏神とは、「きわめて封鎖性の強い、それだけにかたく祭祀圏内の者を他の妨害から守る」(67)神と考えられているが、その祭祀圏内にはこのように「内外氏」がともに含まれていたのである。

以上に明らかにした如く、平安時代初頭に官祠として成立して後の梅宮社は、橘氏の内外の氏人によって祭られ、内外の氏人を守護する神であった。ただし、「氏僧侶」と「外家氏人」の区分に明らかなように、それはあくまでも橘氏を中心としてその囲りに「外氏」をも包摂するものである。『拾芥抄』には「梅ノ宮、橘氏五位一人勅使、四前」[68]とあり、史料上の具体的な初見例としては、貞観十二年十一月乙丑条の諸社への使者派遣に際し、梅宮社には「大監物従五位下橘朝臣茂生」が遣されている。また『左経記』に「先例以二氏人一為二神主一、而遅参、仍有レ定、以二広(上野朝臣)遠一為二神主一……祭事漸畢之間、諸陵頭橘内(経)位参入、奉二仕和舞事一」[69]とみえる如く、橘氏を神主とする定めであった。これはまさに梅宮社の神宮寺たる円提寺の別当に「氏僧侶」を補す慣わしと対応する。

これに対して前節で明らかにしたように、この神は嘉智子以前には三千代からその娘である光明子・牟漏女王と祭り継がれたのであって、橘氏の公的始祖たる諸兄、また三千代の死後、橘氏の女性中最高位にあったと目される古那可智等によってではなかった。藤原氏の成員たる光明子、王族たる牟漏女王は、母三千代を通じていずれも橘氏の「外氏」に含まれ得る人物であるが、それが「外氏」としてではなく、まさに祭祀継承の主要な担い手としてあらわれているのである。これは内外の別の上にたって外氏をも包摂するという平安期以降の祭祀の在り方とは、明らかに異なる様相を呈しているといえよう。

こうした「内外」の語の持つ意味、およびその変化を明らかにするために、儀制令9元日条の「親戚」の語をめぐる明法家の説の検討を行ないたい。

凡元日、不レ得レ拝二親王以下一。唯親戚及家令以下、不レ在二禁限一。若非二元日一、有レ応二致敬一者……

右の規定は天武以降の正月拝礼禁止令をうけついだものである。ところがその禁止令の中で、拝礼禁止の除外対象としてあげられている「兄姉以上親及己氏長」(天武八年正月丙戌条)、「祖父兄及氏上」(文武元年閏十二月庚申条)が、令文では「親戚」の語におきかえられている。(70) この「親戚」の語を「古記」は「謂内外諸親、及同姓氏族皆是」と釈しており、この「同姓氏族」とは律令制下の父姓相承の原則に基づく父系氏の族員、「内外諸親」とは姻戚関係をも含む親族をさす。両者併せて「兄姉以上親及己氏長」あるいは「祖父兄及氏上」に相当することがしられよう。

一方、「義解」と「釈」は「親者、内親也。戚者、外戚也」とする。「釈」が「尚書孔安国曰、戚外戚也」と述べていることにも明らかなように、これは中国の外戚観念をとり入れた上での解釈である。「古記」のいう「内外諸親」も「義解」「釈」のいう「内親外戚」も内容としては同じものをさしているのだが、注目すべきことには、「古記」の段階ではいまだ外戚観念が明確に成立していない。「親戚」の語は唐令の対応条文に由来し、(71) それを説明するのに「古記」も一応「内外」の別をたててはいるものの、結局は(外)戚の語を使用することなく、両者を同一の「親」観念の中に含んでいる。しかも「義解」「釈」がたんに「親戚」の語釈のみを示すのに対し、「古記」が前述の天武以降の禁止令との対応をふまえている点よりすると、これはたんに「親(戚)」概念の問題にとどまらず、当時の現実の氏《ウヂ》概念自体とも関わっていると思われるのである。「古記」は明法家として、あくまでも「氏《ウヂ》」の語は排して「内外諸親」といっているのだが、『諡牒男巻下』には「除二内外氏一之外、未三嘗言二神異之事一」に続く部分に「内外親戚無二遠近一皆養護之」とあり、この「内外氏」と「内外親戚」とは実質的に同じ対象を意味している。「古記」の段階ではこの内外の別自体が未だ明確に成立していないのであり、公的氏《ウヂ》をさすのにあえて「同姓の氏族」と限定するのもその故であろう。こうした「親」概念、さらには氏《ウヂ》概念は、実は当時の我国の現実の族結合の在り方に基づいている(「おわりに」参照)。

2 「氏神」の成立

さてここで梅宮神の問題に立ち戻ると、嘉智子による氏神奉斎は、こうした内外の別を有さない祭祀継承の在り方からの質的転換、すなわち、「橘氏」にとっての「氏神」成立の意味を持っていたと考えられるのである。「橘太后之氏神」という表現は、そのことと密接に関わるであろう。

『字類抄』の祭事部分の冒頭には「仁明天皇母、文徳天皇祖母、橘太后之氏神也」と記されている。ここには二つの問題点がある。まず一つは「氏神」という表現についてである。『字類抄』の記載のもとになっていると思われる『三代実録』元慶三年十一月辛酉条には、「梅宮祠者、仁明天皇母、文徳天皇祖母、太后橘氏之神也」とあって「氏神」とはなっていない。『紀略』のこの部分には「之」がなく「太后橘氏神」となっているが、いずれにしても「太后橘氏」全体で嘉智子個人をさす氏称であることには変わりなく、「氏神」とはならない。しかし一方で、元慶八年四月丁酉条では、「是日、始祭二梅宮神一。是橘氏神也……」とも記されている。このことは、この神の性格が、あるいは橘氏という氏《ウヂ》の神として、あるいは嘉智子の奉じた神として、未だその地位を確立するに至っていない、まさに氏神としての成立過程にあることを示すであろう。

第二の点はこのことに関わるのであるが、「氏神」と記す場合にも、「橘太后之氏神也」というようにある個人の奉ずる氏神、という形でその神の本質が語られることである。こうした表現は実は梅宮社についてだけのことではない。「当宗社、天皇(宇多)外祖母之氏神也」(『年中行事秘抄』)、「内大臣従二位藤原朝臣良継病、叙二其氏神鹿嶋社正三位、香取神正四位上一」(宝亀八年七月乙丑条)等にみられる如く、この時期の氏神についての史料に散見する。これは朝廷との関係において、ある卓越した個人（梅宮社についていえば、仁明天皇の母であり、文徳天皇の祖母たる橘嘉智子）の奉ずる神が、その個人の率いる氏《ウヂ》の氏神として確立してくる、という関係を意味しているのではないか。すなわち嘉智子の奉ずる神が、仁明天皇のときに「天子外家神」として奉斎され、梅宮社が成立したということは、同時にそれが橘氏の氏神として確立する過程でもあったのである。

おわりに

以上、本章ではまず『字類抄』所引の『譜牒男巻下』の史料的性格を検討し、それが奈良末〜平安前期にかけての橘氏内部の伝承に淵源を有するであろうことを明らかにした。次いでこの『譜牒男巻下』の記載の検討を通じて、梅宮社の成立をめぐる諸問題を考察したのであるが、そこで明らかにし得たことは以下の諸点である。

①この神の前身は、奈良前・中期を通じて、三千代→光明子・牟漏女王と、いずれも橘氏の外氏にあたる人物によって祭りつがれてきた。

②嘉智子が橘氏の氏寺たる円提寺＝井手寺に遷祭し、次いで葛野川頭に移祭して皇室外戚神としての崇敬をうける、という過程を通じて、この神は（三千代等の）「所レ祭神」という在り方を脱して、橘氏の氏神として確立していった。

③梅宮社として成立して後の同神は、外氏をも祭祀圏内に含み込みつつ、橘氏の氏人によって祭られる橘氏の氏神である。

④一方、井手の地に古くより鎮座し諸兄が奉斎した下照比売神は、井手寺内梅宮末社の盛衰をこえて現在にまで存続している。

橘氏の氏神の成立過程の究明を通じて明らかにし得た以上の諸点は、古代における氏《ウヂ》と氏神の関係を考える上でどのように位置づけられるであろうか。大まかな見通しを述べて結びとしたい。

従来、宮地直一・太田亮・和歌森太郎等の諸氏により、いわゆる氏神とは、本来はその氏《ウヂ》にゆかりの土地の神であったことが明らかにされている。[72] 津田左右吉氏によれば、こうした宗教上の神を後に祖先とするようになり、また逆に系譜上の始祖を神として祭るようにもなるが、それは古くからのことではなく、奈良時代においては未だおおむね氏神＝祖神ではない。[73] また「氏神」の語が史料上に現われてくるのは奈良末期以降のことであり、[74] 氏神祭祀に関する記事もこの時期以降に頻出する。そしてそれはこの期における氏《ウヂ》の地縁性の喪失、分裂・抗争の激しさによる氏《ウヂ》結束の必要性、等に基づく現象として説かれている。[75] 外戚神の登場もこうした氏《ウヂ》の分裂・抗争に伴う外戚の勢力拡大を背景とするという。

しかし、氏神祭祀そのものは古くより存したとするならば、奈良末期に至って始めて「氏神」の語が成立してくるのはなぜであろうか。これ以前にも「阿曇連等所レ祭神矣」[76]「以二大倭忌寸五百足一為二氏上一、令レ主二神祭一」[77] 等の記録は存するにもかかわらず、そこでは「氏神」とはいわれていないのである。[78] また地縁性の喪失に伴う氏神祭祀の活発化ということは、たんに氏の団結の必要性ということにとどまるのだろうか。さらに、外戚神の登場、氏神と祖神の一体化の現象は相互にいかなる関連を有するのか。

先に別稿で我国の古代の氏《ウヂ》の構造についての考察を行なったが、[79] そこで述べたことは以下の諸点にまとめられる。①氏《ウヂ》は、ある個人が父母双方のパイプを通じて複数の集団に属し得るという両属性をその特質とし、原理的には男女子双方の子孫を通じて錯綜しつつ無限に広がり得る構造を有していた。②律令制以前にあってそうした氏《ウヂ》の現実の集団としての存続と結合を支える柱となったのは、在地性と系譜観念である。③かかる構造は、奈良時代においても父姓相承の公的氏《ウヂ》の枠組みの下で、一貫して底流として認められる。④律令官職の継承を主要な軸として、奈良末から平安期にかけてこうした組織原理は変質をとげ、父系氏《ウヂ》が確立する。

　梅宮神の前身は、奈良時代には県犬養氏・橘氏・藤原氏・王族、といった公的氏《ウヂ》の枠組みをこえて継承されていた。橘氏は八世紀に成立した新しい氏《ウヂ》であり、実質的始祖たる県犬養三千代は王族・藤原氏双方と婚姻関係を結んだ女性であるが、右に述べた別稿での考察結果をふまえるならば、こうした祭祀継承の在り方が、決して橘氏に特殊なものではあり得ないことが了解されよう。別稿では律令制以前の氏《ウヂ》の結合を支える二本の柱のうち、在地性についての考察は捨象したが、この在地性に基づく結合の一つの重要な核となったのが、土地の神に対する信仰に他ならない(80)。大倭忌寸が大倭社を祀り、大神氏が大神社を祀る、等がそれである(81)。

　しかし、これは本質的には土地の神に対する信仰であって、個々の成員が両属性に基づく祭祀継承により、他の神を併せ祭ることを妨げない。三千代亡き後、その「所レ祭神」の主要な祭祀継承者となった光明子は、同時に藤原氏中の最高位女性として「春日祭神」を主ってもいるのである(82)。この春日の神は本来、鹿嶋・香取に鎮座していた神を藤原氏が都近くに移祭したものであり、そこに藤原(中臣)氏の祖神たるコヤネ命が合祀されるのはまだ後のことである(83)。氏《ウヂ》が在地性を喪失し、律令官職の継承のみに依存する存在となるに伴って、かかる氏《ウヂ》の地位を支える理念としての出自・奉事根源を記した系譜は、独自の重要性を帯びてくる(第三編参照)。第二節で明らかにした奈良末期以降の譜牒類の活発な作成はこうしたことを背景としており、氏神と祖神(系譜神)の一体化もまたこれと関わるであろう。すなわち、氏《ウヂ》が在地性を喪失し、内実をもった父系集団として成立してくるに伴い、かかる人間集団の守護神としての「氏神」が成立してくる、と考えられるのである(84)。藤原氏の春日社の場合、それは土地神＋系譜神の形をとって成立したが、橘氏の場合には、諸兄が本拠地において奉じた下照比売神ではなく、「犬養大夫人所レ祭神」(85)を太后嘉智子が奉斎することにより「氏神」となった。ただしその際にも、本拠地の氏寺への遷祭を通じてそれがなされていることに注目すべきであろう。

錯綜した継承関係の中から「内外氏人」を祭祀圏内に包摂する「氏神」が成立してくるのだが、その際にいかなる神がその氏《ウヂ》の「氏神」となるかはある程度流動的であった。そこに「〇〇〇《個人名》之氏神也」という形で成立期の「氏神」の本質が語られざるを得ない背景が存する。そしてそれがしばしば天皇との外戚関係を契機としている事情も、もはや以上に述べてきたところから明らかであろう。奈良末から平安前期にかけて一斉に噴出する外戚神の現象の背後には、皇室をも含む、氏《ウヂ》の組織原理の変質という問題が横たわっていたのである。

註

(1)『三代実録』。以下、六国史については出典を略す。

(2)『伊呂波字類抄』二（日本古典全集）、『年中行事抄』（続群書類従、第十輯上）、『年中行事秘抄』（群書類従、第六輯）等。

(3)『公事根源』は承和年中、『伊呂波字類抄』は仁明天皇のとき、とする。仁寿元年二月乙卯条に「別制㆓大原野祭儀㆒、一准㆓梅宮祭㆒」とあるので、これ以前にすでに恒例として梅宮祭のなされていたことがしられる。

(4)伴信友の引く『秘抄』では「外祖母当宗氏神」とあり、また「寛平は仁和の誤なり」とする（「蕃神考」『伴信友全集』二、ぺりかん社、一九七七年覆刻、四三〇頁）。および『日本紀略』寛平元（仁和五）年四月戊戌（辰）条。

(5)『伊呂波字類抄』当宗《マサムネ》の項には「光孝天皇御宇始有㆑祭」とあるが、「蕃神考」（四三一頁）にもいうように、仁和が光孝天皇の御世に始まる年号であることよりきた誤りである。

(6)『伊呂波字類抄』。

(7)同祭が寛和永延以降にまた再開されるのは、このころに藤原氏による橘氏の是定が始まることと関わると思われる。是定については竹内理三「氏長者」『律令制と貴族政権』Ⅱ、御茶の水書房、一九五八年、参照。

(8)胡口靖夫「橘氏の氏神梅宮神社の創祀者と遷座地——橘三千代と橘諸兄をめぐって——」『国学院雑誌』七八—八、一九七七年。

(9)『古事類苑』神祇部三および栗田寛『神祇志料』第六巻、皇朝秘笈刊行会、一九二七年（思文閣、一九七一年複製）、等。

(10)二巻本は尊経閣文庫蔵。三巻本は中田祝夫・峯岸明『色葉字類抄研究並びに総合索引』1本文篇（風間書房、一九六四年）に前田本・黒川本の写真版・影印版を対照して収む。十巻本は山田孝雄校合本を『伊呂波字類抄』一～四として『日本古典全集』（現代思潮社、一九七八年覆刻）に収む。なお、註(16)参照。

(11)川瀬一馬『古辞書の研究』第一篇第三章第三十節「色葉字類抄」、講談社、一九五五年。

(12)『同右』、三四五頁。

(13)『同右』、三三四頁。

(14)註(10)『日本古典全集』本、解題。

(15)川瀬氏註(11)著書、三四六頁。

(16)『室町初期写伊呂波字類抄十巻本』（原装影印版古辞書叢刊）雄松堂、一九七七年。ただし、『大東急記念文庫貴重書解題』三（同文庫、一九八一年）には「室町末期写」とある。いずれにしても現存最古の写本完本たることには変わりない。

(17)川瀬氏註(11)著書、三四八頁。

(18)東京大学総合図書館蔵。

(19)影印版によれば、有界、毎半葉6行5段。

(20)川瀬氏註(11)著書、三四五～三四六頁。

(21)山田氏註(10)解題。

(22)『大日本仏教全書』八四、鈴木学術財団、一九七二年。

(23)『二十二社註式』（群書類従、第二輯）梅宮項所引貞観式逸文。

(24)臨時祭式名神祭、神名式上。後者は国史大系本の本文では「四社」とあるが、頭注および『二十二社註式』所引延喜式により改む。

(25)ただ室町期の『廿二社本縁』（群書類従、第二輯）のみが「此社ハ井手左大臣橘諸兄乃霊也。仍至レ今橘家乃長者管領寸留巳奈里上」と記すが、これは後世の説であり、現在も諸兄は摂社若宮社として祀られるにとどまる。

(26) 熊谷公男「治部省の成立」『史学雑誌』八八—四、一九七九年。

(27) 拙稿「古代の氏と家について」『歴史と地理』三二二、一九八二年。溝口睦子氏も、古系譜の「奉仕」の語に着目し同様の指摘をされている（『日本古代氏族系譜の成立』学習院、一九八二年）。なお、第三編第四章註(11)参照。

(28) 延喜六年（九〇六）の大中臣氏の本系解状（『中臣氏系図』、群書類従、第五輯）には「鳩ヲ集先後本系及家々古記、戸々門文等一、始レ従二去寛平五年一十四載之間、実録粗畢。仍集為レ巻、名曰二新撰氏族本系帳一。総造二一巻一以写二四通一。一通准レ例、送ヲ納省庫一、三通各分授二置三門一」とある。

(29) これ以前はもっぱら戸籍（特に庚午籍）が拠りどころとされており、奈良末～平安初期は両者の交替期である。

(30) 『延喜式』兵部省「凡軍毅者、……軍毅其勘二譜図譜牒之事一、先移二式部省一、待二返移一、然後補レ之」。『三代格』巻七、天長元年八月五日官符「応レ令二諸国郡司譜図諜一紀一進一事」。これに対して、天平六年の「出雲国計会帳」には「軍毅譜第帳一巻」がみえる（『大日本古文書』編年一—六〇〇頁）。

(31) 『本朝月令』所引「高橋氏文」、『中臣氏系図』所引「大中臣氏本系帳」、『皇字沙汰文』所引「度会神主本系帳」等。なお「紀氏家牒」も「奈良時代末より平安時代初期」の撰定と考察されている（田中卓「紀氏家牒について」『日本上古史研究』一—一〇、一九五七年）。

(32) 栗田寛『神祇志料』第六巻（註(9)前掲）には「色葉字類鈔引橘氏譜牒」と記してこの『譜牒男巻下』の内容を紹介するが、「橘氏譜牒」とする考察の詳細は不明。

(33) 『玉葉』安元三年六月五日条所引同年四月十三日請状。

(34) 後世の『尊卑分脈』では、そもそもの和銅三年の三千代の橘賜姓自体を葛城王（諸兄）に対するものとし、三千代はたんに諸兄の「母、県犬養東人女」と記されるのみで、橘氏創始との関連は全くうかがえない。

(35) 現存する『姓氏録』は抄本であるから、これのみをもって確定的なことをいうのは差し控えねばならないが、原本逸文と対比する限り、抄本は氏《ウヂ》の始祖・別祖・改賜姓（すなわち、氏《ウヂ》の由来に欠かせない人物・事柄）に関わる骨組みの伝承を抽出して作成されている。

(36) 『姓氏録』に光明子の名が見えないことについては註(39)参照。

（37）『令集解』喪葬令10三位以上条の「義解」は「別祖氏宗」について「別祖者、別族之始祖也」とし、「古記」はその例として「藤原(鎌足)内大臣、橘(諸兄)右大臣之類」をあげる。

（38）『三代格』巻三、天平十三年二月十四日勅。「光明皇后一切経奥書」『大日本古文書』編年二―二五五頁。「大宝積経巻四六跋語」『寧楽遺文』補遺。

（39）そこには、美努王を父とする牟漏女王、およびその女王を母とする永手等と異なり、三千代を母とし藤原不比等を父とする光明子の登場する余地はない。

（40）松嶋順正編『正倉院宝物銘文集成・図録』図版8「楽毅論」、吉川弘文館、一九七八年。

（41）註(37)前掲喪葬令10三位以上条「古記」。

（42）高群逸枝氏の「ヒメヒコ制」概念（『女性の歴史』理論社、一九六六年、参照）には種々再検討の要があるが、ここでは一族の神祭りを主祭する女性の意味で「ヒメ」の語を用いる。

（43）梅宮社の本来の祭神は第一節で述べた如く酒解神・大若子神・小若子神の三神であって、酒解子神はやや遅れて合祀された。これらの神の性格については諸説（栗田寛『神祇志料』『同附考』、今井啓一「橘氏と梅宮神について」『神道史研究』六―二、一九五八年、等）あるが、おおむね仁明天皇の外祖父母たる橘氏と田口氏（玉手朝臣同祖）の氏神を合せ祀ったものとみる。しかし『譜牒男巻下』によれば、この神の由来は「此神始犬養大夫人所レ祭神也」と記されており、『字類抄』の祭事部分も「橘太后之氏神也」と述べた後に、太后の父清友の略歴を述べるにとどまる。それを嘉智子の母たる田口氏と結びつけるのはどうであろうか。これらの神の成り立ちについて全面的に論を展開する用意はないが、以下に私見の概略を述べておく。

まず酒解神についていうと、①これは避解神《サカトケ》＝道祖神であり（上田正昭「神々の世界」『京都の歴史』1、学芸書林、一九七〇年）、②元来玉手の地に祭られていた酒解神と同神であるらしいこと（承和十年四月己未条）、③安宿郡に玉手の地名が存すること（吉田東伍『大日本地名辞書』二）、④同郡は渡来人の多く居住した地であり（岸俊男「日本における『戸』の源流」『日本古代籍帳の研究』塙書房、一九七三年）、道祖神信仰の広がりが想定しうること、⑤三千代の本貫は古市郡に存し、光明子＝安宿媛の名も隣郡の安宿郡にちなむと考えられること（岸俊男「県犬養宿禰三千代をめぐる臆説」『宮都と木簡』吉川弘文館、一九七七年)、等の諸点よりして、安宿郡玉手の地で祭られていた神を三千代が信奉したものと考える。

大若子命・小若子命については、①永万元年の「山城国梅宮社司等解」(『平安遺文』七―三三六八号、なお第四節参照)に同社の祝・禰宜等として今木宿禰が名を列ねており、②今木連と県犬養宿禰はともに神魂命を祖とする系譜伝承を有すること(『姓氏録』)、③後世のものではあるが、大若子命を神魂命の子孫とする伝承の存すること(今井氏前引論文参照)、等よりして、県犬養氏の系譜伝承に関わる神であろう。ただし、『姓氏録』にはおよそ三十余りもの多数の氏《ウヂ》が神魂命を祖とする系譜を載せている。このように少数の抽象的神格の神々に諸氏の系譜が統合されていく動きは奈良期後半から平安期にかけて顕著に認められる傾向であって(阿部武彦『氏姓』至文堂〔日本歴史新書〕、一九六六年)、奈良前期にあっては未だこうした神魂命にまで連なる系譜伝承は成立の端緒段階にあったものと思われる。すなわち、私見では、三千代が、県犬養氏の祖先系譜(成立過程にある―第三編参照)にちなむ神と、地縁にちなむ神を併せ信奉したものとみるのである。最近、溝口睦子氏はムスヒに連なる系譜が古くより成立していたことを主張されている(註(27)著書)が、こうした系譜が『記』『紀』にはなく『姓氏録』段階になって多くあらわれることについて、必ずしも納得のいく説明がなされてはいないと考えるので、ここではやはり通説に従う。

(44)『古事類苑』神祇部三、一五三五頁。

(45)角田文衛「不比等の娘たち」『古代文化』一二―四・五、一九六四年。

(46)『筑後国風土記』逸文「……有二別区一、号曰二衙頭一衙頭政所也。」

(47)中村直勝『日本古文書学』下、角川書店、一九七七年、四三九頁。荻野三七彦『印章』吉川弘文館(日本歴史叢書)、一九六六年、一一八頁。

(48)岸俊男『藤原仲麻呂』吉川弘文館(人物叢書)、一九六九年、二〇一頁。同『光明皇后』平凡社(日本を創った人びと)、一九七九年、六八～六九頁。

(49)『正倉院の書蹟』「杜家立成」紙背、日本経済新聞社、一九六四年、六二頁、および右掲『光明皇后』、同頁。

(50)林陸朗『光明皇后』吉川弘文館(人物叢書)、一九六一年、七三頁。

(51)関口裕子「日本古代の豪貴族層における家族の特質について(下)」『原始古代社会研究』六、校倉書房、一九八四年。その要旨は「大会報告のための覚書――家族論を中心に――」として『日本史研究』二四二、一九八二年、に発表。
(52)『万葉集』四二三五番。
(53)『紀略』大同四年六月丁亥条。年齢は嘉祥三年五月壬午条の薨伝に見える薨年六十五歳より逆算。
(54)『平安遺文』七―三三六八号。なお註(66)参照。
(55)天平十二年五月乙未条。また胡口靖夫「橘氏の氏寺について」『古代文化』二九―八、一九七七年、参照。
(56)『尊卑分脈』等。
(57)井手の山吹を詠んだ清友の歌(『古今集』一二五番)。また氏公については『尊卑分脈』に「後井手右大臣」とある。
(58)『井手町全図』(井手町役場、一九七六年)をもとに、『京都府遺跡地図』(府教育委員会、一九七二年)および『京都府史蹟勝地調査報告』四(京都府、一九二三年)所載の遺跡を記入して作成。
(59)『井手町の自然と遺跡』(井手町史シリーズ第一集)、一九七三年。
(60)『古事記』上、大国主神裔段・天若日子段。『日本書紀』神代下、第九段本文・一書第一或云。
(61)註(58)『調査報告』、五〇頁。なおこの部分は梅原末治氏の調査執筆になる。同氏「山城綴喜郡井手寺の遺跡」『歴史と地理』一一―四、一九二七年、をも参照したがほぼ同文である。
(62)註(54)に同じ。
(63)註(58)『調査報告』によれば、東南方の礎石群は「恰モ塔址ノ如キ状ヲナ」していたが、これはたんに後世「付近ニアリシ礎石ヲ集メテ天神社ノ遺址ヲ記念スル意ヲ偶《(ママ)》セルモノ」という(五〇頁)。したがって、この礎石群は直接に梅宮末社の存在と結びつくものではない。ただし「梅宮末社→椋本天神」という本章での考察結果に従えば、梅宮末社はこの付近に存したことになろうか。なお梅原氏も、天神社は「或ハコレモト井手寺内ニアリシ梅ノ宮社ノ名残ナリシニアラザルヤ」と述べておられる(『調査報告』五四頁)。
(64)「康治二癸亥年九月日東大寺絵所法橋俊秀所図」との注記を有する『山城国井堤郷旧地全図』(『井手』井手町、一九七八年、二頁に写真を載せる)には、東方山麓の「玉岡春日社」(現、玉津岡神社)とともに、井堤寺西方に「椋本天神」が描かれている。しかし、同図は嘉暦元年(一三二六)、享和三年(一八〇三)と模写次第を記しており、「大和街道」の名称が記されていることからしても、康治二年当時の景観を忠実に示すとは、にわかには信じ難い。『官務牒疏』のいう「下津岩根↓今地」を「井堤寺横↓玉津岡」の意に解することは不可能であり、椋本天神の元来の鎮座地は玉津岡山麓であって、井堤寺ではない。

(65)『官務牒疏』は椋本天神の項にひき続いて「多賀神……欽明帝元年、兎手玉津岡東嶽臨幸。天平三年九月庚午、井手左大臣橘公、遷二下津盤根一崇祭」と記す。同神は高神社として現在も多賀集落の東方に存する。

(66)『平安遺文』七―三三六八号（陽明文庫蔵『兵範記』仁安二年秋巻裏文書）。ここではその写真版（東京大学史料編纂所蔵『人車記』九、一一〇丁・一一一丁・一二四丁）の体裁に従って記す。（A）（C）が継ぎ合わされて一一〇丁・一一一丁、（B）が一二四丁となっており、いずれも裁断により下欠。内容的にみて（A）（B）間、（B）（C）間には各々若干の欠落があると思われる。

(67) 萩原龍夫「氏の神」『講座日本の古代信仰』二、学生社、一九八〇年、二〇六頁。

(68)『拾芥抄』下、諸社部第一、二十二社。

(69)『左経記』寛仁元年十一月三日条。

(70) 西野悠紀子「律令体制下の氏族と近親婚」『日本女性史』一、東京大学出版会、一九八二年。西野氏によればそれは「氏族を（少なくとも律令制の初期には）事実上親族で代えられるくらい限定して設定した事」を意味する。私見では後述の如く、「内外諸親」という「古記」の釈に、公的に設定された氏族の範囲とのズレを見るのである。

(71) 仁井田陞『唐令拾遺』儀制令一五。

(72) 宮地直一『神道史』上、理想社、一九五八年。太田亮『日本上代に於ける社会組織の研究』第三編第七章、磯部甲陽堂、一九二九年。和歌森太郎『国史における協同体の研究』第三章、帝国書院、一九四七年。

(73) 津田左右吉『日本上代史の研究』第一編第三章、岩波書店、一九四七年。

(74)『正倉院文書』中の宝亀以降の請暇解、および前述宝亀八年七月乙丑条。

(75) 和歌森氏註(72)著書、萩原氏註(67)論文。

(76)『日本書紀』神代上、第五段一書第六。同じものが『古事記』上では「阿曇連等之祖神以伊都久神也」となっており、これは前述の宗教上の神→祖神化の過程を示す（津田氏註(73)著書、萩原氏註(67)論文)。
(77) 和銅七年二月丁酉条。
(78) また『万葉集』三八〇番左注の「以二天平五年十一月一、供三祭大伴氏神二之時……」について、萩原氏は「氏神」ではなく「大伴の氏の神」とよむべき、とされる。同三七九番の題詞には「大伴坂上郎女、祭レ神歌一首」とあって、氏神となっていない点が注目される。
(79) 註(27)拙稿。なお、総論と重複する部分も多い。
(80) もう一つの核としては、氏《ウヂ》の経営の拠点としての「宅《ヤケ》」と、そこに譜第に従属する民としての「奴《ヤツコ》」が想定される（第一編第三章参照）。
(81) 『令集解』神祇令8仲冬条「釈」（古記無レ別）。
(82) 『万葉集』四二四〇番、「春日祭レ神之日、藤原太后御作歌一首。……大船に真楫繁貫きこの吾子を韓国へ遣る斎へ神たち」。なお、第三章をも参照。
(83) 津田氏註(73)著書。
(84) 前述の請暇解に「私神祭祀」（『大日本古文書』編年六―一七一頁)、「私氏神」（『同上』、四〇七頁）等と表現される意味もそこにあるのではないか。前述の、氏上を任命し「令レ主二神祭一」という祭祀とは質を異にする在り方がここにはうかがえる。なお、補論参照。
(85) この神の由来については註(43)参照。
(補1) 本章をまとめた段階では、「奉事根原」の文言を、古代氏族系譜の一般的特質を示すものと解していたが、第三編で述べる古系譜の考察に基づくと、古くは、「奉事根原」に関わる族長位の継承を示す一系系譜と、個人の集団への帰属を示し、そのことによって（「奉事根原」によって結集永続する）集団相互の有機的結合を支える両属系譜の、二種の系譜形式が併存していた。『書紀』にみえる「譜第」は、こうした両系譜の統合による（成立期の）出自系譜の様相を示すと思われる。

(補2) なお佐伯有清氏は、「斎部氏家牒」「大中臣氏家牒」「大倭氏家牒」「大神氏家牒」の逸文を紹介検討され、後二者については不明であるが、前二者はそれぞれ、延喜以前と延暦期、すなわち、奈良末〜平安前期のものとされている（『『家牒』についての一考察」『新撰姓氏録の研究』索引論考篇、吉川弘文館、一九八四年）。

（補3）「洛隅内頭」と不比等第との結びつきについては、もう一つの方向からも考えられる。それは、法華寺の前身となる寺が天平初年ごろには不比等第の一部に設けられており、それが隅寺あるいは隅院とよばれたことである（福山敏男「創立期の法華寺」『寺院建築の研究』中、中央公論美術出版、一九八二年、参照）。従来、この寺名は不比等第の一隅の意と解されているようであるが、あるいは「洛隅内頭」と同じく平城宮の東北隅の寺という意味とも考えられよう（この点については松木裕美氏より私信にての御教示を得た）。

（補4）関口裕子氏は、この時期の高位女性が、官位に基づく「公的家」を形成しながらも、男性とは異なりその「家」を発展させ得なかったことを、『家伝』にうかがえる「家」の用法の検討を通じて明らかにされている（「家伝をめぐる家の用法について」『〈土田直鎮先生還暦記念〉奈良平安時代史論集』上、吉川弘文館、一九八四年）。ここで述べた光明子の第宅の、父不比等第（母三千代の「公的家」もここに併置）の伝領→光明子自身の「公的家」の発展形態たる皇后宮職の設置→（平城宮内を具体的場とする、国家的機構としての皇后宮職の発展・明確化に対応して）法華寺への転化、という推移は、こういった観点からしてもきわめて興味深い事例といえよう。

「公的家」そのものは原理的には永続性を持ち得ないが、その中には私的経営機能の萌芽が含まれており、世代をこえた経営体としての発展の方向をめざす一方で、当該期にはしばしば「寺」に転化することによって所有・経営機能の永続性を保持し得た（付編第二章参照）。したがって、こうした新たな発展の方向性を持ち得なかった女性の「公的家」については、高位につき、莫大な産を有した有力女性であればあるほど、男性に増して、寺への転化が必然であったと考えられる。三千代の場合にも、別勅によってその「食封資人」の収公を死後も停められており（天平五年十二月辛酉条）、胡口靖夫氏は「この食封の相続分が井手寺建立の経済的基礎をなした」と推定されている（註(55)論文）。もっぱら朝廷における三千代の勢威をつぐための葛城王による改姓申請→橘氏創始であることを考えると、この推定の蓋然性は高いといえよう。三千代の「公的家」が具体的に存した場（彼女の食封・資人を駆使しての経営機能の中枢）が不比等第であったことを併考すると、その不比等第が光明子（藤原氏）によって伝領されたことも、橘氏がこうした三千代の「公的家」（に含まれる私的経営機能）の永続の場を他に求めることにつながったかと思われる。諸兄と、同母異父妹の藤原多比野との近親婚も、三千代の「遺産」

の継承による橘氏の創始と密接に関わっていたであろう（総論参照）。

第二章　平野社の成立と変質

はじめに

現在、京都市北区に鎮座する平野社は、古来、今木神・久度神・古開神・相殿比売神の四神を祀り（『延喜式』四時祭上）、平野祭には「桓武天皇之後王」と同天皇の外祖父母の氏《ウヂ》である「大江、和等氏人」が見参に預る定めであった（『同』太政官）。その和氏の祖先は百済王に連なり[1]、また今木＝新来の意に解されるところから、同社は蕃神として、また皇室外戚神としての性格が注目され、伴信友の『蕃神考』[2]以来多くの研究が積み重ねられてきている。本章は特にこの後者の点についての再検討を意図したものである。その際に、典型的な皇室外戚神である梅宮社（第一章参照）との対比を念頭において、平野社の独自の性格を明らかにしていきたい。

第一節　今木大神と和氏

1　今木大神＝蕃神説をめぐって

平野社の祭神は前述の如き四神であって、これらを総称して「平野神」という（『延喜式』四時祭上・貞観元年七月丁卯条・同五年五月甲子条・同六年七月甲午条）。ところがその一方で、平野神＝今木神とする史料も散見する（『延喜式』大炊寮・『本朝月令』所引貞観式[3]・貞観十四年十二月十五日官符[4]・仁寿元年十月乙卯条）。『蕃神考』も指摘する如く（四一四頁）、これは今木神が平野社の主神であることを示す。さらに注目すべきことには、『本朝月令』所引の弘仁祝詞式[5]には「平野祭」として今木大神のみに対する祝詞をあげ、久度・古開の両神に対する祝詞はたんに「久度・古開」としてその後に併記されている（『延喜式』も同様）。この二種の祝詞の併存は、平野祭が本来は今木大神に対する祭であったことを意味するであろう[6]。平野神＝今木神の用法が存するのはその故であり、他の二神、さらに比売神を祀り加えて四神となって後、四神の総称としての平野神の称も併せ用いられるに至ったものである。『同』所引貞観式に「今案、平野是惣号非二一神名一。可下注二今木久度古開一、更加中相殿比売神一座上」とあるのは、まさにその間の事情を物語る。

以上、今木大神が平野社の主神であり、平野祭はそもそもは同神に対する祭であったことを明らかにした。したがって、四神の中でも特に今木大神の性格を明らかにすることが平野社成立の意味を考える上で重要であると考えるので、以下この点の考察を行ないたい。

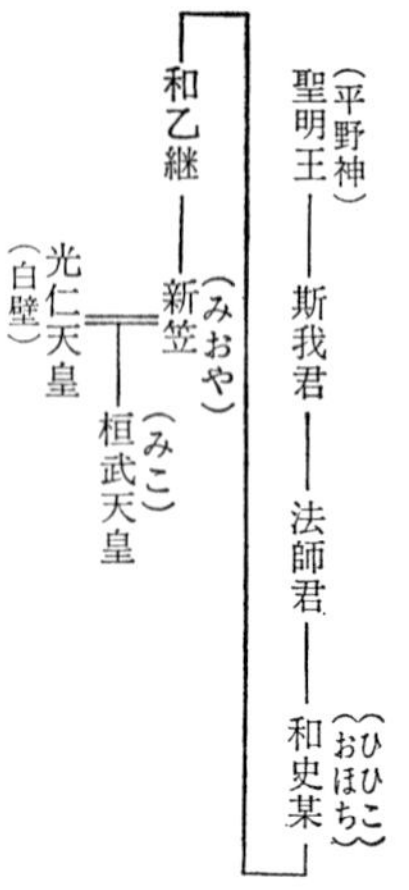

第10図　信友の平野神比定

同神については、その史料上の初見たる延暦元年十一月丁酉条に「叙二田村後宮今木大神従四位上一」とあり、この「田村後宮」が、桓武天皇の父である光仁天皇が酒宴や賜禄を行なった「田村旧宮」（宝亀六年三月己未条、同八年三月癸丑条）につながると思われること、また既述の如く『延喜式』には桓武天皇の母方の氏《ウヂ》の平野祭見参が規定されていることから、桓武の母たる和新笠が田村後宮に祀っていた神と推定されている。しかし、それだけではこの神の性格を決定するに充分ではない。従来、同神が蕃神であり和氏の奉じた祖先神であるとみなされてきたのは、和氏の祖先が百済王であること、今木の語義、そして次に述べる「平野御歌」の解釈、この三者の結びつきによってであり、『蕃神考』の説にその源を有している。

白壁の　みこの　みおやの　おほちこそ　平野の神の　ひゝこなりけれ

（『蕃神考』、四一五頁）

右の歌は平安末成立の『袋草子』(7)四に「平野御歌」として載せられているものであり、『蕃神考』によれば、桓武の母である新笠が、平野神の曾孫にあたることを詠ったものであるという。その関係を簡略に図式化して示せば第10図の如くである。

ところがこの「平野御歌」は、信友が諸本によって「えらびとゝの」えて「訂して引出たる」ものであって、『続群書類従』所引「袋草子」(8)には左のように記されている。

白壁の　みかとの　おやの　おほち社　ひらのゝ神の　心なりけれ

今案、白壁ハ光仁天皇也。其曾祖父ハ舒明天皇、其曾祖父ハ欽明天皇也。是平野明神云々。

信友の校訂になるものとは、みこ↕みかと、ひひこ↕こころ、という重大な二点の相違が存し、現存の写本はすべて

『続群書類従』と同様となっている。(9) そこには、平野社と桓武天皇の母方との結びつきは何ら見出されない。(10)「今案」にも述べる如く、平野神は桓武の父方の祖とされているのである。ただし、これは編者の藤原清輔の「今案」であるので、歌の本文そのものについては、古写本が現存しないことからいっても、転写の間の誤りということは充分に考え得る。『延喜式』の段階では明確に平野社は桓武天皇とその母方に特に関わる神社とされているのであるから、光仁天皇との関連のみを説くこの歌は、転写の誤りか、さもなくば平安後期以降の説たることを意味するであろう(「おわりに」参照)。

しかしこれは、信友の本文校訂と人名比定をそのままに認めるということではない。和氏の本姓は和史であるので、(11) 彼らが本来百済王族であったとは考え難い。先祖を「百済武寧王之子純陁太子」(延暦九年正月壬子条)とする和氏の系譜は後次的なものであり、和気清麻呂が時の中宮和新笠の教えを奉じて撰んだという「和氏譜」(延暦十八年二月乙未条)と密接に関わるであろう。奈良末から平安初期は、本系帳の提出、『新撰姓氏録』の作成等、諸氏の系譜が活発に整えられてくる時期であり、和氏も「和氏譜」の作成により百済王の子孫としての系譜を確立したものと考えられる。第10図の如く、信友は斯我君・法師君を乙継の祖に比定するが、この両者は「倭君之先」(武烈紀七年四月条)であるので、本来は別系統であろう。したがって、信友の「今木大神＝百済聖明王」説をそのままに受け入れることはできない。

2　新来の大神

それでは今木大神を蕃神とし、和新笠の奉じた神とする説自体も全くしりぞけられるべきであろうか。ここでこの説を支えるもう一本の柱である「今木」の語義の解釈を検討したい。「今木」は、「新漢《イマキノアヤ》」（雄略即位前紀）、「倭国今《イマ》来郡《キノコホリ》」（欽明紀七年七月条、『姓氏録』逸文阿智王条）等との関連から、今来＝新来とみて、渡来民の多く居住した地をさす、と解されている。ただしこれには国語学的観点よりする異論が存する。すなわち、「来」は甲類、「木」は乙類であるので、両者は厳密に区別されねばならないとするのである。(12) しかしこの両者の区別は絶対的なものではない。『万葉集』巻九、一七九五番の「妹らがり　今木の嶺に　茂り立つ……」という歌は、「妹のところへ今来とつゞく枕詞」である。(13) 枕詞の用法とはいえ、ともかくも「今来る」意で「今木」と表記する例がしられるのであるから、奈良時代以降の音韻のくずれということも考慮にいれて、やはり信友以来の通説に従って、「今木＝今来＝新来の意」と解してよい。同神は、今木と称されるいずれかの地で和氏等の渡来民により祀られていた神であろう、と一応はこう考えられるのであるが、はたして「今木大神」の「今木」は通説の如く地名であろうか。

ここで祝詞の文言から「今木」の意味するところを再検討してみたい。『延喜式』におさめる平野祭の祝詞には、「今木より仕奉来る皇大御神の広前に白給く」とあるのに対して、同じく久度・古開の両神に対する祝詞では「久度・古開二所の宮にして供奉来る皇御神の広前に白給く」となっている。(14) まず後者から考えると、これは「（平野社へ移祀する以前）久度社・古開社の両社に於て奉斎してきた神」という意味であり、『延喜式』にみえる平群郡久度神社はその後身である（次節参照）。すなわち祝詞冒頭のこの部分は、「二所の宮から（平野社に）移祀した」ということではなく、移祀以前の奉斎の歴史（と同時に神名の由来）を語っているのである。移祀の事実は、直接には、これに続く「皇御神の乞ひ給まひし任に、此所の底つ石根に宮柱広敷立、高天の原に千木高知て」の部分で語られる。とするならば、全く同じ構成をとる平野祭祝詞の冒頭部分も、移祀の事実ではなく、奉斎の歴史（と神名の由来）を語るものとみるべきであろう。

「今木より仕奉来る」は、従来「今木から移祀した」の意に解されており、そこから今木を地名とみて、和氏の本拠地との関わりが説かれてきた。[15] しかしこの部分が移祀の事実を語るのではなく、移祀以前の奉斎の歴史を語っているものとするならば、前述の今木＝新来の語義とも考えあわせ、ここは「新たに渡来してより現在に至るまで（我等が）奉斎してきた神」の意に解されよう。[16] 今木大神の奉斎の歴史が、久度・古開両神と異なり、「宮にして」ではなくこのような形で語られた背景には、今木大神がそのように在地の神社において奉斎される神ではなかった、という事情が存するのではないか。今木大神とは、今木で祀られていた神の意ではなく、あくまでも「新来の大神」だったのである。[17]

以上の考察の結果、今木大神はやはり蕃神であることが明らかとなった。和氏が百済系の渡来民であること、「今木[来]より仕え奉り来る皇大御神」（＝今木大神）という神名からいって、通説の如く、和氏の祖先が渡来以来奉じてきた神を和新笠が田村後宮に奉斎していたものとみてよいであろう。それがそもそも和氏の祖神であったのか否かは不明とするほかないが、「宮にして」祀られていた久度・古開両神と異なり、渡来以来の奉斎の歴史のみをもって神名の由来が語られている点が注目される。「諸人氏神多在二畿内一。毎年二月四月十一月何廃二先祖之常祀一」[18] とある際の「先祖之常祀」が「祖先以来常に行って来た氏神の祭祀」の意味であって、「氏神」＝「祖先」でないことについては、すでに津田左右吉氏の指摘がある。[19] 今木（より仕奉り来る）大神は、和氏にとってかかる意味での「先祖之常祀」であった。この神を主神として平野社は成立したのである。それは桓武天皇にとっていかなる意味を持つものであったのだろうか。

第二節　久度神とカマド神信仰

本節では久度・古開両神の神格を考察することにより、平野社の性格をさらに明らかにしていきたい。久度神の史料上の初見は延暦二年十二月丁巳条であり、そこで「平群郡久度神」は従五位下に叙せられ官社に列した。次いで承和三年には今木大神、久度・古開の三神がともに授階されている（十一月庚午条）。すなわち、この間に久度神は平群郡から平野社に移祀されたのであり、移祀後の旧祀としてひき続き祀られていたのが『延喜式』神名上にみえる平群郡久度神社である。同神社は現在、北葛城郡王子町久度四丁目にある。(20) 古開神の名は平野社関係以外の史料にはみえないが、常に「久度・古開」として両神が相並んで扱われているので、この平群郡の久度神社に並び祀られていたものであろう。

さてこの久度・古開両神の神格について今井啓一氏は、『和名抄』に「窻(窖)和名久度竈後穿也」とあることより久度＝御竈神と解し、例証として宮中の「平野御竈神」をあげられる。また古開神については、「庭火の御竈は天子御一代に一つづつ必ず造成されるのが古例であつたと思はれるから……不用となつた空き竈の謂ではなからうか」とされる。(21)(補1) 古開神は、史料により「古開《フルアキ》」とするものと「古開《フルセキ》」とするものがあり、(22) 今井説も一案ではあるが、確実なところは不明という他ない。ただ常に久度神と一体の神として扱われているので、久度神と類似の神格を有するものと考え、以下では久度神についての検討を行なう。

久度神は、『和名抄』の記載よりして今井説の如くカマド神であろうが、ではどのような意味でのカマド神であったのか。カマド神祭祀は宮中でも早くより行なわれていたらしいが、天平三年正月乙亥条には「庭火御竈四時祭祀……」とのみあって、別に「平野」とは称されていない。ところが『延喜式』大蔵省・『同』宮内省・『同』陰陽寮には「忌火・庭火御竈神、平野御竈神」「庭火幷平野竈神」とあり、従来の御竈神に併せてさらに平野御竈神が祀り加えられている。これは、久度・古開両神が平野社に合祀されて後、その神が、従来の宮中の御竈神とはやや別種のカマド神として、平野御竈神なる称を持って祀られるに至ったものであろう。[23]

それではこの久度・古開両神と桓武天皇とはいかなる関係にあるのか。『蕃神考』は、この両神を高野新笠の母である大枝朝臣真妹に関わる大枝（大江）氏の祖神とする。しかしそれは、「今木大神に和氏の預る例に准らへおもふに……」（四一九頁）とある如く、『延喜式』太政官の大江・和両氏見参規定をもとに、今木大神を除いた他の神を大江氏に配したものであって、それ以上の積極的論拠はない。しかもこの規定は次節で述べるように後次的なものと推定されるので、これに基づいて平野神（広義の）を本来、和・大江両氏の氏神であったと考えることはできない。

そこで注目されるのは、朝鮮南部においても古くよりカマド神の信仰が存したことである。『三国志』魏書弁辰伝にみえる「施㆑竈皆在㆓戸西㆒」という習俗は、任東権氏によれば、朝鮮の俗言に良い家の構造として示されるものと対応し、「竈王神」の俗信が弁辰のころからの流れをひく原始信仰であることを示す、という。[24]年に一度、玉皇上帝に家中の事を報告するという竈王神の信仰は道教に基づくが、道教の影響はすでに三国時代には顕著に認められる。またカマドの煙出し口からの余熱を利用する暖房具である温突（オンドル）は、中国北部から朝鮮にかけて古くから普及しているが、そこではカマド神が玉皇上帝のところへ上っていく際に、このオンドルの煙突から出ていくと考えられている、という。[25]

この中国北部から朝鮮にかけての「竈王神」の信仰が、我国での久度神信仰の淵源をなしているのではないだろうか。というのは、「久度」という言葉の音・義がこの両者の結びつきを示していると思われるからである。我国の民

俗では「くど」はカマドの別名であるが、『和名抄』には「竈則到反与躁同和、名、加、万炊爨処也……窓七経反和、名、久、度竈後穿也」とあって、本来「久度」は「加万《カマ》」本体とは区別される、後ろの煙出し口の称であった。しかも現代朝鮮語では煙突を굴뚝《クルートゥック》という。ここから末尾の子音ㄹ・ㄱを脱落させると구뚜《クトゥ》になり、「久度」に極めて近い音である。[26]朝鮮におけるこの言葉の起源がどこまで遡れるかは不明であるが、前述の竈王神の信仰の在り方をも併せ考えるならば、久度神とはまさにこの竈の煙出し部分の神格化であり、我国在来の竈神とはやや別種の新来の朝鮮系のカマド神として信仰されたものであろう。[補2]

さてそこで平群郡の久度神についてであるが、大和国広瀬郡の西安寺は平安初期の史料で「俗号ニ久度ニ」といわれており、[27]現在の久度神社から約一・五キロメートル南東方の舟戸神社境内が同寺の跡地と考えられている。[28]同郡内には百済寺（現、広陵町大字百済）も存し、この付近一帯（古代の平群郡・葛下郡・広瀬郡の接点）は百済からの渡来民の居住地であったらしい。久度神は朝鮮系の新来のカマド神として、当地の神社で広く信仰の対象となり、そこから神社の近辺が久度の地名でよばれ、ひいては寺の俗号ともなったのである。祝詞で「久度・古開二所の宮にして……」と語られること、平野社移祀後も依然旧祀としてこの地にとどまったことも、こうした信仰形態を裏づける。新笠の父、和乙継の牧野墓は広瀬郡に存するので、[29]おそらく和氏もこの付近一帯を本拠地とし、久度神を信仰していたものであろう。

以上のように考えてよいとするならば、久度・古開の両神も今木大神と同様に和新笠との縁によって平野社に祀られたのである。ただし、前者は和氏という集団に即しての奉斎の由来を持つ神であり、後者は一定の民間信仰に基づく神であった。久度神が朝鮮系のカマド神であることは、逆に前節で述べた今木大神＝蕃神説を裏づけるものといえよう。それでは、このように今木大神・久度神・古開神の三神がいずれも和氏に関わるものとするならば、『延喜式』

に大江氏の平野祭見参が規定されるのはなぜであろうか。その点を比売神合祀の背景を探る中からさらに考えていきたい。

第三節　比売神合祀をめぐって

1　梅宮社の成立と比売神合祀

嘉祥元年七月壬午条に、今木大神以下三神への進階と併せて「无位合殿比咩神従五位下」とあるのがこの神の名の初見である。それ以前、承和三年十一月庚午条の三神に対する進階記事には比売神の名は見えないので、この間に平野社に合祀されたものであろう。既述の如く、『貞観式』逸文に「今案……更加二相殿比売神一座一」とあることも、比売神が他の三神よりははるかに遅れて合祀されたことを裏づける。『蕃神考』はこの比売神を「毛受氏」（新笠の母は毛受腹の土師氏。後に改姓して大枝→大江氏）に比定するが、「相殿比売神は、考るに由なし、今しひて久度古開神たちに准へて推考るに……」（四二〇頁）とある如く、四神を和・大江の両氏にふりわけようとしたまでで、さしたる根拠はない。相殿比売神は『延喜式』の段階では祭神名に加えられてはいるものの、他の三神と異なり比売神に対する祝詞は存せず、物忌もあてられない（大炊寮・中務省）。これは比売神が文字通りに「合殿（相殿）」比売神として新たに創出された神であり、実質的な祭の対象となるべき独自の神格を有していないことを物語るものであろう。

それでは比売神は何を契機にして平野社に合祀されるに至ったのか。ここで前述の承和三年の進階記事に注目したい。

従四位上今木大神奉レ授二正四位上一。従五位下久度、古開両神並従五位上。

右の記事にみえる「従四位上」「従五位下」という神階は、それぞれ延暦元年・同二年に授けられたものである。すなわち、桓武天皇による授階の後、仁明天皇の承和年間に進階されるまで実に五十有余年の空白期間が存するのである。そしてこれより後ほど遠からぬころ、同じ承和年間に比売神合祀のことがあって、嘉祥元年の四神進階へと続くのであるから、この承和年間の三神進階と比売神合祀とは同じ一つの流れの中にあることがうかがえよう。その流れとは何か。そこで想起されるのは、このころに成立したと思われる梅宮社との関係である。

承和三年の平野社の三神に対する進階の二日後の十一月壬申に、山城国葛野郡梅宮社に坐す无位酒解神・大若子神・小若子神の三神に初めて授階のことがあった。このころが梅宮社の神社としての成立期と考えられ、酒解子神はやや遅れて合祀されたらしい。そしてその酒解子神一前と平野社一前とがともに名神に預る（承和十年十月壬申条）というように、両者は承和年間以降相並んで発展していっているのである。右の「平野社一前」は、従来の説では今木大神をさすと考えられているが、[30]「酒解子神」に対して特に「今木大神」の名を伏せるべき理由はなく、「坐二梅宮一……」との対応関係からしても、この「平野社一前」は「平野に坐す合殿比売神」をさすと考える。『延喜式』神名上に「平野祭神四社《（座）》並名神大」とあるのに、国史にはこの承和十年の記事しかみえないということも、今木大神以下三神はすでにこれ以前に名神に預っており、合殿比売神のみが遅れてここに至り列せられた、とみる方が、三神と比売神との合祀時期の大幅なズレよりしても自然であろう。ここで酒解子神と異なり、名をあげていないことは、合祀されたばかりのこの神の神格の不分明さのあらわれであり、神名が未だ固まっていないことを示す。

梅宮社は「仁明天皇母、文徳天皇祖母、太后橘氏之神」（元慶三年十一月辛酉条）とあるように、天皇との外戚関係によって尊崇された典型的な皇室外戚神であり、その四神の中の酒解子神はやや遅れて合祀された。右述の承和十年の記事の解釈からいって、合殿比売神の平野社合祀は、この酒解子神の梅宮社合祀になぞらえる形でなされたものと思われ、承和三年の三神進階も梅宮社の三神への授階と軌を一にしていた。とするならば、平野社の桓武天皇外戚神としての位置づけも、実はこの時期に至って明確化してくるのではないだろうか。こうした意味で、延暦年中の創建から五十有余年を隔てた承和年間は、平野社の歴史の上で第二の画期だったのであり、より正確には重大な変質期であった。(31)

2 平野社の外戚神化

この変質の過程を考える上で重要な手がかりとなるのが『本朝月令』の平野祭の項にみえる左の記載である(今、便宜的に㋑～㊁の四段にわけて記す)。

㋑弘仁宮式云。凡四月十一月上申祭。大臣若参議以上赴進、或皇太子親進奉幣。……

㋺貞観式云。平野久度古開三神。今案、平野是惣号非ニ一神名一。可下注ニ今木久度古開一、更加中相殿比売神一座上。

㋩貞観春宮式云。前式四月上申、奉ニ平野祭幣帛一云云。今案、春宮有レ障差ニ進以上一人一奉レ之。

㊁大江和加レ祀由縁。国史云。延暦八年十二月、皇太后崩。……皇大后(ママ)姓和氏、諱新笠、贈正一位乙継之女也。母贈正一位大枝朝臣真妹。……

『延喜式』からこれに対応する規定を抽出して示すならば左の如くである。

①凡平野祭、四月、十一月上申。参議以上赴集、或皇太子親進奉レ幣。事見ニ儀式一。(太政官)

②平野神四座祭今木神、久度神、古開神、相殿比売神。　（四時祭上）
③凡同月上申十一月亦同。奉㆓平野祭㆒幣帛。……東宮有ㇾ障、差㆓進巳上一人㆒奉ㇾ之。　（春宮坊）
④凡平野祭者、桓武天皇之後王、改ㇾ姓為ㇾ臣者亦同。及大江、和等氏人、並預㆓見参㆒。　（太政官）

ここで問題となるのは㊁である。㋑㋺㋩と異なり、㊁のみが④に先行する『弘仁式』または『貞観式』の規定を典拠としてあげていない。これは『蕃神考』にも述べるように（四一一頁）、弘仁貞観の式にはまだこの規定はなく、『延喜式』に至って加えられたものであることを意味するであろう。ただし、この両氏氏人の見参は『本朝月令』の成立時にはすでに行なわれていたので、「加ㇾ祀由縁」として、皇太后（新笠）の父母、すなわち桓武天皇の外祖父母が和・大江両氏であるということを、国史の記載を引いて述べたのである。そもそもこれまでの考察を通じて明らかにしたところによれば、平野社の祭神と大江氏とには何ら積極的関わりは見出されなかった。『延喜式』の大江・和両氏見参規定が平野社成立当初からのものではなく、後次的なものと推定されることは、この考察結果とも一致する。さきに、平野社成立後五十有余年の空白期間を経た承和年間に、梅宮社の成立・発展と相並んで三神進階と比売神合祀がなされていることから、この時期以降に同社の外戚神化がすすんだのではないかと推定した。とするならば、両氏の平野祭見参もこうした動きの中で行なわれるようになり、(32)『延喜式』に規定されるに至ったものであろう。

さらに注目すべきことには、和氏についても、『本朝月令』（および国史の記載）では平野社の祭神そのものと同氏との関係は何ら説かれていない。たんに、両氏の「加ㇾ祀由縁」が、桓武天皇の外戚だからという形で示されているにすぎない。そこには梅宮社が「太后橘氏之神」（元慶三年十一月辛酉条）、「橘大后之氏神」「天子外家神」（『伊呂波字類抄』）として、すなわち仁明天皇の外戚たる橘氏の氏神として祀られたのとは明瞭に異なる事情がうかがえよう。平野社の祭神は和氏ゆかりの神々ではあったが、同社は第一義的には、和氏の氏神として祀られたのではなかったのである。

第四節　祝詞と皇太子親幣規定

第一節・第二節では、今木大神はそもそもは和氏の祖先が渡来以来奉じていた神であり、この神を主神として延暦年中に平野社が創建されたこと、久度・古開両神は朝鮮系の特殊な霊力を有するカマド神であり、平群郡の久度神社で和氏を含む渡来民の信仰の対象となっていたものを平野社に移祀したこと、合殿比売神はこうした独自の神格を有さず、他の三神より五十有余年遅れて承和年間に至り合祀されたものであること、この比売神合祀に至る過程には平野社自体の性格の変化がうかがわれ、大江・和両氏見参規定が後次的なものであることからいっても、同社は第一義的には和氏氏神（＝桓武外戚神）として成立したものではなかったらしいこと、以上の諸点を明らかにした。そこで本節では、平野祭当日の座の設定と祝詞の対応関係、および皇太子親幣規定を手がかりに、成立当初の平野社の性格を考えていきたい。

1　女王座・皇太子座

まず座の設定から見ていく。

凡四月平野祭。神殿前舎北第一間南面、設二女王座一。東廂西面北上内侍已下座。南三間舎設二皇太子御座一。南舎北面東上設二親王已下参議已上座一。其後五位已上座。西壁下東面勅使座。其南舎北面東上設二四世已上王、外記、史、中務丞録、内舎人、諸司判官、五世已下王座一。其後和大江等氏人及諸司主典、大舎人座。其後太政官并諸司史生

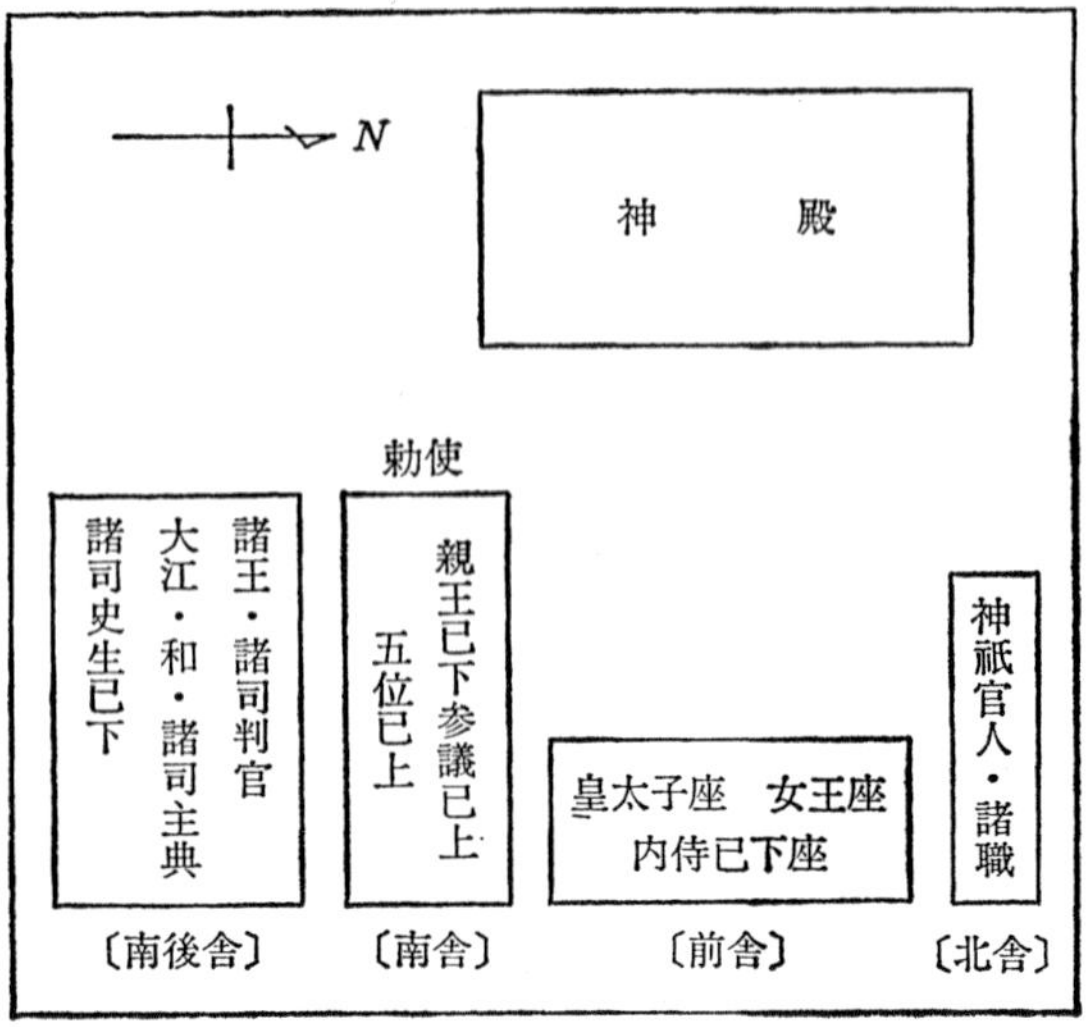

第11図　平野祭の座の設定

已下座。北舎南面東上神祇官人、神主、御琴師座。其後史生、官掌座。其後中臣、卜部座。南面東上治部、雅楽官人座。其後史生已下座。其後歌女座。十一月亦同。

（『延喜式』掃部寮）

右によれば、平野祭に参預する人々の座は神殿前舎・南舎・南後舎・北舎の四屋にわかれて設けられていた。平野社は古来東面であるから、[33] この式に規定するところを簡略に図示すれば第11図のようになろう。[34]

これによると、皇太子の座は神殿の前面に神殿に向かって設けられているが、このことは『延喜式』春宮坊平野祭条に「設二東宮座於神殿前一。西向」とあることからも確認できる。こうした座の設定の持つ意味、また特に女王座が皇太子座と並んで設けられる意味はどこにあるのか。それを考えるために次に祝詞の内容の検討を行ないたい。

既述の如く、『延喜式』祝詞には「平野祭」「久度・古開」として、奉斎の歴史を語る冒頭部分を除けば全く同文の二種の祝詞がおさめられており、弘仁式でも同様であった。したがって、この祝詞の内容は成立当初からの平野祭の祭儀を示すものといってよいであろう。

平野祭

天皇我御命爾坐世今木与利仕奉来流皇大御神能広前爾白給久……。又申久、参集弖仕奉流親王等・王等・臣等・百官人等平母夜守日守爾守給弖天皇我朝廷爾伊夜高爾伊夜広爾伊賀志夜具波江乃如久立栄之米令㆓仕奉㆒給登称辞竟奉久止申。

ここの「参ゐ集はりて仕へまつる、親王等・王等・臣等・百の官人等」とは、まさに平野祭の当日に南舎・南後舎に列座する人々に対応する。すなわちこの祝詞では、神前に参列した親王以下百官人を「天皇が朝廷に……立ち栄えしめ仕へまつらしめ」るように、それによって「天皇が御世を堅磐に常磐に」あらしめるように、と称辞が申されているのである。そこには特に（桓武天皇の子孫である）王等、および外戚の大江・和氏等の守護を願う考えはうかがえない(35)。

それでは神殿前舎に着座する女王・皇太子は何故に祝詞の文言に出てこないのであろうか。それは彼らがこの祝詞を神に申す主体であるからに他ならない。『弘仁式』から『延喜式』に至るまで一貫して存在する平野祭皇太子親幣規定（前節(イ)(ハ)と①③参照）の意味するものはそれであり、皇太子は木綿鬘を身につけて神殿前面に着し、神祇官に祝詞を読みあげさせるのである（『延喜式』春宮坊）。それでは女王座についてはどうか。『蕃神考』は、これを桓武天皇の妹の酒人内親王が皇太后（新笠）の御手代として奉仕したことに由来すると解し、今井啓一氏もそれを踏襲されている(36)。あるいはそうでもあったであろうが、それが「女王座」規定として冒頭に記されている背景には、ヒメ制の根強い伝統が想定できるのではないか。すなわちここには、皇位継承者としての皇太子が一族のヒメたる女王とともに神殿前舎に着し、南舎・南後舎に列座する親王已下百官人等を「天皇が朝廷に……立ち栄えしめ仕へまつらしめ」よ、と神に申す姿が示されているのである(37)。

以上のことを念頭において再度、南舎・南後舎に着座する人々の座の設定を検討してみると、①親王已下参議已上、②五位已上、③四世已上王および内舎人・諸司判官、五世已下王、④和・大江氏人および諸司主典、大舎人、⑤諸司史生已下、と朝廷で占める地位および天皇からの距離に対応して、実に整然と「天皇が朝廷」を構成すべき人々が網羅されている。「参ゐ集はりて仕へまつる」とは、祭の当日に神前にひかえた人々の表現であると同時に、またより根本的には「天皇が朝廷」に奉仕する人々の表現でもあった。その彼らを「立ち栄えしめ仕へまつらしめ」るよう、女王・皇太子が平野社に申す、というのがこの祝詞の意味するところなのである。ここにうかがえる本来の平野神の性格は、まさに皇室守護神としてのそれであるといわねばならない。『延喜式』では桓武天皇後王と大江・和氏の見参規定がつけ加えられたが、座の設定をみると、王等は、五位已上の諸臣の後に四世已上と五世已下という一般的な皇族の秩序に従って着し、また大江・和両氏も諸司主典・大舎人と肩を並べるにすぎない。

2　伊勢神宮と平野社

ところで、『延喜式』によれば皇太子親幣が規定されているのは平野社のみであり、皇室と深い姻戚関係にある藤原氏の春日祭でも、参議以上および王氏・藤原氏の参会（太政官）と、春宮亮を差しての奉幣が規定される（春宮坊）にとどまる。一方、皇室の公的祖先神たる天照大御神を祀る伊勢神宮についても、皇太子の参宮は宝亀九年の山部親王（後の桓武天皇）、延暦十年の安殿親王（平城天皇）の二例がしられるのみである。[38] 高取正男氏によれば、これは同じく延暦年間に桓武天皇によって行なわれた交野における天神の祭り（＝「郊祀の礼」）に対応する皇太子の「謁廟の礼」を考えさせるものであり、この時期に皇室の祖霊祭祀が整えられてきたことを意味するという。宝亀五年の多気・度会両郡の神仏分離（『平安遺文』一―二三号）、延暦二十三年の『皇大神宮儀式帳』の提出等にみる如く、伊勢神宮の再編整備もまたこの時期におしすすめられた。[39] とするならば、同じくこの時期に成立した平野社が特に「皇太子親幣」とされるのも、何らかこうした動きと関わってとらえられるのではないだろうか。そこで注目されるのは和新笠の諡号、およびその諡号の由来である。

和（高野）新笠は延暦八年に崩じ（八年十二月乙未条）、翌九年に「天高知日之子姫尊」と諡を奉られた（九年正月辛亥条）。それは「其百済遠祖都慕王者、河伯之女感二日精一而所レ生。皇太后即其後也。因以奉レ諡焉」とあるように、日精の子に連なるとする和氏の系譜伝承に基づくものであった（九年正月壬子条）。和氏の祖先系譜は和気清麻呂の撰した『和氏譜』によって確立されたと推定され、「帝甚善レ之」とある如く（延暦十八年二月乙未条）、この『和氏譜』の撰定は桓武天皇自身にとっての重大関心事であった。河伯の女が日精に感じて生んだ子とされる百済の都慕王に和氏の祖先系譜を結びつけ、それに基づいて新笠に「天高知日之子姫尊」と諡するというところには、天照大御神の姿の投影を感じとることができよう。すなわち、平野社は和氏氏神（＝桓武外戚神）としてではなく、皇室守護神として成立したのであり、さらにその背景には、皇室の祖霊祭祀整備の一環として伊勢神宮に準ずる意図がうかがわれるのである。諸種の祝詞の冒頭の言挙げの部分で「皇大御神」と神名を揚言されるのは、天照大御神と今木大神のみであること、奈良以降、皇祖とその一族を祀る社に限定されつつあった「神宮」(40)の称が、平野社についても比較的早期の段階では用いられていること（仁寿元年十月乙卯条）も、こうした推定を裏づけるものといえよう。

信友は、今木大神が蕃神であり和氏の奉じた神であることを明らかにすることにより、その後の研究の発展の土台を築いたのであるが、同時に、『延喜式』の和・大江両氏見参規定を出発点として四神の性格を考察し、平野社が桓武外戚神として奉斎されたことを主張した。しかし、弘仁式以来一貫している平野祭祝詞・皇太子親幣規定に対して、この両氏見参規定はより後次的なものであり、同規定に基づいて成立当初の性格を決定することはできない。平野社の外戚神化は承和以降の現象にすぎないのである。

おわりに

以上、平野社の成立をめぐって三節にわたり考察を行なってきた結果、明らかにし得たことは以下の諸点である。

①今木大神は和氏が渡来以来奉じてきた神、久度・古開神は朝鮮系のカマド神であり、いずれも桓武天皇の母たる和新笠とのゆかりにより延暦年中に平野社に祀られた。

②しかし祝詞の示すところによれば、同社は本来、皇太子親幣を定めとし朝廷の繁栄を祈願する皇室守護神として成立したものである。

③承和以降、梅宮社の成立と軌を一にして同社は外戚神化の様相を帯びるに至り、延喜式で桓武天皇後王・大江和両氏人の見参規定がつけ加えられた。

④日精の子都慕王に連なる和氏の系譜、「天高知日之子姫尊」との新笠の謚号、また「皇大御神」「平野神宮」等の表現よりして、皇室守護神としての同社の成立の背後には、伊勢神宮に準ずる意図がうかがえる。

以上の考察結果に誤りないとするならば、平野社が和氏にゆかりの神を祀ったものでありながら、梅宮社(橘氏氏神＝仁明天皇外戚神)と異なり、皇室守護神としての性格をもって成立したのはなぜか。またそれが承和年間に至って外戚神化しはじめるのはなぜか。

天平神護元年十一月辛巳の詔で、称徳天皇は「必人は父が方母が方の親在て成物に在」と宣し、王等・藤原朝臣等に同じく「朕親《アガウガラ》」として御酒を賜わった。ここには、自己の社会的存在は父方・母方双方の血縁関係によってはじめて成り立つ、とする当時の社会通念がきわめて明確に示されている。そして「血縁」関係を根底におく社会にあっては、これはたんに同族観念というにとどまらず、支配者の地位を支える理念そのものでもあった。このことは天平勝宝元年四月甲午の聖武天皇の詔に明らかにうかがえ、「食国天下」を治めるべき天皇としての自己の存在（「天日嗣高御座の業と坐」）の根源が、「天皇《スメラガ》大御《オホミ》名《ナ》」と「婆婆《ハハ》大御《オホミ》祖《オヤ》の御名《ミナ》」の双方に求められている。(41) こうした観念は当時の現実の族結合の在り方に基づくものであり、奈良時代には父姓相承の原則の下で、なおこうした両属性原理が底流に一貫して存在していた。(42)

とするならば、天武系皇統の断絶の後に、井上内親王（聖武皇女）を母とする他戸皇太子を退けて皇位を継いだ桓武天皇が、公的祖先神たる伊勢神宮の整備と併せて、母新笠の奉じた神を奉斎したこともまた背けるであろう。桓武天皇にとっては、「父が方母が方」の祖神を併せ奉ずることではじめて自己（および以降）の皇統を支える理念となし得たのであり、平野祭祝詞はまさにかかる理念の表明に他ならない。そこでは天武系から天智系へという大きな変革が意識されていたことはもちろんであるが、その際に、父方母方双方の祖神を自身の守護神として奉ずることが必須と観念されていた点にこそ、当時の社会の特質がうかがえるのである。

今木大神は和氏が渡来以来奉じてきた神（「先祖之常祀」）であり、(43)「和氏譜」の作成による系譜の確立を通じて、次第に和氏の祖神化しつつあったかと推定される。しかしそれが半島系のカマド神たる久度・古開両神と併せて平野社に祀られるにあたって、(44)和氏氏神としてではなく、伊勢神宮に準ずる桓武天皇自身の祖神としての性格をもって祀られた背景には、以上に述べたような理念が存したのである。室町期の史料にも「当二伊勢幣一時、先南殿御拝、次平野御拝」とあるが、(45)南殿（紫宸殿）とはまさに天日嗣高御座のおかれる、即位儀礼の場に他ならない。ただし後世に至っては皇室の祖神が父系祖先神たることは自明の事と考えられ、平野神は仁徳天皇等に比定されるようになる。(46)『延喜式』以降の氏人見参規定をうけて、平野社は平安末には平氏・大江氏等八姓の氏神とされている(47)（『伊呂波字類抄』等）が、それと同時にこのように後世に至るまで、（父系観念の確立による変改をうけながらも）皇室の祖神としての性格は一貫していることが注目されよう。

しかし平野社の成立した奈良末期は、同時にこうした両属性原理が転換しはじめる時期でもあった。桓武朝の祖霊祭祀整備の動き自体がそれと関わるであろうが、前述のように、それが伊勢神宮と併せて母新笠の奉じた神をも自己の祖神として祀ることを必須とした点に、前代以来の理念の最後の姿をとどめる、といえよう。その意味で、平野社成立後約五十年を隔てた承和年間に成立した梅宮社が、橘氏神として、仁明天皇からの代の隔たりに応じて官祭を停止されたことは、両者の性格の相違を如実に示す(48)。皇室外戚神としての梅宮社の成立は、この時期における内実をもった父系出自集団としての氏《ウヂ》の成立、したがって外戚観念の成立と対応している。それは「人は父が方母が方の親在て成物に在」という理念を前史とするものではあるが、「外戚」と観念される点において明確な質的転換を意味する。平野社が承和年間に至って再び脚光をあび、桓武天皇外戚神として位置づけ直されるのもまさにその故であり、同社の成立と変質の過程は、奈良末〜平安前期にかけての転換期の前後の様相を如実に物語っているのである。

最後に伊勢神宮について。伊勢神宮の諸制度は文武〜和銅期に整えられ、その背後には、記紀編纂の進行に伴う同神の皇祖神としての地位の確立があった、と考えられている(49)。本章で平野社の成立との関連を通じてふれた如く、延暦期の伊勢神宮再編を、祖霊信仰の対象としての神宮整備の過程(補3)ととらえ直すことによって、天武朝から奈良前期にかけての伊勢神宮の確立が、記紀の皇統譜の理念に基づく（したがって、祖霊信仰としてはきわめて未熟な）ものであったことを、より明確にし得るのではないだろうか。

註

（1）『続日本紀』延暦九年正月壬子条「……后先出㆑自㆓百済武寧王之子純陁太子㆒」（以下、六国史は出典を略す）。また『新撰姓氏録』左京諸蕃下、和朝臣条。

(2)『伴信友全集』巻二、ぺりかん社、一九七七年覆刻、四〇三頁以降。

(3)『群書類従』第六輯、二六一頁。

(4)『類聚三代格』巻一、および『三代実録』同日条。

(5)註(3)、二六〇頁、「神祇祝式云……」。これが弘仁祝詞式であることについては、虎尾俊哉『延喜式』吉川弘文館（日本歴史叢書）、一九六四年、四七頁、参照。

(6)ただし、平野社の成立は延暦年中である（前引貞観十四年官符および延暦廿年五月十四日官符）ので、弘仁祝詞式にすでに「久度・古開」のみえることからいって、三神は、相前後はするとしてもほぼ同時期に合祀されたかと思われる。

(7)同書の成立は保元二～三年の間。藤岡忠美「『袋草子』について」、貞享二年刊複製版『清輔袋草子』解説、国書刊行会、一九七五年、参照。

(8)第十六輯下、八〇九頁。

(9)小沢正夫等共著『袋草子注釈』上、塙書房、一九七六年、四三二～四三三頁。

(10)西田長男氏も信友所引の「平野御歌」の信憑性に疑問を呈し、平野神＝百済聖明王説を批判しておられる（「平野祭神新説」『神道史の研究』第二、理想社、一九五七年、一二九頁）。

(11)天応元年四月癸卯条・延暦二年四月丙寅条・延暦二十三年四月辛未条、参照。

(12)この観点から、今木の神の本体をあるいは新宮鎮護の神とし（武田祐吉、日本古典文学大系『古事記祝詞』「平野祭」頭注）、あるいは高木神とし（和田萃「今来の双墓をめぐる臆説」『史想』一九、一九八一年）、あるいは石上神とする（西田氏註(10)論文）等の諸説が存する。

(13)沢瀉久孝『万葉集評釈』巻九、中央公論社、一九五八年、二二五頁。

(14)日本古典文学大系『古事記祝詞』、四〇四頁～。弘仁祝詞式もほぼ同文である。ただし、「平野祭」の「皇大御神」が『本朝月令』では一ヵ所「皇御神」となっているが、『続日本紀』の延暦元年の段階ですでに「今木大神」と記されているので、これは「大」の誤説によるものと考える。

(15) 上田正昭「渡来の神」『講座日本の古代信仰』二、学生社、一九八〇年、等。
(16) 従来、「今木より仕奉来る」と「自二玉手一祭来酒解神」（承和十年四月己未条）、「自二玉手一祭来酒解神社」（『延喜式』神名上）との表現の類似性が注目されており、この場合の「玉手」は地名である。しかし「仕奉来る」と「祭来」との相違、そして「二所の宮にして」との整合性からこのように解する。
(17) 和田萃氏は、大和国添上郡の今木庄近辺の今木社（『平安遺文』二―四六三～四六六号、『同』十―補一五七～一六三号）を今木大神と結びつけて解されている（註(12)論文）。しかしこの「今木社」は明らかに地名による称である。また「今木」の語自体は何ら渡来民に固有のものでないことは、物部氏系の今木連の存在（『姓氏録』）からもしられ、『旧事本紀』の記載よりこれは斎柵《イムキ》→今木と解され得る（松岡静雄『日本古語大辞典』語誌編、二二一頁）。「今木」の語以外に今木社と今木大神の結びつきを示すものは存しないので、祝詞の「今木より」の解釈からいって和田氏の説には従えない。
(18) 『三代格』巻十九、寛平七年十二月三日官符。
(19) 津田左右吉『日本上代史の研究』岩波書店、一九四七年（一九七二年改版）、一〇七～一一三頁。萩原龍夫「氏の神」『講座日本の古代信仰』二、一九八〇年、も同様。
(20) 賀茂真淵「祝詞考」（『増訂賀茂真淵全集』五）はじめ、『大和志料』『大日本地名辞書』も同地に比定。ただし、同社の現在の祭神である品陀和気命以下四神の中の久度神は、こうした比定に基づいて、昭和四十三年の改築の際に平野神社から勧請したものである（日本歴史地名大系『奈良県の地名』、一一三頁）。
(21) 今井啓一「桓武天皇御生母贈皇太后高野氏と平野神」『芸林』八―四、一九五七年。
(22) 『本朝月令』『続日本後紀』『三代実録』には「古開」、『延喜式』には両者混在し、『儀式』には「古開」とある。
(23) 宮中における平野御竈神祭祀がこの後もひき続き行なわれたことは、『日本紀略』天徳四年十一月十九日条・永観元年十一月一日条、『中右記』寛治八年十一月十一日条裏書等よりしられ、そこでも庭火・忌火と区別して平野神がみえる。
(24) 「呪法時代의原始宗教」『韓国文化史大系』Ⅵ、高麗大学民族文化研究所、一九七〇年、四三頁。
(25) 平凡社『世界大百科辞典』（旧版）、「竈神」「温突」の項（永尾龍造・泉靖一執筆）参照。
(26) 朝鮮語の理解については木村誠氏の助言を得た。記して厚く謝意を表したい。

(27) 『類聚国史』仏道部七、天長十年閏七月癸未条。
(28) 註(20)前掲『奈良県の地名』、一一三頁。
(29) 『延喜式』諸陵寮。『大日本地名辞書』では、現、広陵町平尾の近辺とする。
(30) 『蕃神考』四一四頁。今井氏註(21)論文。
(31) 萩原氏は、梅宮社等の皇室外戚神成立の現象のもとになったのは「平野神社成立の事実であったか」(註(19)論文、二二一頁)とされるが、事態は逆であって、梅宮社等の成立が平野社の変質を促したのである。
(32) 『儀式』巻一の「平野祭儀」には「王氏見参」「氏人貢馬」の語がみえる。『儀式』については諸説あるが、通説に従い『貞観儀式』とみる(所功『「延喜式」と『儀式』の関係」『日本歴史』三五五、一九七七年、参照)。
(33) 福山敏男「年中行事絵巻の所謂平野祭図」『日本建築史の研究』桑名文星堂、一九四三年(綜芸舎、一九八二年覆刻)。
(34) 福山氏の「平野神社社殿推定配置図」(『同右』三四頁)には「前舎」がないが、これは平安末期の推定図であり、延喜式段階とは当然異なる(註(37)参照)。
(35) 一般に祝詞の「言挙げ」の対象となる人々は、その祭儀の内容・目的と密接に対応し、各祝詞によって厳密な使いわけがある(次章参照)。
(36) ここでは一族の神祭りを主祭する女性の意味で「ヒメ」の語を用いる。
(37) ただし、『貞観式』に至って「春宮有レ障差ニ進以上一人一奉レ之」との規定がつけ加えられた(前節所引『本朝月令』(八)参照)ことに明らかなように、現実には皇太子親幣は次第に行なわれなくなったようであり、『儀式』と異なり『江家次第』には全く見えない。また女王の参会については『延喜式』にも他の関連規定はなく、『儀式』等にも何ら記されていない。おそらく神社成立時の祭儀がわずかに「女王座」規定として残ったのであろう。
(38) 宝亀九年十月丁酉条、延暦十年十月甲寅条。
(39) 高取正男『神道の成立』平凡社、一九七九年、一五三頁。
(40) 直木孝次郎「奈良時代の伊勢神宮」『日本古代の氏族と天皇』塙書房、一九六四年。ただし、鹿嶋・香取は神宮と称され、春日祭祝詞にも末尾には「皇大御神」の称がみえるが、これについては次章参照。

(41)　吉田孝氏によれば、これは『名』が負っているマナをうけついだ意」であり、「父と母との双方から受け継ぐという双系的な思想があらわれている」とされる(『律令国家と古代の社会』岩波書店、一九八三年、一八四頁注(16)・一八九頁注(58))。
(42)　総論参照。
(43)　朝鮮より渡来してきた和氏の場合には、このような人間集団に即しての信仰形態を、比較的早期に固め得たであろう。
(44)　系譜上の始祖が宗教的祭祀を受けるようになり、氏神と祖神が一体化してくるにあたっては、何等かの形において民間信仰から出た神と結合するを要した(津田氏註(19)著書)。
(45)　『年中行事秘抄』(群書類従、第六輯)、四月。
(46)　『廿二社本縁』『二十二社註式』(同右、第二輯)。
(47)　平氏氏神としての平野社については、田中久夫「平氏の氏神について」『史泉』二六、一九六三年、参照。
(48)　同社の本来の祭神は酒解神以下の諸神であるが、『廿二社本縁』の段階では「橘諸兄乃霊也」とされる。
(49)　直木氏註(40)論文。
(補1)　このように、古開＝不用の空き竈と解することは、すでに早く近藤芳樹「大祓執中抄」上(『大祓詞注釈大成』(中)、内外書籍、一九三五年〈名著出版、一九八一年複製〉)の中で述べられている。ただし、「崩御の後は、その御代の庭火を、別所に蔵めおく。これを古開という歟」とあるように、近藤説においては庭火＝古開とするのであるが、これには従えない(〈補2〉の水野説に対する私見参照)。

(補2)　久度・古開の神格をめぐっては先学諸氏の研究があるが、ここで、本論では見落していた水野・林・松前の三氏の説を紹介し、併せてそれに対する私見を述べておきたい。

　水野正好氏は、近江・河内の百済・漢人系氏族の居住地の古墳群に竈形ミニチュアの副葬が特徴的に見出されることに注目し、これを「母国たる朝鮮・中国での故地の慣行の継承によるもの」と解されている。平野社の久度・古開の両神は、「顕界の竈と、幽界の竈の二口」であり、古墳に副葬された竈形ミニチュア＝幽界の炊飯具と相似た祭祀構造を持つという(「外来系氏族と竈の信仰」『大阪府の歴史』二、一九七二年、および「竈形——日本古代竈神の周辺」『古代研究』二四、一九八二年)。久度・古開の神を在来の竈神とは異なる朝鮮系の新来の竈神とみる私見は、考古学的見地からも裏づけられるといえよう。ただし、竈を「家族の象徴」とみて、「和氏の家族なり氏族の神として、久度・古開神が平野神社に祭祀され」たとされるのには従えない。「平野御竈」は、『中右記』（註(23)参照）に「内膳司の御竈神は三所なり。一所は平野、件の癸御祭に奉仕の神なり。一所は庭火、専ら尋常の御飯に奉仕の神なり。一所は忌火三神なり。是れ則ち十二（ママ）月新嘗祭、六月神今食祭に奉仕の神なり」とあるように、尋常の御飯、すなわち、日常の炊飯具そのものの神格化としての在来のカマド神祭祀＝庭火とは区別されている（「件の癸御祭」とは「癸日之中、択二其吉日一」んでなされる竈神祭のことである――『延喜式』陰陽寮）。在地で久度神社として奉斎され続けていることからしても、久度神はたんなる一家族（氏族）の炊飯の象徴ではなく、本論で述べた如く、霊の交通に関わる煙出し口の神格化としての普遍的性格を持つと思われる。「平野御竈」（二口）のうちの残る一つ（古開）が幽界の炊飯具の神格化であろうか。

林陸朗氏は、久度は倭史乙継の居住地の地名であり、乙継の祀った祖神が、「竈の一種のくどと訓が通ずることから、のちに竈神とされたもの」とされる（「高野新笠をめぐって」『折口博士記念古代研究所紀要』三、一九七七年）。しかし『延喜式』にすでに明確に「平野御竈神」とあり、このように重要な神の神格が、たんに訓の共通性から短期間に祖神→竈神と変化したとみることはできない。乙継の居地を久度神社近辺とみることに異論はないが、久度神はその祖神ではなく、当初よりカマド神として祀られていたものと考える。一般に、現在朝鮮語から古代のそれ、ましてや日本語とのつながりを推定することにはきわめて慎重であらねばならないが、この場合には、①平野御竈神＝カマド神という神格の明確さ、②奉斎氏族たる和氏が百済系であること、③カマドの煙出し口＝「くど」という用語と、朝鮮における竈王神の信仰内容（煙出し口から出入）との対応等、種々の点を考え併せると、「굴뚝→くど」という変化はきわめて蓋然性の高いものといえよう。

松前健氏は、今木大神を物部系のタマフリの神、久度・古開もタマフリの竈神とされる（「平野祭神論私見――神社祭祀の一形態の歴史的再構成――」『〔小口偉一教授古稀記念〕宗教と社会』春秋社、一九八一年）。山人が登場する平野祭の祭儀（『儀式』）、また院の鎮魂祭における御竈神との関わり（『江家次第』）からする平野＝固有神論にはきわめて興味深いものがあるが、『延喜式』の大江・和見参規定、また後世の八姓祖神化等に基づいて、平野社＝大江（土師）・和両氏の奉斎した神とされることには従えない。松前氏自身、一方では久度神を「土師氏の住んだ平群郡の式内久度神社の祭神の勧請」としながら、「和氏（高野氏）も、これを受け継いで、家の神としてまつった」とし、あるいは「平野の御竈とは、大陸伝来の韓竈であり、渡来氏族の和氏の持ち伝えたものであろう。……これに後になって、土師氏が外戚氏となって、その土師部の竈神である久度神の様式が加わったのかも知れない」とされるなど、土師氏と平野祭神との結びつきの説明には無理がある。山人による祭義が、「穴師の山の山人」と鎮魂祭との関わりにみられる如く、古来の山の信仰の行事の伝統をうけて（天皇の）御寿の長久を祝ったものであることは、松前氏の説の通りであろう。しかし、これら山人の参加のみられるのが、平野・梅宮・園韓神と、それぞれに祭神の性格、祭祀の由来、本来の鎮座地・祀り手等を全く異にする神々であることは、これが各々の神の祭祀に本来的なものではなかったことを示唆している。これら三神に共通することは、それぞれに本来の祭祀の由来は異にしつつも、ともに平安初期に、宮廷・皇統の守り神として平安京内周辺に成立したということである。とするならば、山人による寿祝の祭儀は、そうした皇室の守り神としての位置づけを与えられるに際して、伝統的な神祭りの様式がとり入れられたものとみることができよう。したがって、平野祭神は本来はやはり蕃神であったと考えられるのである。

（補3）　ここでは宗廟祭祀の風習の受容を一つの契機とする伊勢神宮の変質を、アマテラス大神に対する「祖霊信仰」「祖霊祭祀」の成立を意味するとした。しかし、そうではなく、これは系譜上の神話的始祖が出自上の祖先としての位置づけを獲得する過程として理解されねばならない。宗廟祭祀の観念は、そうした出自上の祖先に対する神社での神祭りを一般的に成立させる上での一つの前提となったが、そこにみられるのは、古来より共同体首長霊と結びついて存在した祖霊信仰の伝統とは一応たち切れたところでの、「祖先」の成立である（補論参照）。またこうして成立した氏神＝「祖先」神信仰を一つの前提として中世以降に成立する「家」の祖霊信仰とも異質のものである（「まとめと展望」参照）。したがってここで「祖霊信仰」「祖霊祭祀」の成立として述べたことは、「祖先」神崇拝の成立としてとらえ直しておきたい。

第三章　春日祭祝詞と藤原氏

はじめに

春日神社は、古来、藤原氏の氏神として著名であり、同氏が天皇の外戚として絶大な勢威をほこった平安期には、国家の手厚い尊崇をうけてきた。一般に、氏神信仰は氏《ウヂ》の結集の精神的拠りどころであり、氏《ウヂ》の発展を祈願するものであった、と考えられている。それでは藤原氏の場合、それはいかなる意味での氏《ウヂ》の発展であったのか。また精神的拠りどころが氏神信仰に求められるに至るのは、どのような要因によってであるのか。こうした点は従来、必ずしも明らかにされてはいない。本章はそれを、春日祭祝詞の分析を通じて考察しようとしたものである。そのことによって、律令制下の藤原氏にとっての氏神信仰の持つ意味、ひいては藤原氏の特質をも探るための手がかりとしたい。

第一節　祭祀の目的と祝詞

1　祝詞とは

『延喜式』巻八には、「祈年祭」以下多数の祝詞が収められている。「のりと」の語義には諸説あるが、「宣説言《ノリトキゴト》」＝「神に申す詞」とする宣長説[1]に従う。祝詞については、賀茂真淵「祝詞考[2]」、本居宣長「大祓詞後釈」以下数多くの研究がある。ここではこれら先考諸説を総合整理された次田潤氏の『祝詞新講[3]』を参照しつつ、まず祝詞一般についてのアウトラインを示すこととしたい。

①祝詞は国家的祭祀に際し、天皇の勅命を奉じて、皇室の長久、国民の平安を祈願する祭神の詞である。

②祝詞の淵源は太古の昔に発するであろうが、現存の祝詞は平安初期に初めて書物に採録されたものである。制作年代の推定は不可能だが、内容・文体・用語等からみて、春日祭・平野祭・遣唐使時奉幣および伊勢大神宮の諸篇は、他のものより新しい。

③文末が「諸聞食止宣」で終る宣命式（神社に参集した人々に読み聞せる形式）と、「称辞竟奉久登白」で終る奏上式（神に直接に奏上する形式）の二種類がある。

④祝詞の組織には一定の型があり、祭祀の本縁または来歴を語る神話的記述の部分と、神徳を称え幣帛を献じて祈願の旨を述べる祈禱的記述の部分からなる。祈禱的記述だけからなって神話的記述を欠く祝詞は、比較的新しい時代

の制作にかかる。

以上、①定義、②成立時期、③文体の形式、④構成の型の四項目にわたって祝詞の概略を記した。それでは諸祭祀の目的はこれらの祝詞にどのように表現されているのか。

2　諸祭祀の目的と祝詞

一般に、神話的記述の部分にはそれぞれの祭の特色が見られるが、祈禱的記述の部分はほぼ同じような表現がなされ、「祭を行うことによって、天皇の御代が栄え、一般の人々に至るまでも栄えるようにと、祈願の意を述べて終るのが通例」(4)とされている。本章で考察の対象とする春日祭の場合も、「皇室外戚の祖神を祭る祝詞であるが、これも亦御世の長久を祈り、百官の安泰を願ふ事が主となつて居る」(5)という。しかしはたしてそうであろうか。祝詞については、文学的あるいは神道学的方面からの注釈は数多く積み重ねられてきているが、それ以上に突っこんだ内容分析はこれまでほとんどなされていない。だが、各祝詞を詳細に見ていくと、諸祭祀の目的に応じて、祈禱的部分にもそれぞれ重大な相違の存することが知られるのである。そこで祈禱的部分において、神のいかなる働きが祈願されており、祭祀に奉仕する人々としていかなるものが「言挙げ」されているかを、各祝詞から抽出して以下に列記する。(6)ただし、「東文忌寸部献二横刀一時咒」や「出雲国造神賀詞」等の特殊なもの、また「伊勢大神宮」の諸篇のうちで内容的に他と同文のもの、「祈年祭」のように諸祝詞を集めた形式のものは除き、祭祀の目的・内容の具体的にうかがわれるものに限定した。なお「春日祭」と「平野祭」(=「久度・古関」)については、後で詳しく検討するのでここでは省く。

(イ)広瀬大忌祭

〔祈願内容〕

皇神の御と代を始めて、親王等・王等・臣等・天の下の公民の取り作る奥つ御歳……を、悪しき風荒き水に相はせたまはず、汝が命の成し幸はへたま(へ)

〔奉仕の人々〕

神主・祝部等

王・臣等(を使として)

王等・臣等・百の官人等、倭の国の六つの御県のとね、男女に至るまで(今年某の月の某の日、諸参ゐ出で来て)

㊁龍田風神祭

〔祈願内容〕

天の下の公民の作り作る物を、悪しき風荒き水に相はせたまはず、皇神の成し幸はへたま(へ)

〔奉仕の人々〕

神主・祝部等

王・臣等(を使として)

王・卿等、百の官の人等、倭の国の六つの県のとね、男女に至るまで(今年四月、諸参ゐ集はりて)

㊂大殿祭

〔祈願内容〕

(殿内に)参入り罷出る人の選び知らし

神等のいすころひ荒びますを、言直し和し

領巾懸くる伴の緒、襁懸くる伴の緒を、手の蹟ひ・足の蹟ひなさしめず

親王・諸王・諸臣・百の官人等を、おのがむきむきあらしめず、……平らけく安らけく仕へまつらしめ(よ)

〔奉仕の人々〕

斎部の宿禰某(の言寿ぎ鎮めまつる)

㊁御門祭

〔祈願内容〕

(門に)参入り罷出る人の……見直し開き直しまして、平らけく安らけく仕へまつらしめ(よ)

㊄六月晦大祓

〔祈願内容〕

天皇が朝廷に仕へまつる、領巾挂くる伴の男・手襁挂くる伴の男・靭負ふ伴の男・劒佩く伴の男、伴の男の八十伴の男を始めて、官官に仕へまつる人等の過ち犯しけむ雑雑の罪を……祓へたまひ清めたま(へ)

皇御孫の命の朝廷を始めて、天の下四方の国には、罪といふ罪はあらじ

〔奉仕の人々〕

(集侍はれる)親王・諸王・諸臣・百の官人等

四国のト部等(祓へ却れ)

㊅鎮火祭

〔祈願内容〕

皇御孫の朝廷に(火の神の)御心いちはやびたまはじ

㋣道饗祭
〔祈願内容〕
根の国・底の国より麁び疎び来む物に、相率り相口會ふ事なく……夜の守り日の守りに守りまつり
皇御孫の命を堅磐に常磐に
〔奉仕の人々〕
親王等・王等・臣等・百の官人等、天の下の公民に至るまでに、平らけく斎ひたまへ
神官

㋠大嘗祭
〔祈願内容〕
皇御孫の命の大嘗……堅磐に常磐に斎ひまつり、茂し御世に幸はへまつ（れ）
〔奉仕の人々〕
（集侍はれる）神主・祝部等
忌部（の太襁取り挂けて仕へまつれる幣帛）

㋷伊勢大神宮四月神衣祭
〔奉仕の人々〕
服織・麻績の人等（の仕へまつる織の御衣）

㋦同六月月次祭
〔祈願内容〕

（天皇の）御寿を……常磐に堅磐に
生れます皇子等をも恵みたまひ
百の官人等、天の下四方の国の百姓に至るまで……作り食ぶる五の穀をも、ゆたかに栄えしめたま（へ）
〔奉仕の人々〕
三つの郡・国国処処に寄せまつれる神戸の人等（の進る御調の絲、ゆきの御酒・御贄）
大中臣（の称へ申す）
神主部・物忌等

以上に示した如く、祝詞においてはその祈禱的部分にあっても、一般的な「皇室の長久、国民の平安を祈願する」のみではなく、それぞれの祭祀の目的に応じた祈願内容、またその祭祀に奉仕する人々が具体的に表現されていることが知られよう。例をあげるならば、祭祀に参加し奉仕する人々は「集侍《うごな》はれる……」等として示され、神主・祝部・百官人・天下公民等が一般的表現であるが、決してそれだけではない。㋩「大殿祭」で祝詞を読み上げる「斎部の宿禰」、㋭「六月晦大祓」で祓を行なう「四国の卜部等」、㋷「伊勢大神宮四月神衣祭」に御衣をととのえる「服織・麻績の人等」、㋦「同六月月次祭」に神物を貢進する「三つの郡・国国処処に寄せまつれる神戸の人等」等々、それぞれの祭に特にたずさわる人々が明確にさし示されている。また祈願内容において神の働きの及ぶ対象として示される人々も、常に百官人・天下公民なのではない。宮殿の平安を願う㋩「大殿祭」㊁「御門祭」では、殿内・門に「参入り罷出る（官人等）」に限定され、天皇が新穀をもって神を祭る㋠「大嘗祭」では、大嘗をきこしめす「皇御孫《すめみま》の命《みこと》」の長久のみが願われる、という具合にその祭の内容に密着した表現がなされている。

3　祝詞表現の厳密性

神前における「言挙げ」の重要性を考えるならば、各祝詞において以上のような表現の相違のあることはむしろ当然といえよう。その際にいかに周到な配慮の下に厳密な使いわけがなされているかを、㋑「広瀬大忌祭」を例にとって考えてみたい。同祝詞をみると、祈願内容を示す「取り作る奥つ御歳……」の部分には「皇神の御と代を始めて、親王等・王等・臣等・天の下の公民」とあるのに対して、祭りの当日に神前に奉仕する人々をさし示す「今年某の月の某の日、諸参ゐ出で来て……」の部分では「王等・臣等・百の官人等、倭の国の六つの御県のとね、男女」となっている。すなわち、同じく朝廷を構成する官人等を示すのに、祈願内容の部分には「百官人」がなく、神前奉仕の部分には「親王」がない。また官人以外の人々についても、前者の「天下公民」の代わりに後者では「倭国の六御県の刀禰、男女」があげられている。「百官人」「天下公民」等のありふれた表現も、祝詞においては決してたんなる決まり文句としてどこでも用いられているわけではないのである。

この広瀬大忌祭の場合について考えると、『考』にもある如く、「親王等・王等・臣等」とは「おの〳〵封戸の田地をい[7]」ったものである。すなわち、ここでの祈願内容の主旨は、神地（「皇神の御と代」）を始めとして、封戸で耕作する稲（親王等の取り作る「奥つ御歳」）の豊穣を、天下公民のそれと併せて願う、という点にある。その故に、封戸を有し得ない下級官人としての「百官人」は、「臣等」以上[8]とは区別されて、あえて省かれているのである。

一方、神前奉仕について述べた部分に「親王等」がないのは、この祝詞の前段に「皇御孫の命のうづの幣帛を捧げ持たしめて、王・臣等を使として称辞竟へまつらく」とあるように、広瀬大忌祭に使者として派遣されるのは「王・

臣」であって、親王は直接には参預しないからである。このことは『延喜式』の規定からも裏づけられ、広瀬大忌祭（および龍田風神祭）にたずさわる官人は、「右二社、差二王臣五位已上各一人、神祇官六位以下官人各一人一充レ使。卜部各一人、神部各二人相随。国司次官以上一人、専当行レ事」となっている(9)（『本朝月令』(10)所引の弘仁式もほぼ同文）。祝詞のいう「王等・臣等・百の官人等」とは、まさにこの『延喜式』の規定に対応していることが知られよう（同じく『延喜式』の規定で祭りの当日に親王の座の設けられることが確認できる(11)平野祭の場合には、祝詞においても明確に「参ゐ集はりて仕へまつる、親王等・王等……」と述べられているのである）。

また、倭の六県の刀禰・男女についても、この祭りの由来を考えると了解できる。すなわち、広瀬の辺りで合流する大和の諸川は、その上流で六つの御県の土地（高市・葛木・十市・志貴・山辺・曾布）(12)をうるおしてきた水である。したがって、この祝詞で「山山の口より、さくなだりに下したまふ水を、甘き水と受けて……」と、豊かな実りが願われている「その農作物・五穀とは、具体的に言えば、大和の六つの御県を中心とするもの」(13)に他ならず、広瀬大忌祭の当日には、「御県六座・山口十四座」の神々も合祭される。(14)こうした律令制以前からの御県における祭祀の伝統をふまえて、祝詞の文言においても、「天下公民」ではなく「六つの御県のとね・男女」の神前奉仕が特に述べられねばならなかったのである。

以上、祭祀の目的・構成に応じた祝詞表現の厳密性を明らかにした。そのことを確認した上で、次に春日祭祝詞の分析を行ないたい。

第二節　春日祭祝詞の特色

1　春日祭祝詞

まずはじめに、春日祭祝詞の全文を記す。

天皇《すめら》が大命《おほみこと》に坐《ま》せ、恐《かしこ》き鹿島《かしま》に坐《ま》す建《たけ》みかづちの命、香取《かとり》に坐すいはひ主《ぬし》の命、枚岡《ひらをか》に坐す天《あめ》のこやねの命、ひめ神《がみ》、四柱の皇神等《すめがみたち》の広前に白《まを》さく、「大神等の乞はしたまひのまにまに、春日《かすが》の三笠の山の下つ石《いは》ねに宮柱広知《みやばしらひろし》り立て、高天《たかま》の原に千木《ちぎ》高知りて、天《あめ》の御蔭《みかげ》・日の御蔭と定めまつりて、貢《たてまつ》る神宝《かむだから》は、御鏡《みかがみ》・御横刀《みはかし》・御弓《みとらし》・御《み》桙《ほこ》・御馬《みま》に備へまつり、御服《みそ》は、明《あか》るたへ・照《て》るたへ・和《にぎ》たへ・荒《あら》たへに仕へまつりて、四方《よも》の国の献《たてまつ》れる御調《みつき》の荷前《のざき》取り並べて、青海《あをみ》の原の物は、鰭《はた》の広物・鰭の狭物《さもの》、奥《おき》つ藻菜《もは》・辺《へ》つ藻菜、山野の物は、甘菜《あまな》・辛菜《からな》に至るまで、御酒《みき》は、甕《みか》の上《へ》高知り、甕の腹満て並べて、雑《くさぐさ》の物を横山の如く積み置きて、神主《かみぬし》に、某《それ》の官位姓名《つかさくらゐかばねな》を定めて、献るうづの大幣帛《おほみてぐら》を、安幣帛の足《たり》幣帛と、平らけく安らけく聞《きこ》しめせと、皇大御神等《すめおほみかみたち》を称辞竟《たたへことを》へまつらく」と白《まを》す。

「かく仕へまつるによりて、今も去《ゆ》く前《さき》も、天皇《すめら》が朝廷《みかど》を平らけく安らけく、足《たら》し御世の茂《いか》し御世に斎《いは》ひまつり、常磐《ときは》に堅磐《かきは》に福《さき》はへまつり、①預《あつか》りて仕へまつる②処処家家《ところどころいへいへ》の王等《おほきみたち》・卿等《まへつぎみたち》をも、平らけく、天皇《すめら》が朝廷《みかど》に茂《いか》しやくはえの如く③仕へまつり、栄えしめたまへと、称辞竟へまつらく」と白す。

上記の引用に明らかなように、春日祭祝詞は「天皇が大命に坐せ」から始まって「称辞竟へまつらくと白す」で終る奏上型であって、神主が天皇の命を受けて直接に神に奏上する形式となっている。構成上は前段と後段にわかれ、前段では四神を春日の地に祀ったという祭祀の来歴が語られ、神宝・幣帛をたてまつる由が述べられる。続く後段で神に対する祈願の旨が述べられるのであり、本章で問題とするのはまずこの部分である。そこで、春日の神に対して何が祈願されているのかをみてみると、二つの内容からなっていることが判明する。すなわち、一つには「天皇が朝廷を平らけく安らけく……」に示される朝廷の長久安泰であり、もう一つには「預りて仕へまつる処処家家の王等・卿等をも、平らけく……」に示される「王等・卿等」の繁栄である。前者はこれでよいとして、後者の「王等・卿等」の繁栄とは具体的には何をさすのであろうか。

2 祈願内容

『祝詞講義』によれば、「此は唯繁栄の由耳には非ず宮仕の事を云る」[15]ことばである、という。たしかに「仕へまつり、栄えしめたまへ」とあるので、官人等を朝廷に仕えしめることを祈願する表現の一つにすぎない、とも見られるが、終りを「栄えしめよ」と結ぶのは、(宮仕えを通じての)繁栄を願う点に力点があるのではないか。実は、こうした「栄えしめよ」で終る表現は、『延喜式』所収祝詞中、ただこの「春日祭」にのみ見られる独得のものなのである。また「王等・卿等」でもって神恵の対象としての官人一般をさし示すということも他に例を見ない。そこで以下、①「預りて仕へまつる」、②「処処家家の王等・卿等」、③「仕へまつり、栄えしめたまへ」の三点にわたって、各々検討を加えることにより、春日祭祝詞の祈願内容を明らかにしていきたい。

さて、春日祭祝詞の特色を明確に把握するためには、平野祭のそれとの対比に特に注目する必要がある。というのは、「平野祭」は「春日祭」ときわめてよく似た祝詞構成をとり、しかも両祝詞には微妙でかつ重大な違いがあると思われるからである。「平野祭」で祭祀の来歴、神宝について述べた部分の構成は、具体的な神名とその由来を除けばほとんど「春日祭」と同一といっても良いほどである。そこで後段の祈願内容を述べた部分のみを以下に紹介し、考察の便宜のために「春日祭」との対応関係を①′②′③′で示す。

平野祭祝詞

「……天皇《すめら》が御世を堅磐《かきは》に常磐《ときは》に斎《いは》ひまつり、茂《いか》し御世に幸《さき》はへまつりて、万世《よろづよ》に御坐《おほま》しまさしめたまへと称辞《たたへごと》竟《を》へまつらく」と申す。また申さく、「①′参《ま》ゐ集《うごな》はりて仕《つか》へまつる、②′親王等《みこたち》・王等《おほきみたち》・臣等《まへつぎみたち》・百《もも》の官人等《つかさびとたち》をも、夜《よ》の守《まも》り日の守りに守りたまひて、天皇《すめら》が朝廷《みかど》に、いや高にいや広に、茂《いか》しやくはえの如く、③′立ち栄えしめ仕へまつらしめたまへと、称辞竟へまつらく」と申す。

まず③「仕へまつり、栄えしめたまへ」について。これははたして宮仕えのことを述べたものだろうか。たんに官人等の朝廷への奉仕を祈願する文言としては、前節で紹介した㈧「大殿祭」に「親王・諸王・諸臣・百の官人等を……平らけく安らけく仕へまつらしめますによりて……」とあるように、「仕へまつらしめたまへ」でよいはずである。そこで「平野祭」をみてみると、「春日祭」と同様に、朝廷の長久安泰と官人等の繁栄の二つを祈願内容としながら、結びの部分は「春日祭」とは逆に、③′「立ち栄えしめ仕へまつらしめ」よとなっているのである。ほとんど同一構成の両祝詞において、同じく「天皇が朝廷に……」とありながら結びの言葉の順序があえて逆になっているのは、そこに何らかの意味が込められていると見るべきであろう。すなわち、「平野祭」は官人等の宮仕えによる朝廷の繁栄を主眼とするのに対し、「春日祭」は朝廷への奉仕を通じての官人等の繁栄を主眼とする、という重大な相違がここには読みとれるのである。

次に①「預りて仕へまつる」について。『考』『講義』『新考』はいずれも、この部分を「朝政に預りて仕へる」意と解する。しかし単純にそういってしまっていいであろうか。「平野祭」でこれに対応する部分は①'「参ゐ集はりて仕へまつる」である。これが何をさすかと考えるに、前節で紹介した㋑「広瀬大忌祭」の「諸参ゐ出で来て」、㋺「龍田風神祭」の「諸参ゐ集はりて」、㋭「六月晦大祓」の「集侍はれる」に明らかなように、「参ゐ集はりて」とは、直接には祭の当日に神前に参集することである。一方「仕へまつる」とは、㋭に「天皇が朝廷に仕へまつる」とあるように朝廷に官人として仕えることであるが、また、「平野祭」に「今木より仕へまつり来れる」とあるように、神を奉斎することについても使われる表現である。前章で平野祭祝詞の分析を行なった際に明らかにしたように、『延喜式』の規定より確認できる平野祭当日の神前の座の構成はまさにこの「親王等・王等・臣等・百の官人等」に対応し、しかもそれは同時により根本的には「天皇が朝廷」に仕える人々の表現でもあった。㋭では、「朝廷に仕へまつる官官の人等」と「集侍はれる親王・諸王・諸臣・百の官人等」というように、朝廷への奉仕と神事奉仕が並置されるのに対し、比較的新しく成立した（延暦～弘仁期）と思われる「平野祭」では、それが「参ゐ集はりて仕へまつる親王等……」として、両者が一つの句の中に二重表現としてまとめられているのである。

「平野祭」の①'「参ゐ集はりて仕へまつる」について以上のように考えられるとするならば、これに対応する「春日祭」の①「預りて仕へまつる」についても同様に解すべきであろう。すなわちこれは、春日祭の神事に参預し奉仕することをさすと同時に、朝政に預りて仕えることをもいったものなのである。諸祝詞中、これと似た表現をさがすと、「遷奉大神宮祝詞」に「祓へ清め持ち忌はりて預り供へまつる、弁官某の位某姓名をさし使はして、進りたまふ」とある。これは直接には、遷宮に際して弁官が身を清めて神宝を奉進することをいったものだが、同時に「太政官の官人として朝政に参預している弁官を使者とする」という意を含めたもの、とみることができる。『延喜式』所収祝詞中、こうした二重表現は、『新講』によれば比較的新しい時期の制作とされる、「春日祭」「平野祭」「伊勢大神宮の諸篇」に見出される。これもたんなる偶然ではなく、前代に比して「国家祭祀の祝詞」としての性格がより明確化しつつあることを示すものといえよう。春日祭祝詞の「預りて仕へまつる」人々とは、朝政に参預し、かつ春日祭神事に参預する人々のことなのである。

②「処処家家の王等・卿等」について。『考』『講義』は、いずれもこれを諸司百官とその家家をさすと解する。(16)『新講』は「『王』は皇族を指し、『卿』は朝政に干与する者を指す」とするが、一方、「評」の部分では「此の祝詞は……併せて朝政に仕へ奉る人々の、平安無事を祈請する旨を述べてゐ」る、と記す(17)ので、やはり官人の総称とみているようである。しかし前節であげた如く、朝政に仕える人々を広くさし示すには、㋑「親王等・王等・臣等」「王等・臣等・百の官人等」、㋺「王等・卿等、百の官の人等」、㋩㋭「親王・諸王・諸臣・百の官人等」、㋭「官官に仕へまつる人等」「仕へまつる官官の人等」、㋣「親王等・王等・臣等・百の官人等」、㋦「百の官人等」といわれており、「王等・卿等」でもって百官人までの総称とする、というのはきわめて異例である。しかも前節で㋑「広瀬大忌祭」を例として述べたように、「親王等」という「言挙げ」を含むか否かという一点にも、祭祀の内容に応じた周到な配慮がなされている。こうした祝詞表現の厳密性をふまえて考えるならば、ここは王卿百官の総称ではなく、文字通りに王等《おほきみたち》・卿等《まへつぎみたち》をさすと見るべきであろう。

ただしこの「卿等」についてはやや注意を要する。というのは、前節で『延喜式』(『本朝月令』所引弘仁式も同様)の規定をひいて示したように、龍田風神祭にも「王臣五位已上」が使者として差されるのであるが、それが㋺の同祭祝詞では「王・卿等、百の官の人等……諸参ゐ集はりて」となっている。また同祝詞の前段の「王・臣等を使として、称辞竟へまつらく」の部分も、弘仁式では「王・卿等を使として、称辞竟へまつらく」とある。「臣等」と「卿等」は相通じて使われているのである。「臣等」も「卿等」も読み上げる際にはいずれも「まへつぎみたち」であることを考えると、この「卿等」は狭義の公卿ではなく、「大夫《まへつぎみ》」としての五位以上官人を指すものであろう。

さてそれでは、「王等・卿等」が文字通りの「おほきみたち・まへつぎみたち」をさすとすると、「処処家家」とは何であろうか。『考』以下が、「王等・卿等」を広く百官人の総称とするのも、この部分を諸司百官、あるいは百官の家々と解することにひかれてのことであるらしいが、「王等・卿等」を以上のように限定的に解するならば、この「家家」についても別の解釈が可能となろう。すなわちそれは「王等・卿等」の形成する「公的家」に他ならない。律令の規定では職事三位以上が「家」を形成し得る定めであるが、(18)養老三年(七一九)には五位已上にその範囲が拡大された。(19)こうした公的制度としての「家」を基礎に、奈良末から平安期には、私的家政機関としての「王臣家」がその存在を顕わにしてくるのである。(20)この春日祭祝詞が、他の祝詞の「王等・卿等・臣等……」という一般的表現と異なり、特に「処処家家の王等・卿等」と称するのは、朝廷に仕える官人一般ではなく、(官人としての地位を基礎に)処処の家家に割拠し得る存在としての彼らを問題としていることを意味する。このことは、先に③「仕へまつり、栄えしめたまへ」の部分の検討を通じて明らかにした、宮仕えを通じての官人等の繁栄を願うという祝詞の主旨にまさに対応するものといえよう。親王以下諸司百官人という朝廷の全構成員をさし示す「平野祭」の「参ゐ集はれる」に対して、「春日祭」が「預りて仕へまつる処処家家……」という独得の表現をとるのもその故なのである。なお「処処」とは、㋦「伊勢大神宮六月月次祭」の「国国処処に寄せまつれる神戸の人等」の他、「儺祭詞」(21)にも「疫の鬼の、処処村村に蔵り隠らふるをば」とみえ、文字通り「処処にある」という意味である。

以上、「処処家家」がたんなる形容句ではなく、「王等・卿等」の限定的内容と厳密に結びついていることを明らかにした。ではこれは「家」を構成し得る五位以上の諸王・諸臣一般をさすと解して誤りないであろうか。そこで考えたいのは、①「預りて仕へまつる」との関係である。先の考察結果に基づけば、この部分は、春日祭祀に参預する人々の表現であると同時に朝政に参預する人々の表現でもあった。後者はまさに「まへつぎみ」(天皇の御前に伺候する高官侍臣)[22]の語義に対応する。「預りて仕へまつる処処家家の王等・卿等」とは、「朝政に参画し得る高位の官人身分を拠りどころに、各々の『家』を構成している諸王・諸卿」の意に他ならない。したがって、この諸王・諸卿(臣)のさらに具体的な内容を明らかにするためには、「預りて仕へまつる」のもう一つの意味、すなわち春日祭に参預するのがいかなる人々であったかを検討する必要があろう。そこで、『延喜式』の春日祭に関する規定を節をあらためて見ていくこととしたい。

第三節　春日祭参会者と祝詞

1　参会規定と設座規定

『延喜式』太政官によると、春日祭の参会者は左のように規定されている。

凡春日祭、二月・十一月上申、参議以上参会。事見㆓儀式㆒。

凡参㆓春日祭并薬師寺最勝会、及興福寺維摩会㆒王氏・藤原氏五位已上六位已下、見役之外給㆓往還上日四箇日㆒。

参㆓大原野祭㆒藤原氏、給㆓上日二箇日㆒……。

このうち前者は、春日祭が国家祭祀として行なわれることに基づく参会規定であるが、後者は何を意味するのか。それを考えるには寛平七年（八九五）十二月三日の太政官符(23)が参考となろう。

……大和国春日社二月十一月祭、興福寺三月国忌斎会、同寺十月維摩会、薬師寺三月最勝会等、応レ参氏人及散位諸司五位以上、其人有レ限臨レ期直参。又諸人氏神多在二畿内一、毎年二月四月十一月何廃二先祖之常祀一、……。

すなわち、後者は氏神の祭としての春日祭に参ずる人々の規定なのである（ただし、氏人のうち参議以上の者は実質的に前者と重なりあうことはいうまでもない）。さてここにあげられた祭祀・法会のうち、薬師寺最勝会は、代々の帝王の御後の人を檀越となすべしといわれ(24)、王氏が預る定めである（『延喜式』春宮坊・正親司・太政官・式部上）。また興福寺維摩会は、鎌足が始め不比等が中興したと伝え(25)、藤原氏が預る（『延喜式』玄蕃寮・太政官）。したがってここで「王氏・藤原氏」というのは、複数の行事の参会者を併せ称したのであって、後段に「参二大原野祭一藤原氏」とあることからいっても、春日祭の参会者は直接には藤原氏のみである（ただしこれについては後で再度述べる）。

ただ参会規定にみえるところは以上の通りであるが、春日祭の参会者については神前の座の設定の面からもとらえられる。『延喜式』掃部寮では、春日祭当日の座は「著到殿」「奉二幣帛一時」「直相殿」の各々で若干の出入りがあるが、いずれの場においても、「公卿座」「氏人五位已上座」「氏人六位已下座」の区分が共通してみられる。祭儀の中心をなす「奉二幣帛一時」にはこれにさらに「神主座」「内侍已下座」「諸使座」が加わるのである。さて、この「公卿座」が先にあげた参会規定の「参議以上」に対応することは容易に了解されよう。残りの氏人が五位已上・六位已下に区分されて着することは、『儀式』『西宮記』『江家次第』等にも一貫してみられる。ここで注目すべきことには、『儀式』によれば「神饌机」を舁いで神殿前に陳列するのは「氏人五位以上」であり、『江家次第』では「以二可レ参五位以上差文一覧二長者一」とされているのである。五位以上というのはすなわち大夫層であり、祝詞にいうところの

「預りて仕へまつる卿等《まへつぎみたち》」が、まさにこの見参文を氏長者に覧じて神殿前に列する五位以上の「諸大夫」(26)をさすことは、余りにも明らかであろう。春日祭祝詞は、朝廷の長久安泰とあわせて、「家家」を構成する藤原氏の「卿等《まへつぎみたち》」の繁栄を祈願するものなのであった。

ところがこのように考えるとすると、一つの重大な疑問につき当る。同じく祝詞で「卿等」と並び称される「王等」は、なぜ『延喜式』の参会規定、また当時の儀式書には登場しないのであろうか。それを平野祭の場合の祝詞と設座規定の対応関係を参考として考えてみたい。

2　平野祭について

『延喜式』掃部寮では、平野祭の当日には、神殿前舎に女王座・内侍已下座・皇太子御座、南舎に親王已下参議已上座・五位已上座、西壁下に勅使座、南後舎に四世已上王・外記以下諸司判官・五世已下王座、和大江等氏人・諸司主典史生已下座、北舎に神祇官人等座が設けられる。ここには親王以下百官人に至る朝廷の全構成員が網羅されており、しかもそれが官職秩序・皇親秩序に従って整然と区分されて着する。平野祭祝詞の「参ゐ集はりて仕へまつる、親王等・王等・臣等・百の官人等」とは、まさに平野祭に参集した人々の表現であると同時に、朝廷に「参ゐ集はりて仕へ」る人々の表現として、右にみた座の設定と見事に対応しているのである。

ここで平野社についての前章での考察結果を簡略に述べるならば、今木大神以下の平野社の祭神は、本来は桓武天皇の外祖父の氏《ウヂ》たる和氏が信奉していた神々である。しかし桓武天皇は、それを外戚神としてではなく、自己および以降の皇統の祖神として、伊勢神宮に準ずる意図をもって平野社に奉斎した。『弘仁式』でも確認できる皇太子親幣規定の意味するものはこれである。ところが創建後五十有余年を経た承和年間（八三四〜八四八）に至って、平野社は外戚神としての様相を帯びはじめ、『延喜式』では「桓武天皇之後王、及大江和等氏人」の見参規定がつけ加えられた。こうした平野社の変質＝外戚神化の契機をなしたのは梅宮社の成立であり、さらにその根底には当該時期における氏《ウヂ》の父系出自集団化という動向があった。『弘仁式』逸文の存在により平野社成立当初からの祭儀を示すと推定される祝詞は、和氏氏神ではなく朝廷の守護神としての同社の性格を如実に示している。また、『延喜式』でも大江・和両氏の座は、朝廷の官職秩序に応じた構成の末尾に付されるにすぎない。「桓武天皇之後王」も四世以上・五世以下という一般の皇親秩序による区分のうちに含まれて着するのであり、同社の本来の性格を変質後にもとどめている。なお皇太子・女王（内侍）[27]が祝詞に登場しないのは、彼らが本来、祝詞を神に申す主体であったからに他ならない。

3 「王等」と「氏人」

以上に紹介した平野社をめぐる考察結果から、当面問題とすべきは次の点であろう。すなわち、祝詞に神恵の対象として表現される人々と、神祭に預る人々とは、本来きわめて密接な対応関係にあること、そして、本来の祭祀の性格を示す祝詞とその祭儀の変化とは若干のズレをみせること、以上である。ここで春日祭祝詞にたち戻って考えてみると、平野祭および諸祝詞の分析から確認できる祝詞表現の厳密性からいって、「預りて仕へまつる」とは、直接には春日祭に預り奉仕する人々をさす。したがって、朝廷に仕え「家家」を構成する「王等・卿等」にして、かつ春日の神を特に信奉し祭祀に参ずる人々を神恵の対象とする、というのが春日祭祀の本来の性格であった、といえよう。それが『延喜式』および他の儀式書には「藤原氏」「氏人五位已上」「氏大夫」としてしかあらわれないとするならば、この「氏人」(これは直接には春日社の氏人という意味である)には藤原氏の「卿等」のみならず「王等」もまた本来的には含まれている、とみなければならないのではないか。そしてそのように藤原氏の「卿等」と併せて春日の神の神恵を祈願される「王等」とは、藤原氏の女性の血をひく諸王をさす、と考えられよう。春日の神からするならば、藤原氏所生の諸王も「処処家家」に割拠し「栄えしめ」られるべき「氏人」だったのである。

　このことは次の二点の考察からも裏づけられる。まず第一に、先にあげた『延喜式』の「王氏・藤原氏」の解釈をめぐってである。先にも述べた如く王氏は薬師寺最勝会に参ずる定めであるが、『延喜式』式部上には、「凡参二薬師寺最勝会一王氏五位以上、免二三月十日国忌不参一」とある。この三月十日国忌というのは、興福寺国忌のことである(『同』治部省)。つまり王氏五位以上は、本来は興福寺国忌にも参ずべきものと考えられているのである。それからすると、『同』式部上で「凡可レ参二薬師寺最勝会、興福寺国忌并維摩会一王氏・藤原氏、若不レ参者……」とされる場合にも、少なくとも王氏は双方の法会に関わる意が含まれていると見なければならない。「王氏・藤原氏」という併記の仕方が右のような意味を持ちうるとすると、はじめにあげた太政官式の春日祭参会規定も、藤原氏を主としつつ王氏をも含むものと解されるであろう。三月十日の興福寺国忌は、桓武后で平城・嵯峨母后たる藤原乙牟漏の忌である。平安期以降の皇統はすべてこの桓武―嵯峨の子孫であるから、王氏がこれに参ずるのは当然であるが、『延喜式』では、興福寺国忌は「藤原氏行事大夫点三定氏中無レ障之輩一……」(太政官)、あるいは「藤原氏六位已下、不レ論二有職無職一……」(式部上)というように藤原氏についてしか規定されていないのである。

　次に考えたいのは、当時の氏神の神恵の対象についてである。梅宮社は古来、橘氏の氏神として著名であるが、『伊呂波字類抄』によれば同神は「除二内外氏一之外、未三嘗言二神異之事一」という。第一章で明らかにしたように、この場合の内外氏とは、橘氏、および橘氏の成員と外戚関係にある氏《ウヂ》のことであり、当時(平安前期)の氏神の祭祀圏内にはこうした内外氏がともに含まれていた。しかもその前史としては、内外の別すら有さない神祭りの段階があったのである。この場合にも、国史の記載としては「橘氏神」[28]としてしか表われない。

こうした諸点をふまえて考えるならば、春日祭祝詞のいう「王等」が、藤原氏のいわば外氏的存在として春日神の祭祀圏内に含まれていたことも、決して特殊・不可解な事例ではないことが了解されよう。ただし、天皇の子である親王は、藤原氏所生であってもそのうちには含まれ得ないと観念されていたらしい。春日祭当日に親王座が設けられず、祝詞には「王等・卿等」とあって「親王」がないのはその故であろう。既述の如く平野祭には親王座が設けられ、それと対応して同祭祝詞では「親王等・王等……」といわれているのである。両社の性格の相違、および春日社がまさに（広義の）藤原氏の氏神として成立したことの意義については、「おわりに」であらためて述べたい。

さて、以上の考察により明らかにした春日祭祝詞の内容は次のようにまとめられる。すなわちその「預りて仕へまつる処処家家の王等・卿等をも、平らけく、天皇が朝廷に茂しやくはえの如く仕へまつり、栄えしめたまへ」という称辞《たたえごと》には、春日の神の加護によって、藤原氏およびその血をひく諸王が、朝政に参画し得る高位の官人身分を保持し、そうした官人身分を拠りどころとして経営体＝「家」を発展させていくように、との祈願がこめられていたのである。

4　神護景雲二年祭文

ただし、ここで神護景雲二年春日祭祝詞といわれるものについて検討しておかねばならない。これは『神祇官勘文』[29]に「春日御社祭文」として載せられているものであるが、『延喜式』所載のものとは、ほとんど同様の構成をとりつつも細部に相違があり、しかもその相違は本章で問題とする諸点に関わっている。したがって、これまでの考察をふまえてさらに論を進める前に、この「祭文」の史料的信憑性の如何を明らかにしておく必要があろう。

直接原本にあたられた西田長男氏の紹介(30)により、両者の主要相違点を示すならば次の如くである（上が『延喜式』所載祝詞、下が「祭文」）。

(イ)天皇我大命尓坐世　→天皇加御詔旨仁坐

(ロ)恐岐鹿嶋坐健御賀豆智命　→掛畏支鹿島坐建雷之命

(ハ)比売神　→会殿仁坐姫神

(ニ)神主尓某官位姓名乎定弖　→物忌殖栗乃連子定天献留。神主仁其官位・姓名

(ホ)平久安久聞看登皇大御神等乎称辞竟奉久登白。如レ此仕奉尓依弖今母去前母　→平久聞食天今毛往前毛天皇朝廷平久

(ヘ)預而仕奉流処処家家王等・卿等乎母平久　→預奉仕留親王達・諸王支達・諸臣達・神奴平久

(ト)仕奉利佐加叡志米賜登　→立栄仕志女給

すなわち、(ヘ)「処処家家の王等・卿等」が「親王達・諸王支達・諸臣達・神奴」となり、(ト)「仕へまつり、栄えしめたまへ」が「立ち栄え仕へしめたまへ」となっている、という重大な相違が存するのである。この「祭文」は、永仁三年（一二九五）成立の『春日社私記』(31)に「件日宣命ニ云ク（神護景雲二年十一月九日）」として前半部が引用されているので、少なくともこれ以前の成立であることは知られるが、はたして真に神護景雲二年（七六八）時のものであろうか。この「祭文」の史料的信憑性についてはすでに福山敏男氏の言及があり、「用語はこの祝詞の方が延喜式のよりも新しいと思はれるところが多(32)」いとされる。しかし相違点の重大さからいって、さらに厳密な検討を加える必要があると思われるので、以下、(イ)から(ホ)の相違点について私見を述べたい。

まず(ハ)「会殿に坐す姫神」について。平安初期の国史の記載によれば、この神の名は「比売神」であり、常に天児

屋根命と並んであらわれる。両神はそもそもは河内国の枚岡社に鎮座していたものを後に春日の地に勧請したのであり、河内国に鎮座する両神は「枚岡天児屋根命」「枚岡比咩神」といわれている。[34] したがって、『延喜式』の祝詞に「鹿島に坐す建みかづちの命、香取に坐すいはひ主の命、枚岡に坐す天のこやねの命、ひめ神」とあって、比売神のみに「□□に坐す」が付されていないことには充分な理由が存する。この部分は祝詞の冒頭にあって、「春日の三笠の山の下つ石ねに宮柱広知り立て」て春日社が創建される以前の、鹿嶋・香取・枚岡の三社に鎮座していた四柱の神名を列挙しているのであるから、「枚岡に坐す」は「天のこやねの命・ひめ神」の両神にかかっているのである。それを「祭文」では機械的に前に倣って「会殿に坐」を付して調子を整えている。これはおそらく成立後の春日社に四神が並び祀られるに至って後の述作たることによろう。

次に(ロ)「掛も畏き」と(イ)「天皇が大詔旨」について。『延喜式』の「恐き鹿島に坐す」の部分は、『考』にも「言ノ体よく居侍らず、いかにぞや」[35]とある如く、やや落着かない春日祭祝詞独得の表現である。それが「祭文」では「掛も畏き」となっている。この間の事情を考える上で手がかりとなるのは、冒頭の「天皇《すめら》が大命《おほみこと》に坐《ま》せ」が「祭文」では「天皇《すめら》が大詔旨《おほみこと》に坐《ま》せ」となっていることである。というのは、「詔旨」「掛も畏き」という表現は、「天皇《すめら》我詔旨止《がおほみことらまと》」「天皇《すめら》我詔詞掛畏岐《がおほみことらまとかけまくもかしこき》」「天皇《すめら》我詔旨止掛畏岐《がおほみことらまとかけまくもかしこき》」[36]というように、平安期の春日大神に対する策命・告文の類に共通してみられる。国史の上で、一般に神に対して「詔旨」「掛畏」がそろって用いられるのは承和八年（八四一）六月辛酉条の伊勢大神に対するものが初見であり、春日の神に対してもこれ以前の承和三年（八三六）五月丁未条では「皇御孫《すめみま》命尓坐《のみことにませ》」といわれている。また一般の宣命の類でも奈良期には「大命」の方が多く用いられ、平安期以降は「詔旨」の方が圧倒的に多い。『続日本紀』によれば、神護景雲年間（七六七〜七七〇）の宣命はいずれも「大命」と表記されている。以上によって考えるならば、「祭文」は神護景雲二年（七六八）当時のものではなく、平安期の策命・告文の知識に基づいて、全体の体裁を『延喜式』所載の他の祝詞に合わせて整えているのではないだろうか。

次に(ニ)「物忌殖栗の連子」について。福山氏もいわれる如く、これは明らかに「社家側の挿入」(37)である。さらに、「預りて仕奉る」人々の中に「神奴」が加えられているのも同様の事情に基づくであろう。中臣殖栗連が社家としての自らの由来を記すのは『春日社古社記』(38)に引用される「宝亀十一年正月三日中臣殖栗連時風記」であるが、同記には、春日神の守護の対象が「天皇辞別氏長者并神奴氏人」としてくり返し記されているのである。「氏長者」の称からいっても、この「時風記」が真に奈良期の所伝であり得ないことは明らかであろう。

以上の諸点にわたる考察結果よりして、この「祭文」は神護景雲二年（七六八）当時のものとは考えられない。福山氏もいわれる如く、神護景雲二年十一月九日という日付は、『三代実録』元慶八年（八八四）八月甲寅条の神琴奉進記事に付託したものであり、同「祭文」は『延喜式』などを利用して社家で後世作られたもの(39)」と考えられる。

最後に(ホ)「皇大御神」について。これは祝詞では皇祖神に対してのみ使われる称であり(40)、伊勢神宮の諸篇と平野祭祝詞にみられる。したがってこれも、春日神に対してこうした称が用いられているのは不審との後世の考えにより「祭文」では省かれたのであろう（なお春日祭祝詞に「皇大御神」の称のみえる意味については註(59)参照）。

上に明らかにした「祭文」の一般的性格をふまえて考えるならば、本章の論点と関わって最も問題となる(ヘ)「処処家家の王等・卿等」→「親王達諸王達諸臣達神奴」、(ト)「仕へまつり、栄えしめたまへ」→「立ち栄え仕へしめたまへ」という二点の相違についても、『延喜式』所載春日祭祝詞の独得の表現を、後世の知識によって他の祝詞になぞらえ手を加えたものと断じてよい。このことは逆に、こうした『延喜式』所載春日祭祝詞の独自性が、本来のその祭祀の性格の反映によることを示しているといえよう。

第四節　春日祭祀の成立をめぐって

1　神殿の造営と祝詞の成立

本章では、祝詞にはその祭祀の独自の性格が表現されているとみて、第一節から第三節にわたって春日祭祝詞の分析を行なってきた。その結果、藤原氏およびその血をひく諸王の官人としての地位の保持と、そうした地位に基づく各々の「家」の繁栄を春日の神に祈願する、というのが春日祭の本旨であることが明らかとなった。それではこの祝詞はいつごろ成立したものであり、そこに表現される祭祀の性格は、いつごろの時代の在り方を示すのであろうか。前節でふれたように、『延喜式』の参会規定には「王等」は含まれず、その意味では成立当初の理念からすでに若干の変質をとげていることをうかがわせる。春日社の成立過程について全面的に論じることは本章の主旨ではないので、祝詞の理解に必要な限りで若干の私見を以下に述べることとしたい。

まず祝詞の成立時期についてであるが、武田祐吉氏は、前節で紹介した神護景雲二年（七六八）の「祭文」が『延喜式』所載のものとほぼ同文であることから、この年以前に制定されたのであろうとされる。(41) しかしこの「祭文」が『延喜式』所載祝詞を基に若干の修正と増補を行なったものであることはすでに述べた通りであって、武田氏の説には従えない。

『新講』は、内容・文体・用語等からいって春日祭・平野祭等は比較的新しい時代のものであるとする。なかんずく「平野祭の祝詞の文は春日祭の祝詞と大同小異」(42)である。そこで平野祭祝詞の成立年代を考えるに、これは『延喜式』所載とほとんど同文のものが『本朝月令』に「神祇祝式云」として引用されているので、『弘仁式』にすでに同祝詞の存したことが知られる。平野社の創建は延暦年中であるから、同祝詞の成立は平安ごく初期である。

文体用語等からはほぼ以上のように考えられるのであるが、祝詞の内容自体にも成立時期をうかがう手がかりは存する。それは冒頭部分に「大神等の乞はしたまひのまにまに、春日の三笠の山の下つ石ねに宮柱広知り立て、高天の原に千木高知りて、天の御蔭・日の御蔭と定めまつりて……」と述べられていることである。すなわちこの祝詞は、春日の地に神殿を造営して鹿島・香取・枚岡から四神を勧請して以降のものとみなければならない。

それでは三笠山麓に春日神社が創建されたのはいつのことか。すでに宮地直一・福山敏男・大場磐雄等の諸氏が明らかにされているように(43)、春日の地は三笠山を神奈備山と仰ぐ古来の霊地であって、その一区画を画した祭場で神祭りが行なわれ、恒久的な神殿は本来は存しなかったものらしい。神殿の造営時期について福山氏は、天平勝宝八歳(七五六)の「東大寺図」(44)に「三笠山不レ入二此堺一」とあり、また御蓋山の西麓に「神地」の記載があることから、このころにはすでに社が存したとされる。一方宮地氏は、「神護景雲以前に、社殿の存在を溯らしめる文献上の確実なる徴証を見出し難い」とした上で、前節に紹介した「祭文」に「宮柱太知り立て……」とあり、元慶八年(八八四)八月甲寅条の神琴奉進記事に「以二神護景雲二年十一月九日所レ充破損一也」とあることから、「壮厳な宮殿に迎へられて、官祀を受けられたのは、即ち此時」であるとされる。

しかし「東大寺図」の他の箇処には小さな堂なども記載されているところからして、ここにたんに「神地」とあることは未だ社殿が存しなかったことを意味しよう。また宮地氏の所説のうち、「祭文」の信憑性についてはすでに前節で論じたのでここではくり返さないが、後者の神琴記事についても、確かに「公の待遇に預ったことを語る最古のしかも国史に於ける唯一の記事」としてはなはだ重要ではあるが、これだけでは神殿が存したことを意味しないのではないか。神琴を納めるには倉のようなものでも事足りるであろう。天平勝宝二年（七五〇）二月乙亥条には「春日酒殿」がみえ、このころに何らかの設備が存したことは明らかだが、これらは四柱の神を祀る恒久的神殿の成立と直ちに結びつくものではない。

ここで考えたいのは神封に関する記録である。天平神護元年（七六五）には常陸国鹿嶋社の封二〇戸を割いて春日神に充てられており(45)、鹿嶋の影祀たる性格を如実に示している。それが延暦二十年（八〇一）にはこの鹿嶋社の二〇烟をとどめて、新たに大和国で独自に一〇戸を与えられ、調布庸布等の神封物を鹿嶋・香取のそれから割いて充てることになる(46)。これはこのころに独立した一つの神社としての春日社が成立してきたことを示すものである。そもそも祝詞とは、（源初の形態はいざ知らず）少なくとも『延喜式』にみられるようなものは、天皇の勅命を受けて神に申す言葉であって、「すべて中央朝廷の関与する祭儀に読まれるものばかり(47)」である。そうした観点からすると、ちょうどこのころ、延暦二十四年（八〇五）二月庚戌条に「春日祭使」が見えることが注目されよう。また延暦二十年（八〇一）五月十四日官符によれば、春日祭はこのころには官祭となっている(48)。

一方、春日の地において四神を祀る神殿の成立が確認できるのはいつかというと、天長十年（八三三）の伊都内親王御施入願文(49)には「鹿取《ママ》鹿嶋相殿枚岡四所大神」とあり、承和三年（八三六）五月丁未条にも「四所大神」の称がみえる。ただしそこでは直接には下総国の伊波比主命、常陸国の建御賀豆知命、河内国の天児屋根命・比売神に対するものとしての「四所大神」の称である。それが続く嘉祥三年（八五〇）九月己丑条では、「春日大神社」に使者を派遣し四神に対する授位の策命が述べられている。この後は四神は明確に「春日大神」の総称をもって呼ばれるようになるのである(50)。

このようにみてくると、おそらく平安初期には春日の地に四神を祀る神殿が存したろうが、なおしばらくは鹿嶋社・

香取社等を本体とする観念が根強く残り、嘉祥年間（八四八〜八五一）ころに至ってようやく春日社が四神を祀る藤原氏の氏神社そのものと認識されてくるのではないか。宝亀八年（七七七）に藤原良継の病に際して「鹿嶋社・香取神」の二神のみが「其氏神」として叙位されていること、また前引の延暦二十年（八〇一）の神封物を春日に送ることを命じた官符に「仍須㆔毎年納㆓送祭所㆒」とあって「春日社」とはなっていないことも、以上に述べたことの傍証となろう。

春日祭祝詞をみると、鹿島・香取・枚岡に鎮座する四神の広前に、春日の地に神殿を作って神宝を備え仕える様を白し、祈願の旨を述べる、という構成になっている。祝詞の文体用語、神殿の成立時期、神封、祭使、氏神・春日大神の称、等の諸点をめぐっての如上の考察結果と併せ考えるならば、同祝詞は、まさに奈良末〜平安初期の独立した神社としての春日社の成立期に述作されたものと考えられる。『本朝月令』は春日祭の行なわれる二月十一月の部をともに欠くので、『弘仁式』における存否は不明であるが、平野祭祝詞ときわめて相似た構成をとることを考えると、春日祭祝詞の成立もほぼ同様のころに求められるのではないだろうか。

2　成立期の春日の神祭り

それでは、鹿嶋神以下四神の神殿が造営される以前の、春日の地における神祭りはいかなるものであったのか。それが古来の霊地たる御蓋山麓に臨時の祭場を設けて神を招き降ろすものであったろうことはすでに諸家の指摘されているところであるが、このことは近年の考古学上の成果からも裏づけられる。春日大社南方の築地遺構の発掘調査報告(51)によれば、

①春日の築地は八世紀代に築造され、その屋根瓦には平城宮出土瓦に該当するものを含む。

②社を囲む築地ではなく、御蓋山を取り囲むが如き位置を占める。
③八世紀を降る出土瓦は見当らず、創建当初から間もない時代にその機能を失ったらしい。

この場合の築地は「それを造ること自体が祭りの場の設定をも意味しているものと考えられ(52)」、発掘成果の示すところはまさに、前述の祭祀形態の変化（霊場での年毎の神祭り→恒久的神殿に鎮座）に対応しているのである。また築地の規模の大きさ、平城宮瓦との共通性等から「国家権力か或いはこれに相当する権力者級の背景(53)」が推定されることは、奈良遷都後まもなく藤原氏による神祭りが古来の霊地たる春日の地において創められた、との通説を裏づけるものであろう。

　考古学的所見は以上の如くであるが、文献上で藤原氏による春日祭祀の存在をうかがわせるものとしては天平勝宝三年（七五一）の次の歌(54)が初見である。

　春日祭レ神之日、藤原太后御作歌一首。即賜ニ入唐大使藤原朝臣清河一

　大船に　真楫繁貫き　この吾子を　韓国へ遣る　斎へ神たち

「藤原太后」（光明子）は、御蓋山の西麓の祭場に藤原氏ゆかりの「神たち」（この時点では鹿嶋・香取の二神か）の来臨をあおぎ、清河が遣唐使としての職務を無事果して帰国することを祈願したものであろう。光明子が甥の清河を「吾子」と呼ぶのは、大伴家持が「遠つ神祖の　その名をば　大来目主と　負ひ持ちて……祖の子等ぞ　大伴と佐伯の氏は(55)」と詠うのと同じく、藤原氏の成員に対するものとしての表現である。氏人を「吾子」と呼び、神恵を祈願する（「斎へ神たち」）光明子の姿は、まさに春日祭祀におけるヒメの面目をほうふつとさせ、この「祭神」がすでに氏《ウヂ》の神の祭りとして行なわれていることをうかがわせる。

　さて何度もいうように、現存の祝詞は天皇の勅命をうけて神に白す言葉であり、春日祭祝詞の場合、それがいま見

る形で成立したのは既述の如く平安初期と考えられる。しかし祝詞というものは決して机上で架空に述作されるものではない。『延喜式』所載祝詞がそれぞれの祭儀に対応した厳密な表現の相違を持つことは第一節でも明らかにした通りである。これらの祝詞は、それまでに行なわれていた神祭りの内容を集大成しつつ、その成立の時点での一定の意義づけにのっとって制作されたものとみなければならない。そしていったん成立・記録された祝詞はほぼ固定化され、その故に第三節で指摘したように、その後の祭儀の変化とは若干のズレを見せるに至る。とするならば春日祭祝詞に示されるところは、奈良期を通じての神祭りの在り方をふまえて平安初期の時点で体系化・文章化されたものということになろう。前節までに明らかにしたように、春日祭祝詞は、「天皇《すめら》が大命《おほみこと》」を神に白すという祝詞の一般的構成をとりつつ、しかも藤原氏の繁栄を祈願するという私的性格がその中に見事に貫かれていた。それは奈良期を通じての藤原氏の氏神祭りの伝統を背景とするものだったのである。

春日祭祝詞に示される祭祀の特質は、藤原氏の氏神祭りとしての顕著な性格と同時に、その「氏人」のうちに狭義の藤原氏のみならずその血をひく「王等」をも含む点にあった。祝詞成立をめぐる如上の観点からするならば、こうした内外氏人を祭祀圏内に含み込む在り方も、奈良期の神祭りの様相を反映しているということになろう。これについてはすでに前節で梅宮社についての考察結果の紹介を通じて、こうした在り方が決して特殊な事例ではないことを指摘した。しかもそれがこの段階では祭祀圏の周延部に外氏をも包摂するといったものでなかったことは、上述の光明子の存在がこれを証する。光明子は、藤原氏一族のヒメ的存在としてその氏神祭りを主祭しつつ、同時に、母三千代の奉じた神(橘氏氏神梅宮社の前身)の主たる継承者として、異父姉の牟漏女王とともにそれを邸宅の一隅に祀っているのである。そして、春日祭祝詞に「預りて仕へまつる……王等・卿等」という形で神恵の及ぶ対象が示されていることは、こうした両属性原理が、祝詞成立の段階では未だ否定し去られてはいなかったことを意味するであろう。

主祭者をも含めて人々が父方母方双方からの神をうけつぎ信奉することが一般的な段階にあっては、人間集団の守護神としての氏神はなかなか明確には成立し得ない。こうした厳密な意味での氏神は父系出自集団としての氏《ウヂ》の成立と表裏一体の関係をもって平安初期にその姿を現してくる。「氏神」なる語の広範な成立もまたこのころに見られた。にもかかわらず、本章でこれまで検討してきたところによれば、藤原氏はこうした両属性原理にのっとりつつ、しかも集団としての藤原氏の氏神祭りを早期に実現し得ていたと考えられるのである。そこにはおのずと、藤原氏の氏《ウヂ》としての特殊性が浮かび上がってくるであろう。

おわりに

以上四節にわたって述べてきたことをまとめて示すならば以下の如くである。

①『延喜式』所載祝詞は一般に、皇室の長久、国民の平安を祈願するものと考えられているが、それだけではなく、そこにはそれぞれの祭祀の目的、参預する人々等が適確に示されている。しかも各祝詞の表現の相違には、ささいな点に至るまで厳密な使いわけがなされていることが確認できる。

②春日祭祝詞の「預りて仕へまつる処処家家の王等・卿等をも、平らけく、天皇が朝廷に茂しやくはえの如く仕へまつり、栄えしめたまへ」という称辞には、春日の神の加護によって、藤原氏およびその血をひく諸王が、朝政に参画し得る高位の官人身分を保持し、そうした官人身分を拠りどころとしての経営体＝「家」を発展させていくようにとの祈願が込められている。

③春日祭祝詞は、平安ごく初期、春日社が四神の鎮座する独自の神社としての態様を整えつつある時期に成立した。

したがってこの祝詞に示されているのは、奈良期の神祭りの様相と平安初頭の時点でのその一定の体系化である。

④『万葉集』の藤原太后（光明子）の歌、および梅宮社の前身をなす神と光明子との関わりを手がかりに考えると、奈良期における春日の祭りは、この期にはまだ強固に存した両属性原理にのっとりつつ、しかも藤原氏の氏神祭りとしての性格を明確に有しており、これは祝詞に示されるところと一致する。

⑤『延喜式』の参会規定には「王等」は直接にはあらわれず、平安期以降の春日祭祀は、祝詞に示されるものからは、すでに若干の変質をとげていることがうかがわれる。

春日祭祝詞の分析を通じて明らかにした以上の諸点は、何を意味しているのだろうか。

既述の如く、在地性に支えられた信仰とは異なる、人間集団の守護神としての厳密な意味での氏神は、一般的には、奈良末〜平安前期にかけて氏《ウヂ》が内実を持った父系出自集団として成立してくることに伴って出現する。その際に、天皇との外戚関係が氏神確立の契機として大きな役割を果した。たとえば、承和年間（八三四〜八四八）に成立した梅宮社の場合には、橘嘉智子の奉じた神がその子仁明天皇により外戚神として手厚い崇敬をうけ、その過程を通じて同時に橘氏氏神としての地位を確立した（第一章参照）。一方、これに先立つ延暦年間（七八二〜八〇六）に成立した平野社の場合には、桓武天皇の母方の和氏の信奉していた神が、外戚神＝和氏氏神としてではなく、桓武天皇自身の祖神として祀られた。平野社が外戚神化しはじめるのは、五十有余年後の梅宮社の成立と軌を一にしてである。その背景には、この時期における族結合の原理自体の決定的転換（両属性→父系）があったものと推定される（第二章参照）。

それに対して藤原氏は、最有力の外戚氏でありながら、春日祭祝詞には、皇室祖神としてでも外戚神としてでもなく、藤原氏の「私氏神」[57]としての性格が見事に貫かれているのである。その後、嘉祥三年（八五〇）の春日大神に対する策命[58]で、藤原氏所生の文徳天皇は「皇大神《すめおほかみ》の厚護《あつきまもり》に依《より》てし、天日嗣《あまつひつぎ》の高御座《たかみくら》には平《たひら》けく即賜《つきたまふ》となも念行《おもほしめ》す」と述べ、外戚神たる春日神の加護によって皇位に即き得たことを謝している。春日社はこれ以後、一般的な外戚神崇敬の流れの上にのって最有力の外戚神としてさらなる発展をとげるのである。(59) 奈良期の「王等・卿等」を等しく神恵の対象とする段階から、『延喜式』の参会規定にみられる藤原氏の外延部に王氏をも包摂するような段階への変化も、上に述べた平野社と梅宮社の相違、および平野社の変質過程と共通する。ただし、祝詞に示されるように、両社の本来の性格には顕著な相違(皇室祖神としての平野社と、藤原氏氏神としての春日社)があったのである。それは祝詞の成立時に、藤原氏の氏神としての性格がすでに固められていたことによるであろう。

春日祭祀の本質は、「預りて仕へまつれる処処家家の王等・卿等」という祝詞の「言挙げ」に如実に示される如く、①朝廷に仕える高位の官人を生み出すものとしての藤原氏の繁栄、また②女子成員の所生の皇族をも「氏人」として包摂する、皇室の姻戚としての藤原氏の繁栄、③そして複数の「公的家」に割拠するものとしての藤原氏の繁栄を祈願するところにあった。春日祭祝詞の祈願内容にみるこの三点の特質は、そのまま藤原氏の氏《ウヂ》としての在り方の特質を示すものに他ならない。在地に根ざした伝統的氏《ウヂ》としてではなく、律令制官僚機構にもっぱら依拠し、天皇との姻戚関係をテコとして急速に成長した藤原氏は、守護神を精神的紐帯とする家々の結集を、他氏に先がけて早期に図らねばならなかったのである。(60)(補1)

註

(1) 本居宣長「大祓詞後釈」『本居宣長全集』七、筑摩書房、一九七一年、一四一～一四二頁。
(2) 賀茂真淵「祝詞考」『増訂賀茂真淵全集』五、吉川弘文館、一九二八年。以下『考』と記す。
(3) 次田潤『祝詞新講』明治書院、一九二七年。以下『新講』と記す。
(4) 日本古典文学大系『古事記祝詞』岩波書店、一九五八年、三七六頁。
(5) 『新講』、三一一頁。

(6)　原文は大・小の漢字によるいわゆる宣命書きである（前章第四節、二〇三頁参照）が、ここでは註(4)前掲書により仮名まじりの書き下し文で示す。以下、祝詞の引用はすべて同じ。同書の底本たる兼永本と、九条家本・兼右本との異同については、青木紀元（「祝詞本文校訂考」『福井大学学芸学部紀要』一五、一九六五年）、長谷川政次（「卜部兼右本祝詞の本文と傍訓」『和洋国文研究』一二、一九七六年）等の研究があるが、本章で特に問題とすべき相違はない。

(7)　『考』、四四〇頁。

(8)　『日本書紀』大化二年（六四六）正月甲子条によれば、食封は旧来の部曲・田荘にかえて「大夫」以上に給された（以下、六国史については出典を略す）。なお「大夫」と「臣等」の共通性については第二節参照。

(9)　『延喜式』四時祭上、風神祭二座龍田社。

(10)　『群書類従』第六輯、二六四頁。

(11)　『延喜式』掃部寮、平野祭。

(12)　『延喜式』神名上。大和国の添下郡・葛下郡・城上郡・高市郡・十市郡・山辺郡に各々の御県(坐)《みあがたにいます》神社がみえる。

(13)　青木紀元「広瀬・竜田考」『福井大学学芸学部紀要』一四、一九六五年、三六頁。

(14)　『延喜式』四時祭上、大忌祭一座広瀬社。

(15)　鈴木重胤『祝詞講義』国学院大学出版部、一九〇九年、二六九頁。以下『講義』と記す。

(16)　『考』、四三六頁。『講義』、二六七〜二六八頁。

(17)　『新講』、一四六〜一四七頁。

(18)　家令職員令。

(19)　養老三年（七一九）十二月庚寅条。岩橋小弥太「宅司考」『上代官職制度の研究』吉川弘文館、一九六二年、参照。

(20)　総論参照。

(21)　これは『延喜式』では巻十六陰陽寮に収める。

(22)　『時代別国語辞典』上代編、三省堂。

(23)　『類聚三代格』巻十九、禁制事。

(24)『今昔物語集』巻十二―五。
(25)天平宝字元年（七五七）閏八月壬戌条、および『今昔物語集』巻十二―三。
(26)『江家次第』。
(27)内侍の性格をこのようにとらえることについては、春日祭における「内侍」の問題とも併せて別の機会に論じたい。
(28)元慶八年（八八四）四月丁酉条。
(29)尊経閣文庫蔵。前半の「神祇官勘文」（『平安遺文』十―四九〇五号に所収）と後半の「春日御社本縁」（祭文を含む）よりなり、両者は本来、別史料である。
(30)西田長男「春日大社の創立」『神道考古学講座』六、雄山閣、一九七三年。
(31)春日神社蔵。ここでは東京大学史料編纂所蔵の影写本（『春日社古社記』と合綴）を参照した。
(32)福山敏男「春日神社の創立と社殿配置」『日本建築史の研究』桑名文星堂、一九四三年、一〇頁（綜芸舎、一九八二年覆刻）。
(33)嘉祥三年（八五〇）九月己丑条。
(34)貞観元年（八五九）正月甲申条。
(35)『考』、四三三頁。
(36)嘉祥三年（八五〇）九月己丑条・貞観十一年（八六九）二月丙申条・同十七年（八七五）六月己未条。
(37)註(32)に同じ。
(38)註(31)参照。
(39)福山敏男「春日大社・興福寺総説」『春日大社・興福寺』近鉄、一九六一年、二頁。
(40)『考』、四三五頁。
(41)註(4)前掲書、解説、三七三頁。
(42)『新講』、二〇〇頁。
(43)宮地直一「春日神社の成立」『神道論攷』一、古今書院、一九四二年。福山氏註(32)論文。大場磐雄「春日大社の考古学的考察」、註(39)前掲書。
(44)『大日本古文書』編年四—一一六頁。
(45)『新抄格勅符抄』。
(46)同右。
(47)青木紀元「祝詞式の性格」『芸林』三—四、一九五二年。
(48)『類聚三代格』巻一、科祓事。なお前引の『春日社私記』には「天平勝宝七年官符ニ云ク、春日社四所紫徴《ママ》中台祭、件社入《ママ》ニ宮神例ニ」とあり、後述の成立期の春日の神祭りの様相との関連からいって興味深いが、史料的信憑性の点で疑念が存するので、ここではとり上げない。
(49)『平安遺文』一—五六号。
(50)貞観十一年（八六九）二月丙申条。
(51)『春日大社奈良朝築地遺構発掘調査報告』春日顕彰会、一九七七年。
(52)同右、三二頁。
(53)同右、三三頁。
(54)『万葉集』四二四〇番。年次は土屋文明編『万葉集年表』による。
(55)同右、四〇九四番。
(56)ここでは一族の神祭りを主祭する女性の意味で「ヒメ」の語を使う。
(57)「私氏神」「私神祭祀」等の表現は、正倉院文書中の宝亀（七七〇～）以降の請暇解（『大日本古文書』編年六—一七一、四〇七頁等）にみえる。また『台記』によれば、藤原氏の春日祭奉幣は「私神事」と称されている。これに対して奈良初期の、たとえば和銅七年（七一四）二月丁酉条の「大倭忌寸五百足為ニ氏上一令レ主ニ神祭一」というような在り方は、いわば「公神事」「公氏神」ということになろう。なお、補論参照。
(58)九月己丑条。
(59)皇祖神に対する称として、祝詞の冒頭部分では伊勢大神宮の諸篇と平野祭祝詞にのみ見られる「皇大御《すめおほみ》神《かみ》」の称が、春日祭祀詞の末尾に使われていること（冒頭はたんに「皇神《すみがみ》」である）、また、奈良後期以降、皇祖とその一族を祀る神社に限定されていったとされる（直木孝次郎「奈良時代の伊勢神宮」『日本古代の氏族と天皇』塙書房、一九六四年）「神宮」の称が『延喜式』では鹿嶋社・香取社に対し用いられていること（初期の史料ではたんに「鹿嶋社」である）も、おそらくこうした動きと関わるであろう。平野社の場合、これとは逆に、初期の史料にみられた「平野神宮」の称が『延喜式』では消えている。これも同社の変質（皇祖神→外戚神）に対応していると思われる。

(60) 平城京西方の霊地に、藤原氏ゆかりの鹿嶋の神の来臨を年毎に仰ぐ、という成立期の春日祭祀の在り方は、まさにこうした藤原氏の氏神形成の特質に相応したものといえよう。

(補1) 宇根俊範氏は、日本の蔭位制に旧来の族制的要素に適合的な面と、新たな官人個人の「家」による出身の原理に適合的な面との両面があることを明らかにし、藤原氏は後者の要素を活用することによって、当初から「家」を母体とし、律令官人制へ官人個人として参加する新氏族の体制をつくり上げていったとされる。桓武朝以降、こうした新氏族の輩出によって旧来の有力門閥貴族は駆逐され、平安貴族が誕生するのである（「律令官人制と貴族」『史学研究』一五五、一九八二年）。また長山泰孝氏によれば、古代貴族は在地性を失って官職貴族化したことにより、八世紀初頭をピークとして階級としては衰退過程に入るとされる。奈良貴族と平安貴族の間には断絶があり、藤原氏主流は天皇の身内として王権にとりこまれて伸長する（「古代貴族の終焉」『続日本紀研究』二一四、一九八一年）。

本章で明らかにしたように、①藤原氏の春日神に対する信仰は「家」の繁栄の祈願を基本とし、②他氏にさきがけて藤原氏においては、すでに奈良期に氏神信仰を拠りどころとする氏《ウヂ》の結集がみられる。③それに対して他氏においては、奈良末から平安初期にかけて、両属性原理が解消され父系出自集団としての内実が伴ってくるのに応じて、そうした集団の守護神としての（「私」の）氏神信仰が確立する。このことは、平安期以降の父系出自集団としての氏《ウヂ》の成立が、すなわち、こうした「家」々の再結集としての二次的氏《ウヂ》への変質に他ならないことを意味している。「新氏族の輩出」あるいは「古代貴族の終焉」といわれるものの背景には、氏《ウヂ》自体の結合原理の変質があり、さらにその土台には、氏《ウヂ》が共同体首長層の結集体としての性格を脱して、明確な「私」集団へと転化を遂げる過程があったのである（補論参照）。

補論　古代における「私」の成立

――「私氏神」をめぐって――

普通、氏神祭祀は古来から（氏《ウヂ》の成立とともに）あったものと考えられているが、史料上で、熟語としての「氏神」の語が明確にみえてくるのは奈良末以降のことである。その最も早い例としては次のような史料がある。

(イ)『大日本古文書』編年六―四〇七頁

美努石成解　申請暇事

合五箇日

右、依レ可二私氏神奉一、暇所レ請如レ件。仍注レ状、謹以解。

宝亀三年（七七二）十月廿八日

(ロ)『同右』六―一七七頁

（前欠）

右、以二今月十四日一、欲二鴨大神又氏神祭奉一。由レ此二箇日閑受給、以謹解。

（年次不明）四月十三日

(ハ)宝亀八年（七七七）七月乙丑条

内大臣従二位藤原朝臣良継病。叙二其氏神鹿嶋社正三位、香取神正四位上一。

右のように「氏神」の語は宝亀以降の史料に頻出するのであるが、ここで(イ)に「私氏神」とあることに注目すると、次の如き史料もやはり同様の祭祀をさしていっているものと思われる。

(ニ)『大日本古文書』編年十七―六〇六頁

三嶋子公解　申請暇事

合二箇日

右、為二私祭礼一、所レ請暇日如レ件。以解。

宝亀(七七〇)元年十一月廿五日

(ホ)『同右』六―一七一頁

安宿広成謹解　申請暇事

合三箇日

右、為二私神祭祀一、請レ暇如レ件。以申。

宝亀(七七一)二年四月十五日

(ヘ)『同右』六―一七〇頁

氏部小勝謹解　申請暇事

合三日

右、為二私神祀奉一、請レ暇如レ件。以今状、謹解。

宝亀二年四月十一日

これらは四月という日付からいっても、寛平七年（八九五）十二月三日官符(1)に「諸人氏神多在二畿内一、毎年二月四月十一月何廃二先祖之常祀一、若有二申請一者直下二官宣一」としてみえる、氏神祭祀のための請暇解と考えられよう。とするならば、奈良末ごろに至って「氏神」の語が成立し、しかもそれが「私氏神」「私祭礼」とされることの意味が明らかにされねばならない。これは何に対する「私」であろうか。

いうまでもなく、これ以前にも氏《ウヂ》による神祭りは存在していた。たとえば次の史料にもそれをうかがうことができる。

(ト)『令集解』神祇令8仲冬条

凡天神地祇者、神祇官、皆依二常典一祭之。

仲冬上卯相嘗祭

釈云、大倭社大倭忌寸祭、宇奈太利、村屋、住吉津守、大神社大神氏上祭、穴師神主、巻向神主、池社池首、恩智神主、意富太朝臣、葛木鴨鴨朝臣、紀伊国坐日前・国懸須・伊太祁曾・鳴神・已上神主等、請二受官幣帛一祭。古記無レ別。

(チ)『同右』4孟夏条

孟夏三枝祭

釈云、伊謝川社祭、大神氏宗定而祭、不レ定者不レ祭。即大神族類之神也。……古記无レ別。

(リ)和銅七年（七一四）二月丁酉条

大倭忌寸五百足為二氏上一、令レ主二神祭一。

右の(ト)〜(リ)に示される神祭りは、そこに共通してみえる大倭忌寸—大倭社、大神氏—大神社・伊謝川社（大神の御子神）の例に明らかな如く、氏上に主らしめるところの国家的祭祀である。これらが氏《ウヂ》（の族長）による神祭りでありながら

「氏神」とは称されない由縁もそこにあろう。そして、これらはいずれもその土地に根づいた神々である点に特色がある。

さてそこで注目したいのは、(ロ)の史料に「鴨大神又氏神」とあることである。この「鴨大神」とは(ト)の史料にみえる「葛木鴨」のことであろう。(2) とするならば、「鴨大神」に続けて記される「氏神」とは、こうした土地に根づいた神神とは区別される存在であり、その故に「氏神」の称でよばれたと考えられる。「鴨大神又氏神」の奉祭のために二日の暇を請うているところからみて、この暇を請うた人間（下級官人）にとって、鴨大神に対する祭も氏神に対する祭もともに、（国家的祭祀への官人としての参会とは異なる）私的な神祭りであった。すなわち、この人間は、京での公務を休んで本拠地に帰り、そこで在地の神の祭りと、自己の属する氏《ウヂ》の氏神の祭りの二つに私的に参加するのであり、この前者の祭り（鴨大神―葛木鴨）を国家的祭祀として主るのが鴨朝臣の氏上である、という構造をここから読みとることができよう。しかし、氏神祭祀成立以前の氏《ウヂ》による神祭りは、在地の神に対するものだけではなかった。

(ヌ)『万葉集』巻三、三七九番

大伴坂上郎女、神を祭る歌一首

ひさかたの　天の原より　生れ来る　神の命　奥山の　賢木の枝に　白香つけ　木綿とり付けて　斎瓮を　斎ひほりすゑ……

右の歌は、天平五年冬十一月を以ちて、大伴の氏の神に供へ祭る時、いささかこの歌を作る。故に神を祭る歌といふ。

ここで祭られているのは、「ひさかたの天の原より生れ来る」とあるように、高天原神話中に位置を占める大伴氏の系譜上の「遠祖」であろうが、これは具体的な神名としてはまだ『記』『紀』の体系の中でも固定するに至っていない

(天忍日命—神代記・神代紀、日臣命—神武紀、道臣命—神武記)。この場合、「供ニ祭大伴氏神一」とある一方で「祭レ神歌」となっていて、「氏神」の語として熟してはいないが、(3)内容的には(イ)以下にあげた氏神祭祀につらなるものの萌芽をここにみとめることができよう。しかし、これは大伴氏の祖先に対する神祭りであろうか。

(ル)『万葉集』巻十八

四〇九四番

……大伴の　遠つ神祖の　その名をば　大来目主と　負ひ持ちて　仕へし官……

四〇九六番

大伴の　遠つ神祖の　奥津城は　しるく標立て　人の知るべく

右の歌にみえる神祖=大来目主は、具体的な古墳(奥津城)に葬られた首長霊の伝承と結びついた存在である。(4)ここで注目すべきことには、かかる共同体首長霊に対する信仰は、神祭りとしては成立していない。後の氏神祭祀につらなるのは(ヌ)にみられる如き神祭りであって、伴林氏神社(貞観九年二月丙申条・承和元年正月庚午条・『延喜式』神名上)の祭神は天忍日命とされている。(5)(ル)にみられる「共同体首長霊→首長一族の祖霊」に対する信仰は、古墳廃絶の後、在地に根づいた(自然の霊力に対する)伝統的信仰と個々の霊魂の問題へと発展分化を遂げ、前者は「庶人宅神祭」として神祇体系上に位置を占め、後者はひとまずは仏教に吸収されていくと思われる。(6)

以上のように、八世紀前半の時点で、①次第に整えられつつある系譜上の始祖に対する神祭りと、②固有伝承上の共同体首長霊に対する信仰とが、別個のものとして存在していたことが確認できるとするならば、次の史料についても従来とは異なった角度からの解釈が可能となろう。

(ヲ)『古事記』崇神段

僕者大物主大神、娶二陶津耳命之女、活玉依毘売一生子、名櫛御方命之子、飯肩巣見命之子、建甕槌命之子、僕意《オ》富《ホ》多《タ》多《タ》泥《ネ》古《コ》白。……即、以二意富多多泥古命一、為二神主一而、於二御諸山一拝三祭意富美和之大神前一。

従来、右の史料をも一つの拠りどころとして、古くからの祖先祭祀の存在が説かれている。しかし、古系譜の構造の分析（第三編参照）に立脚して考えるならば、大神氏の系譜伝承を示す(ヲ)において、奉事根源（大王への職掌奉仕の世襲の由来）に関わる始祖の地位（すなわち、大伴氏の場合の大来目主に当たる）を占めるのはオホタタネコであって、大物主大神ではない。この場合の大物主大神の本質は大神氏の職掌たる神事奉仕の対象としてある。すなわち、御諸山に鎮座する大物主大神に対する在地の共同体の神祭りが国家的祭祀に編成され、それをその共同体の首長である大神氏の氏上が主しめられる（(ト)参照）のである。大神氏が自らの系譜を大物主大神につなぐのは、一般の氏《ウヂ》が、『記』『紀』神話中の神々や歴代の天皇に自己の系譜を結びつけていくのと同様の意味で解されねばならず（神話体系上で大物主＝大国主とされるのもこれと関わる）、本来、その職掌に由来する。したがって、右の史料をもって氏《ウヂ》による祖先祭祀を古来からのものとして普遍化することは誤りである。

一般的な氏神祭祀は、二次的三次的に加上され整えられてくる系譜上の祖が、出自上の祖先としての位置づけを確立した時点で成立する（本編「まとめと展望」および第三編「まとめと展望」参照）。こうした「祖先」の祖先神化に際しては、多くの場合、宗教上の神の併祀を伴い、また平安期の氏神祭祀が「二月・四月・十一月」に行なわれるとされているように、共同体による農耕儀礼の伝統をひいてもいる。しかし、系譜上の祖から転成した観念的「祖先」に対する信仰を中核とする点において、氏神祭祀は本質的には、共同体による祭祀機能とは（在地の神、および共同体首長霊に対するものの双方を含めて）質を異にし、それとは一応断ち切れたところで純粋に人間集団としての氏《ウヂ》に関わって成立してくるといえよう。

先に(ロ)の史料をめぐって、それが国家的祭祀への参会とは区別された私的祭祀であることを明らかにしたが、(イ)および(ニ)〜(ヘ)の史料をも併せ考えると、その私的祭祀の中に、在地の共同体の神（鴨大神）に対する祭とは区別された「私」の氏神祭りがあったことになる。すなわち、ここには二通りの「私」の概念がみとめられ、後者の「私氏神」の「私」は、共同体的機能に直接に依拠しないという意味での「私」であった。

さて、吉田孝氏は、日本の古代における「公地公民」の概念を手がかりとして、①中国律令の背景には、共同体の解体、小家族の成立に伴う「公と私との分裂」があり、それをうけて律令の「公」は公共性の理念を担った「官」としてあらわれ、「私」は「民」を意味するものとなっていること、②それに対して、日本でも律令法の規定としては、中国律令をうけて「公」=「官」、「私」=「民」の関係が成立しているが、古代社会で現実に機能していたのは、「公と私との分離を前提としない」、共同体と即自的な「公」であったこと、③それは日本の古代国家が共同体をそのまま統合した体制（オホヤケ）として成立したことを意味し、王臣家・寺家等の開墾・囲い込みによる共同体の侵食を通じて日本古代の「私」の萌芽が成立してくること、を明らかにされた(7)。

右の吉田氏の所論をふまえて考えると、本来、共同体首長層の政治的結集体として存在した氏《ウヂ》が、そうした在地性を喪失し、人間集団としての純化を遂げてくるに伴って、「私」の氏神観念を成立させたことは、日本の古代における「公」と「私」の在り方を考える上でもきわめて興味深い問題を提起するといえよう。すなわち、共同体的所有から分離したものとしての私有の成立は、土地についていえば、天平十五年（七四三）の墾田永年私財法を画期としてみとめられるのであるが(8)、そうした私有の主体として、すなわち自らを「私」として明確化した集団として最初にたちあらわれるのが、共同体の解体の中から成立してくる家族ではなく、また貴族層の未熟な「家」（王臣家）そのものでもなく、共同体首長層の政治的族組織が転化変質したものとしての二次的氏《ウヂ》であった、という点が注目されるのである(9)

（ここで二次的というのは、その内部に上記の未熟な「家」々を含み込んだものとなっていることによる）。

したがって、この「私氏神」における「私」は、その主体が共同体首長層の組織の直接的転化物であるということに規定されて、まだ共同体のカゲをひきずっている。純粋に私的な世界である「家」の連合体としての「世＝ヲホヤケ」の観念、すなわち中国律令にあっては、すでに当然の前提にされていたような「公」と「私」の関係が明確に出てくるのは、大隅和雄氏が『愚管抄』の分析を通じて明らかにされたように、平安末期のことであった(10)。その場合、「世トハ人ヲ申也。ソノ人ニトリテ世トイワルル方ハヲホヤケ道理トテ、国ノマツリコトニカヽリテ善悪ヲサダムルヲ世トハ申也。人ト申ハ、世ノマツリコトニモノゾマズ、スベテ一切ノ諸人ノ家ノ内マデヲヲダシクアハレム方ノマツリコトヲ、又人トハ申ナリ」（『愚管抄』巻七）とあるように、「私」を体現して「家」と「世」（公）を結ぶのは「人」（家長）である。こうした「人」には「国王ヨリハジメテアヤシノ民マテ侍ルゾカシ」とする観念は、氏《ウヂ》が首長層のみの組織であった点とひき比べてきわめて興味深いものがあるが、しかし同時に、そこでは、家長以外の者は「家ノ内」の者として家長が「ヲダシクアハレム」べき存在にすぎない、という点も見落してはならない。そうしたものが「人」という普遍的名辞で観念されて怪しまれないところに、「私」＝「家」におおわれた世界の成立を如実にみてとることができよう。

註

（1）『類聚三代格』巻十九、禁制事。
（2）『古事記』神代巻大国主神裔段に「此之阿遅鉏高日子根神者、今謂二迦《カ》毛《モノ》大御《オホミ》神《カミ》一者也」とある。「古事記伝」『本居宣長全集』九、筑摩書房、一九六八年、五〇四頁参照。
（3）第一章註（78）参照。
（4）第三編第二章註（31）参照。

(5) 大伴氏の系譜である「古屋家家譜」には「天押日命……山城国葛野郡伴氏神社是也」とある（佐伯有清『新撰姓氏録の研究』考証篇第三、吉川弘文館、一九八二年、一〇八頁、参照）。

(6) 後世的な意味でのいわゆる祖先祭祀の風が、仏教・儒教の受容を経て次第に平安期以降明確な形をとって成立してくる過程については、田中久夫『祖先祭祀の研究』弘文堂、一九七八年、参照。

(7) 吉田孝『律令国家と古代の社会』Ｉ―五「『公地公民』とは何か」、岩波書店、一九八三年。

(8) 伊藤循「日本古代における私的土地所有形成の特質」『日本史研究』二二五、一九八一年。

(9) 河音能平氏は、八世紀中期以降を旧来の共同体の生産の拠りどころとしての自然神の変革期としてとらえ、仏教の受容による在地の神々の神身離脱の動きと併せて、「私氏神」の成立に注目し、次のように述べておられる。

「私祭礼」……などの正倉院文書は「氏神」が「私氏神」として宝亀年間に歴史的に現れることを示しており、この時期になって富豪層（家長的大経営者）が自らの「神」を要求するに到ったことを示している。ここに従来の自然神としての神が大きく変革をせまられるにいたった事情をよみとることができるだろう（「若狭国鎮守一二宮縁起の成立――中世成立期国衙の歴史的性格究明のために――」『八代学院大学紀要』一、一九七〇年、第Ⅳ章注⑦）。

氏神が「私氏神」として出現することを共同体の解体の過程と結びつけて理解されることに異論はないが、この「私」を富豪層と直結される点には従えない。宝亀年間以降の「氏神」の明確な成立は、正倉院文書に示されるような小豪族から、中央の大貴族（藤原良継の「其氏神」――宝亀八年（七七七）――が初見）にまで通じる現象であり、富豪層による自らの「神」の要求、としてのみでは理解し得ない。私有の成立への動きを根底に持ちつつ、その主体がまず氏集団《ウヂ》としてしか自らを表現し得なかったこと、すなわち、「庶人宅神祭」と「私氏神」の分化併存にこそ、日本古代における「私」成立の独自の在り様を見出すことができよう。

(10) 大隅和雄「愚管抄における『家』の観念」『季刊日本思想史』1、一九七六年。

まとめと展望

本編では梅宮社・平野社・春日社という、八世紀から九世紀前半にかけて成立した三つの著名な氏神社について考察し、氏神の成立過程および氏神成立の持つ意味を明らかにした。

氏《ウヂ》による神祭りは古くから行なわれていたが、それは、共同体の首長がとり行なう在地に根づいた神祭り、ないしはそうした在地の祭祀を集約再編したものとしての国家的祭祀を氏《ウヂ》の族長が主るという意味においてであった。こうした神祭りは、氏《ウヂ》の結集と存続を支える一つの現実的な基礎ではあったが、本質的には共同体の祭祀機能と相即的な、土地の神に対する信仰であって、厳密な意味での氏神ではない。

八世紀以降、氏《ウヂ》が在地性を喪失し（すなわち、共同体首長層の政治的結集体そのものとしての性格から脱して）、律令国家の官僚制支配機構に依拠した存在となっていく過程は、同時に、そうした官職の父系継承を主要な軸として、氏《ウヂ》が父系出自集団化していく過程でもあった。氏神は、こうして成立する人間集団の精神的紐帯・守護神として、「私氏神」として登場する。ここに、共同体から分離したものとしての「私」集団の、日本の古代における最初の明確な出現を見てとることができよう。

九世紀半ばに天皇との外戚関係をテコに橘氏氏神としての地位を確立した梅宮社は、直接には橘氏の外氏にあたる人間によって祀りつがれてきた神を前身とし、その神恵の対象に「内外氏人」を含む。さらにこれに先立つ八世紀末に同じく天皇との外戚関係をテコに成立した平野社の場合には、当初は外戚神ではなく皇室の守護神そのものとして成立し、後に、梅宮社の成立と軌を一にして外戚神化を遂げる。その背後にあったのは、八世紀末から九世紀前半にかけての、氏《ウヂ》の結合原理の決定的転換（両属性→父系）であった。伊勢神宮についても、それがたんなる『記』『紀』神話中の皇祖神たることから脱して、皇室の「祖先」としての位置づけを獲得するに至るのはこの段階のことである。

一方、こうした一般的な氏神成立の動きに先立って、藤原氏はすでに八世紀段階において氏神信仰を成立させている。それは男女子成員双方の子孫の「家」々の繁栄を祈願内容として含んでおり、もっぱら律令制官僚機構に依拠しての発展をとげた藤原氏にあっては、両属性原理に基づきつつ先駆的に氏神信仰による「家」々の結集を図らねばならなかったことを物語る。

さて、成立した氏神は、具体的神格としてはそれぞれの氏《ウヂ》の系譜上の始祖にあたる神を中核として、それにヒメ神、および何らかの意味で在地での宗教上の信仰の対象となっていた神を併祀する形をとっている。藤原氏についていえば、八世紀段階での鹿嶋・香取の神を迎えての神祭りに、後から系譜上の祖たるアメノコヤネおよびヒメ神が併せ祀られ春日社が成立した。すなわち、宗教上の神の併祀を支えとして系譜上の祖の宗教神化がすすめられ、祖先神崇拝としての氏神信仰が成立したのである。さらにその前提としては、「祖先」自体の成立の過程、すなわち系譜上の始祖が出自上の祖先としての内実を備えてくる過程があった（第三編参照）。

以上、本編で貴族社会における狭義の氏神信仰の成立過程を追究する中から明らかになった、八世紀末〜九世紀前半における「祖先」神崇拝の成立は、広義の祖霊信仰の流れの中でいかなる歴史的意義を有するのだろうか。

系譜上の神話的始祖に対する神祭りの動きはすでに八世紀前半に認められるが、それは具体的な古墳と結びついた共同体首長霊に対する伝統的な信仰とは別個に独自の発展の途をたどり、上記の意味での「祖先」神化をなし遂げた。

豊穣をもたらす自然の力への崇拝と結びついて存在していた（したがって、本来、特定の一人の祖に収斂する必然性を持たない）伝統的な祖霊信仰は、貴豪族層においては、前者の要素を欠落させた個々の霊の問題として、ひとまず仏教に吸収されていく。したがって、古代の氏神信仰の内容をなす「祖先」神崇拝は、中世以降の、祖霊崇拝と相即的な意味での祖先崇拝の一つの重要な前提ではあったが、それとは明確に質を異にするといわねばならない。

中世以降の「家」の祖先崇拝は、その「家」の発展の基を築いた特定の具体的・現実的祖の祖霊に対する信仰を内容とし、一族の拠点たるヤシキ地と不可分に結びついて存在する。それは、①古代の氏神信仰にみられた、系譜上（→出自上）の特定の祖に対する信仰、②仏教の洗礼を経た（個々の霊に関わる）祖霊信仰、③土地と結びついた（自然の霊力に対する）伝統的信仰、の統合の上に成立したものといえよう（こうした「家」の祖先崇拝の成立により、中世以降の「氏神」は次第にいわゆる鎮守の同義語となっていくのである）。この場合、同じく土地との結びつきとはいっても、かつての氏《ウヂ》による（氏神以前の）神祭りが共同体の占める大地そのものに根ざしていたのに対し、ここでは、私有の拠点としてのヤシキ地との結合である点に、「家」の祖先崇拝の本質が如実に示されている。この決定的転化のためには、いったん在地から分離して人間集団としての純化を遂げた二次的氏《ウヂ》（未熟な「家」々の結集）による、氏神＝「祖先」神信仰の成立を不可欠の前提としたのである。

従来、祖先崇拝は古来からの普遍的伝統とされ、穀霊信仰と結びついて日本人の神祭りの根元をなすものとも考えられている。しかし、そもそも「祖先」の成立自体が一つの歴史的産物であり、いわゆる祖先崇拝とされるものの中にも時代による決定的な質の変化があった。それを明らかにしていくことは、日本社会の特質をなすといわれる「家」の歴史的相対化を真になし遂げていくためにも不可欠の作業の一つとなるであろう。

第三編 氏《ウヂ》と系譜

問題の所在

古代の氏《ウヂ》にとって、系譜伝承はその氏《ウヂ》の存立のカナメをなす何よりも重要なものであった。そこには、始祖の名と、その始祖に関わる氏《ウヂ》の職掌の世襲の由来と、同族からの別れの次第が内容として含まれている。九世紀初めにこうした系譜伝承を集大成して成立したのが『新撰姓氏録』であり、そこでは京畿内の「一千一百八十二氏」が大きく皇別・神別・諸蕃の三グループに分類され、各々の氏《ウヂ》の出自が記されている。そこから従来、この『姓氏録』を分析の素材として、さまざまに同祖関係の考察がなされてきてもいるのだが、はたして、『姓氏録』に示されるような出自構造は氏《ウヂ》の組織にとって本来的なものであろうか。出自と系譜とは、通常考えられているように相即的なものであろうか。

『姓氏録』の構造分析からは、同祖系譜相互間の整然とした体系性が明らかに読みとれる。こうした体系性が氏族系譜の歴史の上で本来的なものか後次的なものかについては議論がわかれているが、後者の説に立つ場合にも、そこで指摘されているのは八世紀初段階の『古事記』『日本書紀』(以下、『記』『紀』と略称)にみえる系譜伝承との内容的異同、その間の整備再編過程であって、系譜作成の原理そのものの質的変化は問題とされていない。古代の氏《ウヂ》は、始祖からの職掌の世襲という観念を最も強固な観念的支柱として結集している。従来、その場合の「始祖」は系譜上(『姓氏録』段階にせよ、それ以前にせよ)の始祖と同一視されて何らあやしまれていないが、実はこの両者はしばしば一致しない。これは、「出自=系譜」を自明の所与の前提として受け取り分析するのではなく、それ自体の形成の過程、不一致の背後にあるものを明らかにする必要があることを示唆する。

右の課題にこたえるために、本編では、『記』『紀』、『姓氏録』の体系をはなれ、個々の古系譜の分析を行なう。古系譜とはいっても、その作成年次、書写過程の確かさ等からみて、綿密な分析にたえ得る系譜はごく少ない。ここでは、五世紀末から九世紀半ばにかけての、稲荷山鉄剣銘文、『上宮記』系譜、「山の上碑」、遊部伝承、『和気系図』、『海部系図』等をとり上げる。その中でも考察の中心となるのは、現存最古の竪系図であり、系図作成の背後の事情を詳細にしることのできる『和気系図』である。同系図の成立過程の分析からは、同族関係を有機的に含みこんだ系譜の構造、体系的同祖関係形成に至る諸段階、その間での系図形式の変遷等が明らかとなる（第一章）。また、こうした構造を持つ『和気系図』と、それ以前の古系譜との質的相違の考察からは、系譜作成原理自体の変質の過程、さらには、社会的出自概念そのものの形成の過程が明らかとなる（第二章）。このことは、母系出自から父系出自への変化といった次元ではなく、系譜作成の原理そのものに眼をすえての系譜分析、そこから系譜の虚構性の背後にあるものを見通していくことの必要性を物語る（第三章）。また系図形式の変遷を通じては、五・六世紀から九世紀にかけての同族意識の変容、およびその中から「家」の成立へ向けての新たな系譜意識の芽生えがうかがえ、朝鮮の系譜との対比からも、日本古代の氏《ウヂ》に固有の系譜観念の特質がうかびあがってくるのである（第四章）。

右に述べたところから明らかなように、本編で考察の対象とするのは、その社会において系譜として語られ明示されたものの特質であって、親族・出自に関わる個々の断片的な記載から（研究者によって）復元される、いわゆる系譜関係の内容についてではない。従来の氏族系譜研究の多くは、この両者の区別を曖昧にしたままで実質的には後者の研究がなされているが、ここでは一応両者を厳密に区別した上で、狭義の「系譜」の形式の分析から系譜意識の在り様を明らかにし、そのことによって、日本古代の氏《ウヂ》の特質と形成・変容の過程を浮彫にしたい。

第一章　古代系譜の構造

――『和気系図』の分析を通じて――

はじめに

『三代実録』貞観八年（八六六）十月戊戌条には次の如き改姓記事が載せられている。

讃岐国那珂郡人因支首秋主、同姓道麿、宅主、多度郡人因支首純雄、同姓国益、巨足、男縄、文武、陶道等九人、賜二姓和気公一。其先、武国凝別皇子之苗裔也。

これは正史に数多く見出される改賜姓史料の一つにすぎないが、たまたまこの改姓申請の背景を示す史料がいくつか残されている。その第一は『平安遺文』一―一五二号に収められた貞観九年（八六七）の「讃岐国司解」であり、第二が本章で主な考察の対象とする『和気系図』である。

『三代実録』にはきわめて多数の改姓記事が載せられているが、そのほとんどが右と同じく、改姓の結果を簡潔に述べた後に出自を記すというパターンであって、それ以上の事情は何もうかがい知ることができない。しかし後述の如く、当時の改姓申請に際しては、その氏《ウヂ》の伝承を細かく記した家牒等の類と系図を付すのが例であり、申請が認められるためには、それなりに（当時の観念に即しての）厳密な証明が必要とされていた。因支首から和気公への改姓は、改姓申請に伴うこうした史料と、結果としての改姓記事の両方を対比して見ることのできる稀有の例に属する。したがって因支首氏の改姓をめぐる諸史料の検討から明らかになる氏族系譜の構造の特質は、実はこうした正史の改姓記事しか残さない諸多の氏《ウヂ》についてもあてはまるものと考えられ、そこから「其先……也」という形で示される出自伝承の歴史的性格も如実に浮かび上ってくるであろう。

第一節　改姓をめぐって

――「讃岐国司解」より――

まずはじめに貞観九年（八六七）の日付を持つ「讃岐国司解」によって、因支首の改姓の経過の概要をたどり、氏族系譜の特質をさぐる上でそこにどのような問題点が含まれているのかを明らかにしておきたい。

1　改姓の経過

「此国解准ニ太守告一更不レ出之」
「改姓人(2)夾名勘録進上、許《コ》礼《レ》波《ハ》奈《ナ》世《セ》無《ム》爾《ニ》加《カ》(1)、官《ツカサ》爾《ニ》末《マ》之《シ》多《タ》末《マ》波《ハ》無《ム》、見《ミ》太《タ》末《マ》不《フ》波《ハ》可《カ》利《リ》止《ト》奈《ナ》毛《モ》お《オ》毛《モ》ふ《フ》、抑《ソモソモ》 刑大史乃《ノ》多《タ》末《マ》
比《ヒ》天《テ》下之《クタス》以出賜い《イ》と《ト》与《ヨ》可《カ》良《ラ》無《ム》。　　有年申」
讃岐国司解　申言上改姓人事
　合陸烟　並為ニ和気公一

那珂郡参烟

因支首道麻呂男弐人　道麻呂弟一人

一男宅成

児広雄

次福雄

児綿子女

次広成女

次時成女

二男宅麻呂無児

因支首宅主男弐人　道磨(ママ)弟

一男秋吉

児秋主

二男秋継

児秋益

次玉成女

因支首金布無児

多度郡参烟

因支首国益男肆人　国益弟一人

一男末総
児高主
児岑成
二男総持
児浄貞
児安宗
次安道
三男持成
児純雄
児岑雄
次得雄
次生雄無児
次宗雄
児秋雄
四男浄生
児富永
因支首男綱男弐人
一男稲村

二男渠成
児黒人
次黒成
因支首臣足男弐人　国益従父弟
一男常主
児真門
次貞野
二男常吉
児貞村

右、被㆓民部省去貞観八年十一月四日符㆒偁、太政官去十月廿七日符偁、得㆓彼国解㆒偁、管那珂・多度郡司解状偁、秋主等解状偁、謹案㆓太政官去大同二年三月廿三日符㆒偁、右大臣宣。奉㆑ 勅、諸氏雑姓概多㆓錯謬㆒。或宗異姓同、本源難㆑弁、或嫌㆑賤仮㆑貴、枝派無㆑別。此而不㆑正、豈称㆓実録㆒、撰定之後何更刊改。宜㆘検㆓故記㆒、請㆓改姓㆒輩、限㆓今年内㆒任令㆖㆓申畢㆒者、諸国承知、依㆑宣行㆑之者、国依㆓符旨㆒、下㆓知諸郡㆒。爰祖父国益道麻呂等、検㆓拠実録㆒進㆓本系帳㆒、并請㆓改姓状㆒。復案㆓旧跡㆒、依㆓太政官延暦十八年十二月廿九日符旨㆒、共㆓伊予別公等㆒、具注㆘為㆓同宗㆒之由㆖、即十九年七月十日進上之矣。而報符未㆑下、祖耶已没。秋主等幸荷㆓継絶之恩 勅㆒、久悲㆓素情之未㆑允。加以因支両字、義理無㆑憑、別公本姓亦渉㆓忌諱㆒。当今 聖明照臨、昆虫霑㆑ 恩。望請、幸被㆓言上㆒、忍尾五世孫少初位上身之苗裔在㆓此部㆒者、皆拠㆓元祖所㆑封郡名㆒、賜㆓和気公姓㆒、将貽㆓栄于後代㆒者。郡司引㆓検旧記㆒、所㆑申有㆑道。仍請㆓国裁㆒者、国司覆審、所㆑陳不㆑虚、謹請㆓官裁㆒者、右大臣宣。奉㆑ 勅、依㆑請者、省宜㆓承知、依㆑宣行㆒

者、国宜二承知一、依レ件行レ之者、具録下于預二改姓一之人等夾名上、言上如レ件。謹解。

貞観九年二月十六日正六位上行大目秦忌寸「安統」

参議右衛門督正四位下兼行守藤原朝臣在京　従五位下行左近衛将監兼権掾藤原朝臣在京

皇太后宮大夫従四位上兼行権守藤原朝臣在京　従六位上行掾高階真人

主殿頭従五位上兼行権介当麻真人在京　正六位上行権大目土師宿禰

従五位下行介藤原朝臣「有年」　正六位下行少目阿岐奈臣

（振カナ・返り点・読点、義江）

右の解状、およびはじめにあげた貞観八年の改姓記事より判明する改姓の経過は左の如くである。まず、因支首秋主等の祖父の世代にあたる国益・道麻呂等は、「改姓を請う輩は今年内に申請せよ」との大同二年（八〇七）三月廿三日官符をうけて、実録によって本系帳を進め、改姓されんことを請うた。またすでにこれ以前、（諸氏に本系帳の提出を命じた）延暦十八年（七九九）十二月廿九日の官符の旨にそって、伊予別公等とともに同宗の由を注して（本系帳を）延暦十九年（八〇〇）七月十日に進上している。ところが国益等は報符の至らないうちに没したので、あとを継いだ秋主等が和気公への改姓を求める解状を郡に提出し、所管の那珂・多度両郡司が旧記を検じて申請が道理にかなっている旨の解状を国に進め、国司がさらに審査した上で官裁を請うた。貞観八年十月廿七日（戊戌）、彼らの申請は認められて、秋主等は和気公の姓を賜わった（「はじめに」であげた『三代実録』同日条）。この改賜姓を認める勅を奉じた同日付の官符が民部省に対して出され、これをうけた同年十一月四日の民部省符によって、国が具体的に現時点で改姓に預る人々の夾名を（戸籍にのっとって）録して言上せんとしたのがこの「讃岐国司解」である。

ただし、この解状は実際には差し出されなかったようであり、そのことと解状の袖部分に記された「刑大史云々」

の追筆との関係、および改姓記事にみえる人名とこの改姓人夾名にみえる人名との異同をめぐる問題等については、すでに佐伯有清氏が適確に解明しておられるので(3)、佐伯氏の研究を参照されたい。

2 族長位の継承

さて、右の解状には氏族系譜の特質をうかがう上できわめて興味深い論点が豊富に含まれているが、ここでは次の諸点に注目しておきたい。

①本系帳を添えて改姓申請がなされている。
②その裁許にあたっては「故記」「旧記」の引検が必須とされている。
③延暦十九年の本系帳は、同宗の由を注して、伊予別公等とともに提出されている。
④大同二年官符によれば、錯謬の具体例として異宗同姓があげられている。
⑤祖父等の没後、継絶の恩勅を荷った秋主等が更めて改姓申請を行なっている。
⑥彼らはそれまで負っていた因支首の姓を、義理憑るなし、としている。
⑦『三代実録』の改姓記事に「武国凝別皇子之苗裔也」とあるのに対して、ここでは「忍尾五世孫少初位上身之苗裔」と称している。
⑧和気公の姓は元祖が封じられた郡名によるものであり、この改姓によって栄えを後代に貽《のこ》さん、と述べている。

右記の諸点のうち①〜④は相互に密接に関連しあっていると思われるのであるが、これらの諸点の検討に入る前に、まず⑤の秋主等の改姓申請の意味についてみておきたい。

解状によれば、祖父の世代の国益・道麻呂等が（おそらく大同二年（八〇七）に）最初の改姓申請をして、認められないままに没した後、いつの時点でかは不明だが秋主等が再度の申請をなし、貞観八年（八六六）に至ってようやく認められた。ここで問題としたいのは、秋主等が「祖耶」（国益・道麻呂等）の没後、「幸いに継絶の恩　勅を荷い」と述べていることである。これは具体的には何を意味しているのだろうか。この部分にひき続いて「久しく素情（改姓の希望）の未だ允たざることを悲しみ」更めて改姓申請を行なう、と述べていることよりみて、この「継絶」とは、祖父等の改姓申請をひきつぐことをいったものではない。ここに「恩勅」とあることから想起されるのは、継嗣令2継嗣条の「其氏宗（大宝令では氏上）者聴レ勅」との規定である。「継絶の恩勅」とは、秋主が因支首氏の族長位の継承者であり、そのことを勅によって認められたことをさしていったものであろう。『三代実録』の改姓記事で秋主が筆頭に記されていることもこれと対応する。最初の改姓申請は「国益・道麻呂等」が行なったとあり、後述の略系図より見ても、このときの族長は国益であったと思われる。とするならば、かなりに遠い傍系親間で、二郡にわたって（国益等は多度郡、秋主等は那珂郡）族長位継承がなされていることになる。[4] こうした継承の在り方こそが「恩勅」による承認を必要とさせたのである。

右のように考えてよいとするならば、これは「氏上」継承についての貴重な一史料ということができよう。従来、「氏上」については、令制下で「氏上」を定めて正式に官に登録する「氏」とは、カバネでいえば忌寸以上、官位でいえばほぼ五位以上の官人を出し得る畿内の貴族層であった、と考えられており、「国造・郡司クラスの地方豪族は『氏』の中にはいらないのが、一般の用語例」[5]とされている。しかし、この解状によるならば、広く地方の中小豪族層についても、各氏《ウヂ》ごとに勅による族長位継承のなされていたことが確認できるのである。「氏上」の称はともかくとして、『令集解』継嗣条「古記」のいう「諸氏上者、必勅定給。不レ論二嫡庶一」の中には、実質的にはこうした雑多な氏《ウヂ》も含まれていたと考えるべきであろう。九世紀、因支首氏の如き地方小氏族(6)もこうした形で直接に天皇と結びついていたのである。

地方小氏族と天皇との直接的結びつきは、一方ではこのような「恩勅」による族長位継承および改賜姓という形での現実的なものであると同時に、また他方では系譜を通じて伝承上での結びつきを持っていた。その際にこの伝承上での結びつきは、各氏族が個々バラバラに天皇（大王）と結合されるのではなく、体系的な同祖系譜の一環に組み込まれることではじめて成り立っていた。こうした氏族系譜の体系性については、近年の溝口睦子氏の精力的研究(7)により明瞭になりつつあるが、ここでは因支首氏の事例に即して、解状の①〜④の諸点の検討を通じて具体的に見ていくこととしたい。

3　改姓申請と本系帳

③の部分によると、因支首氏は諸氏に本系帳の提出を命じた延暦十八年（七九九）官符の旨に応じて、伊予別公等とともに「同宗の由」を注して翌十九年（八〇〇）に本系帳を進上した。この「延暦十八年十二月廿九日符旨」の内容は、『日本後紀』同日（戊戌）条によれば左の如くである。

勅。天下臣民、氏族已衆。或源同流別、或宗異姓同。欲レ拠二譜牒一多経二改易一、至レ検二籍帳一、難レ弁二本枝一。宜下布二告天下一、令上レ進二本系帳一。三韓諸蕃亦同。但令レ載二始祖及別祖等名一、勿レ列二枝流并継嗣歴名一。若元出二于貴族之別一者、宜下取二宗中長者署一申上レ之。凡厥氏姓、擧多二仮濫一。宜レ在二確実一、勿レ容二詐冒一。来年八月卅日以前、惣令二進了一、便編入録。如事違二故記一、及過二厳程一者、宜下原レ情科処、永勿中入録上。凡庸之徒、惣集為レ巻、冠蓋之族、聴二別成レ軸焉。

因支首が伊予別公等と同宗の由を注したというのは、右の勅にいう「取二宗中長者署一申」にあたる。すなわち讃岐国の那賀・多度両郡に広がる因支首氏は、伊予国の伊予別公と同宗関係にあったが、宗中長者たる伊予別公氏の族長の証明によってはじめてその系譜伝承は公認され、景行天皇――武国凝別皇子の苗裔たること（「元出二于貴族之別一」）を主張することができたのである。

また、伊予別公等とともに本系帳を進上したというのは、右の勅の「凡庸之徒、惣集為レ巻」にあたり、伊予別公を中心とする同祖氏族が相寄って一巻の本系帳を編成して提出したことをさしている。これはたんに数種を寄せ集めて一巻としたということではない。溝口氏が明らかにされたような同祖氏族間での系譜の共有という仕組みがその基礎にあったのであり、そのことは次節以下の『和気系図』の具体的分析からも裏づけられる。①の部分によれば因支首は本系帳を添えて改姓申請を行なっているが、その本系帳とは、因支首氏固有の伝承のみならず、同祖関係にある氏《ウヂ》の系譜伝承をも含み込んだものだったのである。

一般的にも、改姓申請に際して家譜・家記・本系帳の類がひかれ、また宗中長者の有する家記等によって枝流の氏《ウヂ》の主張が裏づけられる、という事例は当時（九世紀）において広く見出される(8)。そこで宗中長者が証明しているのは枝流の氏《ウヂ》の伝承との共通部分、すなわち、共通の始祖およびそこからの別れ（別祖）に関わる伝承をめぐってである。

なぜ同祖関係の証明がそれほどに重要視されたのか。それは、④の部分に明らかなように、「宗異姓同」は錯謬である、いいかえれば同姓のものは本来は同宗のはずであり、さらに一歩進んで同宗であることが証明されれば同姓とされてしかるべき、という理念が当時存在していたからである。因支首も、伊予別公と同宗の由を注して言上することによって、はじめて自分たちの本姓が「別公」であることを主張できたのであった。しかし、こうした同宗の氏《ウヂ》は同姓たるべし、とする理念、すなわち、もっぱら出自によって姓が定まるという理念は古来からのものであろうか。

②の部分に明らかなように、改姓申請をなすにあたっては本系帳の提出、宗中長者の証明とあわせて、故記、旧記の名で呼ばれる古記録の引検がなされている。この古記・故記・旧記の類が具体的に何をさすのかについては諸説があるが、[9] ここでは『姓氏録』以前の氏族系譜に関わる記録類をさす、という点だけを確認しておきたい。ここで重要なことは、熊谷公男氏が明確にされているように、ある氏《ウヂ》の主張する伝承が公認されるに際しては、古記録との照合・一致が重要な要件としてめざされてはいたが、実際には矛盾することが多く、その場合には当代の宗中長者の承認が決定的であった、ということである。[10] これは、同祖の氏《ウヂ》の間で系譜伝承を共有するという構造そのものはかなりに古くからのものであるが、具体的な同祖関係そのものは常に現実に対応して新たに形成され直していたこと、にもかかわらず、そうした現実から出発して作られる系譜が当時の人々によっては古来から不変であるはずのものと観念されていたこと、を意味する。

因支首の場合、先にあげた解状の⑥〜⑧の諸点が、こうした現実に対応しての同祖関係の変容と関わっている。しかしこれについては、改姓の背景を示すもう一つのより重要な史料たる『和気系図』の分析を行なった上で、再度とり上げることとしたい。

第二節　『和気系図』にみる同祖関係

1　系図の概要

ここでとり上げようとする『和気系図』は、『円珍俗姓系図』ともいい、平安前期に作成された、竪系図としては我国で現存最古の貴重な史料である。原本は現在、国宝に指定されており、七紙を貼りついで横二九・四センチ、縦三二三・三センチの一巻とし、そこに長大な竪系図が記されている。[11] この系図については佐伯氏の綿密な解読・紹介があり、系図作成をめぐる全般的な背景や問題点についてもそこでほぼ明らかにされているが、[12] きわめて貴重な内容を豊富に含むにもかかわらず、内容に立ち入っての分析は、大倉粂馬氏[13]・佐伯氏以外、これまでほとんどなされていない。[14] しかし本系図は書写年代が確定できる古系図として系譜研究の第一級史料であり、これを丹念に見ていくことによって以下に述べるように、従来は注目されていなかったさまざまの氏族系譜の構造上の特質を明らかにすることができる。ここではまず本論に入る前に、佐伯氏の研究をも参照して、全体の理解に必要な限りでの若干の説明を加えておくことにしたい。

天台宗寺門派の祖たる円珍（智証大師）は、伝には「俗姓和気公」とあるが、[15] 本来の姓は因支首であり、貞観八年に因支首の一族が和気公に改姓されることによって和気公姓となったのである。前に述べたように、因支首の改姓の希望は、大同二年（八〇七）に最初の申請がなされてから貞観八年（八六六）にそれが認められるまで六〇年の歳月を要しているが、貞観に至って彼らの久しい願いがきとどけられた背景には、この円珍の力が預って大きかったものと思われる。[16] 改姓人の夾名を録した「讃岐国司解」（前掲）の筆頭に記されている宅成が円珍の父であり、その次に「児広雄」とあるのが円珍自身のことである。

さて円珍は因支首→和気公への改姓、およびその背景となる因支首の出自の記録に多大の関心を抱いていたらしく、まず承和の初めにこの系図を書写作成せしめ、後、諸種の史料を入手して、関連の系図をも参照し、必要な書き入れを行なった。[17] 第二紙の本系図の前に「□系図 未詳（抹消） 承和初従 家□□於円珍所□□」との書き入れがあり、続いて景行天皇から始まる長大な本系図の末尾は「子宅成―子得度也僧円珍」で終っている。全七紙のうち、はじめの第一紙に略系図が記され、第二紙以下の本系図部分がそこに貼りつがれて前記の書き入れがなされているので、「承和初」（八三四〜）の段階で、すでにそれ以前に存した系図を整理して円珍の世代までを書き加えて書写せしめ、それに後から略系図を付したものであろう。したがって「承和初」の書写とはいっても、本系図の部分の体系自体は承和よりも古い段階のものと考えてよい。それでは本系図ははたしてどのような構成になっており、いかなる特質がそこからうかがえるのか。以下、具体的に見ていくこととする。

この系図については佐伯氏が釈文を作成されており、本稿もいくつかの点を除きほぼ佐伯氏の解読に従っている。ただし、原本はかなりに複雑長大な竪系図であるので、佐伯氏は紙幅の関係で横系図に書き改めて紹介されたのであるが、私見によればその複雑な系線の引き方に考察のポイントが存するので、ここでは煩をいとわずになるべく原本の体裁を忠実に表現し得るようにつとめて図を作成した[18]（別図参照）。

さてこの系図で注目される点は多々あるが、ここではまずその構成上の特色からうかがえる同祖関係について順次述べていくこととしたい。

2　讃岐公との関係――系図冒頭部より――

第一にとり上げるのは系図の冒頭の景行の皇子について記した部分である。景行天皇の皇子女二四人の名が二段にわけて列記され、円珍はそのうちの男子一七人についての出生順を数詞で書き入れている。因支首の始祖たる武国凝別皇子については「十二」とあるが、裏書き(19)によれば、『伊予別公系図』では武国王子は第七、神櫛王は第九、『天皇系図』では神櫛は第九、武国凝別は第十一、『日本書紀』では神櫛は第十一、武凝王は第十二であり、系図横の書き入れによれば、「讃岐朝臣解文」では神櫛皇子は第十郎とされている(20)。武国凝別皇子が景行の第何子にあたるかについて当時諸種の異伝があったのだが、円珍は『天皇系図』『日本書紀』等の公的書物の他に、伊予別公と讃岐朝臣の奉ずる伝承を参照している。また武国凝別皇子の下の系線の左右に「伊予国御村別君 讃岐国因支首等始祖」とあるので、伊予国御村別君とはもっとも直接的な同祖関係にあったことになる。すなわち、因支首は讃岐朝臣（公）、伊予別公・伊予国御村別君とそれぞれに何らかの密接な関係を有しており、この系図はこれらの諸氏の伝承との異同を念頭におきつつ作成されたものなのである。

そこでまず讃岐公についてであるが、同氏の先祖は敏達朝に讃岐国造の任にあったとされ、紗《さ》抜《ぬき》大押直→凡直→讃岐公（以上、延暦十年九月丙子条）→讃岐朝臣（承和三年三月戊午条）→和気朝臣（貞観六年八月辛未条）という氏姓の変遷をたどった氏《ウヂ》である。その始祖については、承和三年（八三六）の改姓記事に「……永直等遠祖、景行天皇第十皇子神櫛命也」とあり、書き入れに記すところと一致する。一方、系図の神櫛皇子の下には「讃岐公等祖（本姓凡直）」とある。ということはこの系図の冒頭部分は、凡直から讃岐公に改姓された延暦十年（七九一）以後、朝臣に改姓された承和三年以前に現在の形に最終的に書写作成されたものということになり、本系図の由来を記した「承和初……於円珍所」という第二紙冒頭の書き入れの内容と矛盾しない。それに対して、「貞観八年改為二和気公一」や「依二貞観八年十一月四日省符一……改為二和気公一」等の書き入れに明らかな如く、円珍は貞観八年（八六六）末以降に、系図冒頭部の作成後になされた重要な改姓についての記録を別筆で注記したのである。「讃岐朝臣解文……」との注記も、直接には貞観六年（八六四）の改姓に際して讃岐朝臣が提出した解文をさしていっているのであろう。

さて、系図冒頭部には景行の皇子一七人のうちの八人について「〇〇始祖」の注記があるが、そのうちで新旧両姓を併記する、すなわち、その改姓について本文で記すのはこの讃岐公についてだけなのである。ということは、冒頭部分を含む『和気系図』が書写作成された段階（延暦十〜承和三）で、因支首にとっては景行の諸皇子を祖とする広い意味での同祖氏族中でもとりわけこの神櫛皇子を祖とする讃岐公との関係が、武国凝別皇子を祖とする御村別君との関係にもまして重要であったことを意味していよう。

3　伊予別公と御村別

そこで次にこの「伊予国御村別君」と、裏書きでその系図との対比が記されている「伊予別公」との関係を見ていきたい。伊予別公は延暦十九年に因支首と同宗の由を記してともに本系帳をすすめた氏《ウヂ》であるが、『書紀』によれば、「伊予国御村別之始祖」は武国凝別皇子であるのに対し、「伊予別君之始祖」は日本武尊の子の十城別王である。[21]一方、系図をもう少したどっていくと、武国凝別皇子の子の水別命のラインに「佐久□別命之又名十城別命」というのが見える。

この間の事情について佐伯氏は、「もともと伊予別君氏と伊予御村別君氏とは同じ氏族であって十城別王を始祖として伝えていたのが、後世に十城別王を日本武尊の子とする系譜と、武国凝別皇子の孫とする系譜のように二つの異伝が生じたのではないか」とされる(22)。しかし同じく景行紀に載せられているとはいっても、一方は景行天皇の皇子女を列記した部分、他方は日本武尊をめぐる物語中に含まれており、明らかに異質の伝承である。両者は同じ氏族というよりもごく近い同族関係にある氏《ウヂ》だったのではないか。ところが延暦十九年（八〇〇）の本系帳提出に際しては、伊予別公は因支首と「同宗」とされている。同じく景行天皇の苗裔にあたるとはいえ、日本武尊の子の十城別王を始祖とする（『書紀』の）伊予別君を、武国凝別皇子を始祖とする因支首が「同宗」と称するということは当時の用語例からいって考えにくい(23)。したがってこのころまでに伊予別君と御村別の二つの系譜伝承は統合され、武国凝別皇子を始祖とする「伊予別君（公）(24)」が成立していたものであろう。十城別王（十城別命）を武国凝別皇子の子孫（佐久□別命の別名）とする『和気系図』の記載は、こうした異伝の統合と密接に関わると思われる（異質の系譜伝承を「又名」によって接合するのは系譜作成上のありふれたパターンである）。

以上のように考えるとすると、武国凝別皇子の下の系線右側に「伊予別公」ではなく「伊予国御村別君」とあることが問題となるが、これについては次節で冒頭部分の成立過程を詳しく論じる中で再度とり上げることとする。

溝口睦子氏は、『姓氏録』および個々の氏族系譜の検討を通じて、「日本の氏族系譜はその末端から中枢に至るまで、丁度一本の系統樹のようにきわめて組織的、体系的な形態をとっている」こと、「普通考える意味でのいわゆる個人の系譜は(5)の部分（一氏のみの単独の系譜部分のこと――義江）のみである。それ以外は全く他氏との共同系譜として存在している。しかも段階ごとに遡るにつれて共同の範囲が広くな」る、という構造を持つことを明らかにされた(25)。この氏族系譜の体系性、およびそれに基づく複数氏族の重層的系譜共有関係の指摘は、古代の氏族系譜の特質を把握する上でのきわめて重要なポイントをついたものである（ただし、溝口氏がこうした体系を、氏族系譜のつくられはじめから本来的にあったものとされる点には従えない。次節および次章参照）。

いまこの溝口説に導かれて『和気系図』をながめてみると、この冒頭部分は景行天皇の諸皇子につらなる広い意味での同祖グループの共有系譜部分ということになろう。ただし、共有とはいっても、その細かい所伝（第何子か等）については各氏《ウヂ》ごとに異なる伝承を保持していたことは前述の通りである。そしてこのうちの武国凝別皇子のみから系線をひいてはじまる次世代以降が、伊予別公（伊予別君＋御村別）と因支首に関わる共有系譜部分と推定される。それではこれらの系譜伝承は具体的にどのような形で系図上に表現されているのだろうか。

4　諸系譜の接合——系図上部より——

武国凝別皇子からひかれた系線の下を見ていくと、水別命と阿加佐乃別命の下にのみ、次の世代へ続く記載が見られる。

まず阿加佐乃別命の下を見ると、和尓乃別命以下七名の人名が二行にわけて記され、そのうちの六人について「一」から「六」の数詞が付されている。この数詞は、佐伯氏が明らかにされたように、円珍が他の史料を参照して世代を明らかにするために書き入れたものである[26]。そして和尓乃別命は阿加佐乃別命の下に記されてはいるが、系線の存在は明らかではなく、こうした二行にわけての列記ということからしてもこの部分が何らかの異質の史料に基づくことをうかがわせる。さらにこれに続いては、

忍尾
　真浄別君
命之　子忍尾[別]君之——

とあり、忍尾という人物について新たに書き起された形になっている。ここで忍尾別君の父とされる真浄別君（命）の名はその前に列記された七名の中には見当らず、これ以降は明確に系線でつながれた因支首氏の系図である。すなわち、この忍尾以降の記載とそれ以前との間には断絶があり、以前の部分が本来の因支首氏の系図部分であったかどうかについては重大な疑問がもたれるのである。

このことはもう一方の水別命のラインを見ていくことによって、よりいっそう明確になる。水別命の下は若干の空白部分をおいて「三津別命又名□之——」という形で系線による記載が続く。水別命の下にも系線があったかどうかは不明である。ところがこのラインをさらに見ていくと、□尼古乃別命の横にその母について三行にわたって記された注記の下に、唐突な形で「[此]別君之 子神子別命 次黒彦別命之——」という記載が続く。すなわちここにも明らかな断絶が認められるのであり、佐伯氏は「此別君之」は「『此れ別君の祖』という文の断片」かとされる。(27) この下に続く人名がいずれも「別君」の称を持つことからいって、この文言は、ここからが「別君系図」（仮称）の始まりであることを注記したものであろう。このように見てくると、水別命のラインの「此別君之……」と阿加佐乃別命のラインの「忍尾……」とは、ともにそれ以前の部分とはある種の断絶を持ちつつ、新たに書き起された形をとっており、系図の内容構成上で相応ずる重要な位置を占めていることがわかる。しかもこれに続く黒彦別命と忍尾[別]君、すなわち「別君系図」の始まりと「因支首系図」の始まりとは、『和気系図』全体の空間配置上でも、ほぼ横にそろう位置に記されているのである（考察の便宜のため、この各々を[1]①として以下の世代に数字を付した）。

さてそれでは水別命のラインの冒頭異質部分と阿加佐乃別命ラインの異質部分とは、各々どのような性格の史料なのか。両者は同一の史料によっているのだろうか。ここで注目したいのは「別命」と「乃別命・乃別君」の使いわけである。水別命ラインで、倭子乃別君・加祢古乃別君(4)以降の「別君系図」は見事に「○○乃別君」の表記で統一されている（若干の例外については後述）。それに対して冒頭の水別命から十城別命までは「○○別命」と表記され、「乃」を含まない。阿加佐乃別命ラインの方はというと、その異質冒頭部分は（円珍による数詞の世代注記に従えば）「○○乃別命」から「○○乃別君」へと推移しており、□思波以降の明確な因支首系図部分は「○○」という個人名のみの表記で統一されている。また水別命の世代では、阿加佐乃別命のみが「乃別命」の形をとっているのだが、左右の間隔のとり方からいって、阿加佐乃別命は津守別命と□女命の間の空白に強引に割り込んだ形で記載されている。さきに和尓乃別命以下七名の人名の列記部分を異質としたが、実は異質部分は阿加佐乃別命から始まっていたのであった(28)。そして、「乃」の有無をめぐる考察によれば、この阿加佐乃別命から忍乃別君の部分は、水別命ラインの冒頭異質部分とではなく、その下の「別君系図」の部分と親近性を有しているのである。

それでは水別命ラインの冒頭の○○別命で記される部分はどのような性格の史料か。すでに3で若干述べたが、佐久□別命の下に、「又名十城別命」とあることからみて、この部分こそが武国凝別皇子を始祖とする（『書紀』の）伊予国御村別の系図であり、「又名十城別命」を介して、十城別王を始祖とする伊予別君の系譜との接合がなされていると解されよう。その下に□尼古乃別命の名が続いていることからみて、先に「別君系図」と仮称しておいた、これ以下の「乃」の表記を特徴とする部分は伊予別君(↓公)の系図ということになる(29)。

ところが、この□尼古乃別命のすぐ下は既述の如く「此別君之□」となっていて、この間には省略があるらしい。この間の事情は次節で詳述するが、ここには本来は○○乃別命から○○乃別君へと推移する何世代分かの記載があっ

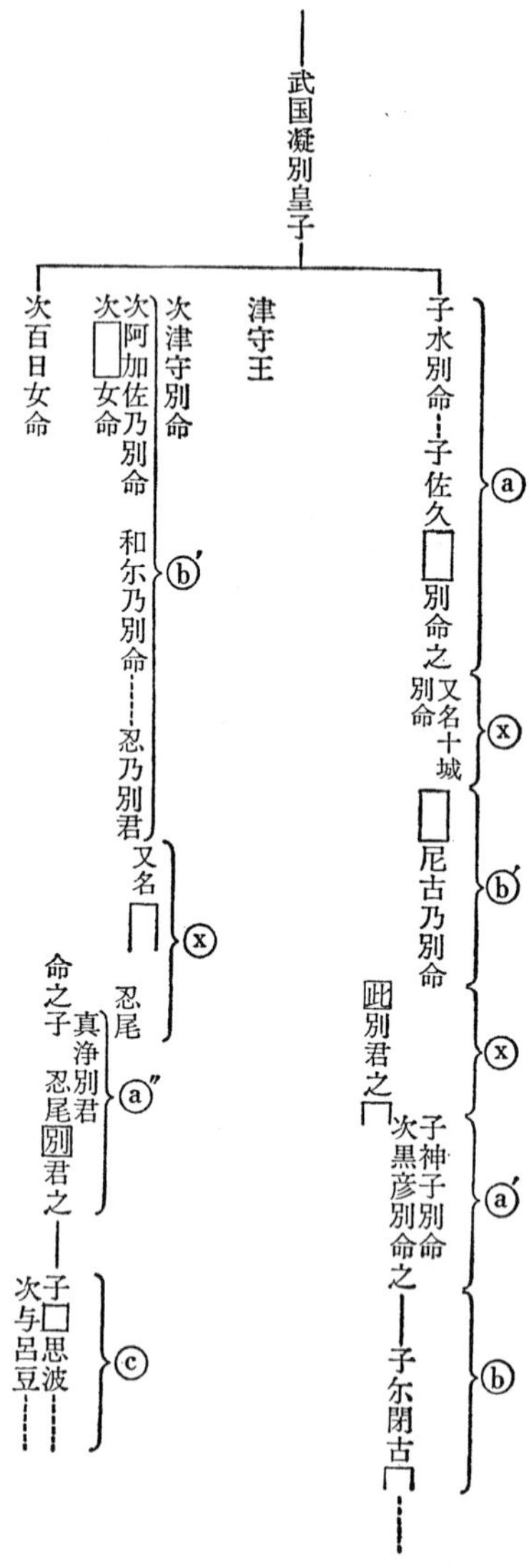

第12図　『和気系図』上部の成り立ち

たのではないか。そして、阿加佐乃別命ラインの「○○乃別命」→「○○乃別君」の推移を示す八名分の人名は、表記上ではこの省略された部分ともっとも親近性を有しているのである。水別命ラインの方では、この部分を最初の□尼古乃別命の下で断ち切って、以下を省略し、「御村別系図」との第二次の接合がなされた。それ故にこの部分の冒頭には、「御村別系図」のどこかに位置していたのであろう（「乃」を含まない）「神子別命・黒彦別命」の名がすえられたのである。これ以降は○○乃別君の表記を特色とする伊予別君（→公）の系図であり、「呲別君之□」の文言はそれをさしていったものであろう。

一方の阿加佐乃別命ラインの異質部分も、末尾の忍乃別君の下は「又名□」となっていて、ここで異質の伝承の接合がなされたことを示している。そしてその下の忍尾についての記載は、それまでの「○○乃別命」→「○○乃別君」とは異なり、「真浄別君命之子忍尾別君」である。これは「乃」を有さない点において「伊予別君系図」とは異質であり、むしろ「御村別系図」との親近性を示し、人名のみでなく「別君命」「別君」の称号を有する点で、これ以降の「因支首系図」とも異質という、まさに接合点の特色を如実に示す。つまりこの部分は、「乃」を有さない「御村別系図」の特色、およびこれ以前に記された○○乃別命から○○乃別君への推移をふまえて、真浄に「別君命」というきわめて特異な総合的称号を付し、次の忍尾の「別君」の称号へとつなげ、このことによって、以下に続く因支首の系図が御村別と伊予別君のそれに密接につらなるものであることを明示しているのである。

以上の考察結果を、御村別系図＝ⓐ、伊予別君（→公）系図＝ⓑ、因支首系図＝ⓒ、接合部＝ⓧとして図示するならば第12図の如くである（武国凝別皇子を含む冒頭部の史料的性格については第三節4で詳述）。

裏書きに記す『伊予別公系図』とは、このⓐ＋ⓑ（ⓑ′）よりなる系図のことであろう。それ故に、円珍はこれを参照して和尓之別命から忍乃別君の世代数を書き入れることができたのである。

第12図に明らかな如く、この部分が現在見る形に整えられるまでには何段階かの接合がなされている。そして因支首はこの不透明な部分（ⓑ′とⓐ″）を介して伊予別公（御村別＋伊予別君）と系譜を共有することにより、「其先、武国凝別皇子之苗裔也」（貞観八年十月戊戌条）とする出自を主張することができたのであった。2で明らかにした如く、景行天皇―諸皇子女の部分は讃岐公を含む広い意味での同祖グループとの共有系譜であるが、「讃岐国司解」によれば、因支首にとって巻を同じくして本系帳をすすめ「同宗」と明確に認識されているのは伊予別公である。そして因支首出身の円珍が自らの出自を明らかにするために作成したこの『和気系図』は、因支首と伊予別公との両氏の系図を分かち難い形で併記した一本の系図なのである。同じく系譜を共有する同祖グループとはいっても、こうした質的なレヴェルの相違を見落してはならないであろう。

のだろうか。

5　因支首と伊予別君の系図

因支首と伊予別君(↓公)の系図が分かち難く一本の系図に編成されているというのは、具体的にはどういうことな

4で述べたように、水別命ラインの「此別君之……」と阿加佐乃別命ラインの「忍尾……」とは、系図の構成上で対応する位置づけを与えられている。すなわち、次にくる「次黒彦別命」と「(真浄別君命之)子忍尾別君」という接合部を介して、それ以降はそれぞれに明確な「伊予別君系図」と「因支首系図」であり、「此別君之……」と「忍尾……」とは、それぞれが上のやや不透明な部分とは断絶を持ちつつ接合されていることを示す文言なのである。その場合、既述の如く、この各々のラインの「初代」が、系図全体の空間的構成の上でもほぼ横に並ぶ位置に記されている点がまず注目される。

さらに見ていくと、伊予別君の方は④で倭子乃別君と加祢古乃別君の二系統にわかれる。そしてそのうちの加祢古乃別君の方の⑤の猨子乃別君と因支首の側の⑤の身とが、また空間的に横に並ぶ位置に記されている。このことはたんなる偶然ではない。きわめて重大な意味がそこには秘められているのである。ただし、それを明らかにするためには、いくつかの問題点を順次に解明しておかねばならない。

まず身についてであるが、因支首の系図を通覧すれば明らかなように、因支首の中で対外的に誇るにたる地位を占めたのはこの人物だけである。「讃岐国司解」に引く秋主等の解状に「忍尾五世孫[30]少初位上身之苗裔」に和気公姓を賜わりたいとあるように、後世の因支首たちにとって、自らの祖として称揚さるべきは、この「難破《(マヽ)》長柄《(孝徳)》朝庭任ニ主

帳ニ」じられた「小乙上」の身であった。『和気系図』を現在見る形にまとめて書写作成せしめた円珍が、本系図の前の第一紙に身からはじまる略系図をわざわざ付したのも、まさにこうした彼らの現実の祖先意識に基づいている。したがってこの身を、系図の構成の上でどこに位置づけるかということは、身を含む「因支首系図」が作成された段階での最重要関心事でなければならなかった。

系図を見ると明らかなように、身は父の止伊(④)から長く系線をひいて猨子乃別君の横に位置づけられている。伊予別君の系図はこの竪系図全体の中でほぼ右側から三分の一程の枠内におさまるように配置されているので、猨子乃別君の位置がここにきていること自体は、伯父の倭子乃別君④の系統を先に記していって余白が乏しくなった結果と考えられよう。しかし身については、④の下に充分な横幅を持った長い余白が存する。身、および同じく五世代のうちでイトコ関係にある得足・牟良自の三人を、伊予別君の系図の五世代目の猨子乃別君に横の位置をそろえて記そうとする意識がここには読みとれるのである。

ただし猨子乃別君を⑤とみることには若干の問題点が存するので、それについて述べておかねばならない。それは②の尓閇古とその下の空白についてである。写真版をみると「尓閇古□」の下は系線の有無も不明で、この間に何世代分があったのか、これだけでは何ともいえない。しかし因支首の方との関係で見ていくと、「初代」の黒彦別命と忍尾別君、二世代の尓閇古□と□思波、四世代の加祢古之別君と止伊、そして五世代の猨子乃別君と小乙上身、六世代の評造小乙下意伊古乃別君と千足、ときれいに各世代で横に位置がそろえられており、問題なのは③の忍羽に対応するところだけであることがわかる。因支首の方については、秋主解状にいう「忍尾五世孫少初位上身」の所伝からみて、忍羽が③にあたることに疑問の余地はない。その忍羽が④の止伊とともに伊予別君の方の④の位置の横にきているのは、②の□思波・与呂豆の右横の「此人従ニ伊予国ー……」という長い注記のために本来の位置を押し下げられた

結果であるから、やはり尓閇古□と加祢古之別君の間の空白には忍羽に対応する③の記載が本来はあったものと思われる。(31)

それでは小乙上身と位置をそろえる対象がなぜ猨子乃別君であって、同じく⑤の祢須古乃別君等ではないのか。余白の点ではそれでも何ら差し支えはない。しかも祢須古乃別君の弟は「評造小山上宮手古別君」であり、宮手古別君の子・孫には「評督因建因別君」「郡大領追正大下足国之別君」がいて、一見するとこちらが伊予別君の主流ではないか、とも思われる。ところがここで注意しなければならないことがある。それは4でも述べた「乃」の有無の問題である。

伊予別君の系図では、「〇〇乃別君」という表記がきわだった特色であった。ところがいまとり上げた「宮手古別君」「大別君」とその弟の「小別君」、大別君の子の「建国別君」には「乃」がない。ということはこの四名は、一応作成された伊予別君の系図に、郡大領足国乃別君⑦の系統の方でも古くから評造・評督を輩出していたことを主張する意図を持って、後次的に書き加えられたものなのではないか。一方の猨子乃別君の側にも、⑦の麻呂別君、⑧の金万呂古別君という「乃」を有さない二名の人名が見え、これも同じ段階での付加であろうが、いずれも兄弟関係の末尾に記されていて、後からの書き加えであることが明らかである。そしてこのように「乃」を有さない〇〇別君の人名が、八世代までの「伊予別君系図」の一応の書き上げ後に加えられていることは、同じく「乃」を有さない忍尾別君を「初代」にすえた上部の系譜接合のなされた時期についても重要な示唆を与えるものであろう（次節2で詳述）。

さて以上の考察に誤りないとするならば、評造・評督等の地方官の職名や小乙下・大山上等の冠位名が生きていた孝徳朝から天智朝にかけての時代（七世紀後半）に、伊予別君の中で主流を占めていたのは猨子乃別君の系統であった。そして因支首の系図は、「初代」の忍尾別君と他方の黒彦別命、および子孫の記憶に留められるにたる社会的地位にあった⑤の身と他方の猨子乃別君、というように、「同宗」の伊予別君（→公）の主流の系統と同世代で横にそろえた空間的配置をもって記されているのである。

6 まとめ

以上、本節では系図の構成上の特色から、讃岐公・伊予別公（御村別＋伊予別君）との同祖関係がどのように表現されているのかを見てきた。その結果、⑴冒頭の景行諸皇子を書き上げた部分では、多くの同祖氏族の中で讃岐公についてのみ改姓の前後の姓が記されており、この部分が成立した段階では同氏との関係が特に重視されていたこと、⑵これに続く本系図の部分は、実は伊予別君の系図と因支首の系図とからなっており、冒頭部分との接合部には御村別の系図の片鱗がうかがえること、⑶因支首の身の系統と、伊予別君の（孝徳朝前後での）主流たる猨子乃別君の系統とは、「初代」から六世代までが、各世代ごとに横で位置をそろえて記されていること、が明らかになった。この最後の点は、系譜研究の上で従来全く気付かれてこなかったが、竪系図の考察に際しての重要なポイントとなるべきものであり、この原理が明らかになったことの意味はきわめて大きいと考える（以下の考察でも、こうした各世代ごとの横の対応は、系図作成の各画期ごとに見出される）。

このように『和気系図』は、伊予別君の中の主流との関係を念頭におきつつ、小乙上身の系統の歴史的位置づけを明らかにするという意識で構成されている。したがって、伊予別君の中では傍系の倭子之別君㈣の系統は順次余白を追って記されているだけで、何ら因支首の系統との対応関係はみられない。また因支首の中でも、身の直接の祖ではない与呂豆（②）の系統は簡略に余白に記され、忍羽（③）・止伊（④）と世代をそろえることもされていない。世代ごとの横の対応は、あくまでも系図作成主体の側にとっての最も重要な関係にあるラインの間でのみなされているのである。

ところで系図をさらに下に見ていくと、⑦の枚夫からは機械的に余白に系線をずらしながら記入されていて、世代でそろってはいない。また4で詳しく見たように、上部の不透明部分でも世代ごとの対応はなく、阿加佐乃別命のラインでは系線なしに人名を二列に記すということさえなされている。この上・下両部分での世代の配置の不対応という事実は、実は、『和気系図』の成立過程を探る上での重要な手がかりになると考えるので、次節ではその点の検討を行なう。

第三節　『和気系図』の成立過程

前節では因支首の同祖関係が系図上でどのように表現されているのかを考察した。そこで主として問題としたのは系図の冒頭部分から小乙上身⑤ごろまでの部分である。その結果、そこには数種の史料が入り混っており、何段階かの接合の跡がうかがえること、「初代」から六世代の間は、伊予別君の系図との間で各世代の横の位置がそろえられており、その前後とは様相を異にすること、が明らかになった。前者は、この系図が冒頭部から順次に整然と書きつがれていったものではなく複雑な成立過程をたどったものらしいこと、「承和初」の書写とはいっても、それは古い史料の体裁をかなり忠実に残しつつ当代の意識による必要な改変の手を加えたものであることを示す。また後者は、世代ごとの横の対応関係が考察の重要な手がかりとなることを意味している。したがって、現存の『和気系図』を、その表記の特色、空間配置（系線のひき方）に注意しつつ丹念に見ていくならば、かなりの程度にまでその成立過程を復元することが可能となるであろう。

1　略系図より――世代数と横の対応――

具体的な作成過程の考察に入る前に、世代ごとの横の対応についてもう一カ所、身の子孫を書き上げた第一紙の略系図について見ておきたい。系図作成に際しての族意識の特色がそこに明瞭にうかがえるからである。

この略系図は、そこに「刑大史」と書かれていることから見ても、他の円珍による書き入れと同様、貞観八年（八六六）の改姓後に作成され[32]、それ以前にすでに書写作成されていた本系図（第二紙以下）の前に貼りつがれたものであろう。秋主解状に「少初位上身之苗裔在二此部一者」に和気公姓を賜わりたい、と述べているように、改姓を申請した因支首等は何よりもまず自らを「身」の子孫として意識していたので、円珍もこうした略系図を作成して本系図の前に付したのである。

そこで身の左横に「八男」とあるのは、身には八人の男子がいた（系図参照）という意味であるが、略系図ではそのうちの第一子の千足……国益の系統と、円珍の直接の祖である第三子の友足の系統のみが、簡略に記されている。秋主解状に「祖父国益・道麻呂等」が（大同二年に）改姓を申請したとあり、系図の書き入れでも「国益道丸臣足等改為二和気公一」と筆頭に記されているので、この千足―国益の系統が当時の因支首の中での主流だったのであろう。

ここで、円珍は、主流たる千足……国益の系統と、自らの属する系統とを、一世代から五世代（円珍等）まで世代を横に対応させて（数詞をも付して）記している点が注目される。円珍が貞観年間に、自己の出自を明らかにする意図をもって系譜を整理し、略系図を作成した際に、何よりも重要だったのは、自分が（難波長柄朝廷で「主帳」に任じられた）

身の何世孫であり、その直系のラインが、因支首の中の主流たる千足の系統の各世代といかに対応しているか、ということだったのである。緊密な関係にある同族との世代ごとの横の対応と、卓越した祖からの世代数の伝承が、系図作成者の意識を規定する最重要関心事だったことを、ここからしることができよう。

以上の諸点を念頭におきつつ、順次、作成過程の分析を行なっていく。

2　第一次系図作成――伊予別君系図の併記――

前節の5で述べたように、伊予別君の猨子乃別君の系統と因支首の身の系統とは、「初代」から六世代までは各世代ごとにほぼ横の位置を対応させて記されているのだが、七世代以降はそれがくずれてくる。一方、系図最末尾を見ると、秋吉の子秋主と、秋継の子継雄は、イトコ関係で同じく⑩でありながら、横に並べるのではなく（余白の点ではそれでも充分可能なのだが）、縦にずらして記されている。この部分は円珍を含む最新の世代であるから、系図作成時に、そのときの当代の世代については、横に位置をそろえることなくあえてずらして、以後の出生による順次の書き込みにそなえたものであることが首肯されよう。ということは、上に戻って見るならば、この⑦の世代からの位置のズレは、そこで第一次の系図作成がなされたことを示しているのではないか、という推定が成り立つ。⑤の身についての「難波長柄《(孝徳朝)》朝庭」「小乙上」の記載からいって、その孫の世代でなされたこの第一次作成は、ほぼ八世紀初めころのことということになろう。

⑦の枚夫等は、因支首についての系譜伝承を整え、孝徳朝で高い社会的地位についた祖父の小乙上身の出自を明らかにして、以後の因支首の人々の拠って立つべき支柱とした（この間の事情については次章第一節2で詳述）。その際に、

第一紙の身の子孫の略系図について見たのと同様、「忍尾五世孫身」という、伝承上の特筆さるべき祖からの世代数の伝承がまず重要なものとしてあったと思われる。その伝承に基づいて、同祖関係にある伊予別君の系図との密接な対応の下に、忍尾以降の人名を記録することによりこの系図は作成された。その際に、後世の貞観年間（九世紀半）にまとめられた身の略系図では、世代ごとに横で対応させるべき緊密な関係にある同族が同じ因支首内部の主流であるのに対し、ここでは隣の伊予国の伊予別君の主流とであることが、最も注目される点である。

ここで因支首の内部に眼を向けてみると、ここでも早くに傍流として別れた与呂豆の系統を除いて、□思波の系統では④以降が世代ごとの横の対応関係をもって記されている。[33] つまり系図のこの部分では、伊予別君との「初代」からの対応と、因支首内部での数世代の間の対応という、二つの異なる同族関係の表現が併存しているのである。後者は前者に比べてより身近で現実的な関係ではあるが、しかしいずれも、祖先より発する系譜上の同族関係であり、その意味では同一の原理に基づく、という点に注意しておきたい。

さてそれでは、この段階で伊予別君の系図の方はどの辺りまで書き込まれていたのだろうか。身は「小乙上」の冠位を有しているが、加祢古乃別君の系統でそれと同時代の冠位（大化五年制）を有するのは[6]の評造小乙下意伊古乃別君である。その下の川内乃別君の有する「大山上」は大化五年制と天智三年制の両方にある冠位名だが、一世代後であることを考えて天智三年制の冠位とすると、これと、同じく天智三年制の「大建」を有するとされる（倭子乃別君の系統の）[6]の[因]別君、[34] および因支首の⑥の千足等がほぼ同時代ということになる。[因]別君の子の郡大領追正大下足国之別君は、職名・位階名からいって八世紀初めの人物であろう。したがって、枚夫等が八世紀初めごろに第一次の系図作成を行なった際に、伊予別君の方では[8]の□尼牟□乃別君等および[7]の郡大領追正大下足国乃別君等まで、すなわちその末尾までが書き込まれていたことになる。[35]

伊予別君の系図との併記は、この段階までの特色であって、以降には見出されないものなのである。

3　上部（阿加佐乃別命――）の成立過程

それでは逆に上の方を見ていくと、第一次作成時にまとめられたのは、系図のこれ以前の部分すべてであろうか。忍尾より前の部分に世代の横の対応がみられないことは、この部分に後次的な手が加わっていることを思わせる。前節で明らかにしたように、「乃」の表記の有無からいって、水別命の世代以降の部分には三種の異なる史料が入り混っており、水別命のラインでは「又名十城別命」と「□尼古乃別命」との間、そのすぐ下の「此別君之……」との間の二段階の接合の跡がうかがえる。そして阿加佐乃別命から忍乃別君に至る八名の人名は、この「□尼古乃別命」を含む史料と同一のものにあった蓋然性が高く、本来は□尼古乃別命の下はさらに○○乃別命↓○○乃別君へと推移する何世代分かの人名を介して明確な伊予別君の系図へとつながっていたであろうことをも推定した。伊予別君・因支首の両系図とも、その「初代」には、それ以前の部分とも以降の部分とも異質な表記の黒彦別命・忍尾別君がすえられ、接合されているのである。

右の諸点を手がかりとして、この部分の成立過程を推定してみると左のようになる。

まず第一段階では、十城別王を始祖として○○乃別命↓○○乃別君と続く伊予別君の系図と、そこから別れて同じく○○乃別命↓○○乃別君から「又名□」を介して忍尾以降の○○へと続く因支首系図があり、これとは別に武国凝別皇子の諸子を書き上げてその中の水別命から系をひく御村別系図が存在していた。景行紀の「武国凝別皇子、是伊予国御村別之始祖也」「十城別王、是伊予別君之始祖也」という記載は、この段階の伝承が記録されたものであろう。

したがってこれは、『書紀』が編纂された七世紀末から八世紀初め、すなわち第一次系図作成時の状態を示すものといえる。次節で述べるように、「此人従二伊予国一到二来此土一娶二因支首長女一生」という忍尾についての「注記」は、古い文章系譜の記載様式を残したものであるので、『書紀』には記しとどめられなかったものの、因支首と伊予別君との系譜伝承上の関係は、すでにこのころには存在していたことが明らかである。

とするならば、先述の如く、⑦の枚夫等はほぼ八世紀初めの人物であるので、伝承上の「初代」たる忍尾から六世代までを伊予別君の系図のほぼ同年代の各世代と対応させて併記した第一次系図作成時には、これ以前の上部不透明部分は現存の系図とは様相を異にし、日本武尊―十城別王に系をつなぐものだったのではないか。

次いで第二段階で、「又名十城別命」を介して伊予別君と御村別との系譜の統合がなされ、これによって伊予別君の別れである因支首も間接的に武国凝別皇子の苗裔としての位置を占めることになった。これがいつごろのことかは不明であるが、いずれにしても、それは伊予別君の内部での系図編成の問題である。したがってこの第二段階の接合は『和気系図』自体の作成の画期としては示されない。

次いで第三段階で、元来は伊予別君の系図からの別れであった阿加佐乃別命を、御村別の系図の津守別命と□女命の間の空白に押し込んで、因支首を直接に武国凝別皇子の苗裔として位置づけた。その結果、そのままでは水別命・阿加佐乃別命の世代から、因支首系図の忍尾までと、伊予別君系図の従来それに対応していた世代までの間隔に、著しい不均衡を呈することとなった。そこで阿加佐乃別命のラインでは和尓乃別命以下七名の人名を二行に記し、水別命ラインでは□尼古乃別命の下の何世代分かを省略して、従来通り、「初代」の位置がそろうようにしたのである。その上で、忍尾の方には「真浄別君命之子　忍尾別君之」、伊予別君の系図のそれに対応する位置には「此別君之」という文言を介した上で「子神子別命　次黒彦別命之」という、ともに御村別の系図と共通する表記の人名をすえたものであろう。こうして現存の『和気系図』にみる上部の形ができ上がったのであり、これを因支首の側からする第二次の系図作成とみることができる。

以上の考察からは、系譜の共有ということについての重要な事実が明らかになる。一つは、『和気系図』は伊予別君と因支首という二つの系図を密接な関連の下に併記したものではあるが、その両系図、また御村別の系図との間にも顕著な表記の相違が存することである。これは、各氏《ウヂ》ごとに独自にその系譜伝承を文字化する段階がまずあり、しかる後に、このように同族間で密接に対応させた竪系図の作成がなされたことを意味している。文字通りの「系譜の共有」は、後次的な現象なのである。

第二には、忍尾と黒彦別命を「初代」とする系図構成は、あくまでも因支首側の意識に基づくものだということである。したがって、伊予別君（→公）の有する系図（裏書きにいう『伊予別公系図』がこれに当る）では、□尼古乃別命の下の人名は省略されていなかったはずであり、⑧以降の書きつぎ部分には、公姓への改姓についても当然注記があったのであろう。さらにいうならば、その系図の上部においては、因支首とではなく、伊予別君にとって重要な（同氏がそこからの別れであるような）他の氏《ウヂ》の系図との併記がなされていた可能性もある。「系譜の共有」とは、それが実現した段階にあっても、溝口氏がいわれるような「丁度一本の系統樹のようにきっちりと組織化され[36]」たものの一部を各氏《ウヂ》が分有するといったものではなく、各氏《ウヂ》が自分の側の意識に基づいて変形させつつ、必要な同族関係を併記した系図を作成するということなのである。同祖系譜の「系統樹」は、そうした個々の系図の連鎖によって、さまざまな矛盾を含みつつ、おぼろげに下から形成されていくものに他ならない。

4　冒頭部（景行皇子女）の成立過程

それではこれよりもさらに上の、景行天皇の皇子女を列記した冒頭部は、武国凝別皇子を祖と奉ずる御村別の系図に本来的に存していたのだろうか。冒頭部ではいずれも「〇〇別皇子」とあって「乃」がないので、御村別の系図の表記と共通するかのようにも思われる。しかしここで注意しなければならないのは「尊」と「媛」の表記である。冒頭部では「倭尊《ママ》」「稚足彦尊」「襲武媛」等とあるのに対して、その次の世代（御村別の系図と推定した部分）では「水別命」「百日女命」となっている。ということは、この冒頭部は御村別の系図とは異質の史料ということになろう。

そこでこの廿四柱の皇子女名を景行紀の記載と比較してみると、天皇の和風名の表記、男女入り交ぜての諸子の記載順とその表記、母の名とその表記、始祖とその表記等、細部に至るまでがほぼ完全に一致している。一般的に複雑な異伝と多様な表記を特色とする古代の系譜伝承において、別種の史料がこのような細部にわたる一致をみせるということは考えられず、また、『書紀』では二年三月戊辰条・四年二月甲子条・十三年五月条に分載されているものが、その記載順のままにここに網羅的に列記されているのであるから、この冒頭部は基本的には『書紀』をひき写して作成したものと断じてよい[37]。したがって、結局のところ、『和気系図』の前半部は『書紀』をも含む四種の史料の接合からなっていることになる。

ところが子細にみていくと、その中でも①小碓皇子、②神櫛皇子、③武国凝別皇子に関わる部分でのみ『書紀』との相違がみられる。

まず①については、『書紀』の「小碓尊」「又名日本童男」「亦曰日本武尊」「播磨稲日大郎姫」「一云稲日稚郎姫」

の表記が、系図ではそれぞれ「皇子」「倭」「媛」となっている。(38) 一方、系図のもう少し下を見ていくと、「又名十城別命」の下（伊予別君の系図と推定した部分）の「□尼古乃別命」の母の注記に「媛」の字が使われている。また阿加佐乃別命を含む世代の注記にも「右六人母……都夫良媛」とある。この後の方の注記は、この位置に阿加佐乃別命を押し込んだ後に因支首の側で付されたと推定される（註(28)参照）。以上の諸点と、これが他ならぬ日本武尊に関わる異同であることを勘案すると、この部分は、倭武尊―十城別命を始祖とする伊予別君とそこからの別れである因支首が本来的に有していた所伝によって、『書紀』の表記に変更を加えたものとみてよいであろう。

次に②③については、『書紀』に「讃岐国造之始祖」「伊予国御村別之始祖」とあるところが「讃岐公等祖　本姓凡直」「伊予国御村別君」となり、新たに「讃岐国因支首等始祖」が書き加えられるという、きわめて重大な相違が存する。因支首が倭武尊にではなく武国凝別皇子に系をつないでいることは、いうまでもなく、御村別と伊予別君の系譜の統合後の所産であることを意味するが、それではここで併記されるのが、なぜ伊予別君(公)ではなく、『書紀』の記載をひきついだ「伊予国御村別(君)」のままなのであろうか。

そこで問題となるのが②の神櫛皇子についての始祖注記である。第一節2で述べたように、凡直→讃岐公の改姓年次との関係から見て、この部分は延暦十年（七九一）から承和三年（八三六）の間に成立したとみなされる。『書紀』に基づく多くの始祖注記の中で讃岐国造だけが、九世紀前半段階での最新の姓と旧姓を併記する形で記載されており、因支首と最も緊密な関係にあったはずの伊予別君(公)の名はこの冒頭部のどこにも見出し得ないのである。また裏書きによれば、神櫛皇子・武国凝別皇子の出生順位は、『伊予別公系図』とは相違するが「讃岐朝臣解文」とは一致することが特に明記されている。

以上の諸点は、この②③の部分が作成された段階では、もはや因支首にとっては伊予別公との間の緊密な関係は薄れ、讃岐公との関係の方がより重要関心事であったことを示している。したがって、この冒頭部が作成されて水別命以下の部分に接合されたのは、水別命以下の部分が伊予別君の系図との対応を意識しつつ現在みる形にまとめられた第二次系図作成の次の段階、すなわち、第三次系図作成に関わるといえよう。延暦十年〜承和三年の段階で、もっぱら『書紀』により景行天皇の皇子女名を書き上げ、そこに因支首が旧来より奉じていた（本来の始祖たる）倭武尊に関わる所伝と、当代の因支首にとっての重要な関心事である同祖氏族の讃岐公に関わる最新の記録とによる変改を加え、自らを（伊予別公を介さずに）武国凝別皇子に直結させる、という形でき上がったのがこの冒頭部なのである。

以上、それぞれに表記上の特色を有する、系図前半部の四種の史料の入り混り方を分析することにより、第二次・第三次の系図作成段階の存在を推定した。この第二次・第三次がいつごろのことであり、各段階で系図の下の方はどのように書き込まれていったのかを次に考えたい。

5　第二次系図作成——因支首系図の独立——

秋主解状によれば、大同二年（八〇七）に国益・道麻呂等は「検ヨ拠実録一進ニ本系帳一」め、改姓を請うた。したがってこの改姓申請の際の本系帳作成の基になった系図には、国益・道麻呂、および円珍の書き入れに彼ら二人と並んで記されている臣足、の三名は少なくとも書き込まれていたはずである。そこで系図を見てみると、⑧の国益と⑦の臣足はほぼ同列に記されているのに、道万呂の名ははるか下に見える。6で述べる如く、道万呂を筆頭とするグループがこのように系図末尾にまとめて記されるのは後次的なことであるので、大同二年の段階では道万呂の名は国益と臣足の間、⑧の男綱の横辺りに位置していたのではないか。系図の余白から見ても、そう考えて無理がない。

さてここで大事なことは、『和気系図』に含まれる伊予別君の系図は、八世紀初めごろかと思われる7の郡大領追正大下足国乃別君や8の□尼牟□乃別君までで記載が終り、因支首の⑧の国益等の世代以降は、この竪系図の左右一杯が因支首のみの系図として記されていることである。第一節で見た如く、因支首は延暦十八年（七九九）の本系帳作成のときに伊予別公と「同宗」の由を記しており、年代的にみてこれは大同二年（八〇七）提出の本系帳とほぼ同内容であったと推定される。すなわち、平安初期にあっても伊予別公との系譜上の同祖関係は重要なものではあったが、それはもはや横で各世代を対応させつつ同一系図上に併記されるようなそれ以前の緊密な関係とは、一段階画した質の異なるものとなっていたことがここからうかがえる。

そこで3での上部不透明部分についての分析結果をふり返ってみると、第二次系図作成時に、それまで伊予別君の系図からの別れとしてあった阿加佐乃別命を、（御村別の系図の）水別命の世代の中に押し込んで、武国凝別皇子と直結させた。ただしそこでも従来あった「初代」の忍尾以下の部分の、伊予別君との対応関係を保持するための工夫（人名の二列併記や省略）がなされており、伊予別君との系譜上の関係が重視されていることには変りがない。

こうした伊予別君（→公）との関係の変化の動きの共通性からみて、第二次の系図作成とは、すなわち延暦十九年（七九九）の本系帳提出から大同二年（八〇七）の改姓申請に伴うものであったとみることができる。ここでは「同宗」ということが、もっぱら過去の系譜伝承上の関係を意味するものとなっているのである。

6　第三次系図作成　――新たな系譜意識の芽生え――

それでは国益・道万呂・臣足よりさらに新しい世代が書き込まれたのはいつのことであろうか。系図をみると、国益・臣足以降に記されているのは大同二年から貞観期にかけての二度の改姓申請に関わった人々であり、右横に「依㆓貞観八年十一月四日省符㆒……改為㆓和気公㆒」との円珍による後からの注記が付されている。佐伯氏も指摘されているように、貞観八年に改姓に預った人々の中でも、「承和初」以降に生まれたと思われる人々の名は欠けているので、この部分は「承和初」に円珍が書写作成せしめたときに書き込まれたものと推定される。(39) 末尾に「子得度也僧円珍」と自己の名を書き入れさせた円珍は、その際に、既存の系図では国益・臣足とほぼ並ぶ位置にあったであろう祖父の道万呂（とその兄弟）の名を、系線を長く下にひいて位置を移し、その子孫のみを一グループとして抽き出す形で記載せしめた。もしこの系図がさらに書き継がれたとしたならば、道万呂兄弟以降の子孫についてのみの詳細な記載がこの後の『和気系図』の内容をなしたであろう。

それではなぜ道万呂兄弟の子孫のみを一グループとして抽き出したのだろうか。彼らの父の石弓は足梓との二人兄弟であり、兄梓の子の金布は改姓者の一員である。しかも「讃岐国司解」によれば、改姓に預った因支首の中で金布とこの道万呂兄弟以降のグループとが那賀郡、他は多度郡に居住している。したがって、改姓との関わりからいうならば、⑧の金布・金万呂兄弟の部分も下に系線をのばして道万呂等と一グループとするのが自然であるのにそうはなっていない。つまりここには、祖父とその兄弟以降を一グループとして、新たな系譜作成の出発点にするという明確な意志が読みとれるのである。その背景には、何らかの現実の同族グループの存在を想定できるのではないだろうか。

2で明らかにしたように、第一次の系図作成時（八世紀初めごろ）には、伊予別君との間と、因支首内部での二つの同族関係の表現が、ともに祖先より発する系譜上の緊密な同族関係として併存し、一本の系図を形づくっていた。それに対して、「承和初」（九世紀前半）の段階では、伊予別君の系統との関係はもはや何ら問題とならず、因支首の内部でも各系統の間の対応は特に考慮されていない。そこでは、かつてはこうした祖先からの系譜のタテの流れの中に埋没していた、身近な狭い父系グループが明確に姿を現わし、系図の全面に広がって、系譜上の同族関係そのものとなっている。両段階の違いの背後にある、系譜意識の変化、同族関係の変化にはきわめて注目すべきものがあろう。

一方、4での分析結果に従うならば、景行天皇の諸皇子女を書き上げた冒頭部は、延暦十九年（八〇〇）から承和三年（八三六）の間にもっぱら『書紀』の記載をひき写して作成されたものであり、そこでは因支首と伊予別君（→公）との間の系譜の共有関係はもはや過去のものとなり、神櫛皇子を祖とする讃岐公らとの遠い同祖関係がより重視されてきていた。こうした伊予別君との関係の消滅の動き、および「承和初」という年代との対応からみて、改姓者の一団、およびそこから抽き出して道万呂等のグループが系図全面に広がる形で本系図末尾に記されたのは、現在見る形の冒頭部が書き加えられたのと同じ第三次系図作成時とみることができよう。同族関係・系譜意識の変化が、一方で遠い同祖関係にある讃岐公との関係の重視を生み出している点に注目しておきたい。

7　注記・略系図 ——系譜意識の分裂と始祖への収斂——

さて、以上のような過程をたどって現在みる『和気系図』の本系図部分ができ上がったのであるが、因支首が和気公に改姓され民部省符が出された貞観八年十一月四日以降のある時点で、円珍はこの系図に、他の史料を参照しつつ必要な書き入れを行なった。その史料とは『天皇系図』『日本書紀』『伊予別公系図』「讃岐朝臣解文」「貞観八年十一月四日民部省符」「貞観九年二月十六日讃岐国司解」等である。これらによって円珍は、「承和初」の書写以降に実現した因支首の和気公への改姓についての注記を系図の冒頭部分と末尾に書き入れ、冒頭部の景行皇子女には男子のみの出生順を示す数詞を付し、和尔乃別命以下の七名の人名に世代を示す数詞を付した。「讃岐公」の下の「本姓凡直」

が（　）で囲まれたのはこの時であろうか。さらに、身の子孫の略系図を作成してそれを第一紙として本系図の前に貼りついだ。そしてこうした照合の事実や系図作成の由来を示す注記・裏書きをも書き記したのである。

略系図についてはすでに述べたが、そこでは身の子孫の中で自己（円珍＝広雄）の属する直系ラインと、因支首の中の主流の直系ラインとの対応のみが問題とされ、その上で、父の世代と自己の世代にのみ兄弟等の記載があり、若干の関連する人名が付記されている。(40) 6での系図末尾の部分の考察から明らかにしたように、円珍の生きた九世紀前半の段階では、ある程度の現実的裏づけを持った父系グループが系図の全面に広がり、系譜上の同族関係そのものとして表現されるような、新たな系譜意識の芽生えが見られた。そのため、従来のこの竪系図上に表現されてきたような、祖先を出発点とする系譜上の同族関係は、隣国の伊予別君の主流との対応から、因支首内部の主流との対応へと、その範囲を縮小しつつ、このように略系図として、(41) もはや系図本体とは別個に作成されたものの中で表現されねばならなかったのである。

その一方で、かつては一本の系図上に併記されるほどの緊密な関係にあった伊予別君（→公）は、始祖（武国凝別皇子）の出生順の伝承をめぐって問題とされるだけであって、さらに遠い同祖関係にある讃岐公（→朝臣）との関係の方がむしろより重視されている。出生順をめぐる異同の中で、円珍は『伊予別公系図』の所伝にはよらず、「讃岐朝臣解文」との一致を特記しているのである。ただし、いずれにしてもそれが始祖をめぐっての関心に終始している点に注目せねばならない。この段階で両氏についての現状を示す改姓注記（御村別→伊予別君→伊予別公、讃岐公→讃岐朝臣→和気朝臣）を書き加えることが可能であったはずなのに、何らそうしたことはなされていない。円珍にとって、この二氏との系譜上の関係は、略系図に示される因支首の中の主流との関係とは異なり、伝承上の遠い祖（景行皇子）でつながるだけの同祖関係として存在していたのである。

8　まとめ

以上、第一次〜第三次の系図作成、および円珍の書き入れについて順次述べてきたが、複雑・長大な竪系図を細部の違いに眼をこらしつつ分析を進めてきたために、かなりわかりにくい叙述となってしまった。以上に明らかにした作成過程の特色を、簡略にまとめて示すならば左の如くである。

〔第一次作成〕

八世紀初めごろに、枚夫等(⑦)が作成か。上部は伊予別君の系統に接続され、同氏の系図を併記。孝徳朝に高い社会的地位を占めた祖父の小乙上身を中心に、伝承上の「初代」たる忍尾からの世系と伊予別君の主流のそれとの対応、および因支首内部での各系統の対応という、二つの同族関係の表現が、ともに祖先より発する系譜上の同族関係として併存している。

〔第二次作成〕

延暦十九年(八〇〇)から大同二年(八〇七)ごろ、国益・道万呂・臣足等(⑦〜⑧)が、改姓申請に際して作成か。上部の再接合がなされ、伊予別君からの別れであることを明示しつつも、武国凝別皇子に直結。伊予別君の新しい部分の人名はもはや書き込まれず、因支首だけの系図になりつつある。

〔第三次作成〕

「承和初」(八三四)ごろに円珍が作成せしめた。既存の系図を書写したものに、改姓に関わる新たな世代の人名を書き込み、『日本書紀』に依拠して書き上げた冒頭部を接合。伊予別公との関係はほとんど見られず、遠い同祖関係の讃岐公の改姓動向に注意が払われている。因支首の中では、自己の属する狭い父系グループの存在がクローズアップされ、それが系譜上の同族関係そのものとなりつつある。

〔注記・裏書き〕

貞観九年（八六七）以降、円珍が、貞観八年の和気公への改姓をふまえて書き入れ。身の子孫についての略系図を前に貼りついだ。そこでは自己の属する直系ラインと因支首内部の主流の直系ラインとの対応に注意が払われている。伊予別公・讃岐朝臣との関係は神話上の始祖をめぐってのもののみになっているが、より遠い同祖関係にある讃岐朝臣の所伝の方がより重視されている。

以上の考察を通じて浮かび上がってくるのは、系図に示される同族関係の変遷と、それに対応する出自構造の変化である。因支首の場合、八世紀初めごろから九世紀半ばにかけてのほぼ百五十年余の間に、こうした動きが見られた。それを一言にしてまとめるならば、系譜を通じて緊密に結ばれる同族の範囲の縮小、身近な父系グループを出発点とする新たな系譜意識の形成、それに逆比例する形での遠い神話上の始祖への出自意識の収斂、ということになろう。

一方、系図の形式に関する考察からは、①既存の史料の体裁・表記をできる限り忠実に残す形での書写[42]、②緊密な関係にある同族の系図の併記、③系譜意識上で特に重要な関係にある系統との間での世代ごとの横の対応、といった事実が明らかになった。『和気系図』は平安初期という早い段階での書写であり、しかもその書写の年代・由来が確定できるという意味で、稀有の貴重な史料であるが、他の古系図についても慎重な検討を加えるならば、こうした形式面からの考察もかなり有効な手段となり得るのではないだろうか。また後二者の特徴は、さらに重大な問題を提起する。それは、こういった他の系図の併記、その間での世代ごとの横の対応ということは、竪系図（柱系図）の形式にして初めて可能なことだからである。我国の系図が竪系図から横系図へという形式的変遷をたどったことは周知の通りであるが、それはまさに、先にまとめて示したような同族関係・系譜意識の大きな時代的変化と対応しているのではないだろうか（詳しくは第四章参照）。

おわりに

本章では、平安初期に書写された現存最古の竪系図である『和気系図』を分析の対象として、系譜の構成の特質、具体的な作成過程、同祖関係と同族意識の変容、系図の形式の変遷等の諸点を明らかにした。

まず第一節では、貞観九年（八六七）の「讃岐国司解」より、因支首から和気公への具体的な改姓経過を明らかにし、①恩勅による族長位継承・賜姓と氏族系譜という、現実・理念双方での個々の氏《ウヂ》と天皇との結びつき、②氏《ウヂ》の地位を規定する上での同祖関係の重要性と、にもかかわらずそれは現実には流動的なものであったこと、等の指摘を行なった。

第二節では、全体の体裁、系線のひき方等に留意しつつ『和気系図』本文の紹介を行ない、そこに因支首と他の諸氏との同祖関係がどのように表現されているのかを見た。①系図冒頭部分では、遠い出自でつながる讃岐公との関係が特に重視され、②それに続く上から三分の二ほどの部分は、武国凝別皇子を共通の祖とする伊予別公の系図との併記という形をとっている。

第三節では、種々の表記上の特色を手がかりに、第一次（八世紀初め）から第三次（九世紀前半）に及ぶ系図作成段階の存在を推定し、その後の円珍書き入れ（九世紀半ば）とともに、各々の段階の時期と内容の考察を行なった。その結果、①竪系図では、緊密な関係にある同族との世代ごとの横の位置の対応がなされており、②そうした関係で示される同族の範囲は、百五十年余の間に、出自を共通にする伊予別君の主流から因支首内部の主流へと大きな変化をとげていること、③九世紀前半には、横の広がりを持った身近な父系三世代のグループを出発点とする新たな系譜意識の芽生えが見られ、系図形式の上でもこれ以降は次第に横系図へと移行していくであろうこと、④系図冒頭部分は第三次の作成にかかり、こうした同族関係の狭まりに逆比例する形で遠い出自への関心が高まっていること、を指摘した。また、⑤氏族系譜の体系性とは、アプリオリに整然とした形で存在するのではなく、後次的に、種々の系譜の連鎖によって矛盾を含み込みつつ、下からおぼろげに形成されていくものであることをも明らかにした。

さて、以上の考察を通じて明らかになった、同族関係・系譜意識の変化とそれに対応する遠い出自への関心の高まりの結果として、九世紀半ばの段階で、因支首から和気公への改姓が実現した。その改姓の理由として、第一節で検討を保留しておいた「讃岐国司解」の⑥と⑧の部分で、秋主等は「因支の両字は義理憑るなく、別公の本姓も亦た忌諱に渉れり……忍尾五世の孫、少初位上身の苗裔で此部に在る者、皆、元祖の封ずる所の郡名によりて和気公の姓を賜わり、まさに栄えを後代に貽さん」と述べている。ここで因支首姓が「義理無レ憑」とされるのはなぜか。また「拠二元祖所レ封郡名一」りて和気公姓を賜わるというのは、因支首氏の系譜の歴史の上でどのような意味を持つのか。これは、もはや現存の『和気系図』の作成過程の分析からのみでは明らかにしえない。この九世紀半ばの改姓の意義を明確にするためには、忍尾以前の伝承の世界に遡らなければならない。そこから、系譜が現実の氏《ウヂ》の結合に対して持つ意味が何だったのかも明らかとなってこよう。これは次章の課題である。

註

（1）（2） この「世」「下之」は『平安遺文』では「士」「定」となっているが、ここでは佐伯有清氏の解読（「和気公氏の系図」『古代氏族の系図』学生社、一九七五年）に従う。

(3) 佐伯氏、右掲書。佐伯氏によればこの「刑大史」とは刑部造真鯨のことである。真鯨は、貞観八年（八六六）五月の円珍給公験の太政官牒に左少史として署名し（『平安遺文』九―四四九四号）、同九年正月にはその公験を表装して書状とともに円珍にもたらしている（『同』九―四四九五号）。また『和気系図』第一紙の略系図にも「刑大史」の名が見え、佐伯氏は、因支首氏と姻戚関係にある人物と推定されている。

(4) 井上光貞氏は、下鴨系図の分析を通じて、地方豪族の族長位の継承が広範囲の親族間から嫡々相承へと転換するのは平安中期以降であることを明らかにされた（「カモ県主の研究」『日本古代国家の研究』岩波書店、一九六五年）。平安初期の因支首氏の事例もこれに合致するといえよう。

(5) 直木孝次郎「『氏』の構造について」『日本古代の氏族と天皇』塙書房、一九六四年。なお本書第一編第一章第三節1参照。

(6) 「讃岐国司解」によれば因支首氏は那珂・多度両郡に居住している。『和名抄』には「多度郡良田郷」があり、吉田東伍『大日本地名辞書』では「今吉田村存す、……此村に大字稲木あり、昔の因支首の居れる地ならん」とする。現、善通寺市稲木町である。また、円珍の本籍地たる「那珂郡金倉郷」（註(15)参照）には、智証大師（円珍）誕生の古跡とされる金蔵寺がある。孝徳朝（七世紀後半）に「小乙上・主帳」の身《ム》を出した郡司級氏族であるが、以後はさしてふるわなかったらしい。

(7) 溝口睦子『日本古代氏族系譜の成立』学習院、一九八二年。

(8) 第二編第一章第二節1参照。

(9) 関晃氏・佐伯有清氏は主に『日本書紀』をさすとし（関「新撰姓氏録の撰修目的について」『史学雑誌』六〇―三、一九五一年、佐伯『新撰姓氏録の研究』研究篇、吉川弘文館、一九六三年）、溝口睦子氏は各家々で独自に作成され『記』『紀』編纂の素材ともなった古い系譜（註(7)前掲書）、熊谷公男氏は『日本書紀』および治部省に保管されていた氏族系譜をさす（「令制下のカバネと氏族系譜」『東北学院大学論集（歴史学・地理学）』十四、一九八四年）、とされる。

(10) 熊谷氏、右掲論文。

(11) 『園城寺』（昭和四十八年三井寺秘仏特別開扉図録）解説による。

(12) 佐伯氏註(1)著書。

(13) 大倉粂馬『上代史の研究伊予路のふみ賀良』大倉粂馬翁遺稿刊行会、一九五六年、および山本信哉・大倉粂馬『伊曾乃神社志』一九三八年（いずれも非売品）。ただし、大倉氏の研究の目的は伊曾乃神社と御村別君の関係の究明にあり、系図の構造自体の考察は乏しい。なお伴信友『和気系図附考』にも若干の考察があり、この写本は東大史料編纂所に存する（『伴信友全集』には収められていない）。

(14) ただ、この系図中にみえる「評督」「評造」の語をめぐっては、評から郡への移行過程の論議の中でしばしばとり上げられ（田中卓「『評(督)』に関する新史料五点」『日本上古史研究』一―一、一九五七年。関口裕子「『大化改新』批判による律令制成立過程の再構成(下)」『日本史研究』一三三、一九七三年。米田雄介「評の成立と構造」『郡司の研究』法政大学出版局、一九七六年、等）、□思波・与呂豆に関わる注記をめぐっては、母系から父系への推移、冒母姓の問題として考察されている（高群逸枝『母系制の研究』厚生閣、一九三八年、『高群逸枝全集』第一巻所収）。後者については次章第一節1参照。

(15) 延喜二年（九〇二）の三善清行撰『智証大師伝』（続群書類従、第八輯下）。天長十年（八三三）の「僧円珍度牒」（『平安遺文』八―四四三一号）には「讃岐国那珂郡金倉郷、戸主因支首宅成、戸口同姓広雄」とある。

(16) 円珍は貞観八年十月十一日、すなわち、因支首等の改姓とほぼ同時に園城寺別当職に任ぜられている（『平安遺文』九―四四九七号）。

(17) 円珍は天長十年（八三三）得度し、承和十年（八四三）には伝灯満位を授けられている（『平安遺文』八―四四五〇号）。また実際には提出されなかった「讃岐国司解」が刑大史によって円珍にもたらされたであろうことについては、佐伯氏の指摘がある（註(1)前掲書、一二四頁）。註(11)解説にもあるように、略系図と表裏の書き込みは円珍自身の筆による。

(18) 註(11)図録の写真版、および佐伯氏所蔵の大倉粂馬氏による原寸大コロタイプ複製版（「大師御系図（円珍系図）」便利堂、一九三三年）によった。貴重な史料の借覧をお許しくださった佐伯氏に厚く謝意を表したい。東大史料編纂所には『和気系図』として、彰考館所蔵本による謄写本、および伴信友による三井唐院所蔵本の伝写校訂本が存するが、いずれも数度の転写を経ており不正確である。なお註(13)所掲の諸本にも釈文が附載されているが、誤りが多い。

(19) 裏書きは、景行天皇諸皇子女を列記した部分の裏に数行にわたって記されている（別図では「⊕……⊞」で対応位置を示した）。写真版では裏書きの文字の判読は不可能なのでここでは佐伯氏の釈読に従った。

(20) 現在、仲多度郡琴平町の櫛無神社は神櫛皇子命を祭神とする。『延喜式』で那珂郡二座の中にみえる古社である。

(21) 景行四年二月甲子条・同五十一年八月壬子条。現在、愛媛県西条市（古代の神野→新居郡）の伊曾乃神社は武国凝別皇子、飯積神社は十城別王を祭神とする。ただし、伊曾乃神は天平神護二年（七六六）に従四位下を授けられ神戸五烟を充てられた（四月甲辰条）古社ではあるが、祭神を武国凝別皇子とするのは昭和十五年以降、大倉粂馬氏の考証に基づく。

(22) 佐伯有清『新撰姓氏録の研究』考証篇第二、吉川弘文館、一九八二年、二三七頁。

(23) 大倉氏は、延暦十九（八〇〇）〜大同二年（八〇七）には因支首はまだ自らの祖先を日本武尊と考えており、後、秋主等の再度の改姓申請にあたって武国凝別皇子裔を主張して認められた、と解されている（註(13)前掲『伊予路のふみ賀良』、二五二頁）。しかし秋主解状に主張するところでは、改姓申請の正統性の淵源として延暦十九年に進上した本系帳があげられており、これ以後、再度の改姓申請に至る間に始祖の切り替えがなされたとは解し得ない。

(24) 伊予別君の公姓への改姓がいつのことかは不明。系図上では最後の8に至るまで「〇〇乃別君」の称に終始しているので、これ以降、すなわち八世紀後半以降のことと思われる（津嶋子君等については註(35)参照）。秋主等の解状では追称の可能性もある（少初位上身の例を見よ）ので、延暦十九年の時点で公姓であったとは断定できない。

(25) 溝口氏註(7)著書、六四・二四七頁。

(26) 弟子乃別命に数詞が付されていないことについて、佐伯氏は「円珍が参照した資料には、この人名がなかったか、もしくは、その一代前の阿佐乃別命の兄弟となっていたか」であろうとされる（註(1)前掲書、一三二頁）。

(27) 同右、一三六頁。

(28) この世代について「右六人母……」の注記が左横にあるが、津守王は上に「次」の字がないことから見ても、本来は左横の津守別命の別名注記としてあったものと思われ、ここは「右五人……」とあるべきところである。それが「六人」となっているのは、この注記が後次的に、すなわち原型成立後、阿加佐乃別命を挿入した時点で、津守王をも誤って数えて記されたことによろう。

(29) 佐伯氏も水別命のラインを伊予別公の系図であろうと推定されている（註(1)前掲書、一三六頁）が、冒頭の「乃」を含まない部分の異質性については言及しておられない。

(30) 古代の計世法には、㈠本人より計え起す場合と、㈡子より計える場合との二通りがあり、平安初期にも両者は併存していた（黛弘道『律令時代に於ける計世法』『律令国家成立史の研究』吉川弘文館、一九八二年）。秋主等の所伝は㈠の計世法によるものであり、系図の記載と一致する。

(31) そこで注意しておきたいのは、忍羽の位置が系線の真下ではなく左横にずれていることである。系図の他の部分をみると、いずれも┬子 次 次というように、兄弟関係で横にのばされた系線の┃の真下に第一子が「子〇〇」として記されている。それに基づいて考えると、本来、忍羽の右横には「子〇〇」という一名分の記載があり、この人物と、伊予別君の方の尓閇古┃に続く同じく三世代の人物が何らかの理由で系図上から消去されているのではないか、とも推定される。

(32) 佐伯氏は「刑大史」を手がかりに、『讃岐国司解』の藤原有年の袖書、および和気公氏の系図に円珍が書き入れた略系図は、ともに貞観九年三月九日以降に書かれたものである」とされる（註(1)前掲書、一二三～四頁）。

(33) ⑥の大万呂は、後の出生により書き込まれたものであろう。

(34) この因別君の存在自体についての疑問は既述の通りだが、ここでは世代と年代の対応という点でのみ問題としている。

(35) 7の津嶋子君等は、「乃」「別」を有さない点、父の嶋津古乃別君の上の系線が横の兄弟よりも一段下げてひかれている点からみて、後からの書き加えと思われる。波夜古乃別君⑹の下の「又名法師古君」の注記も同一時期のものか。

(36) 溝口氏註(7)著書、二四七頁。

(37) 「五」の「忍之別皇子」の名も、『書紀』の記載がそうなっていることによる。

(38) 「倭武童男」の「武」が抹消されているのは、左側の「倭尊」の間に入るべき「武」の字が書写の際に誤ってここに記されてしまったものである。

(39) 佐伯氏註(1)著書、一一二頁。写真版では判然としないが、コロタイプ複製版によると「得度」の下に薄く「広雄」の字が見え、佐伯氏は「得度僧仁徳」の下にも抹消の跡があるとされる（一一六頁）。円珍の得度は天長十年（八三三）のことであり、第二紙冒頭書き入れの「未詳 承和初」を系図全体（末尾まで）の書写作成年次とみることと符合する。

(40) ここに「刑大史」の名が見えることについて、佐伯氏は、刑大史＝刑部造真鯨は多度郡の人であり（貞観五年八月廿二日条）、多度郡の因支首氏（すなわち、千足の系統）の姻戚として円珍とも親しかったらしい、とされる。

(41) 伴信友の『和気系図附考』（註(13)前掲）では、この略系図を「承統図」と称している。

(42)　例えば、系図末尾の部分を見ると、「讃岐国司解」との対比から明らかなように、円珍は持成の子「純男」の名を後から書き込んでいる。純男がなぜ特に書き込まれたのかは不明だが、既存の「持成之─子宗雄 次海山」の記載の右横に「─『純男』子宗雄」という形で記載されている。この段階では、「純男」だけが異筆であるのでその点だけからしても書き込みの事実は明白だが、この系図がさらに次の段階で書写されたと仮定しても、この部分は、「┌子純男 次宗雄 次海山」とはならず、「┌純男 子宗雄 次海山」のままに書写されるであろう。そこでは、異筆ではなくなるものの、やはり後からの書き込みであることは歴然としている。既述の如く、「次嶋津古乃別君」(6)が右横の兄弟たちより一段下がって記され、その子たちには「別」の記載がない点（註(35)）、また上部の「次阿加佐乃別命」が津守別命と□女命の間に割り込んだ形で記されている点（註(28)）などにも、それぞれの段階での後次的書き込みの形跡が（数度の書写を経てもなお）認められるのである。

第二章　出自と系譜

はじめに

出自とは、通常、ある個人の社会的帰属に関わる概念であり、始祖から一定の出自規則をもって血縁的にたどられる一団の人間が一つの出自集団を形成する。系譜は、こうした始祖からの血縁の流れの伝承・記録である。古代の氏族系譜を集大成して九世紀初めに成立した『新撰姓氏録』に「左京皇別　息長真人　出レ自二誉田《(応神)》天皇皇子稚渟毛二俣王之後一也」等と記される場合の「出自」もまさにそれであって、左京に本貫を有し皇長真人姓を名のる人々はすべて、稚渟毛二俣王を始祖とする出自集団、息長真人氏に属するということを意味する。

ところが『姓氏録』とほぼ同時代の正史たる『三代実録』には、「壱岐嶋石田郡人宮主外従五位下卜部是雄、神祇権少史正七位上卜部常孝等賜二姓伊伎宿禰一。其先出レ自二雷大臣一也」（貞観五年九月丙申条）という形式で記される改姓史料が数多く散見する。ここでは、是雄と常孝という二人の人物の先祖が雷大臣の子孫である、という間接的な形で出自が表明されている。以後は明らかに、雷大臣を始祖とする出自集団、伊伎宿禰氏がこの二人（とその子孫）を中心に形成されることとなるが、これ以前ははたしてどうだったのか。「其先、出レ自二〇〇一」「其先、〇〇之苗裔也」という形をとらない場合にも、一般に正史の改姓記事は、数名の個人（およびその家族）を単位とする改姓の後に彼らの出自が記されるのを通常とする。

これはこうした形でしか出自をたどり得なかったということ、すなわち、一定の出自規則に従う出自集団の形成以前の「出自」というものがあったことを意味しよう。そうした「出自」の在り様の下では、系譜はどのような形態をとっていたのだろうか。

前章では、平安前期に書写作成された現存最古の竪系図たる『和気系図』の分析を行ない、八世紀初めから九世紀初めにかけて同祖系譜の体系が次第に整えられてくる過程を明らかにした。こうした同祖系譜の体系を背景に、貞観八年（八六六）、因支首から和気公への改姓が実現したのであるが、彼らは『三代実録』の改姓記事では「其先、武国凝別皇子之苗裔也」と記されている（貞観八年十月戊戌条）。この場合の「其先」とは何をさすのか。改姓に預った因支首等の出自がこうした形で記される背景には、いかなる前史が存在していたのか。

本章では、『和気系図』以前の、確実な古系譜・伝承との比較考察を通じて、こういった点を考えていきたい。そこからは、日本古代の社会の族制の特質と、その中で成立した氏《ウヂ》という族組織の特質が如実に浮かび上がってくる。これはまた、「名《ナ》」の継承に示される、氏《ウヂ》による職掌世襲の観念（奉事根源）と系譜との関係についても新たな問題を提起するであろう。なお、『和気系図』全体の特質についての説明はすべて省略したので、前章を参照されたい。

第一節　古系譜の特質

1　『和気系図』と『上宮記』系譜の共通性

ここで考察の対象とするのは、『和気系図』にみえる因支首の①および②の世代である（別図参照）。①をみると、右肩に「忍尾」とあって、この部分が忍尾についての譜であることが特に注記されており、ここからが一まとまりの、それ以前の不透明部分とは異質の史料であることを示している。真浄別君（命）→忍尾別君という称号が、これ以前の不透明部分の「〇〇乃別命→〇〇乃別君」とも、これ以降の明確な因支首系図の「〇〇」という称号ナシの人名のみの記載とも異質な、まさに接合部分の性格を如実に示していることは前章で述べた通りである。

さてそれではこれに続く②世代はどうなっているか。忍尾別君の子の□思波・与呂豆については人名記載の左右に重要な注記がなされている。このうち、左側の「此二人随㆑母負㆓因支首姓㆒」は、系図上部の百日女命の横にある「右六人母……」と同様の性格の、文字通りの注記であるが、右側の「此人従㆓伊予国㆒……」はそれとは性格が異なる。それは系線のひき方に明らかである。すなわち「忍尾別君之」の下から系線を「形に右に伸ばして「此人……」が記され、その末尾の「……娶㆓因支首長女㆒生」の下から系線が⅂形に左上に伸ばされて「子□思波之」となっていて、この部分は実は注記ではなく、本来は系線の流れの中に組みこまれていた部分であることが判明する。本来の形を復原してみるならば、「忍尾別（忍尾）君之―（此人従㆓伊予国㆒到㆔来此土㆒）娶㆓因支首長女㆒生―子□思波」となろう(1)。

ここで想起されるのは、古系譜として著名な、『釈日本紀』所引『上宮記』逸文にみえる、継体天皇の出自を示す文章系譜である。この系譜については後でも再度とり上げるので、黛弘道氏の校定文により系譜部分の全文を示せば左の如くである。(2)

上宮記曰、一云、凡牟都和希王娶二洷俣那加都比古女子名弟比売麻和加《稚野毛二派皇子母》一生児若野毛二俣王、娶二母々恩己麻和加中比売《大郎子以下四人母》一生児大郎子一名意富々等王、妹践坂大中比弥王、弟田宮中比弥、弟布遅波良己等布斯郎女、四人也。此意富々等王娶二中斯知命《乎非王母》一生児乎非王、娶二牟義都国造名伊自牟良君女子名久留比売命《彦主人王母》一生児汙斯王。娶下伊久牟尼利比古大王児伊波都久和希、児伊波《智和希、児伊波》・己里和気、児麻和加介、児阿加波智君、児乎波智君、娶二余奴臣祖名阿那尓比弥《都奴牟斯君并振媛母》一生児都奴牟斯君、妹布利比弥命上也。汙斯王坐二弥乎国高嶋宮一時、聞二此布利比売命《継体天皇母》甚美女一、遣レ人召ヨ上自二三国坂井県一、而娶所レ生伊波礼宮治天下乎富等大公王也。

（訓点・句読点、義江）

このように『上宮記』の文章系譜では、各世代ごとに「○○を娶して生む児△△」という形で、母の記載が系譜本文中に折り込まれているのが大きな特色である。周知の如く、竪系図はこうした文章系譜から発展した形式であり、『和気系図』の「□□之—子□□」や『海部系図』の「□□—児□□」という特色ある記載方式は、「竪系図が生じ、系譜関係を線であらわすようになっても、にわかに伝統を棄てることのできなかった」ことに由来する。(3)

そこで、いま仮に『上宮記』の文章系譜を、そのまま各世代間に系線を入れただけの竪系図に直してみると、左のようになる。

凡牟都和希王—娶洷俣那加都比古女子名弟比売麻和加生—児若野毛二俣王—娶母々恩己麻和加中比売生—児……

『和気系図』の「忍尾別君之—（此人……）娶因支首長女生—子□思波之—」と全く同一の形式であることが了解されよう。

『上宮記』の系譜は、推古朝遺文と共通する仮名表記から、ほぼ七世紀半ばごろまでの成立になることが明らかにされている。(4) すなわち、我国には本来、このように各世代ごとにその母の名をも折り込んだ（口承系譜→）文章系譜の伝統が存したのであり、後にそれが竪系図の形式に改められた際にも、当初は母の名は系線の流れの中にそのまま残ったであろう。そうした古い段階の形式を、この『和気系図』は忍尾別君と□思波・与呂豆をつなぐ間にのみ残しているのである。

それに対して、□尼古乃別命の左横の「母阿倍角□臣因加都媛……」や、百日女命の左横の「右六人母高志道君祖伊知利生女都夫良媛」等は、前掲の『上宮記』系譜にみられた「大郎子以下四人母」等の傍注と本文中の母の記載とが結びついたところにその源流を求めることができよう。『上宮記』の傍注は、文章系譜の「娶二○○一生児△△」の記載方式が過去のものとなり、もはやその意味するところが理解されにくくなった時点で付け加えられたものと推定され、それと、竪系図の系線の流れの中からは排除されるに至った母の名の記載とが結びついてこうした注記になったのである。いま問題としている、忍尾別君に続く「(此人……) 娶二因支首長女一生」の「注記」は、明らかにこれより一段階古い形式を示す。

①②を含む部分が現存の竪系図の形式に整えられたのが、前章で考察した如く⑦の枚夫のころ、すなわちほぼ八世紀初めごろと考えてよいとすると、その段階で因支首氏は、□思波・与呂豆の母に関する部分だけに古来の系図の形式を残し、系線に組み込んだままでその全体を右横にはみ出させて記載した。その結果、この部分はあたかも注記であるかの如き様相を呈することとなり、系図の他の部分の記載方式との整合性が確保されている。しかし、にもかかわらず、系線のひき方を子細にみるならば、忍尾別君と□思波の間を直接につなぐ系線は存在せず、この部分が本来の古い系図の形式をとどめていることが判明するのである。

2　因支首姓の意味

それでは「第一次」の系図作成時に、なぜこの部分のみが残されたのか。それは与呂豆の左横の注記「此二人随レ母負二因支首姓一」に明らかなように、この部分の伝承を明示することによって、因支首氏は、「因支首」という姓と、大王—別王につらなる伊予別君との共通出自との、双方の正統性を主張し得たからに他ならない。

出自に関しては後で述べることとして、まず姓について考えると、因支首という姓はたんなる名称ではない。それは、古代の氏姓の主要なタイプの一つである、その氏《ウヂ》固有の世襲の職掌を体現した氏名《ウヂナ》であり、この場合は祖先が地方の支配者としての稲置《イナギ》であったことの主張がこの氏名《ウヂナ》に込められている。稲置については不明の点が多いが、「十伊尼翼《イナギ》属二一軍尼《クニ》一」（隋書）や「国郡立二造長一、県邑置二稲置一」（成務五年九月条）等の史料から、本来は「村邑の長」の意であり、古く地方豪族に与えられた官名が後に姓《カバネ》とも氏名《ウヂナ》ともなった、と考えられている(5)。天武十三年（六八四）制定の八色姓の最下位に稲置があり、八世紀段階でも、稲木・稲置・稲置代首・稲置部等の人名が史料上に見える(6)。

ここで特に注目したいのは、大化元年（六四五）八月五日条の「東国国司詔」にみえる次の言葉である。

若有二求レ名之人一、元非二国造・伴造・県稲置一、而輙詐訴言、自二我祖時一、領二此官家一、治二是郡県一。汝等国司、不レ得三随レ詐便牒二於朝一。審得二実状一而後可レ申。

すなわち、地方豪族が、もともと国造や稲置でもないのに詐って、祖先代々この地方を治めてきた（のだから、新体制の下でもそうした地位を認めてくれ）と訴えることがあったなら、（その主張が真実かどうか）よく実状を調べて後に上申せよ、というのである。

前章で、『和気系図』の形式上の特色から、⑦の枚夫等によって、「主帳」という高い地位についた祖父の小乙上身の出自を明らかにするために第一次の系譜作成がなされたのではないか、と推定しておいた。とするならば、身は、この大化元年（孝徳朝）の詔に示される如き状況の下で、「我が祖の時より」代々その地方を治めてきた由緒ある因支首氏の一員であるという「名」（「名」については第三節後述）を求めて、「訴へ申し」、見事に「難破長柄朝庭《（孝徳朝）》任二主帳一」じられ、「小乙上」の冠位をも得るに至ったのではないか。したがって、孫の枚夫等にとって、祖父の獲ち得たこうした社会的地位の由来の正統性を明らかにし、その地位の子々孫々までの確保を図るためには、大王―別王を始祖とする系譜伝承につらなる身が、同時に因支首の姓を帯びる人間であることの由来を、系図上で明確に示しておかねばならなかったのである。その結節点に位置したのが「忍尾」であった。

さて、『古事記』『日本書紀』『新撰姓氏録』『旧事本紀』等の書物や、個別の系図をみても明らかなように、古代の氏族系譜はその氏《ウヂ》の世襲の職掌の由来（奉事根源）と、（多くの場合はそれにちなむ）賜姓の記録を含むことを大きな特色としている。ところが身もその子孫も、因支首姓を有する因支首氏の成員であるにもかかわらず、既存の『和気系図』には、因支（＝稲置）に関わる奉事根源と賜姓の由来を含む系譜伝承は見出せない。「此二人随レ母負二因支首姓一」という注記によって、因支首姓自体は既存の、説明不要のものとされているのである。このことと、結節点に「忍尾」という人名が位置することとは実は密接な関係があると思われる。

3　忍尾――伝承上の「始祖」――

忍尾は、既述の如く系図の記載形式の上でも特異な位置にあり、「讃岐国司解」（前章第一節参照）所引秋主解状でも

「忍尾五世孫少初位上身之苗裔」といわれているように、因支首の集団の系譜伝承の中でも、ある「始まり」に関わる人物として特に記憶されていたらしい。そこで「忍尾」という名の持つ意味についてであるが、忍《オシ》という字は「忍《オシ》照《テルヤ》八　難波乃小江介《ナニハノヲエニ》……」（『万葉集』三八八六番）等を見てもわかるように、「押」と通用して用いられている。ここの「押（忍）照」はあまねく照りわたる意であるが、「日本足彦国押人」（孝安）、「大足彦忍代別」（景行）、「白髪武広国押稚日本根子」（清寧）、「広国押武金日」（安閑）、「武小広国押盾」（宣化）、「天国排開広庭」（欽明）という大王の和風諡号に見られる如く、忍・押・排は通用して族長名中の美称として用いられている。「オシ」は「力をもって制圧する意」とされ、[7]支配するという観念に関わったことばである。しかもこれらの和風諡号のうち、それを付した時点の古さに疑問のもたれる前三者を除くと、安閑・宣化・欽明というほぼ六世紀の天皇名に集中的にこのオシの美称が見られる点に注目しておきたい。

以上のように、一つには大王名から「オシ」と支配との関連が推定されるのであるが、この点をさらに雄弁に物語ってくれるのが、讃岐公の祖先伝承である。系図冒頭部分にも示されている如く、讃岐公は本姓凡直であり、延暦十年に請に依り讃岐公と改賜姓された。

讃岐国寒川郡人正六位上凡直千継等言。千継等先、星直。訳語田（敏達）朝庭御世、継二国造之業一、管二所部之堺一。於レ是因レ官命レ氏、賜二紗抜大押直之姓一。而庚午年之籍、改二大押字一、仍注二凡直一。是以星直之裔、或為二讃岐直一、或為二凡直一。……請因二先祖之業一、賜二讃岐公之姓一。（延暦十年九月丙子条）

これによれば、千継等の祖先の星直は、代々国造として地方支配の任にあったことにより、敏達朝（六世紀後半）に紗抜大押直の姓を賜わった、という。「官に因りて氏を命じ」とあるから、この「紗抜大押直《サヌキノオホオシノアタヒ》」とは讃岐の地を（国造として）支配する者の意であり、「オシ」の語は、六世紀ごろには支配を意味するものであった、とかつては考えられていたことになる。ところが八世紀末の千継等にとっては、この大押直《オホオシ》→凡直《オホシ》はもはや支配者たることを示す誇るべき称号とは考えられず、「先祖の業により」讃岐公の姓を賜わらんことを求めるに至った。ここでは、かつて祖先が国造であったことを示す称号としては「公」という姓こそがふさわしい、と観念されているのである。身—千足—枚夫のころには誇るべき称であった因支首姓を、子孫の秋主等が「義理憑るなし」としてきらい、和気公への改姓を求めたのと同様の動きがここにはみてとれる（和気については第三節後述）。

右に明らかにしたように、「オシ」の語は、『記』『紀』が編纂された七世紀末～八世紀初めの段階で、広く一般的に、六世紀ごろの支配者にふさわしい称号的人名として観念されていたらしい。八世紀初めごろの因支首等にとっても、忍尾というのは、自分たちの支配者としての地位の基をきずいた伝承上の「始祖」として記憶されるにまことにふさわしい人名であった。

それでは忍尾の尾とは何か。尾は男・乎・雄・小・袁等と同じくヲの音の表記に使われる字であり、「ヲ」とは一般的には「接頭辞的に勇ましいさまを表わす」語であるという。(8)「オシヲ」というのは「雄々しい支配者」の意をこめた称号的人名ということになろう。「忍尾 真浄別君 命之 子忍尾別君之——」という記載のされ方からもわかるように、忍尾別君の「別君」は伊予別君（御村別）の系譜との接合の中で後次的に付された称号であり、秋主解状にも見える如く、因支首の固有の伝承の中ではたんに「忍尾」として記憶されていたらしい。

さて、「オシ」を含む人名は、先にあげた大王名のみならず、他の古系譜中にもまま見られ、その一例をあげると、『粟鹿大神元記』(9)の神部直忍がある。『元記』を分析された溝口睦子氏によれば、その本文部分の原型はほぼ八世紀ごろの成立になり、記載形式上から、忍（応神朝ごろに位置づけられている）の前後に大きな断層が認められる、という。神祖伊佐奈伎命から始まる長大な系譜の中で、忍から以降が但馬国の一小豪族たる神部直氏の「単独の系譜部分」であり、「現実味のある」部分である。[10]『和気系図』中の忍尾との共通性は明らかであろう（ただし、溝口氏がこれ以前の他氏との共同系譜部分の体系も、

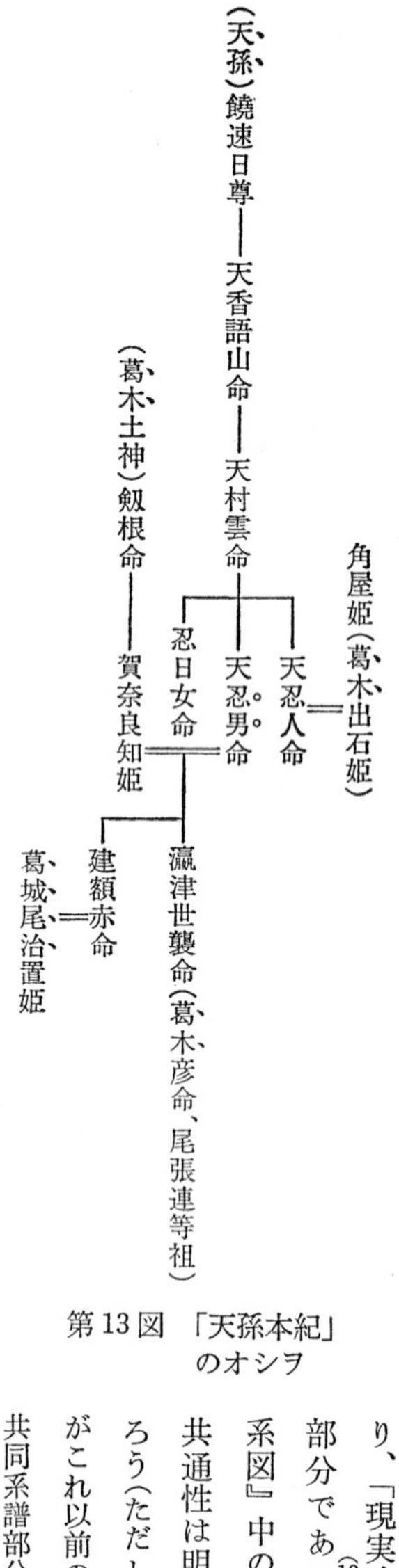

第13図　「天孫本紀」のオシヲ

八世紀の段階ですでに存在していたとされる点には従えない――「おわりに」後述）。

さらに、「オシヲ」の名そのものも、他の系譜に例がある。『旧事本紀』巻五「天孫本紀」に載せる尾張氏の系譜がそれであり、そこの文章系譜をわかりやすく図示すると第13図のようになる。[11]

すなわち、天孫の天忍男命と葛木の賀奈良知姫との間に生まれた瀛津世襲命（葛木彦命）を祖と戴くことによって、尾張氏は葛木氏同族にして天孫の出自たることを主張し得ているのであり、天忍男命はその結節点の位置にある。これが『和気系図』において忍尾の占める位置と全く同様のものであることは容易に理解されよう。天忍人命・天忍男命・忍日女命の三名が兄妹として記され、天忍人命にも葛木系との婚姻が語られていることからもわかるように、(天)忍男《オシヲ》(命)というのは抽象化された人名である。

さて以上の考察により、「オシヲ」とは雄々しい支配者との意の込められた称号的名であり、[12]固有伝承上の「始祖」として、系譜の結節点に位置づけられるにふさわしい人名であったことが明らかとなった。この結節点は、因支首という奉事根源に関わる姓と別王につらなる出自とを結ぶものであったが、「娶二〇〇一生児△△」という『上宮記』系

譜との共通性を考えると、その背景には、たんに異なる系譜伝承の接合というにとどまらない、古代系譜の特質を把握する上での重要な手がかりがひそんでいると思われる。それを次節では、『上宮記』系譜以外の古系譜をも含めて比較検討することにより考えていきたい。その中から、「忍尾」が一体、何の「始まり」であったのかも明らかとなろう。

第二節　出自と系譜

1　一系系譜と両属系譜

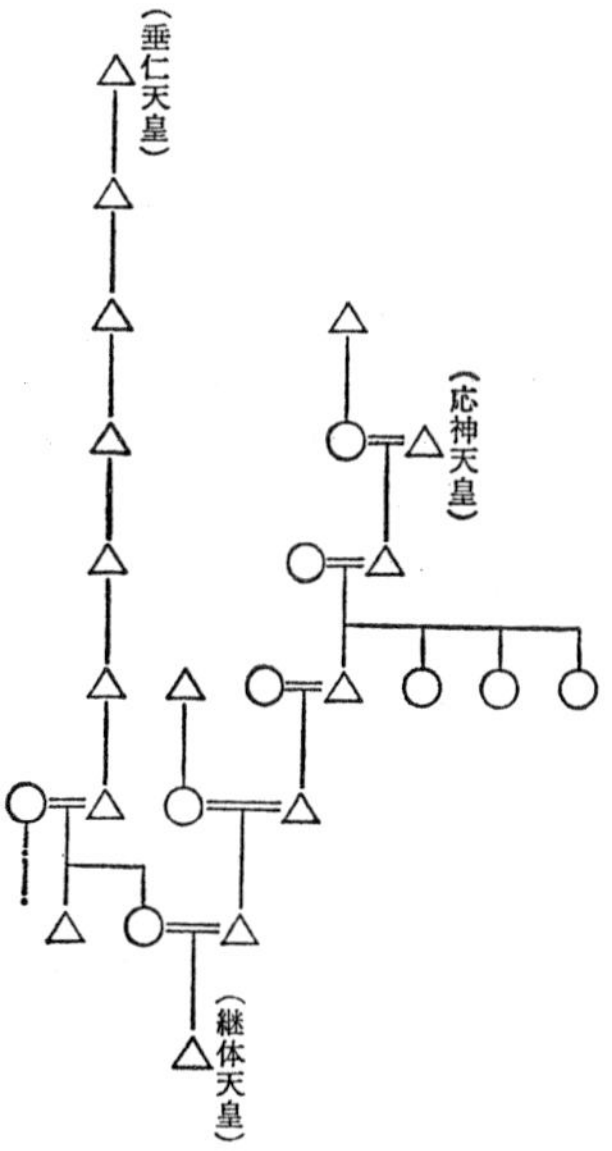

第14図　『上宮記』系譜の構成

前節の1で紹介した『上宮記』の系譜に示される人名とその間の関係を、男＝△、女＝○として図示化すると第14図のようになる。

すでに述べたようにこの系譜は古い文章系譜の形式で記され、各代ごとにその母の記載があるのであるが、この図に明らかなように、継体天皇の父母のところでかかる形式で記された二系統の系譜が大きく結合されるという形をとっている。しかも、もと

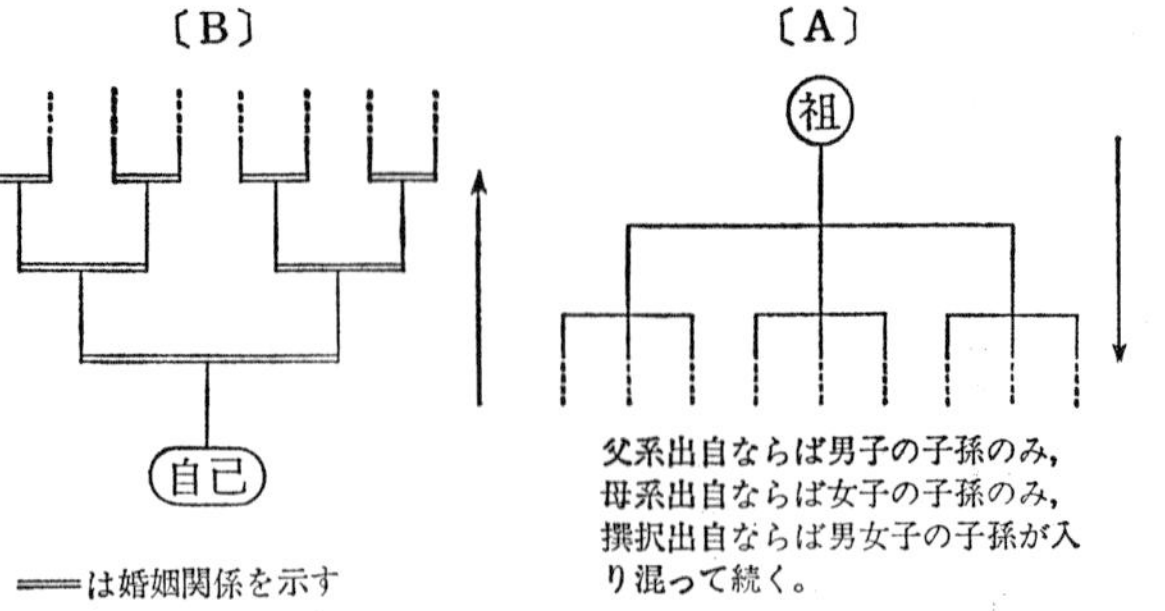

第15図　descent と filiation

の文章系譜を見ると明らかなように、この両系統の大きな結合も、各代ごとの母の記載と全く同様に「△△娶二〇〇一生児」の形式で記されている。すなわち、各代ごとの母の記載の背後にあるものと全く同一の原理によって、この大きな両系統の結合もなり立っているのである。

それではなぜに各代ごとに母の名が系譜中に折り込まれて（注記としてではなく）語られるのか。それはその間に生まれた子の社会的存在が、父方・母方双方からの血の流れによって規定されるものであったからであろう。こうした在り方を前提として、実質的には新王朝の創始者であった継体天皇は、応神・垂仁の両天皇につらなるこの系譜によって、自己の大王としての地位の出自上の正統性を主張し得たのである。

さてそこで想起されるのは、天平勝宝元年（七四九）四月甲午条の聖武天皇の詔にみえる「天つ日嗣高御座の業と坐す事は進みては挂けまくも畏き天皇が大御名を受賜はり退きては婆婆大御祖の御名を蒙てし食国天下をば撫賜ひ恵賜ふとなも……」という言葉である。ここでも『上宮記』系譜にうかがえるのと同様、天皇としての自己の地位の正統性が父方・母方双方に求められている。そして重要な点は、八世紀半ばの聖武天皇によっては、父方・母方の「御名」を蒙るという形で観念的に語られることが、『上宮記』の系譜の段階（七世紀半ば以前）では、系譜として明確に示されているということであろう。

これまでに提出されている文化人類学上の概念よりするならば、父系・母系・双系のいずれの社会にあっても、始祖からの系譜関係に基づく出自(descent)の原理と、自己を中心に双方的に広がる親子関係の連鎖による関係(filiation)の原理とは、明確に区別されるべきものである。前者からは境界を持った永続的な出自集団が形成され、個人は（少なくとも第一次的には）[13] ある一つの集団に帰属する。それに対して、後者からは一人一人について異なった関係が形成されるので、永続的集団とはなり得ない。類型的には前者は〔A〕、後者は〔B〕の形で示される[14]（第15図）。

ところが『上宮記』の系譜は、系譜でありながら後者の形をとっている。しかもこうした「△△娶二○○一生児」の形式は、古代の文章系譜に普遍的に見出されるものである。すなわち、そこでは filiation が filiation の次元にとどまらず、その原理を残しつつ descent に関わるものとなっている。我国古代の氏《ウヂ》は、従来の人類学上の双系制理論では必ずしも解明しきれない特質をそなえている、といわねばならない。その特質を、一応、「両属性」として把握しておきたい（詳しくは第一編補論参照）。

それでは祖先より発する系譜はこの段階では存在しなかったのかといえば、それはあった。継体天皇の出自を示す『上宮記』の系譜は、複数の祖より発して自己に収斂する両属系譜として、複雑に広がり得る網の目は、父方では応神天皇（凡牟都和希王）、母方では垂仁天皇（伊久牟尼利比古大王）からはじまっている。しかしこれは、他方に天皇（大王）位継承を示す「……崇神―垂仁―景行―成務―仲哀―応神―仁徳……」といった系譜伝承（個々の天皇名はもちろんこのような漢風諡号ではなく、また『記』『紀』段階のものとは相当に異なり、これ自体が作成・加上の途上にあったろうが）の存在を前提としてはじめて意味のある（継体天皇の社会的な存在を正統化し得る）系譜であるといわねばならない。そして我国には古くから、こうした族長位の継承を示す系譜が祖先より発する一系系譜として存在していたことは、五世紀末のものと推定されている埼玉県稲荷山出土の鉄剣銘文より明らかであろう。そこでは上祖意富比垝《オホヒコ》より始まり乎《ヲ》獲居《ワケ》臣（系譜作成主体）に至る八代に及ぶ一系系譜が記されているのである。

辛亥年七月中記。乎獲居臣上祖名意富比垝、其児多加利足尼、其児名弖已加利獲居、其児名多加披次獲居、其児名多沙鬼獲居、其児名半弖比、其児名加差披余、其児名乎獲居臣。世々為二杖刀人首一奉事来至レ今。獲加多支鹵大王寺在二斯鬼宮一時、吾左二治天下一。令レ作二此百練利刀一、記二吾奉事根原一也。(15)

右銘文の系譜部分を竪系図の形式に直して示すならば左の如くである。

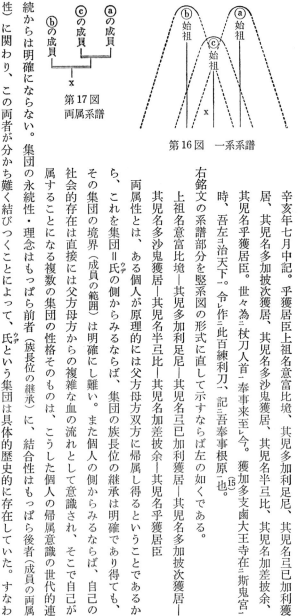

上祖名意富比垝―其児多加利足尼―其児名弖已加利獲居―其児名多加披次獲居―其児名多沙鬼獲居―其児名半弖比―其児名加差披余―其児名乎獲居臣

両属性とは、ある個人が原理的には父方母方双方に帰属し得るということであるから、これを集団＝氏《ウヂ》の側からみるならば、集団の族長位の継承は明確であり得ても、その集団の境界（成員の範囲）は明確にし難い。また個人の側からみるならば、自己の社会的存在は直接には父方母方からの複雑な血の流れとして意識され、そこで自己が属することになる複数の集団の性格そのものは、こうした個人の帰属意識の世代的連続からは明確にならない。集団の永続性・理念はもっぱら前者（族長位の継承）に、結合性はもっぱら後者（成員の両属性）に関わり、この両者が分かち難く結びつくことによって、氏《ウヂ》という集団は具体的歴史的に存在していた。すなわち、始祖より発して族長位の継承を示す一系系譜と、複数の祖より発して個人の社会的帰属を示す両属系譜の併存は、双方的親族関係のみで明確な族組織を有さない社会の中から、永続性を持った集団が形成されてくるときにみられる系譜意識である、ということができよう。この段階では、出自は、この両系譜の併存によって示される。

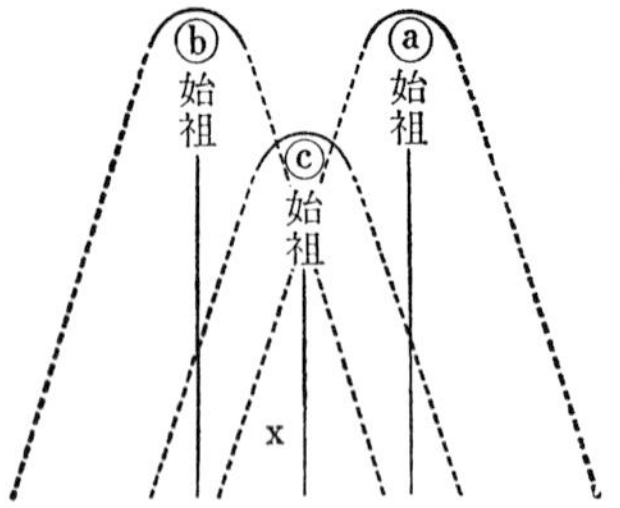

第16図　一系系譜

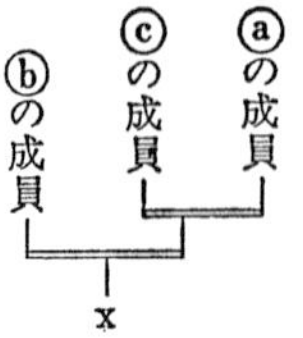

第17図　両属系譜

右に述べたことを簡略に図示するならば第16図の如くである。ⓐⓑⓒの各々は、一定の集団性を持つが、その境界は明確ではなく、個々の成員xは複数の集団の重なりの中に位置する(この原理は、族長位の継承者にも、また始祖にも及び得る)。したがってxの社会的存在は、直接には第17図のような形の両属系譜によって示されるしかないのだが、これのみではxの属する各集団の性格は不明であり、奉事根源に関わる始祖からの族長位継承の次第を記したⓐⓑⓒ各各の一系系譜との併存が必須とされるのである。

『上宮記』系譜においても、「牟義都国造……の女子〇〇」「余奴臣祖〇〇」という記載形式に示されるように、そこに母として記された女性は、たんなる一個人ではなく、その背後に集団を背負った存在なのである。この場合、他方に、牟義都国造や余奴臣というそれぞれの集団の族長位継承を示す一系系譜の存在を(垂仁・応神を含む大王位継承を示す系譜と同様の意味で)想定し得るであろう。また、弟比売麻和加とその父の洼俣那加都比古は『記』の倭建命と息長氏に関わる系譜伝承中にも登場し、大郎子(意富々等王)の姉妹としてみえる践坂大中比弥王等は『記』に允恭天皇の后としてみえる等々、両属系譜中に明示された人名は、その各々が背景に系譜伝承の世界の広がりを持っている。[16] 継体の出自は、過去の王統とのつながりのみならず、数多の集団とのつながりの主張を必須のものとして含んでいるのである。[17]

出自とは、典型的には個人の社会的帰属に関わり、系譜は出自規則に従って祖先からの系統をたどることによりそれを具体的に明示するものに他ならないが、ここでは、出自・帰属・系譜が相互に密接に関わり合いつつも、ぴったり重なるものとはなっていない。ここからは、稲荷山鉄剣銘文の一系系譜を直ちに(父系)出自集団の存在と関わらせて理解することの誤りが明らかとなる。族長位の継承に限定して考えても、ここでの「児」は必ずしも文字通りの血縁の子ではなく、次代の継承者を意味するとみるべきであろう。[18] すでに先学が明らかにされているように、我国で族長位の継承法が地方豪族も含めて一般的に直系継承に移行するのは平安以降のことである。[19]

2　出自系譜の成立

族長位継承を示す一系系譜と個人の帰属を示す両属系譜との併存、という系譜意識の下では、同族関係は直接には個人のレヴェルでしか存在せず、集団と集団との関係は系譜という形によっては示され得ない。それは集団＝氏《ウヂ》が形成されつつある段階にふさわしい（出自系譜以前の）「氏族系譜」の形態といえよう。それに対して、忍尾とその子の□思波・与呂豆を結ぶ部分にのみ、系線を右側に圧縮してはみ出させた形で「娶二〇〇一生」という両属系譜のおもかげを残し、別王より発する共通出自を有する伊予別君の系図を併記する形で成立した『和気系図』（の第一次作成部分）は、成立した集団と集団との組織化がすすめられつつある段階にふさわしい「氏族系譜」であった。従来、氏族系譜として問題にされてきたことは、実はこれ以降についてのみあてはまることなのである。

さて、『和気系図』と同じく、出自系譜としての氏族系譜の成立の端緒段階を示すと思われるものに、辛己（巳）歳（六八一？）の群馬県山ノ上碑[20]がある。そこに刻まれた「佐野三家定賜健守命孫黒売刀自此新川臣児斯多々弥足尼孫大児臣娶生児長利僧」という文章系譜を図示するならば左の如くである。

（佐野三家定賜）
健守命……………………孫黒売刀自
　　　　　　　　　　　　　║──児長利僧
新川臣──児斯多々弥足尼……孫大児臣

これは「娶生児」の形式をもつ系譜ではあるが、もはや『上宮記』のような両属系譜そのものではない。「佐野《サヌ》の三《ミ》家《ヤケ》定め賜へる」という奉事根源に関わる文言、また、命《ミコト》・足尼《スクネ》というカバネの在り方からみて、健守命および（新川臣―）斯多々弥足尼は明らかに始祖伝承中に位置づけられている人物であり、稲荷山鉄剣銘文の「上祖意富比垝《オホヒコ》―多《タ》加利《カリ》足尼《スクネ》……」に相当する（したがってここの「孫」は子孫の意に解されねばならない）。長利僧が自らの出自を示すにあたって、父方・母方について語ることが必須とされてはいるのだが、その父方・母方とは、族長位継承を示す一系系譜の流れの末端に位置する父と母なのである。これは、この段階では、こうした一系系譜それ自体が出自系譜的性格をおびてきつつあることを意味する。

以上に考察した、稲荷山鉄剣銘文、『上宮記』、山ノ上碑、『和気系図』という年代の明らかな古系譜を手がかりに考えると、我国では氏《ウヂ》という集団の形成は、ほぼ五世紀後半から七世紀後半の間にすすめられたということになろう。鉄剣銘文の系譜には、奉事根源にまつわる記載はあるが氏名《ウヂナ》は未だ成立していない。おそらくこのころが、大王との政治的関係（奉事根源）を軸に集団としての氏《ウヂ》が形成されてくる端緒段階にあたると思われる。後代の氏族系譜と異なり、ここでの始祖が〇〇氏始祖ではなく「乎獲居臣の上祖」という形でしか語られ得ないのはその故である。「上祖名意富比垝《オホヒコ》」が『記』『紀』にみえる四道将軍説話中の大彦命[21]の前身にあたるとするならば、そうした伝承世界の共有を通じて、形成されつつある集団相互の関係もまたできてきつつあったものと推定されるが、既述の如く、それは未だ系譜上の同族関係としては表現され得ない。

それに対して、七世紀後半〜八世紀初めは、集団相互の体系的組織化がすすめられはじめた時期であった[22]（文字通りの系譜の共有はこれ以後のことである）。ここにおいて、族長位継承を示す一系系譜と個人の帰属を示す両属系譜という二つの系譜意識は統合され、はじめて厳密な意味での、祖先を出発点とする（ancestor-oriented）裾広がりの出自系譜（第15図〔A〕の形）が成立したのである。「忍尾」は、現存『和気系図』の直接の原型の成立期において、この統合のカナメ、すなわち、因支首氏にとっての出自系譜の始まりに位置する人名であった。

以上のように考えるとすると、ここでさらに二つの重要な問題の所在が明らかとなる。その第一は、いくつか示した例から明らかなように、このような二つの系譜意識の併存は、（口承↓）文章系譜の形式によってはじめて表現可能なものだったということである。前章第三節の8で、竪系図がある集団と集団との主要な系統相互の世代ごとの対応関係を明示するにふさわしい形式であること、横系図ではもはやそうした対応は不可能であること、したがって竪系図から横系図へという系図形式の移りかわりの背景には同族関係の在り方の変化があったであろうことを述べた。文章系譜から竪系図への変化もまた同種の問題を含んでいたのである。集団相互間の世代ごとの対応関係をタテの流れの中で明示することが、文章系譜の形式によっては不可能なことは明らかであろう。

第二に、稲荷山鉄剣銘文でも、上祖意富比垝《オホヒコ》より始まる一系系譜の末尾にくみこまれる形で、「其児名半弖比《ハテヒ》其児名加差披余《カサヒヨ》其児名乎獲居《ヲワケ》臣」という、三世代の一グループが認められることである。ハテヒより以前はヒコ—スクネ—ワケと推移する称号を有し、伝承上の祖先より発した系譜の性格を如実に示す[23]。前章第三節の6で述べたように、『和気系図』の末尾にも祖父の道万呂（と兄弟）—父の宅成（とイトコ）—円珍（と再イトコ）という明確な一グループの存在が認められた。自己より遡って三世代というのが、我国の古代において系譜作成上の現実の核となる普遍的な世代深度だったのではないか。ただし、稲荷山鉄剣銘文（五世紀末）の場合には、それは族長位継承に関わってのみたどられ、それと神話的系譜との接合によって一系系譜が成立している。この段階では横の広がりは個人ごとに双方的に形成され、系譜上の世代深度を持ったグループとしては示され得ない。それに対して、『和気系図』の末尾（九世紀前半）では、この三世代が横の広がりを持つグループとなり、しかも、もはや伝承上の祖先から発する系譜の流れの中につつみこまれるのではなく、それ自体が新たな系譜意識の出発点となっているのである。ここに「家」の成立へ向けての端緒を系譜の上からうかがうことができよう[24]。横系図はこの新たな系譜意識にふさわしい系図形式であった

（第四章参照）。
『和気系図』の末尾にみられるこうした変化は、氏《ウヂ》が伝承の世界からの根を断ち切り、新たな段階への変質をとげたことを意味する。その背後には、それ以前にあって氏《ウヂ》の存立の主要な軸となっていた、伝承上の始祖からの職掌世襲（奉事根源）の理念の変化があった。次節ではこういった点を考えていきたい。

第三節　出自と奉事根源

1　奉事根源の原始性 ――遊部伝承より――

第一節でもふれたように、『和気系図』は因支首の氏《ウヂ》としての由来を明らかにするために作成された系図であるにもかかわらず、そこには因支（＝稲置）という地方支配者としての奉事根源も賜姓の由来も記しとどめられていない。これは何を意味しているのだろうか。

氏《ウヂ》の集団としての永続性は、大王にある職掌をもって世々仕えるという理念によって支えられており、（少なくともある時期以降）対社会的にはそれは氏姓により示される。前述のように、本来、こうした集団としての氏《ウヂ》の永続性・理念に関わるのは、族長位継承を示す一系系譜であって、個人の帰属を示す両属系譜によってではなかった。そのことは、上祖意富比垝《オホヒコ》から乎獲居臣に至る八代の族長の人名を一系的に書き列ねた稲荷山鉄剣銘文の系譜末尾に「世々、杖刀人の首と為り、奉事し来り今に至る。……吾が奉事の根原を記す也」[25]とあることに明らかである（ただし、既述の如く、鉄剣銘文の段階では氏姓はまだ成立していない)。ところが『和気系図』にみられるように、二つの系譜意識の統合によって厳密な意味での出自系譜が成立した段階においては、もはやその出自系譜と奉事根源とは必ずしも重なり合っていない。因支首氏の奉事根源はその氏姓によってのみ示され、以後は、かかる氏姓と出自系譜との併存によって、因支首氏の存立が理念的に支えられることとなる。その併存は、忍尾―□思波・与呂豆の部分に見られる如く、両属性原理に基づく古い「娶㆓〇〇㆒生」の形式にのっとって可能となっているのだが、「男女の法」(大化元年(六四五)八月庚子条)により父系帰属が公的に定められたこの段階では、それは特に「随㆓母姓㆒」と注記されねばならなかったのである。

我国の古代においては、大王にある職掌をもって仕えることは、そもそもその職掌を奉じていた(と信じられている)始祖からの血のつながりを有する人間にのみ可能とする観念が色濃く存在していた。それをよく物語ってくれるのが、『令集解』喪葬令8親王一品条「古記」に記しとどめられた遊部伝承である。

古記云、遊部者、在㆓大倭国高市郡㆒。生目(垂仁)天皇之苗裔也。所㆔以負㆓遊部㆒者、生目天皇之孽円目王、娶㆓伊賀比自支和気之女㆒為㆑妻也。凡天皇崩時者、比自支和気等到㆓殯所㆒、而供㆔奉其事㆒。仍取㆓其氏二人㆒、名称㆓禰義余比㆒也。禰義者、負㆑刀并持㆑戈、余比者、持㆓酒食㆒并負㆑刀、並入㆑内供奉也。唯禰義等申辞者、輙不㆑使㆑知㆑人也。後及㆓於長谷(武烈)天皇崩時㆒、而依㆑粲㆓比自支和気㆒、七日七夜不㆑奉㆓御食㆒。依㆑此阿良備多麻比岐。爾時諸国求㆓其氏人㆒。或人曰、円目王娶㆓比自岐和気(之女)・㆒為㆑妻。是王可㆑問云。仍召問、答云、然也。召㆓其妻㆒問、答云、我氏死絶、妾一人在耳。即指㆔負其事㆒、女申云。女者不㆑便㆓負㆑兵供奉㆒。仍以㆓其事㆒移㆓其夫円目王㆒。即其夫代㆓其妻㆒而供㆔奉其事㆒。依㆑此和平給也。爾時詔、自㆓今日㆒以後、手足毛成㆓八束毛㆒遊詔也。故名㆓遊部君㆒是也。但此条遊部、謂野中古市人歌垣之類是。

これは遊部君氏の職掌・賜姓・出自の由来を語る系譜伝承が、八世紀前半成立の「古記」に断片的に記しとどめられたものである。末尾に付記された「但……」以下の部分に明らかなように、この段階では遊部君氏は、すでにその職掌奉仕の実体を失っているので、この伝承の内容自体の成立は七世紀後半以前と推定される。

葬礼に際して歌舞し鎮魂を行なったのであろう遊部の職掌については、諸氏の研究があるが(26)、ここでは、比自支和気氏の人間が槃《はな》たれてしまっていたためにモガリの御食を奉ることができず、天皇の霊が荒れ狂ったということ、またそれを鎮めるために諸国に比自支和気の氏人の生き残りを捜し求めた、と語られていることに注目しておきたい。これは奉事根源の持つ原始的性格を如実に示すものであろう。天皇のモガリ奉仕の職掌は、比自支和気氏の人々にのみ負《にな》われることができると観念され、他の氏人による御食奉仕では天皇の霊が受けつけなかったのである。それ故に、伝承では、生き残りの女子と円目王との婚姻を介して、以後、生目天皇―円目王の苗裔によりその職掌が世襲されていく。

遊部伝承自体は、比自支和気氏が生目天皇苗裔という出自を主張する中で生まれたものと推定され(27)、景行天皇―武国凝別皇子苗裔を主張する因支首氏の系譜伝承と共通する性格を持つ。しかし、そこにはまた、注目すべき相違も認められる。それは、円目王が、その奉仕の状を賞でた天皇の詔によって「遊部君」の姓を新たに得た、とされていることである。このことと、比自支和気の職掌と生目天皇苗裔という出自との接合が、同じく婚姻を媒介としながらも、因支首氏の場合のように所生子が「従二母姓一」という形ではなく、妻から夫への職掌の譲りとして語られることとは、密接な関わりがあろう。すなわち、そこでは両属性原理は直接に表面にはあらわれず、天皇の賜姓を通じて、「遊」(鎮魂の歌舞)という奉事根源が新たに設定しなおされているのである。

生目天皇の庶子たる円目王との婚姻という、ごく簡潔で直接的な接合の仕方からみても、これは、武国凝別皇子からの複雑な別れの末に位置する忍尾との婚姻を語る『和気系図』と比べて、より早い段階での系譜接合の例といえる。この伝承の骨組みをなしているのは、本質的には、一系系譜相互間での接合であり、その故に奉事根源が設定し直されねばならなかった。それに対して、「従二母姓一」「冒二母姓一」という形での系譜の接合は、一系系譜と両属系譜の統合により厳密な意味での出自系譜が成立して以後、したがって、比較的新しい段階での接合原理といえるのではないだろうか(28)。

右のいずれの場合にあっても、接合の原理として婚姻が使われるのは、奉事根源にまつわる「始祖からの血のつながり」が、父方・母方双方を通してたどられ得るものだったからである。古代の氏《ウヂ》をめぐる史料に特徴的にあらわれる「名《ナ》」とは、まさにこうした意味での「血のつながり」の観念の実体化されたものに他ならない。したがってそれは具体的には、始祖の名前そのものでもあり、始祖のたてた功績でもあり、氏《ウヂ》の世襲の職掌でもあり、氏姓でもあり、そうした諸々の根底にある血の流れそのものでもあった(29)。

その意味で、「名《ナ》」の継承はあくまでも集団としての氏《ウヂ》に相即的なものであって、後次的に整備されてくる系譜に示される流れとイコールではなく、具体的には、複数の集団にまつわる「名《ナ》」がある個人によって継承され得る(30)。前節1であげた天平勝宝元年（七四九）の詔の「婆婆《ハハ》大御祖の御名を蒙てし」の意味するところも、母個人の霊威ではなく、母に流れこんでいる複雑な血を通じて、（原理的には無数の広がりをもち得る集団の中から）自己の社会的存立（天皇位）にとって必須と観念された複数の集団にまつわる御名・霊威を、聖武天皇はその一身に受け取ったのである。

因支首の場合にも、前章第三節2で大化元年（六四五）の東国国司詔を援用して示したように、身は、（系譜上では母方より伝わるとされる）「名を求めて」、「我祖の時より」因支（稲置）首としてその地を領していたことを主張した、と考えられよう。

氏《ウヂ》という集団と奉事根源とを結びつける原始的観念の根強さ故に、それは、氏《ウヂ》相互の組織化がすすむ中で二次的三次的に整えられてくる出自系譜に容易に吸収されてしまうことなく、(31)あくまでもその集団に即した形で、「因支首」という集団名＝氏姓によって明示され続ける。この段階では、伊予別君との共通の始祖たる(十城)別王は、奉事根源に関わる始祖とはなり得ていない。とするならば、九世紀に入ってからの因支首から和気公への改姓は、こうした氏《ウヂ》の集団としての存立にまつわりついていた原始的性格が、最終的に払拭されたこと、そして(武国凝)別皇子からの出自に奉事根源の理念が吸収されてしまったことを意味しているのではないだろうか。

2　奉事根源の出自への統合

前章で『和気系図』の作成過程を明らかにしたが、その第一次〜第三次にかけて、因支首氏にとっての出自意識がどのように変化していったかをふり返りつつまとめてみるならば、次のようになろう。まず第一次の段階では伊予別君の系図との接合を通じて間接的に別王につらなり、次いで第二次では伊予別君からの別れであることを一方で明示しつつも直接に武国凝別皇子につながり、第三次では景行天皇というさらに遠い出自でつながる讃岐公との関係が大きくクローズアップされている。この段階で因支首から和気公への改姓が実現したのであり、貞観八年(八六六)の改姓記事には「其先、武国凝別皇子之苗裔也」と明言され、後世の「伴氏系図」の円珍の注には「景行天皇末孫也」とある。(32)そこにはもはや、第一次の系図作成時に忍尾―□思波・与呂豆の系線の流れにこめられた両属性のおもかげは認められない。

ただしここで注意されるのは、改姓記事に「其先……苗裔也」とあることである。これは、因支首の先祖が武国凝別皇子の苗裔である(ので、因支首は武国凝別皇子の子孫である)、という間接的な出自の表現である。前節までの考察をふまえて考えるならば、「其先」というのは忍尾のことであろう。すなわち、あくまでも因支首の固有の伝承上の始祖は、地方支配者としての美称よりなる人名を有するオシヲであり、その忍尾を伊予別君の系譜に接合することによって因支首が(十城別王→)武国凝別皇子の苗裔たり得ているという、第一次系図作成以来の構造がここにわずかに示されている。第一次作成時には出自と奉事根源とを結ぶ位置にあり、厳密な意味での出自系譜の「始まり」でもあった忍尾が、ここでは一本の系譜の流れの中に完全に組み込まれるものとなり、それによって、(武国凝別皇子之苗裔である)「忍尾五世孫身の苗裔」が改姓に預ったのである。ここにおいて、景行—武国凝別皇子という神話的始祖から発する系譜それ自体が、全体として出自系譜の性格を備えるに至ったといえよう。

右にみられるのは、具体的な出自の内容の変化ではなく、これまでに明らかにしたような過程を経て(七世紀後半から八世紀初めごろに)成立した出自系譜の、氏《ウヂ》にとって持つ意味の変化である。この変化と改姓との関わりを考えるためには、讃岐公の改姓過程の考察が有力な手がかりとなる。

すでに何度かふれたように、讃岐公は紗抜大押直(敏達朝)→凡直(庚午籍)→讃岐公(延暦十年)→讃岐朝臣(承和三年)→和気朝臣(貞観六年)と改姓された。ところがその改姓の理由についてみていくと、延暦十年(七九一)の時には、先祖の星直が国造であったので、「先祖の業により讃岐公の姓を賜へ」とあって、もっぱら奉事根源にふさわしい姓となることが求められている。ただ、既述の如く、かつては「紗抜大押直」というのが国造としての職掌を示すにふさわしい氏姓であったものが、この段階ではそうは意識されなくなっていたために、当時、国造の姓《カバネ》であると観念されていた讃岐公に改姓されることを願ったのである。ここで意識されているのは、凡直千継等がかつて国造であった星直の子孫であるという意味での出自であって、その場合の重点は国造としての奉事根源にある。景行紀にすでに「神櫛皇子、是讃岐国造の始祖なり」とあるにもかかわらず、そのこと、すなわち、星直が誰の苗裔とされているのかという意味での出自は、何ら改姓の上では問題となっていない。大押直の姓を賜わったとされる星直は、因支首氏にとっての忍尾と同じく、凡直（→讃岐公）氏の固有の伝承上の始祖だったのであろう。改姓記事・国司解・系図と三拍子そろった因支首の場合が、史料的に改姓の背景を知り得る稀有の事例であることを考えると、讃岐公の場合にも星直を結節点とする複雑な系譜伝承の成立過程を想定することもできよう。

ところが承和三年（八三六）の改姓では、改姓記事の末尾に「景行天皇第十皇子神櫛命也」、貞観六年（八六四）でも同様に「其先、出レ自二景行天皇皇子神櫛命一也」とあって、もっぱら遠い始祖が誰かという意味での出自のみが問題とされている（この場合も「其先」は星直をさし、星直が神櫛命より出ず、という構造である）。そこではもはや先祖の職掌との関わりは何ら改姓理由として語られていない。神櫛皇子につらなる出自伝承そのものは『書紀』編纂のころから存在しているが、讃岐公氏にとってのその意義づけには大きな変化が見られるのである。

正史における一般的な改姓記事の傾向から見ても、たんなる改姓の記事の後に「継主は臣八腹木事命の後なり」（天長十年二月丁亥条）、「横佩・秀嗣の先、後漢霊帝の曾孫阿智王より出づ」（天長十年十二月戊申条）、「千継の先、大久米命なり」（承和元年五月丙子条）、「其の先、観松彦香殖天皇《（孝昭）》の後なり」（承和二年十月戊戌条）といった形で遠い出自のみが付記されるのは、天長十年（八三三）以後、すなわち『姓氏録』編纂後の顕著な特色である。

それではこのように遠い出自のみに比重がおかれるようになった段階では、奉事根源は何ら問題とならなくなってしまっているのだろうか。『三代実録』等にみえる短い改姓記事からその間の事情をうかがうことは困難であるが、幸いに因支首の場合には改姓についての詳しい事情を物語る「讃岐国司解」が残されている。これによれば、八世紀初めの第一次系図作成の段階では、奉事根源を示すものとして系図上にも特にその由来（「随二母姓一」）を付して残された「因支首」の姓が、九世紀前半の秋主解状では「義理憑るなし」とされている。

この「義理憑るなし」の内容として考えられるのは、一つには母姓継承は誤りということであり、もう一つは「因支」の字はもはや支配者としての地位を明示するにふさわしくないということであろう。「和気公」という新姓は、誤って継承された母姓に代わる本来の父姓（本姓）であると同時に、因支（稲置）に代わって地方支配者としての伝統を明示する姓でもあった。前者の問題については次章でふれるとして、後者についてみてみると、「和気公」というのは、元祖が封じられた郡名による名であるという。この言葉の意味は、景行紀の「七十余子、皆、国郡に封じ、各々其国に如かしむ……」（四年二月甲子条）を想起すると理解しやすい。ここの「元祖」＝武国凝別皇子であり、秋主等は、武国凝別皇子が伊予国和気郡に封じられたという、伊予別君（御村別）が奉じていたであろう伝承に依拠する形で、和気郡の地の本来的首長（＝公）の流れを汲む者、という意味で、和気公の姓を賜わらんことを求めたのである。

ここにおいて「和気公」の新姓の下に、別王につらなる出自と奉事根源の統合が（後者が前者に吸収される形で）なしとげられた。両属性原理に基づく因支首姓からの脱却は、すなわち、ここで出自と系譜と帰属の真の一致が実現したことを意味しているといえよう。それは同時に、奉事根源のもつ原始性からの脱却でもあった。(33)

おわりに

以上、本章では、『和気系図』と他の古系譜との比較検討を通じて、日本古代における出自概念そのものの成立の過程を明らかにし、併せて、氏《ウヂ》という集団の存立にとって、始祖・職掌世襲・系譜・出自・帰属等がそれぞれどのような意味を持って関わり合っていたのかを論じた。

まず第一節では、『和気系図』の忍尾とその子をつなぐ部分にみられる「娶二〇〇一生子△△」との記載と『上宮記』系譜との共通性に着目し、①『和気系図』はこの部分にのみ古い系譜記載様式を残しており、それによって、地方支配者としての奉事根源にかかわる因支(稲置)首姓と、別王につらなる出自の主張との結合がなされていること、②『旧事本紀』等にもみえるオシヲの称などから、それが因支首固有の伝承上の始祖としての意味を付与されていることを明らかにした。

次いで第二節では、『上宮記』系譜と稲荷山鉄剣銘文に記された系譜との比較考察を通じて、①古くは始祖より発して族長位の継承を示す一系系譜と、複数の祖より発して個人の帰属を示す両属系譜とが、ともに系譜として併存しており、これは双方的親族関係のみで明確な族組織を有さない社会での永続的集団形成に伴う系譜意識であること、②かかる二つの系譜意識の統合によって厳密な意味での出自系譜が成立するのであり、忍尾はそうした意味での出自系譜の始まりに位置づけられていること、③これは成立した集団相互の組織化に伴う系譜意識の変容であり、山ノ上碑をも含めて考えると、我国では五世紀後半から八世紀初めにかけて、氏《ウヂ》という集団の形成から集団相互の組織化への過程がみられることを明らかにした。また、④文章系譜から竪系図へという系図形式の変化がこうした系譜意識の変容に明確に対応するものであること、⑤前章で明らかにした『和気系図』末尾の父系三世代グループは、一系系譜の段階から存在した普遍的世代深度がここではじめて横のひろがりを持つに至ったものであることをも指摘した。

因支首→和気公の出自は、九世紀半ばの改姓記事で「其先、武国凝別皇子之苗裔也」と記されている。そこには系図の分析から明らかにしたような複雑な歴史的変遷の過程はみじんもうかがうことができない。もし『和気系図』「讃岐国司解」等の史料が残存せず、この記事だけによって考えたとしたならば、因支首氏は悠久の昔から武国凝別皇子を始祖とする出自系譜の下に整然と組織されていたとしか考えられないであろう。しかし本章で明らかにした如く、厳密な意味での出自系譜の成立は七世紀後半以降のことであり、それが奉事根源の理念をも吸収するに至ったのがこの九世紀半ばの改姓の段階であった。和気公と同様に「其先、〇〇之苗裔也」「其先、出レ自二〇〇一也」等と正史に記される諸多の氏《ウヂ》の系譜にも、同様の複雑な歴史的形成過程があったとみるべきであろう。

溝口睦子氏は、『新撰姓氏録』等の系譜の分析に基づいて、それが「神話性・体系性・二元性」という性格を持つことを指摘し、そこに見られる出自体系は古く大化前代のカバネ制度に由来し、稲荷山鉄剣銘文はこうした氏族系譜の祖型であって、その特徴・基本精神ともに後世の系譜と共通しているとされる(34)。しかし、溝口氏が主たる分析の対象とされた『新撰姓氏録』は、まさに本章で明らかにしたような出自・系譜意識の歴史的形成の一つの到達点を示すものであり、族長位の一系継承を示すのみの鉄剣銘文系譜との質的相違を明確に把握する必要があろう。溝口氏が明らかにされた重層的な同祖構造による系譜の体系性とは、出自系譜の成立以降にあてはまる事柄なのである。

熊谷公男氏も、氏族系譜の体系を古くからのものとみる溝口説を批判して、現実の政治的関係に規定された同祖関係の形成のメカニズムを明らかにされている(35)。本章では考察を捨象したが、讃岐公と因支首との同祖関係形成の背景にも何らかの現実の政治的関係があったであろう(36)。またすでに早く、阿部武彦氏も、『記』『紀』から『新撰姓氏録』に至る間に、顕著な動きとして少数の祖先への出自の統一傾向が認められることを説いておられる(37)。ただし、両氏の明らかにされたのは具体的な出自系譜の内容の変化の過程であって、さらにその背景にある、系譜の持つ意味・形式・構成原理自体の変容は問題とされていない。

吉田孝氏は、氏《ウヂ》は族長位の継承を基軸とした組織であるとし、中根千枝氏の所説(38)を援用して、氏《ウヂ》には父系による継承は存在したが、父系出自集団は存在しなかった、と述べておられる(39)。これは七世紀以前の氏《ウヂ》の本質をついた鋭い指摘であるが、そこでは『上宮記』の系譜に示されるような帰属の問題が抜け落ちているのではないか(40)。そのために、氏《ウヂ》を一つの歴史的生成物として、すなわち、その形成から変質の過程を明確に把握することを困難ならしめているように思われる。

第二節でも述べたように、氏《ウヂ》の集団としての永続性・理念はたしかに族長位の継承を基軸とし、稲荷山鉄剣銘文の一系系譜（父系に傾いてはいるが、そのことは必須ではない）はその表現であるが、もう一つ、氏《ウヂ》の結合性と氏《ウヂ》相互の関係を支えるものとして両属性原理が存在しており、『上宮記』の両属系譜はその表現である。後者は、庶民層をも含む古代の日本社会全体をおおう親族結合(41)の原理に基づきつつ、それが集団帰属の原理として発現したものである。したがって、支配層のみが明確な族組織（氏《ウヂ》）を政治的に形成せんとする際に、その基軸となったのは前者の政治的地位の継承（とその象徴としての奉事根源）であるが、同時に後者の原理も氏《ウヂ》相互の有機的結合を支える上で重要な意味をもった。具体的な氏《ウヂ》の存立にとって、両者はともに相欠けるべからざる車の両輪である(42)。そして、氏《ウジ》の成立期にあっては、この両原理がそれぞれに異なる系譜意識として併存していたということ、いいかえるならば、出自と系譜と帰属との不一致の中から次第に形成されてきた族組織であるということ、そこにこそ、我国古代の氏《ウヂ》の特質が如実に示されているのではないだろうか。そして、出自と系譜と帰属の一致がなしとげられたとき（九世紀以降）、氏《ウヂ》は新たな段階への変質をとげるのである。

註

（1）（此人……此士）は「娶因支首……」の上に二行にわけて記され、構成上、（　）にくくられ得る部分である。

（2）黛弘道「継体天皇の系譜について」「継体天皇の系譜についての再考」『律令国家成立史の研究』吉川弘文館、一九八二年、四八〇〜四八一頁。

（3）井上光貞「カモ県主の研究」『日本古代国家の研究』岩波書店、一九六五年、八七頁。

(4) 黛氏によれば、『上宮記』系譜の用字法は『記』『紀』(八世紀前半)とは一致せず、藤原宮木簡(七世紀末〜八世紀初)よりも、推古朝の遺文とされる金石文(七世紀前半以前)とより多く一致する(註(2)前掲論文)。

(5) 日本古典文学大系『日本書紀』上、補注7―四六。

(6) 『日本古代人名辞典』第一巻。

(7) 日本古典文学大系『日本書紀』上、一五七頁、頭注一三。なお、岡田精司氏は、和風諡号における「国押《クニオシ》」を「食国《ヲスクニ》」の語と結びつけて、五世紀末から六世紀中葉にかけての「ニイナメ＝ヲスクニ儀礼」の成立を想定されている(「大化前代の服属儀礼と新嘗―食国(ヲスクニ)の背景―」『古代王権の祭祀と神話』塙書房、一九七〇年)。しかし、本文で述べた如く、押・忍・排の語は大王名のみならず広く諸豪族に関して用いられていること、『続日本紀』『万葉集』等、八世紀の史料でも「食国」と忍・押は明確に使いわけられていることよりして、押と食は別の観念としてとらえるべきであろう。

(8) 『時代別国語辞典』上代編。

(9) 『粟鹿大神元記』は是沢恭三氏により九条家本の竪系図が紹介され(「粟鹿大明神元記の研究」『日本学士院紀要』十四―三、十五―一、および「但馬国朝来郡粟鹿大明神元記に就いて」『書陵部紀要』九)、後に田中卓氏が文章系譜の形式の書陵部本『元記』を紹介されている(「一古代氏族の系譜」『日本国家成立の研究』皇学館大学出版部、一九七四年)。

(10) 溝口睦子『日本古代氏族系譜の成立』学習院、一九八二年、第三章。

(11) 『旧事本紀』の文章系譜形式の持つ意味については第四章参照。

(12) 『古事記伝』では、忍は「大＝オホシ」の約であるとして、神代記にみえる「天之忍男」(知訶嶋の別名)、「大事忍男神」、『延喜式』神名下の陸奥国行方郡押雄神社等の例をあげている(『本居宣長全集』第九巻、筑摩書房、一九六八年)。

(13) R・M・キージング「組織原理としての双系出自と双方親族関係」『親族集団と社会構造』未来社、一九八二年。なお詳しくは第一編補論参照。

(14) descent と filiation についての概念整理は、田中真砂子「出自と親族」『親族の社会人類学』(現代のエスプリ別冊・現代の文化人類学③)、一九八二年。

(15) 銘文の解読・釈文は『稲荷山古墳出土鉄剣金象嵌銘概報』(埼玉県教育委員会、一九七九年)による。

(16) 垂仁天皇につらなる母方の系譜においても、伊波都久和希・伊波知和希は『記』『紀』の系譜伝承では羽咋君・三尾君との関連がしられる。

(17) 川口勝康氏は、婚姻による二つの王統の結合を「ナカツヒメ」婚と名付け、『上宮記』系譜を、こうした「ナカツヒメ原理」による王統譜の接合を示すものとされている（「五世紀の大王と王統譜を探る」『巨大古墳と倭の五王』青木書店、一九八一年）。しかし、『上宮記』系譜の婚姻記載は、過去の王統との結合部のみに存するのではなく、各代ごとにくり返され、さらにそうした両系統がまた全く同じ形式（「娶二〇〇一生」）で接合され、そこに記される人名はそれぞれが継体の出自を語る上で不可欠の集団を背後に負う。また後述の如く、七世紀後半の地方豪族出身の個人に関わる系譜（「山ノ上碑」）も同様の形式を持つ。川口氏のいわれる「ナカツヒメ原理」によっては、こうした両属系譜形式の普遍的広がりの持つ意味を解くことはできない。継体天皇と手白香皇女との「ナカツヒメ婚」自体が、普遍的な両属性原理の存在を前提として、王位継承上の正統性を持ち得たのである。いうまでもなく、『上宮記』系譜は、継体が事実としてかかる双方的親族関係の下にあったことを意味せず、あくまでも出自の正統性の主張にすぎない。その際の、系譜伝承接合の重要な結節点としてナカツヒメ・ワカヌケフタマタ・クヒマタナカツヒコ等の人名を理解すべきことは、川口氏の鋭く指摘された通りである。

(18) 原島礼二「銘文の語る武蔵」『歴史と人物』九―一一、一九七九年。

(19) 阿部武彦「古代族長継承の問題について」『日本古代の氏族と祭祀』吉川弘文館、一九八四年（論文の発表は一九五四年）、および井上氏註(3)論文、等。なお、一系系図における「児」の意味するところについては、平安初期の「海部系図」をも併せ考えるべきであろう（第四章参照）。

(20) 尾崎喜左雄「上野三碑と那須国造碑」『古代の日本』7、角川書店、一九七〇年、による。関口裕子氏はこの山ノ上碑にはじめて系譜形式の観点からする分析のメスを入れ、「七世紀末の東国豪族では、特定個人の系譜を問題にするときそれは父母両系について辿られる」という「双系的系譜」の存在を明らかにされた（「日本古代家族の規定的血縁紐帯について」『（井上光貞博士還暦記念）古代史論叢』中、吉川弘文館、一九七八年、四五七頁。傍点、義江）。鋭い指摘であるが、そこでは族長位の継承を示す一系系譜と、自己の帰属を示す両属系譜との原理的区別がなされていないため、こうした系譜の存在を直接に母系出自の問題へと結びつける結果になっている。しかしこれは、父系か母系かという問題ではなく、出自概念そのものの形成過程の問題なのである。ただし、こうした系譜の在り方の背後に母系紐帯の強固さを認めることに異論はない。

(21) 崇神記および崇神十年九月甲午条。

(22) 加藤晃氏は氏名《ウヂナ》の制度的成立期を七世紀後半とされている（「日本の姓氏」『東アジア世界における日本古代史講座』学生社、一九八四年）。

(23) ハテヒ以下の三代をヲワケ臣から遡った確実な部分とし、それ以前の人名＋称号よりなる五代を始祖オホヒコと結びついて成立した部分として区別する点については、直木孝次郎「古代ヤマト政権と鉄剣銘」『歴史と人物』九―一、一九七九年、鈴木靖民「稲荷山古墳鉄剣銘乎獲居臣の研究史的検討」『国学院雑誌』八〇―十一、一九七九年、川口氏註(17)前掲書、参照。

(24) 佐伯氏は、氏族系譜をめぐる議論の中で、八世紀後半から九世紀にかけて氏族集団としての記載から家集団としての系譜へという動きがみられる、また、『新撰姓氏録』の成立の前後で本系帳のもつ意味に変化があり、天皇への奉仕を強調する系譜から、より小さい範囲での系譜へという動きがたどれる、との重要な指摘をなされている。佐伯氏の立論の具体的論拠は不明だが、前章と本章で『和気系図』の分析を通じて明らかにした、九世紀前半での新たな系譜意識の芽生え、奉事根源と出自との統合（原始性からの脱却―次節参照）は、まさにこうした大きな動きの具体的な姿を示すものといえよう。また関口氏は、古代における「家」の用法をめぐって、八世紀の家伝＝個人伝とするような用法から、九世紀前半の祖父―父―子の三代の家集を一括して家集とするような用法への変化が見られるとし、後者の浅い世代性の発展方向上に家父長制家族の成立を見通しておられる。家伝を文字通りの個人単位とされる点、また家集の用法を世代性を示すものとみなし得るか否かについては疑問があるが、『和気系図』の分析結果と対比すると、九世紀前半における浅い世代性の出現の指摘にはきわめて興味深いものがある。ただし、本文でも述べたように、三世代に及ぶ世代深度そのものは、稲荷山鉄剣銘文の段階（五世紀末か）から看取されるのであり、九世紀前半での質的変化こそが問われねばならない。『和気系図』によれば、この段階ではじめて三世代の世代深度が文字通りの祖父―父―子となり、同時に横の広がりを持つグループとなっていることが見てとれるのである（両氏の見解は、一九八四年六月史学会例会報告、佐伯有清「古代海部氏系図の成立」・関口裕子「家伝をめぐる家の用法について」および討論要旨、『史学雑誌』九三―九、による。なお関口氏の報告は、『(土田直鎮先生還暦記念)奈良平安時代史論集』上、吉川弘文館、一九八四年、所収同名論文の要旨である）。

(25) 銘文の訓読は註(15)前掲『概報』による。

(26) 新井喜久夫「遊部考」『続日本紀研究』九―九、一九六二年、松前健『古代伝承と宮廷祭祀』第三章・第五章、塙書房、一九七四年、五来重「中世女性の宗教性と生活」『日本女性史』二、東京大学出版会、一九八二年、等。

(27) 伊賀国伊賀郡には比自岐神社（『延喜式』神名上）、比自岐庄（「貞観寺田地目録帳」『平安遺文』一―一六五号）があり、比自支和気氏はこの地の豪族であったと思われる。遊部伝承では比自支和気と垂仁（生目）天皇の庶子（孽）円目王とが結びつけられているが、一方、正史や『姓氏録』によると、同じ垂仁天皇の皇子息速別命と伊賀郡阿保村を居地とする（建部君→）阿保朝臣との系譜的つながりが見られる（延暦三年十一月戊午条・貞観十七年十二月廿七日条、『姓氏録』右京皇別下・阿保朝臣条。また職掌の面からは、古くより天皇の葬礼を掌り、後世、「殯宮御膳誄人長」にもあてられていた土師氏の始祖伝承が垂仁天皇御世のこととされており（天応元年六月壬子条、『類聚三代格』巻十二・延暦十六年四月廿三日官符）、天皇の大御葬の歌を伝える白鳥陵伝承（景行記）を介しての、土師氏と建部公との関わりも想定される（仁徳紀六十年十月条、『姓氏録』右京皇別下・建部公条）。

(28) 旧稿（「古代の氏と家について」『歴史と地理』三二二、一九八二年）では、一系系譜と両属系譜の原理的区別をしておらず、稲荷山鉄剣銘文・遊部伝承・『和気系図』を同列に論じてしまっている。そこでの系譜にかかわる所説は本稿によって訂正さるべきものである。これらを同列段階において論じることの誤りを私信において指摘され、系譜研究へと私の眼を向かせてくださった原秀三郎氏に厚く謝意を表したい。

(29) 「名《ナ》」については、「職業《ワザ》」とする本居宣長説（「続紀歴朝詔詞解」『本居宣長全集』第七巻、筑摩書房、一九六六年）、「氏《ウヂ》名《ナ》」とする中田薫説（「古法制三題考」『法制史論集』一、岩波書店、一九二六年）があり、熊谷公男氏は「名声」とされる（「令制下のカバネと氏族系譜」『東北学院大学論集（歴史学・地理学）』十四、一九八四年）。吉田孝氏はこれら諸説に検討を加え、これは始祖の名そのものであり、「祖名を負うことは、始祖の霊異（たま・mana）を始祖から受け継ぎ、始祖が天皇に仕えたように、祖名を負う子孫も、永遠に天皇に仕え奉ることであった」と述べておられる（「祖名について」『奈良平安時代史論集』上―註(24)前掲―）。吉田氏が「名《ナ》」の継承にまつわる「神話的・呪術的な観念」を明確にされたことはきわめて重要であるが、そこでは系譜上の始祖と、集団としての氏《ウヂ》の奉事根源が相即的にとらえられている点に問題があろう（「おわりに」参照)。

(30) 吉田氏、右掲論文。

(31) 大伴氏の場合、奉事根源と結びついた固有の始祖は、家持の歌に「……大伴の　遠つ神祖の　その名をば　大来目主と負ひ持ちて　仕へし官……」とあるように「大来目主」であり(『万葉集』四〇九四番)、古墳と結びついて語り伝えられる在地性を有していた(右の反歌「大伴の　遠つ神祖の　奥津城は　しるく標立て　人の知るべく」―四〇九六番。なお、古墳を核に系譜伝承が形成されてくる過程については、白石太一郎「大型古墳と群集墳――群集墳の形成と同族系譜の成立――」『橿原考古学研究所紀要』二、一九七三年、参照)。これに対して大伴氏の系譜上の始祖は、同時代の『紀』では「天忍日命」、『記』では「日臣命」であって、まだ不安定な形成途上にあることを示す。後の『姓氏録』『古語拾遺』でも「天押日命」であって、大来目主の名はあらわれない。しかし伝承中では、天忍日命は来目部を帥い武装して天孫降臨の先導をつとめるのであり、「大来目主《ヌシ》」の名こそ固有の始祖名としてふさわしい。

(32) 『続群書類従』第七輯下。円珍の母は空海(本姓佐伯直、大伴氏同族)の姉妹である。

(33) ただし、奉事根源の理念自体はこの後も存続し、長暦四年(一〇四〇)の官宣旨案「左弁官下　伊勢　太神宮司　応下任二神代根元一、停上止二宮神主等移一牒宮司上事」(『平安遺文』二―五八二号)にもその例をみることができる。

(34) 溝口氏註(10)著書。

(35) 熊谷氏註(29)論文。

(36) 両氏の本拠地の近隣関係については前章註(6)・註(20)参照。

(37) 阿部武彦「上代氏族の祖先観について」(註(19)前掲書、論文の発表は一九四五年)。

(38) 座談会「家族――その比較にみるアジアと日本」『世界』三二二、一九七二年。

(39) 吉田孝『律令国家と古代の社会』岩波書店、一九八三年、一二五頁。

(40) 吉田氏は、(双系制社会において)「その相続や継承が社会的な問題となる階層においては……特定祖先との系譜関係が――父系的に――形成されてくる。その典型的な形態が『ウヂ』であった。……ego-oriented な社会組織の上に、ancestor-oriented な系譜関係が重層したのが、日本の古代社会の基本的な構造であったと考えられる。下層の集団においては前者の原理が強く機能し、上位の集団になるに従って後者の原理が強く機能したと想定される。後者の原理（ancestor-oriented）は基本的にはクランの原理であり、日本古代のウヂも、始祖（神話・伝説上の始祖をふくむ）からの出自（擬制であってもよい）を原理とする集団である」と述べておられる（右掲書、一四二頁）。

しかし私見によれば、古代の氏《ウヂ》の特質は、ego-oriented な原理が、（「氏上」を中心とする集団という点―吉田説―においてだけでなく）ancestor-oriented な系譜関係そのもの（複数の祖より発して自己に収斂する両属系譜）に転化して存在し、出自の不可欠の構成要素をなしていた点にある。氏《ウヂ》が両属性を組織原理とする段階を脱したとき、それは新たな段階――未熟な「家」相互の結集としての氏《ウヂ》――へと変質を遂げるのであり、ancestor-oriented な原理そのものは「家」にも貫かれているのである（補論参照）。こうした氏《ウヂ》の特質を明確にする上からも、日本の古代社会の基底に存する ego-oriented な関係そのものは「双系制」ではなく、「双方的親族関係」の語をもってし、それが集団への帰属の次元にまで貫かれたものを「両属性」として、概念整理を行なう必要があろう（第一編補論参照）。

(41) 吉田氏、同右、Ⅲ章「律令時代の氏族・家族・集落」参照。また杉本一樹氏は、八世紀の「戸」の編成がこうした親族結合の原理に基づくことを、具体的な戸籍の分析から明らかにされている（「編戸制再検討のための覚書」『奈良平安時代史論集』上、―註(24)前掲―）。

(42) 杉本氏は、「戸」の編成原理は氏《ウヂ》の構成原理と共通するとし、その場合、氏《ウヂ》にとっての系譜にあたるのが戸主の地位の一系継承であったとされる（同右）。しかし、杉本氏もいわれる如く、「戸」は戸主の代替りごとに編成され直されたとするならば、それはあくまでも双方的親族関係、すなわち filiation の次元にとどまる公法的団体といわねばならない。両者の原理の擬似性は明らかに認められ、そのことは両者を含む社会の特質を把握する上で重要であるが、それがあくまでも擬似性にとどまるということ、すなわち、支配層のみが系譜を軸として先駆的に永続的集団を形成し得たという点にこそ注目すべきであろう。

第三章　氏族系譜の形成

——高群逸枝『母系制の研究』批判——

はじめに

高群逸枝氏は、その女性史研究の最初の成果である『母系制の研究』(1)において、日本古代に母系制の存在したことを証明しようとした。すでに、これ以前、渡部義通『日本母系時代の研究』(2)等の仕事があるが、これらが世界史的な理論に基づく見通しを与えたのに対し、『母系制の研究』は、具体的な系譜の体系的分析から太古における純母系制社会の存在を「実証」せんとしたところに意義を有する。

ところがこの書については、高群氏の思想の研究者の間での賞讃(3)と、古代史の研究者の間での無視、という両極端の評価がみられる。古代史の分野でこの書がきわめて低い評価しか与えられていないのは、その系譜分析の方法の誤り、前提となるべき史料批判の欠如によるものであって、これを「完ぺきな実証の書」として賞揚することは到底できない。しかしはたして、全く無内容な、検討するにも価しないものであろうか。

犬童美子氏は、モルガンの把握した氏族との対比において、高群氏の氏族概念の曖昧さを明らかにし、学問的独断性を批判しておられる(4)。高群氏の氏族理論理解の問題点をついた重要な指摘だが、その点を批判するだけでは不充分であろう。高群氏の用いた氏族概念が曖昧なことは事実であり、曖昧なままでモルガンの氏族に関する理論を援用しているのは明らかに誤りである。しかし、独学者として研究手続上・理論上の多くの誤り・独断を犯しつつも、史料に没頭する中から何か核心にふれるものをつかみ取っていたとしたならば、前者によってすべてを否定し去ってしまうのではなく、後者の中から継承すべきものを明確にすることが必要なのではないか。そのように考えた場合、高群氏の氏族概念の「曖昧さ」自体に、むしろ注目すべきであろう。これは、高群氏の理論理解の不充分さという個人的誤りにのみ帰せられる事柄ではなく、実は、そこで考察の対象とされた日本古代の氏《ウヂ》自体の複雑性・独自性の反映なのではないか。

本章では、右のような観点にたち、第一章・第二章での古代の氏族系譜に関する考察をふまえて、高群氏の系譜分析の誤りを具体的に明らかにするとともに、その中に含まれている貴重な論点について、その意義を明確にすることをめざす。そこから、高群説で母系から父系への推移を示すものとされた「一氏多祖」「父系母族」の両概念についても、新たな方向での位置づけが可能となるであろう。

第一節　「連綿たる母族」は存在するか

1　分析方法の誤り

『母系制の研究』に用いられた主要な史料は、『新撰姓氏録』と、その他の史料より採集した「姓氏録中心の氏族に関する系譜的記録」（同書十三頁）である。すなわち、『新撰姓氏録』が主体ではあるが、それだけではなく、そこに収載された各々の氏《ウヂ》にかかわる系譜伝承・古記録を他の史料からすべて網羅的にピックアップして整理し、しかる後にそれを分析したものなのである。これを高群氏自身は「実証的帰納的」方法として自賛しているが、実はこうした方法にこそ根本的な誤りがひそんでいたのである。その例として、「息長族」について高群説の当否を検討してみたい。

『母系制の研究』には息長氏について次のように述べられている。

姓氏録巻頭の息長氏は、「出自誉田天皇㋑（諡応神）皇子稚渟毛二俣王之後也」とあるが、此族は近江国の名族であつて、応神御宇以前既に早く其名は顕はれてゐる。稚渟毛二俣王は、此族の女息長真若中比売命㋭—ⓐの所生であつて、つまり稚渟毛二俣王が始めて此氏を建てられたと云ふのではない。御母息長真若中比売命は、父祖は日本武尊㋥である。同尊の御子に息長田別㋥（記、母不詳）といふ名が見えるのも同母系の出であらう。更に遡れば開化天皇皇子彦坐王の妃に息長水依比売㋩—ⓐ（記）があり、勿論此族の女であるが、その父祖は天津彦根命㋺である。この水依比売の所生即ち彦坐王㋩—ⓐの御子水穂真若命は近江国㋩—ⓑの安直即ち野洲地方の国造の祖で、この二三代後成務天皇の御代に大陀牟夜別といふ人があり、近江国造㋬に補任（国造本紀）されてゐるが、此人は彦坐王三世孫㋬と見えてゐる。同じ頃日本武尊が安国造祖意富多牟和気㋥の女を娶り給ふといふ記事が古事記に出てゐるところから、さきの同尊御子息長田別なる人と照し合せて考へることも出来よう。即ち大陀牟夜別（大田ムヤ別）、意富多牟和気（大田ム別）と息長田別の田別とは同種の氏族名で、共に息長氏の所生なることが窺はれる。この他にも、息長宿禰の子㋩—ⓒに大多牟坂といふ人が見える（本論第一章三節の祖の没失、同六節中の淡海国造参照）。父系としては天津彦根命、彦坐王、日本武尊、更に息長宿禰等異系の多祖を戴きながら、同じく息長の氏族名を称し、同じく近江の野洲或は坂田地方にあり、同じく国造家を相続してゐる此族を観察すれば、その連綿たる血統は母系であつて、諸他の氏族より婿を迎へ、その婿が有名の氏であれば、その子及び子孫の一部がその婿を以て始祖と称した。即ち同族中の或者は天津彦根命を始祖と仰ぎ、他の者は彦坐王を、又他の者は日本武尊をと云ふやうに同族にして各々異る多祖を派生してゐるのであつて、何れも出自のみは父氏を称しながら、氏族としては母氏の名を相続し、母系の職を承けてゐるのである。かゝる例は勿論息長氏のみではない。当時一般の俗である。（七～八頁。㋑～㋬の符号と――・～～・――等は義江による）

右の記述、および同書一七四～一七六頁の淡海（近江）国造に関する記述に基づいて系譜を作成すると第18図のようになる。ここで□で囲んだのは右の文にいう息長母族（～～で示した）であり、◯で囲んだのはそこに婿として迎えられた

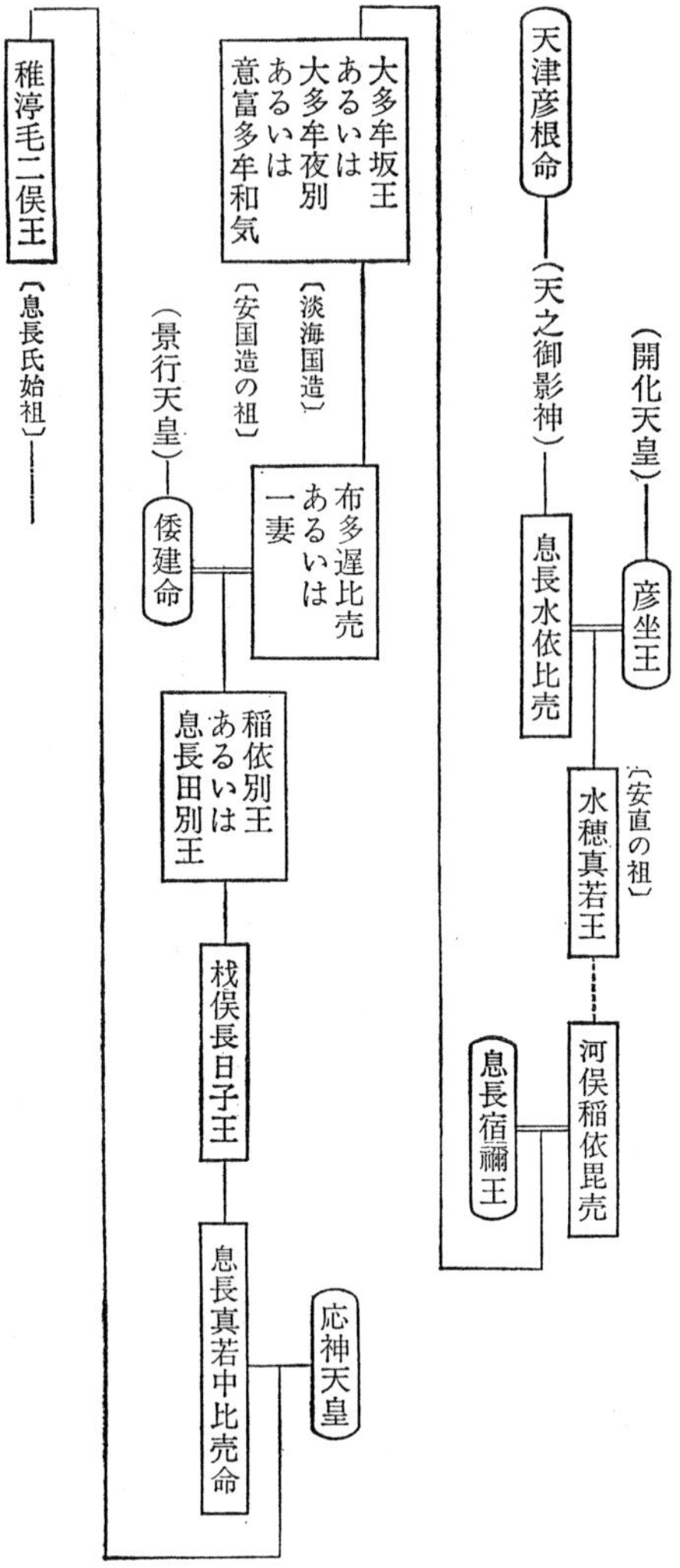

第18図　『母系制の研究』による息長氏系譜

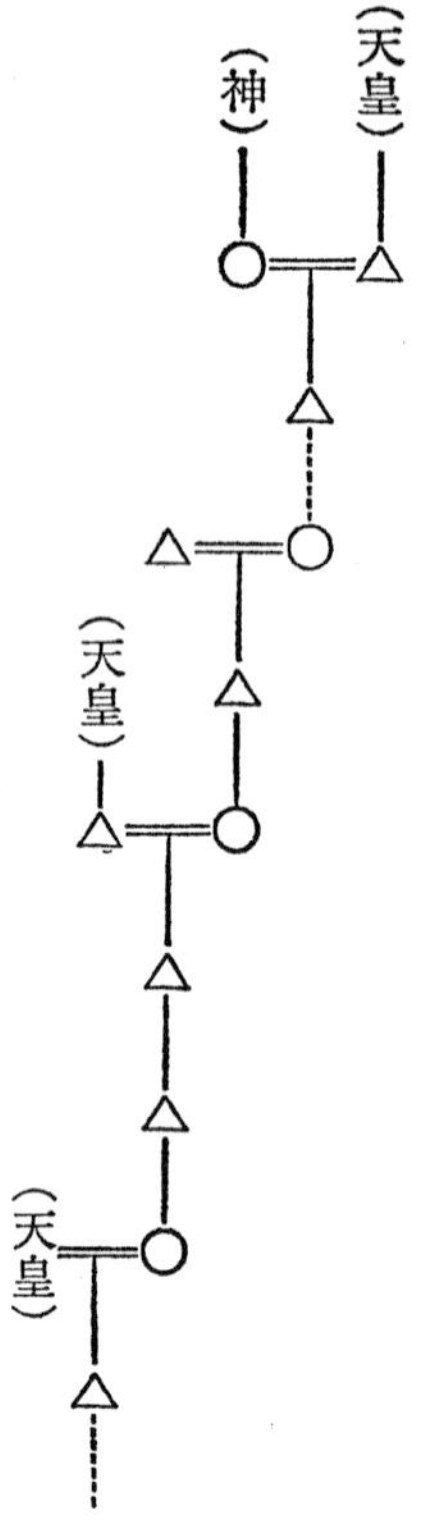

第19図　息長母族(?)

父系の多祖（……で示した）である。第18図を見ると、一見して明らかなように、「同じく息長の氏族名を称」する「息長宿禰王」が息長母族の人間ではなく父系多祖の一人とされている、という奇妙さが見られるのであるが、これについては後でとり上げる。

さて、第18図を簡略化して男（△）・女（○）という点にのみしぼって示すと第19図のようになる。これを見ると明らかなように、第18図の系譜を息長氏の系譜として認めたとしても、連綿と続く「息長母族」なるものは「（神）―女―男…女―男―女―男―男―女―男…」という形で続いており、決して母系継承で一貫してはいない。それでは、これは母系継承ではなく実は選系（選択出自）を示している、と訂正すればよいのだろうか。事はそれほど簡単ではない。そもそも第18図に示されたような系譜の存在自体が疑問だからである。

2　系譜伝承の接合

先に引用した息長氏の継承に関する記述のもととなっている史料は、『母系制の研究』一七四〜一七六頁の記述によれば、『姓氏録』息長真人条、「国造本紀」淡海国造条、『古事記』景行段・開化段である。その他に史料名を明示はしないが、『姓氏録』額田部湯坐連条、『古事記』応神段も論拠として使われている。前掲の㋑〜㋬の符号に対応するこれらの史料を左に掲げる。

㋑『姓氏録』左京皇別息長真人条

出レ自二誉田天皇諡応神。皇子稚渟毛二俣王之後一也。

㋺『姓氏録』左京神別額田部湯坐連条

天津彦根命子明立天御影命之後也。……

㋩『古事記』開化段

ⓐ……又、娶二丸迩臣之祖、日子国意祁都命之妹、意祁都比売命一生御子、日子坐王。……娶二近淡海之御上祝以伊都玖、天之御影神之女、息長水依比売一生子、丹波比古多多須美知能宇斯王。次水之穂真若王。次神大根王、亦名八瓜入日子王。次水穂五百依比売。次御井津比売。又、娶二其母弟袁祁都比売命一生子、山代之大筒木真若王。次比古意須王。次伊理泥王。凡、日子坐王之子、并十一王。

ⓑ水穂真若王者、近淡海之安直之祖。

ⓒ山代之大筒木真若王、娶二同母弟伊理泥王之女、丹波能阿治佐波毘売一生子、迦迩米雷王。此王、娶二丹波之遠津臣之女、名高材比売一生子、息長宿禰王。此王、娶二葛城之高額比売一生子、息長帯比売命。次虚空津比売命。次息長日子王。又、息長宿禰王、娶二河俣稲依毘売一生子、大多牟坂王。……此者多遅摩国造之祖也。

㋥『古事記』景行段

此倭建命……又、娶二近淡海之安国造之祖、意富多牟和気之女、布多遅比売一生御子、稲依別王。……又、一妻之子、息長田別王。……次、息長田別王之子、杙俣長日子王。此王之子、飯野真黒比売命。次息長真若中比売。次弟比売。

㋭『古事記』応神段

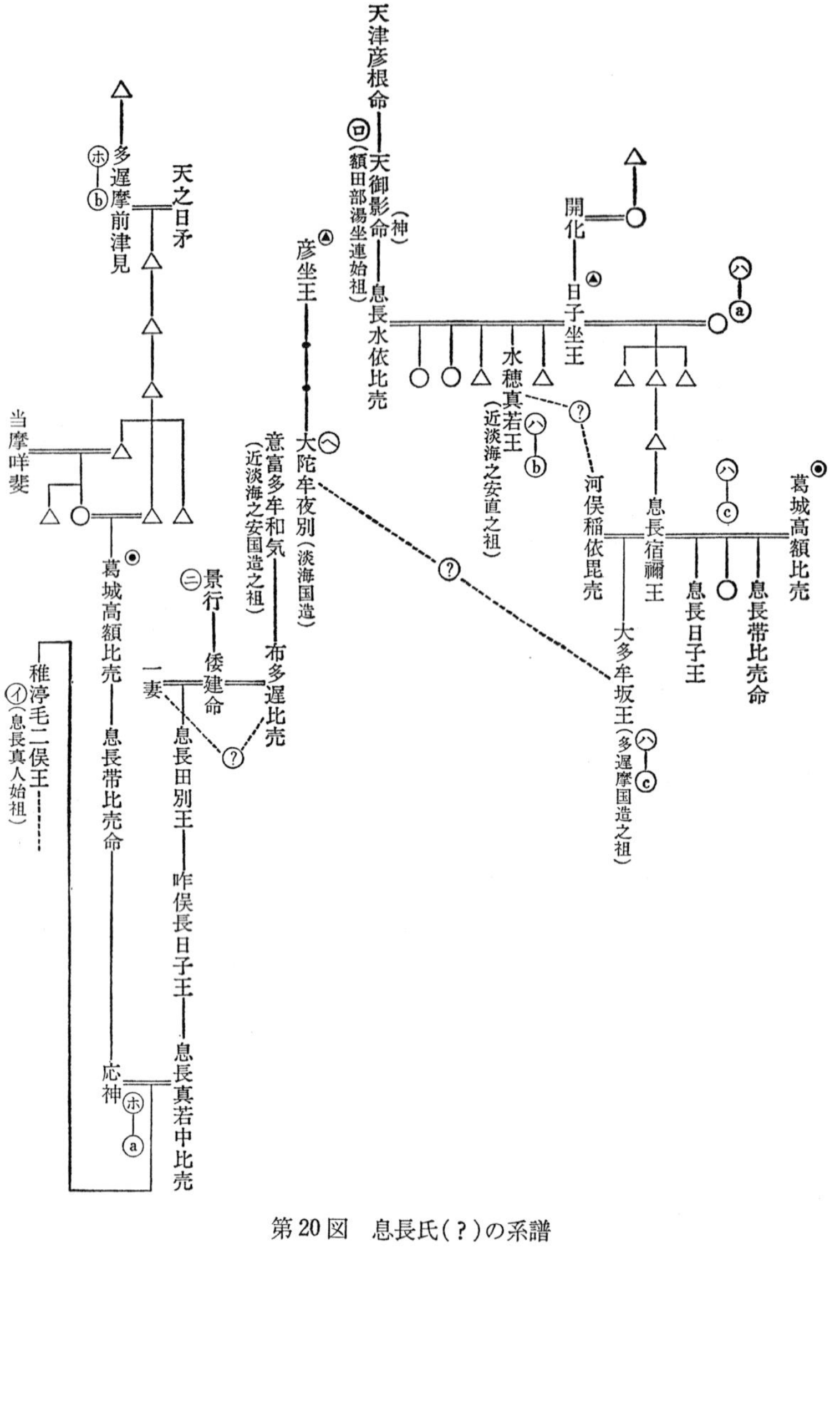
天津彦根命
天御影命（神）
（額田部湯坐連始祖）
息長水依比売
開化
日子坐王
彦坐王
水穂真若王
（近淡海之安直之祖）
河俣稲依毘売
息長宿禰王
葛城高額比売
息長帯比売命
息長日子王
大多牟坂王
（多遅摩国造之祖）
大陀牟夜別（淡海国造）
意富多牟和気
（近淡海之安国造之祖）
布多遅比売
景行
倭建命
一妻
息長田別王
咋俣長日子王
息長真若中比売
応神
天之日矛
多遅摩前津見
当摩咩斐
葛城高額比売
息長帯比売命
稚渟毛二俣王
（息長真人始祖）

第20図　息長氏(?)の系譜

ⓐ……又、娶二咋俣長日子王之女、息長真若中比売一生御子、若沼毛二俣王。

ⓑ天之日矛……娶二多遅摩之俣尾之女、名前津見一生子、多遅摩母呂須玖。此之子、多遅摩斐泥。此之子、多遅摩比那良岐。此之子、多遅麻毛理。次多遅摩比多訶。次清日子。此清日子、娶二当麻之咩斐一生子、酢鹿之諸男。次妹菅竈由良度美。故、上云多遅摩比多訶、娶二其姪、由良度美一生子、葛城之高額比売命。此者息長帯比売命之御祖。

㋬「国造本紀」淡海国造条

志賀高穴穂(成務)朝御世。彦坐王三世孫、大陀牟夜別定二賜国造一。

さて、原史料に基づき作成した第20図と、『母系制の研究』の記述に基づく第18図とを比較してみると、第18図は、第20図で「……⑦……」で示しておいた三ヵ所の接合を前提としてはじめて成立するものであることが了解されよう。すなわち、高群説では、河俣稲依毘売を水穂真若王の子とみなし、そこから「彦坐王三世孫」たる大陀牟夜別と河俣稲依毘売の子の大多牟坂王を同一人とし、(5)また倭建命の妻である布多遅比売と一妻を同一人に関わる所伝の分化したものとみるのであるが、これらの比定はいずれも不確かなものである。(6)

何よりも奇妙なことには、河俣稲依毘売を息長水依比売の系統、すなわち、息長母族の一員とみたために、息長の氏称を帯びる息長宿禰王が父系多祖の一人とされてしまっている。しかし、息長宿禰王と葛城の高額比売の間の所生子が息長帯比売命と息長日子王の名を持つことにも示されるように、息長宿禰王は明らかにこの系譜中では息長一族の一員としてそれと他系統との結節点に位置づけられている。この三者の名は、いずれも宿禰・王・帯・比売・日子等、族長としての一般的美称・尊称と族名とのみからなっていて、固有の人称部分を有しておらず、系譜作成の過程で生み出されてきた人名である蓋然性がきわめて高い。

息長帯比売（神功皇后）は、息長一族の伝承中で重要な位置を占めるべきはずの人名であるにもかかわらず、『母系制の研究』で息長母族について述べた部分では、この息長帯比売に関わる㋩—ⓒ、㋭—ⓑの史料は全く無視されとり上げられていない。それは、河俣稲依毘売を息長母族、息長宿禰王を父系多祖の側とみる高群説にあっては、息長帯比売の存在を系譜解釈中に組み込むことが不可能だからである。このように強引な史料操作の結果導き出された「息長母族」なるものに信を置き難いことは明白であろう。

3　系譜作成過程

それでは系譜作成の過程はいかにしてたどり得るか。それを明確にさし示すことはこの小論では不可能だが、少なくとも、第20図の骨格となる部分は、㋩『古事記』開化段、㋥同景行段、㋭同応神段の三種の史料であり、これらは成立の年代・契機を異にする異質の史料として別個に検討されねばならない。残る㋑㋺『姓氏録』、㋬「国造本紀」は後次的ないし副次的なものである。

まず㋩開化段のⓐ〜ⓒは、息長宿禰王を結節点として、日子坐王・葛城高額比売・河俣稲依毘売の三者（この各々が背後に固有の系譜伝承を負っている）を結合することにより、近江の地の豪族としての息長一族の在地性と、葛城・多遅（但馬）摩の各集団との同族的関係を示す系譜である。一方、㋭応神段のⓑは、有名な天之日矛伝承を核として、多遅摩・当麻・葛城等の集団と息長一族との同族的関係を示しており、①と③は㋩—ⓒによって接合されているが、本来は、別個の伝承である。すなわち、息長一族と多遅摩の集団との系譜上の関係は、契機を異にして二重に語られていることになる。また、㋥景行段は倭建命に関わる一まとまりの伝承であり、息長真若中比売を介してこの倭建命伝承と息長帯比売伝承が結合され（ホ—ⓐ）、稚渟毛二俣王は二重三重に息長一族および複数の天皇と系譜上の関係を持つ存在として示される。(7)

八世紀初めの成立になる『古事記』に記載された以上の三種（ハニホ）の伝承（これ自体が各々複雑な成立過程を持つ）の前後関係は容易には決せられないが、九世紀初めに成立した『新撰姓氏録』では、これら三者の一応の統合の結果であるホ—ⓐを直接に受けついで、稚渟毛二俣王を息長氏の始祖とするのである。

古代の氏族系譜は始祖からの枝わかれの記録ではない。常にその集団にとっての現在を出発点として、重要な同族関係を過去に投影させて形づくられ加上されていくのであり、しかもそれが何重にもくり返されていく。したがってどの時点をとっても常に矛盾した所伝が併存しており、固定することなく時代につれて変容をとげていく。ところが当時の人々にとっては、こうした矛盾をはらみ変容をとげていく系譜伝承が、神代からの連綿たる血の流れの記録として観念されていた。そのために、その時々の系譜造作者によって過去の既存の伝承の整合的な解釈、接合の努力がなされもするのである。しかしこのことは決して、こうして接合された系譜が一つの集団の時代的変遷の過程をさし示すことを意味しない。(8)

『母系制の研究』を貫く方法論、すなわち、ある氏《ウヂ》に関わる系譜伝承を網羅的にピックアップし整理して一本の整合的な系譜につくり上げ、しかる後にそれを分析するという「帰納的実証的」方法は、以上に述べたような系譜作成の過程を全く無視したものである。それは古代の系譜造作者の意図にそのまま乗っかり、極端にまでおしすすめたものであって、そこから導き出された「連綿たる母族」の存在も、少なくとも系譜の分析からする限り、机上の幻にすぎない。

それでは『母系制の研究』は全く無意味な書物であろうか。ここで注目したいのが、同書で系譜分析のカギとして提出されている「一氏多祖」の概念である。この「一氏」とは高群説に従えば「連綿たる母族」のことであり、それが存在しないことは既述の通りであるが、「多祖」というのは、実は、始祖からの枝わかれの記録ではないという古代の系譜の特質を見事に把握したものと思われる。息長氏の系譜が、第20図にみられる多くの過去の複雑な伝承を切りすてて、『新撰姓氏録』ではたんに「出レ自二誉田天皇皇子稚渟毛二俣王之後一也」と記載される意味もまたこのことと密接に関わっている。こうした点を節をあらためて述べてみたい。

第二節　「一氏多祖」の再検討

1　「一氏多祖」とは

「一氏多祖」とは、『母系制の研究』緒論第四章「本書の方法」に述べるところによれば、「同一の氏に属し、同一の氏名を持ち、同一の居所、同一の職に従ふ氏人等が、各自相異なる数祖を奉じて出自としてゐる事実」をさし、「この現象の根柢に、母系遺存の実体が横は《(マヽ)》つてゐる」とされる。すなわち、氏族系譜に見られる「一氏多祖」現象こそ、我国の古代における母系から父系への推移の過程を如実にさし示すもの、とみたのである。

前節で「息長母族」を例として、同書での系譜分析の方法が、古代における氏族系譜の作成過程に関する考察を全く欠如させたものであり、そこから導き出された「連綿たる母族」なるものの存在も認められないことを明らかにした。したがって「一氏多祖」もそのまま母系から父系への推移を示すものとして受け取ることはできない。高群説の誤りは、系譜伝承全体を事実の記録とみて、無前提に接合・分析した点にあるのだが、系譜の造作自体は、いつの時代でもいわば超歴史的になされることである。したがって、ここで問われるべきは、古代の氏族系譜独自の造作の論理と、造作の素材となる系譜伝承の在り方の特質であろう。そうした観点に立つとき、「一氏多祖」概念は、実は重要なポイントを突いたものとして把え直されるべき内容を持っているのである。

ここで第一章・第二章での考察結果をふり返ってみたい。そこでは平安前期に書写作成された我国現存最古の竪系図たる『和気系図』を主要な分析の素材とし、より古い文章系譜の形式をとる稲荷山鉄剣銘文・『上宮記』系譜・「山ノ上碑」等との比較考察を通じて、体系的氏族系譜の形成過程と、その背後にある族制の推移を明らかにした。それによれば、

①古くは、族長位の継承を示し王権への奉仕の淵源を語る一系系譜（第21図ⓐ）と、個人の社会的帰属を示す両属系譜（第21図ⓑ）という、機能を異にする二種の系譜があり、個人の出自は両系譜の併存によって示される。したがってここでは出自と系譜と帰属が、密接に関連しつつも、ぴったり一致するには至っていない。これは双方的親族関係のみで出自集団の存在しない社会で、一定の族組織が形成されてくる際に生まれた系譜観念である。ここでは同族関係も各個人を核にしてとらえられ、世代的連続性を持ちにくい。

②七世紀後半ごろから八世紀にかけて、ⓐⓑ両系譜の統合（第21図ⓒ）により父系出自系譜（第21図ⓓ）が成立する。これ以後、出自と系譜は一致し、共通の祖から分れた同族関係が系譜上に明示される。これは、成立した族集団相互間の組織化がすすめられつつある段階にふさわしい系譜観念である。

③八世紀末以後、ⓒの系譜はⓓの形式に吸収同化されていき、少数の神話的始祖より発して、多くの同祖関係にある氏族を含み込んだ、体系的氏族系譜（第21図ⓔ）が成立する。ここに至り出自と系譜と帰属は完全に一致し、父系出

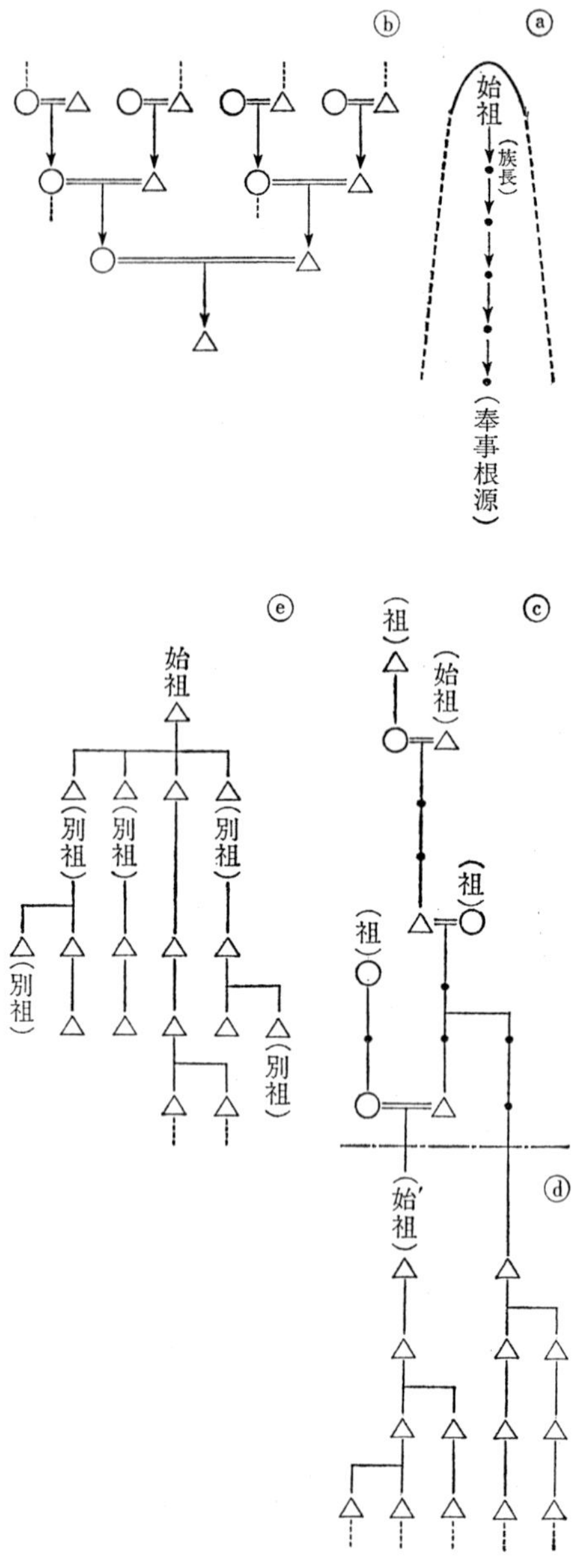

第21図　体系的氏族系譜の形成

自集団としての氏《ウヂ》が確立する。

「一氏多祖」的現象は、右に述べたⓒの系譜に特徴的に見出されるものなのである。

①の段階では、ある個人の社会的存在は父方母方双方からの血の流れにより規定される（両属性原理）[9] 故に、個人の帰属は直接には「△△娶二○○一生児……」というⓑの形式の系譜で示されざるを得ない。ただし、このⓑで父方母方に複雑に広がる網の目上の人物はたんなる個人ではなく、それぞれが背後に何らかの集団性を負う存在であり、その集団の性格は、ⓐの形式の一系系譜によってのみ示され得る。『上宮記』系譜[10]の場合でいえば、継体天皇は、皇位継承、余奴臣や牟義都国造の族長位継承、また洷俣那加都比古《クヒマタナカツヒコ》に関わる伝承を奉じる集団の族長位継承等、ⓐの形式をとる

複数の一系系譜の存在を前提として、それとⓑの形式の両属系譜（『上宮記』系譜）との併存によって、自らがそうした複数の集団に属する社会的存在であること（出自）を明示し得るのである。

このⓐⓑの具体的組み合わせは世代ごとに異なったものとならざるを得ず、そこには、ある始祖からの枝わかれの形をとる体系的同族系譜の成立する条件はない。すなわち、ここには父系にせよ母系にせよ出自集団は存在しないのであり、ⓑの形式の古系譜の存在を母系出自に結びつけるのは誤りである。『上宮記』系譜を見れば明らかなように、これはあくまでも継体天皇という個人に収斂する系譜であって、集団の系譜ではない。また他方で、ⓐの形式の系譜（稲荷山鉄剣銘文）[11]の存在をもって支配者層における父系出自制度の確立を説くことも誤りであって[12]、これは族長位の一系継承（父系に傾斜してはいるがそのことは必須ではない）を軸に一定の族組織が形成されつつあることを示すにすぎず、その族組織自体は（父系出自原則によるのではなく）両属性原理の下にある。

さて、②の段階では、伝承上の重要人物をそれぞれ結節点として、複数の一系系譜と両属系譜を組み合わせて一まとまりの系譜（ⓒ）が形づくられる。『記』『紀』に書きとどめられた系譜伝承、および古系譜ないしは古系譜の面影を残すとされる系譜の古い世代部分は、いずれも「△△娶二〇〇一生児……」という両属系譜と、奉事根源の記載を伴う一系系譜を組み合わせたⓒの形式を有することを特色とする（『記』のオホタタネコ系譜[13]、「山ノ上碑」[14]等）。高群説では、この系譜形式に注目し、父系的に組み合わされている複雑な系譜を、母系的に組みかえ直し綴り合わせることによって、そこに潜む連綿たる母族と父系多祖を見出せるとしたのである。

しかし前節で「息長母族」の検討を通じて明らかにしたように、綴り合わされた系譜から連綿たる母族を検出することはできず、また、多祖的人物は必ずしも父系異祖ではない。これはそもそも、こうした古系譜が、機能を異にする一系系譜と両属系譜の組み合わせから成立したものであることに由来する。「多祖」は、そこで結節点とされた人物に本来付随していた両属系譜の名残りに他ならず、綴り合わされた一続きの系譜が「男—女—男……」という継承の様相を示す（前節第19図参照）のもその故であった。これは「母族」を示すものでないことはもちろん、そもそも一つの集団に関わる系譜ではないのである。(15)

2　氏族系譜の形成

こうした©の形式の系譜は、その末尾の人物（伝承上の確実な祖）を始まりとする出自系譜（ⓓ）へとつながっていき、このⓓは明確にある一つの氏《ウヂ》の系譜である。『和気系図』(16)でいえば、忍尾がこうした意味での確実な祖であり、そこに見られる「忍尾別君之—（此人従㆓伊予国㆒到㆔来此土㆓）娶㆓因支首長女㆒生—子△△」という両属系譜の形式にのっとった注記的記載を介して、以後は明確な因支首氏の出自系譜である。これ以前の武国凝別皇子と忍尾を結ぶ不透明部分は、本来、種々の系譜伝承（一系系譜＋両属系譜）の錯綜したものにすぎず、因支首氏の系譜ではない。また、因支首氏を含む同族系譜の一部としてもきわめて未熟なものである。この部分（©）が氏族系譜と見誤られがちであるのは、これに続くⓓが明確に氏《ウヂ》の系譜であることと、©自体が後に体系的同祖系譜へと整えられていったことによる。高群氏が（父系を母系に組みかえた上で）これを「一氏多祖」とみたのもその故であろう。②の段階では、公的な父系出自の原則の成立によって、系譜もⓓの形式に変容を遂げるのだが、社会の底流には両属性原理が厳存し、その故に©の系譜も重要な意味を持って奉じられ続けるのである。

ところが、八世紀を過渡期として八世紀末〜九世紀初めごろには、両属性原理は氏の組織原理としては払拭され、父系出自集団たる氏《ウヂ》が確立する。それに対応して、系譜概念上でも、本来、個人を核とする伝承を組み合わせることにより錯綜したものとしてあった©の系譜が、次第に整序され、政治的同族観念の投影としての壮大な同祖系譜の体系へと組みかえられていく。『続日本紀』以降の国史に頻出する冒母姓改姓史料はこの動きの反映であって、かつて「随レ母負二因支首姓一」った忍尾の子孫が、貞観八年（八六六）に至り「因支両字、義理無レ憑」として和気公姓に改姓されたのもその一例である。こうした体系化の過程の一つの到達点としてあるのが『新撰姓氏録』に他ならない。（因支首→）和気公氏が「其先、武国凝別皇子之苗裔也」（貞観八年十月戊戌条）とされ、息長真人氏が「出レ自二誉田天皇皇子稚渟毛二俣王之後一也」（姓氏録）とされるのは、いずれもこの段階のことであり、そこには過去の複雑な系譜形成過程はほとんどうかがうことができない。

我々が『新撰姓氏録』を主たる素材として、そこからそれ以前の『記』『紀』等にみえる断片的系譜伝承を解釈していく場合には、『姓氏録』段階に示される氏族系譜の体系を、（後次的な仮冒・修飾の部分を除けば）基本的には遠い過去から存在していたものと見誤りやすい。従来の氏族系譜研究は、ほとんどがこうした観点からのものであったといっても過言ではない。その意味で、『姓氏録』を出発点としながら、「多祖」的現象に注目することによって、『姓氏録』以前の異質の系譜の世界があったことを明確にした高群説の意義は大きい。ただしそれは「連綿たる母族」の系譜でないことはもちろん、そもそも「氏族系譜」ではなかったのである。いみじくも『母系制の研究』にいう「……氏人等が、各自相異る数祖を奉じ……」（同書二一頁。傍点、義江）という指摘こそ、個人を核とする系譜伝承（両属系譜）を組み合わせることにより成り立っている古系譜の構造を鋭くついたものといえよう。(17)

3　「父系母族」について

「一氏多祖」概念を以上のようにとらえ直すとすると、『母系制の研究』で提示されたもう一つの主要概念たる「父系母族」についても新たな意義づけが可能となろう。従来、「妻方居住制をとる母系制社会が夫方居住婚を採用し、それによって父系制に変化することはあるが、夫方居住制をとる父系的共同体が妻方居住制を採用することはあり得ない。それ故、母系と夫方の組合せは可能だが、父系と妻方の組合せはあり得ない(18)」として、この「父系母族」概念は厳しい批判の対象とされている。しかし高群氏が「父系母族」なる用語で把えようとした特異な現象の背景には、明確な出自制度成立以前の、出自と系譜と帰属の不一致という現実があったのであり、「父系」は父系出自制度を意味せず、族長位継承の（父系に傾斜した）一系性をその内実とする。また、この場合の帰属の特質（両属性）の基礎にある婚姻居住形態としては、妻問い（通い・生涯的別居）を含むルーズな婚姻居住制が想定される。ただし、高群氏自身はこの「母族」を母系氏族の遺存と考えており（父系については一貫して父系観念とする）、その誤りは正されねばならないが、既成の理論で解し得ない特質を史料の中に見出していたことは評価すべきであろう。したがって、民族学的な立場からする「父系母族」概念の批判も、たんに高群説の混乱を正すというにとどまらず、こうした史料上に明らかにうかがえる現象の、より整合的な理論化を要請するものとして、有益な批判たり得よう。私見によれば「父系母族」概念は、双方的親族関係に基づく社会での系譜先行型の族組織形成、という特質を把握せんとしたものなのである(19)。

おわりに

以上、本章では高群逸枝『母系制の研究』の批判的検討を行ない、①ある氏《ウヂ》に関わる系譜伝承を網羅的にピックアップし接合して一本の系譜に作り上げ、しかる後にそれを分析するという、同書を貫く研究方法は、古代の系譜作成過程に対する考察を欠いた誤ったものであって、こうした系譜分析から導き出された「連綿たる母族」は机上の幻にすぎないこと、②しかしそこで系譜分析のカギとして提出された「一氏多祖」概念は、文字通りには誤りであるが、実は、古くは族長位の継承を示す一系系譜と個人の社会的帰属を示す両属系譜という、機能を異にする二種の系譜があり、こうした両系譜を複数組み合わせるところから成立してきたという、我国の氏族系譜（=『姓氏録』に体系的に示される）以前の系譜の構造の特質を鋭く突いたものとして、あらためて把え直さるべきこと、③「父系母族」概念についても同様に、概念の混乱を正した上で、出自と系譜と帰属の不一致、すなわち、双方的親族関係に基づく社会での系譜先行型の族組織形成という、我国古代の氏《ウヂ》の形成の特質を把握したものとして、批判的に継承されるべき内容を含んでいること、を明らかにした。

『記』『紀』の段階から『姓氏録』編纂のころにかけて次第に整えられてきた氏族系譜は、政治性・体系性・父系性をその特質とする。この中で政治性こそは、明確な氏族系譜以前の族長位継承を示す一系系譜の段階から、『姓氏録』段階にまで一貫する本質的要素であり、それは、王権への奉仕の由来を語る奉事根源の文言を伴うことを必須とする点に如実に示される。一方、両属系譜は、日本の古代社会に普遍的に存する双方的親族関係を基盤とするが、それが系譜として表現される際には、一系系譜を軸として形成されつつある族組織（⇒氏《ウヂ》。支配層のみがかかる族組織を形成し得た）相互間の関係の表現として、やはり重要な政治的機能を有した。

これに対して体系性は、複数の一系系譜と両属系譜の組み合わせからなる（氏族）系譜が、出自系譜として整えられてくる過程（七世紀後半～九世紀）で明確になってくる特質である。そこに展開される同祖関係の神話的表現は、いわば壮大な虚構の体系であり、一系系譜・両属系譜がともに持っていた政治性の歴史的積み重ねの総決算ともいえよう。

こうした氏族系譜形成の歴史の上からいうならば、父系性は出自系譜確立の過程で明確に打ち出されてくる特質であって、系譜の虚構を支える論理としては、政治性・体系性ほどの重要性を持たない。高群説は、古代の系譜の本質である政治性に眼を向けず、もっぱら父系の虚構にのみ着目したために、せっかくそこから検出し得た父系出自以前の系譜の世界を、後次的な体系性の論理で（父系を母系に組みかえるだけで）強引に読みとることになってしまったのである（高群説の誤りの思想的背景については別稿「高群逸枝の思想と家族婚姻史研究[20]」を参照されたい）。

第一章・第二章で明らかにしたように、平安前期に書写作成された『和気系図』の末尾には後世の「家」の系図への移行の萌芽をうかがうことができる。神話的同祖系譜の体系の完成、父系出自集団としての氏《ウヂ》の確立は、同時にその内部に「家」成立へ向けての萌芽を含んでおり、中世以降の「家」の系譜はもはや古代氏族系譜の如き政治性・体系性を本質的要素としてもたない。それは、基本的には父系原理に貫かれた同族集団の（造作・加上を伴う）枝わかれの記録である。

本章で考察の対象としたのは、もっぱら系譜作成の論理であって、具体的な族制の在り方そのものではない。しかし一系系譜と両属系譜の併存、両者の組み合わせによる（氏族）系譜成立の過程は、双方的親族関係を基底とする社会で支配層が自らの組織化をいかにして成し遂げていったかを雄弁に物語る。そこに貫かれた政治性こそ、古代国家成立の過程を読みとく一つのカギであり、両属性原理もその中で積極的な意味を担ったのである。

『母系制の研究』は、日本の古代社会に母系の遺存を見出すことにより、父権下に抑圧される以前の女性の存在を明らかにしようとしたものであった。数々の重大な誤りにもかかわらず、「一氏多祖」「父系母族」の概念は、父系出自集団確立以前の社会の組織の在り様を探る上での有効な手がかりを提供している。(21) ただし、それは直接には母系制社会の存在を意味するものではない。当該社会における女性の存在形態は、たんに母系制の有無としてではなく、族制と共同体と国家形成の関わりの中で解明されねばならない。それは今後の課題である。(22)

註

（1）初版は『大日本女性史（母系制の研究）』厚生閣、一九三八年。『高群逸枝全集』第一巻、理論社、一九六六年、所収。

（2）渡部義通『日本母系時代の研究』白揚社、一九三二年。

（3）鹿野政直・堀場清子『高群逸枝』朝日新聞社、一九七七年。村上信彦「高群逸枝の女性史学」『家族史研究』2、大月書店、一九八〇年。西川祐子『森の家の巫女——高群逸枝』新潮社、一九八二年、等。

（4）犬童美子「高群逸枝——独学者のかなしみ——」『近代熊本の女たち』〈下〉、熊本日日新聞社、一九八一年。

（5）『古事記伝』の説による（『本居宣長全集』第十巻、筑摩書房、一九六八年、五五〇頁）。

（6）『紀』では稲依別王の母は両道《フタヂ》入姫皇女（垂仁皇女）とされる。

（7）ナカツヒメ・ワカヌケフタマタの人名の意味するところについては第二章註（17）参照。

（8）歴史上の息長氏について詳細な検討を加えられた大橋信弥氏によれば、「息長氏は、天武朝修史において、真人姓皇親としてふさわしい過去を述作するため、その政治的な立場を最大限に利用し、いわゆる神功伝説をはじめ、倭建命系譜・応神系譜・若野毛二俣王系譜に自家の所伝を架上したとみられ、それらから史実を抽出することは不可能である」とされる（『日本古代国家の成立と息長氏』吉川弘文館、一九八四年、二五七〜二五八頁）。

（9）両属性の概念規定については、第一編補論参照。

（10）第二章第一節1および第二節1参照。

(11) 第二章第二節1参照。

(12) 江守五夫「古代女性史に関する問題――民族学的立場からの一考察――」『家族史研究』2、大月書店、一九八〇年。

(13) 『古事記』崇神段。「爾天皇問三賜一之汝者誰子二也。答曰、僕者大物主大神、娶二陶津耳命之女、活玉依毘売一生子、名櫛御方命之子、飯肩巣見命之子、建甕槌命之子、僕意富多多泥古《オホタタネコ》白。……即以二意富多多泥古命一、為二神主一而、於二御諸山一拜三祭意富美和之大神前二」。

右文の系譜部分を○△で図示化すると左のようになる。

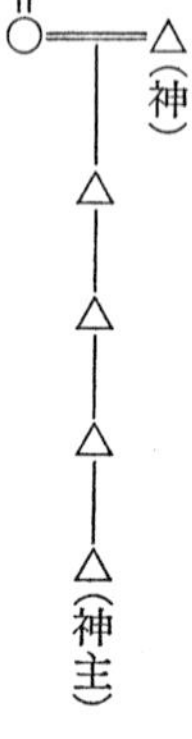

「汝者誰子」というのはオホタタネコの出自を問うたのであり、それに対して両属系譜と一系系譜の組み合わされた系譜が答として示され、神主としての奉事根源が語られるのである。同じ系譜伝承が『紀』では「而問二大田々根子一曰、汝其誰子。対曰、父曰二大物主大神一。母曰二活玉依媛一。陶津耳之女。……即以二大田々根子一、為下祭二大物主大神一之主上。」とされる。すなわち図示化すると、左のようになる。

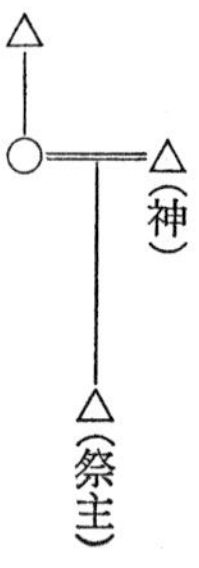

『記』との共通点・相違点に注目するならば、一系系譜の本質は始祖と奉事根源の明示にあり中間の世代は容易に省略・増幅され得ること、出自を語るには両属系譜の形式が必要不可欠であったことが了解されよう。なお、第四章第二節4参照。

(14) 第二章第二節2参照。

(15) 江守氏は、前節で紹介した天之日矛伝承（葛城の高額比売命に関わる系譜）の検討を通じて、母系遺存を説く高群説を批判し、そこで母氏承継とみえるものはいずれも異郷の地での婚姻という例外的事例であり、むしろ母氏承継の間に見出される三代の父系的承継にこそ注目すべきであって、この系譜からは「父系的な出自制度の存在が確認される」と述べておられる（註(12)前掲論文）。古系譜から母系遺存を主張することはできない、とされる点には賛成であるが、江守氏の立論も古系譜の成立過程に関する考察をふまえてのものではないので、父系的な出自制度があったとされる点には従えない。

(16)　別図参照。

(17)　洞富雄氏は「一氏多祖」的現象をさして「一代かぎりの母系制」と規定される。

母系系統・母系継承の痕跡とみなされるものに、上代の父系的貴族の系譜に見いだされる、一代かぎりの母系制がある。……（高群氏の明らかにした）多祖の発生・複氏の出現・諸姓の混乱・賜氏姓による父氏への転移等は、いずれも松岡氏の指摘した（松岡静雄「我上代の母系氏族制」『中央史壇』十二―六）、上記の如き一時的母系制の慣行にともなってあらわれた現象である（『新版日本母権制社会の成立』第四章第五節「一代かぎりの母系制」、早大生協出版部、一九五九年）。

洞氏の場合にも、もっぱらこれを社会慣行の反映としてしか認識されていない点に問題があろう。洞氏が「一代かぎりの母系制」と名づけられたものの本質は、私見によれば三つにわけてとらえられねばならない。①古系譜に見えるそれは、直接には、両属系譜と一系系譜の組み合わせによる氏族系譜の形成という、系譜観念の特質に関わる現象である。その背景にあるのは、出自集団の存在しない社会での系譜観念を軸とする族組織形成の動きであって、母系→父系という出自制度の変化ではない。②『日本書紀』にみえる物部弓削守屋大連等の複氏は、こうした形成されつつある族組織の帰属上の特質（両属性）の直接の表現であり、③葛城王の橘氏賜姓（天平八年十一月丙戌条）や家原氏の出自変更願い（貞観十四年八月辛亥条）等の事例は、父系出自原則の確立の後に、底流として残る両属性原理が必要に応じて表面に現われ主張されたものである。本章ではもっぱら①を考察の対象としている。

(18)　江守氏註(12)論文、六九頁。

(19)　『招婿婚の研究』（講談社、一九五四年。『全集』第二・三巻所収）では、父系母族期（神話伝説―大化前後）にひき続いて父系母所期（大化前後―南北朝）が設定されている。この「父系母所」概念は、私見によれば、母系同居態と（政治的地位の継承を軸とする）非同居の父子関係の重なりの中から「家」の端緒が形成されてくるという、我国独自の家父長制家族形成の特質を把握せんとしたものとしてとらえ直し得る。すなわち、「父系母族」概念が氏《ウヂ》の形成の特質に関わるのに対し、

「父系母所」概念は「家」の形成の特質に関わるものなのである（その際に、高群氏は前者の同居態のみを家族として追究したが、「家」の形成過程の解明のためには両者（同居と非同居）を含む家族概念を定立する必要のあることについては、本書第四篇第二章、および註(20)別稿参照)。

(20) 別稿「高群逸枝の思想と家族婚姻史研究」『歴史評論』四〇七、一九八四年。

(21) 「はじめに」で述べたように、高群説における氏族概念の曖昧さは、こうした我国独自の族組織（氏《ウヂ》）の特質を把握せんとして理論化しきれなかったことの表われとみるべきであろう。したがって、母系近親婚の事例の摘出による母系制批判（鷲見等曜『前近代日本家族の構造――高群逸枝批判』弘文堂、一九八三年）は、その限りでは正しいが、高群説批判としては一面的なものである。

(22) この観点からする家族論として関口裕子氏の仕事（「古代家族と婚姻形態」『講座日本歴史』二、東京大学出版会、一九八四年、に総合的に示される）があるが、少なくとも八世紀以前については、家父長権ではなく族父権の形成過程の解明が重要な課題となろう（本書第四編第二章参照）。

第四章　系譜形式と同族関係
――文章系譜〜竪系図〜横系図――

はじめに

系譜とは出自を語る記録であって、その表現形式は、我国では口承系譜→文章系譜→竪系図→横系図という変遷をたどったとされている(1)。この小論は、こうした系譜形式の変遷の背景にある同族関係の変化の在り様を明らかにすることを意図したものである。なお、一般に「系図」と「系譜」は広義には通用され、狭義には、世代間を系線でつないだのみの「系図」に対して、一族の由緒や個人の事跡を記した譜文を有するものをさして「系譜」という場合もある。ここでは狭義の「系図」を含む広義の系譜的記録一般、および「系図」のように図示化されてはいない系譜的記録の意味で「系譜」の語を用いる。

第一節　系譜の諸形式

まずはじめに、口承系譜・文章系譜・竪系図・横系図という四形式の各々を、例をあげて具体的に示す。とはいっても、口承系譜は、文字化される以前の口から口へと語りつたえられた系譜伝承であって、その内容は直接には知り得ない。しかし、この口承系譜をそのままに文字化するところから成立したものが文章系譜と考えられるので、本質的には文章系譜に含めて考えてよいであろう。舒明天皇の死に際しての「奉レ誄二日嗣一」（皇極元年十二月乙未条）、天武天皇の死に際しての「奉レ誄二皇祖等之騰極次第一」（持統二年十一月乙丑条）等が口承系譜の語られた例である。

文章系譜の例としては、従来、『古事記』崇神段にみえるオホタタネコの系譜や、『釈日本紀』所引『上宮記』逸文にみえる継体天皇（乎富等大公王）の系譜がよく知られていたが、近年発見された埼玉県稲荷山古墳出土鉄剣銘文もその一例である。

(A)稲荷山鉄剣銘文

辛亥年（四七一？）七月中記、乎獲居臣上祖名意富比垝、其児多加利足尼、其児名弖已加利獲居、其児名多加披次獲居、其児名多沙鬼獲居、其児名半弖比、其児名加差披余、其児名乎獲居臣、……記二吾奉事根原一也。[2]

(B)オオタタネコ系譜

僕者、大物主大神、娶二陶津耳命之女、活玉依毘売一生子、名櫛御方命之子、飯肩巣見命之子、建甕槌命之子、僕意富多多泥古白。

(C)『上宮記』系譜

凡牟都和希王、娶二淫俣那加都比古女子、名弟比売麻和加一生児、若野毛二俣王、娶二母々恩己麻和加中比売一生児、大郎子、一名意富々等王、……而娶所レ生、伊波礼宮治天下乎富等大公王也。[3]

右の(B)は、天皇の問いに答えてオホタタネコが自己の出自を語ったのであり、まさに口承系譜がそのまま文字化された例にあたる。(A)(B)(C)ともに「其児（子）」という形で世代が結ばれ、特に(B)(C)は「娶二〇〇一生児（子）」の形式に特

色があ る。『古事記』は八世紀初の成立、『上宮記』逸文は推古朝遺文（七世紀半以前）の面影を持つとされ、これらはいずれも我国における最古の系譜形式を示している。この他に「山ノ上碑」も文章系譜の一つであって、やはり「娶生児」の形式をとり、七世紀後半の同時代史料として、この形式の古さを証するものとしても貴重である。

(D)「山ノ上碑」

佐野三家定賜健守命孫黒売刀自、此新川臣児斯多々弥足尼孫大児臣娶生児、長利僧。

竪系図というのは、こうした文章系譜の「(其)之子(児)」の間に系線を入れて世代間をつないだもので、巻物に仕立てられた場合にはタテに長く一直線に続く形をとるため、柱系図ともいわれる。現存の個別氏族系譜の最古の例としてしられる「海部系図」「和気系図」はいずれも竪系図である。

『和気系図』は平安初期書写作成の原本が現存し[4]、『海部系図』も書写の年代は下るが内容的には平安前期の作成と推定されている[5]。

(E)『海部系図』

丹後国与謝郡従四位下籠名神従元于今所斎奉祝部奉仕海部直等之氏―始祖彦火明命―〔正哉吾勝々也速日天押穂耳尊第三御子〕―三世孫倭宿禰命―孫健振熊宿禰〔此若狭木津高向宮尓海部直姓定賜弖□□桙賜国造仕奉支品田天皇御宇〕―児海部直都比……児海部直伍佰道祝〔従乙巳養老元年合卅五年奉仕〕―児海部直愛志祝〔従養老三年至于天平勝宝元年合卅一年奉仕〕……

(F)『和気系図』

（次頁図）

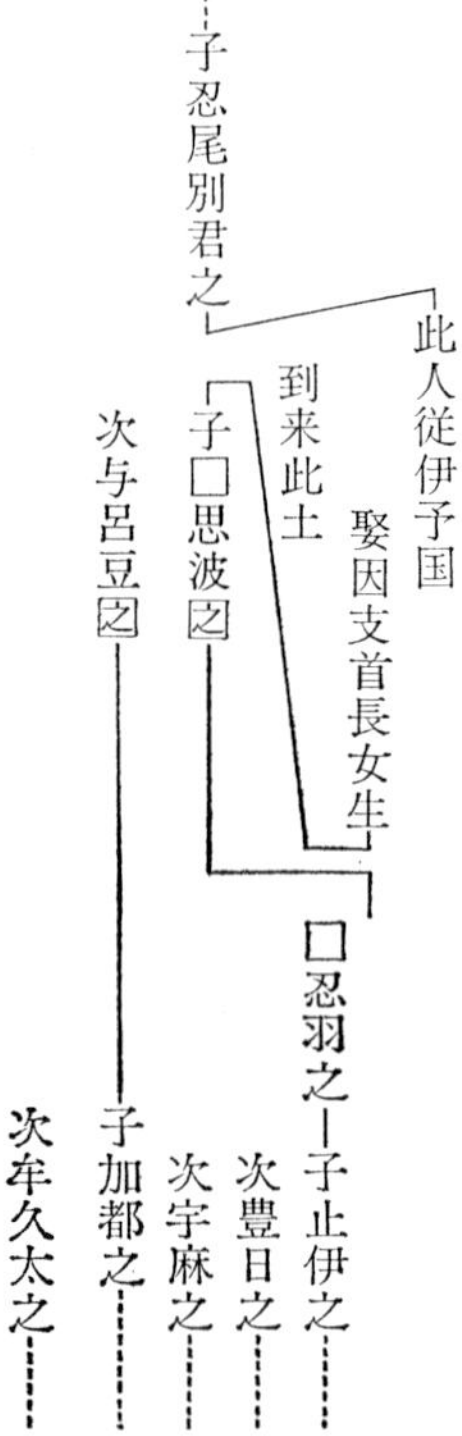

これに対して横系図は、巻物を横仕立にして、系線を順次カギ型に横にのばしながら書き継ぐものであって、中世以降、一般にいわれる系図はおおむねこの形式である。ここでは例として中世前期の『三浦系図』と近世初期の『織田系図』をあげる(6)（次頁）。

横系図上では、父子関係は空間的にどれほど隔たっていようともタテの系線をたどることによって明確に示され、また兄弟関係は間に子孫の記載を狭んで間隔を広げつつも必ず横に一線に並んで記される点に特色がある。

さて以上のように我国の系譜の形式は（口承系譜から）文章系譜→竪系図→横系図へと遷りかわってきたのであるが、その間の事情については、世代間の推移をより明確に図示化した（文章系譜から竪系図への変化）、あるいは横幅の余白の限界を解消して支族の広がりや豊富な譜文を記載し得るようにした（竪系図から横系図への変化）等、技術的な面からの指摘のみであって、歴史的な背景は未解明のままに残されている。しかし竪系図の形式を正確に伝える『和気系図』の分析（第一章参照）、およびそれと文章系譜との比較考察（第二章参照）からは、系譜形式の変遷の時期と背景についての貴重な示唆が得られるのである。

(G)『三浦系図』

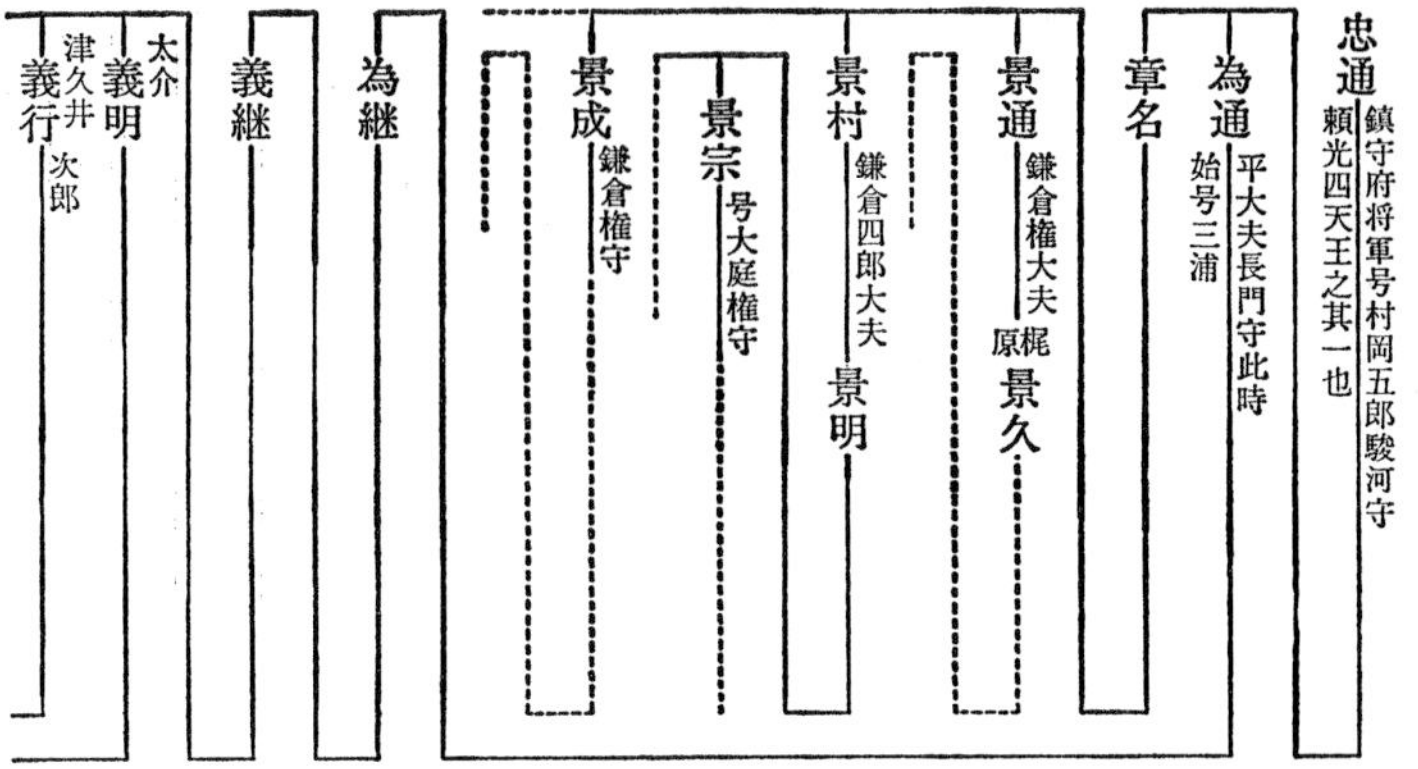
忠通 鎮守府将軍号村岡五郎駿河守 頼光四天王之其一也
為通 平大夫長門守此時 始号三浦
章名
景通 鎌倉権大夫
梶原 景久
景村 鎌倉四郎大夫
景明
景宗 号大庭権守
景成 鎌倉権守
為継
義継
太介 義明
津久井 義行 次郎

(H)『織田系図』

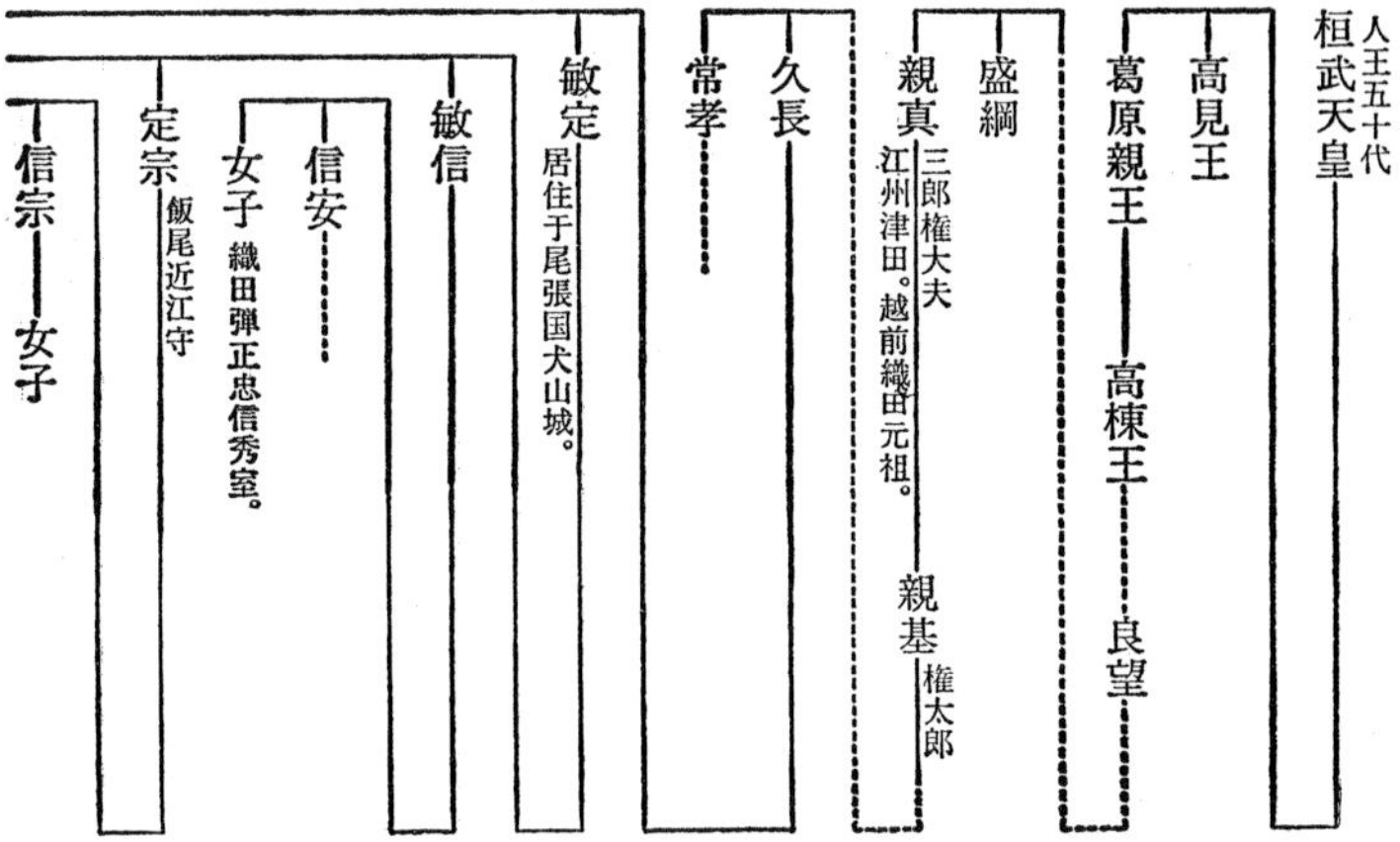
人王五十代 桓武天皇
高見王
葛原親王
高棟王
良望
盛綱
親真 三郎権大夫 江州津田。越前織田元祖。
親基 権太郎
久長
常孝
敏定 居住于尾張国犬山城。
敏信
信安
女子 織田弾正忠信秀室。
定宗 飯尾近江守
信宗
女子

声名
為清　三郎
義宗
義澄

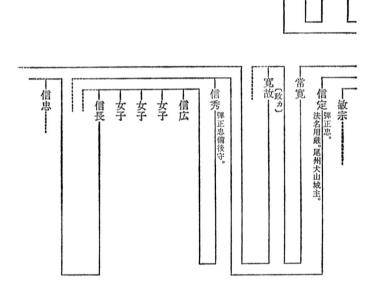

敏宗
信定　弾正忠。法名用厳。尾州犬山城主。
常寛
寛故〔政カ〕
信秀　弾正忠備後守。
信広
女子
女子
女子
信長
信忠

第二節　系譜形式変遷の背景

1　竪系図から横系図へ

まずはじめに、『和気系図』を手がかりにして、竪系図の形式が何を表現しているのかを明らかにしたい。

長大な『和気系図』（ヨコ二九・四センチ、タテ三二三・三センチ）のうち、(F)では因支首（→和気）氏の固有伝承の初めの部分のみを示したが、系図全体の構成を簡単に図示化するならば次頁の如くである（△は男、○は女、◬◎は特筆すべき祖、▲は系図作成者、［1］①は世代、┃┇┃は始祖注記等による背景の集団の存在を示す）。

(F)′『和気系図』

第一章での分析結果によれば、『和気系図』は大きくいって四段階を経て成立したと推定され、図のⓓの部分が七世紀後半〜八世紀初め、ⓒⓔが八世紀末〜九世紀初め、ⓑⓕが九世紀前半、ⓐの略系図（承統図）は九世紀半ばの成立になる。第一段階（ⓓ）で注目すべきことは、これが最も緊密な同族関係にある伊予別公の系図（［1］［2］…の系統）との併記の形式をとっており、しかも両者の主流となる系統間で世代毎に横の位置を空間的に対応させて記されていることである（［1］①、［2］②等）。それが第二段階では伊予別公の系図の併記は［8］で終り、因支首のみの系図となりつつある（ⓔ）。また上部も、伊予別公からの別れではなく始祖武国凝別皇子（◬）に直結する形に改編される（ⓒ）。第三段階では、この因支首のみの系図から、さらに系図作成者（円珍）を含む現実の狭い同族グループのみの系図となる（ⓕ）。そし

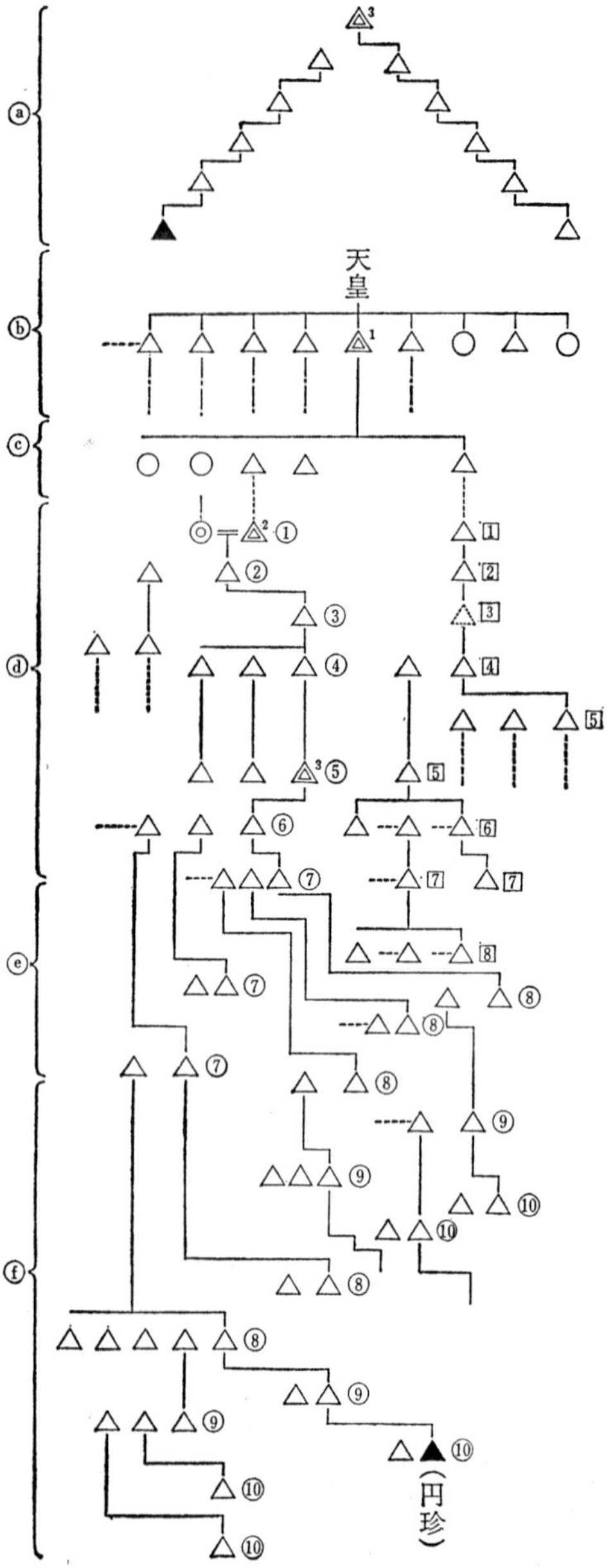

てそれに逆比例するかのように、上部には多くの始祖注記を有する同祖関係の広がりが形づくられ（ⓑ）、体系的氏族系譜としての体裁を整えるに至る。そして続く第四段階では、因支首内部の主流と円珍の系統の関係を示すものとして、特筆すべき現実的祖（小乙上身＝△^{3}）からの承統図が別に作成され（ⓐ）、最上部に付されたのである。

『和気系図』の分析から得られる以上の系図形式上の特色は、竪系図の本質的機能を雄弁に物語ってくれる。すなわち、同族関係にある他氏との世代毎の空間的対応、数多くの同祖氏族と結ばれる始祖からの流れの明示は、竪系図の形式にして始めて可能なことだからである。これは、常に根源の神話的世界へと自らを投影させていく、いわば無限に上に広がる同族観念を特質とする氏族系譜の表現として、まことにふさわしい形式であった。同祖氏族は、こうしたタテの流れを持つ体系的氏族系譜の共有によって結ばれているのである[7]。

したがって、第三段階において、現実の身近な同族グループが系図全面に広がるのにひき続き、第四段階で、現実的祖（◬^{3}）からのタテの流れを示す略系図（承統図）が別に作成されたことは、もはや氏族系譜が竪系図の系式で表現されねばならぬ内実を失いつつあることを示す。第三段階で実現した因支首の和気公への改姓は、多祖（◬^{1}◬^{2}◬^{3}◎）を貫く体系的出自系譜の理念の完成を意味するが、同時にそれは、それまで氏《ウヂ》相互の有機的結合を支えていた両属性原理の最終的消滅、氏《ウヂ》内部における「家」形成の萠芽を伴うものだったのである（第二章参照）。こうした「家」の系譜の表現として次の時代に登場するのが横系図に他ならない。

『三浦系図』を見ると明らかなように、横系図は現実的な一人の始祖（忠通）から発し、『和気系図』のような上広がりの始祖の体系を持たない。こうした現実の始祖の前にさらに貴種につながる系譜が加上されることも多いが、その場合にも『織田系図』の冒頭部のように一系的に示され、横の広がりは持たない（『織田系図』のこれに続く部分は『三浦系図』と全く同じ構造である）。また『三浦系図』は梶原・大庭・鎌倉・津久井等々の同族の系図を併せ含むが、それは因支首と伊予別公のような神話的世界で結ばれる同族ではない。これらの支族は、枝わかれした各兄弟の後に一まとまりに記されるのであり、『和気系図』のようなタテの流れの中での同族間の世代的対応は何ら示されない。ここではタテの流れとしては父子関係のみ、ヨコの対応としては兄弟関係のみが系線で明示され、下（後世）に向けて無限に枝わかれする同族の広がりを順次、横の兄弟間に吸収記載し、また省略し得る構造となっているのである。横系図は、永続する家（＝父子の連鎖に基づく）相互の連合（＝兄弟の紐帯に基づく）としての同族関係を表現するにふさわしい形式であることが了解されよう。ここでは各支族は分与された系図を持ち伝え、自己の系統をそこに書きついでいくのである。

2　文章系譜の世界

さてそれでは、文章系譜の背景にはいかなる同族観念があったのか。(A)(C)を簡略に図示化すると左のようになる。

(A)′稲荷山鉄剣銘文

(C)′『上宮記』系譜

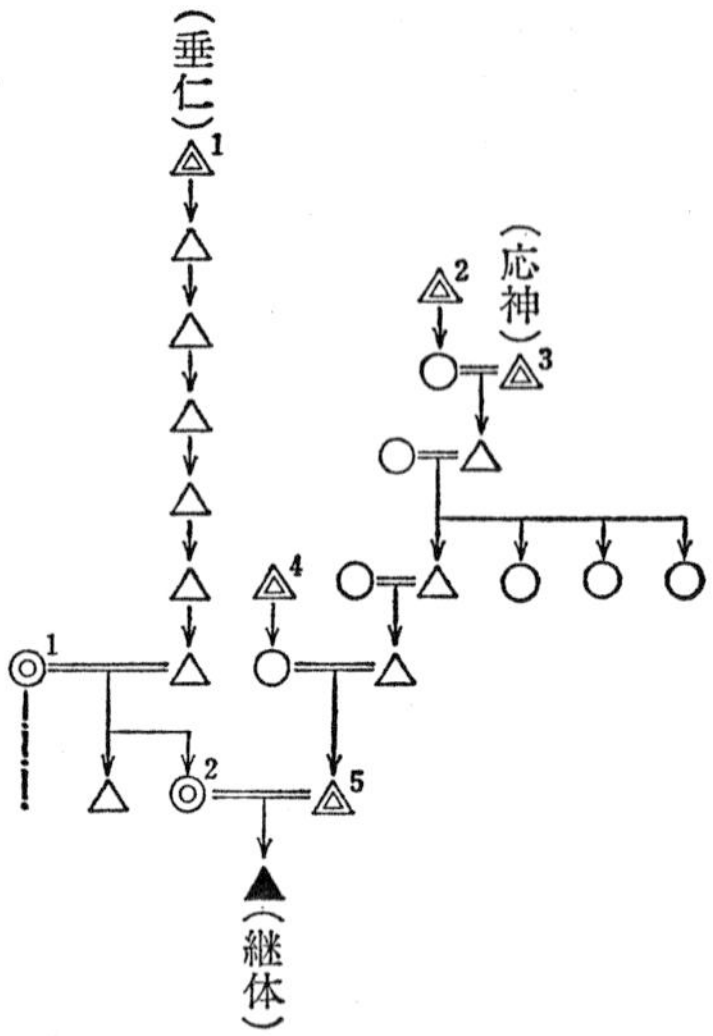

右図に明らかなように、『上宮記』逸文は複数の祖から発して乎富等王（継体天皇）という個人に収斂する系譜であって、一人の始祖からの流れをたどる鉄剣銘文の系譜とは明瞭に異なった構造を有している。すなわち、(C)は、ある

個人の社会的存在が父方母方双方からの血の流れに規定されていることを明示する両属系譜であり、「娶二〇〇一生」の形式を必須とする。それに対して(A)は、銘文末尾に「記二吾奉事根原(源)一也」とあることに明らかなように、大王（天皇）への職掌世襲を軸に形成される集団の族長位の継承（天皇の場合は皇位継承[8]）を示す一系系譜なのである。各個人の社会的帰属は両属系譜によって示されるが、そこで帰属することになる複数の集団の性格そのものは一系系譜によってしか示され得ない。

継体天皇を例としていえば、直接には△[5]◎[2]を父母とするその出自は、皇位継承（△[1]△[3]を含む）の他、洷俣那加都比古（△[2]）伝承を奉じる集団、牟義都国造（△[4]）、余奴臣（◎[1]）等々の集団の族長位継承を示す複数の一系系譜の存在を前提とし、それと、『上宮記』逸文の両属系譜との併存によって始めて全体的に示される。これらの集団はこの段階では未だ出自集団ではなく、集団相互の同族的関係は、個人を核とする関係の積み重ねと、神話伝承（各始祖の活躍する）の共有[9]としてある。一系系譜と両属系譜の併存は、双方的親族関係に基づく社会で一定の集団が形成されつつある段階の系譜観念なのである。こうした両系譜の併存による出自・同族関係が、図示化し得ない、すなわち文章系譜という形でしか表現し得ないものであることは明らかであろう。この両系譜はいずれも、単独では出自系譜（何らかの出自原則に基づいて始祖からピラミッド型に広がる血の流れの中で、個人の帰属を明示する）としての性格を備えていない。

これに対して、『古事記』のオホタタネコ系譜、「山ノ上碑」はいずれも一系系譜と両属系譜の組み合わされた形であり、「娶二〇〇一生」の形式と奉事根源の記載を併せ持つ（第二章参照）。

(B)′オホタタネコ系譜

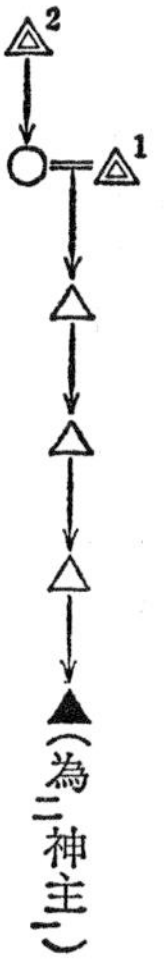

(D)′「山ノ上碑」

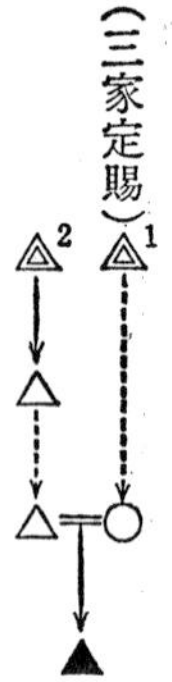

すなわち、(B)(D)は出自系譜形成への過渡期の様相を示す系譜である。現存の『和気系図』（九世紀前半に完成）はすでに出自系譜としての体裁を整えているが、その中にも子細にみると、忍尾別君（△2）とその子をつなぐ系線に介在する形で、「娶二因支首長女一」という両属系譜の形式の名残りをわずかに見出すことができる（(F)を参照）。父系出自原則の確立（男女の法）を経て、八世紀には、同祖氏族とのヨコの広がりを持つ神話的始祖からのタテの流れを特質とする体系的氏族系譜（＝出自系譜）が次第に整えられていくが、これは本来、一系系譜と両属系譜という機能を異にする二種の系譜を複数組み合わせるところから成立してきたものなのである。成立した氏族系譜に見出される多祖現象はその結果であった（第三章参照）。

3　二次的文章系譜

以上に明らかにしたように、文章系譜は、一系系譜と両属系譜の併存、さらにその両者の組み合わせからなる系譜意識を表現するに応わしい形式であった。この組み合せを通じて成立してくる出自系譜＝氏族系譜を表現するものとして出てくるのが1で述べた竪系図である。しかし、文章系譜の形式は、竪系図の時期にも併存して見られた。この場合の文章系譜の意味するものは、本来のそれとは区別してとらえられねばならない。

代表的竪系図である『和気系図』は、七世紀後半から九世紀前半にかけての数次の作成を経て、こうした複雑な成り立ちによる系譜が整合的氏族系譜として整えられつつある姿を示している。したがってそこでは、本来複雑に交錯していたはずの過去の系譜伝承は、『記』『紀』の世界に源を有する体系的同祖系譜の流れの中に見事に吸収されてしまっている。これに対し、九世紀以降、父系出自集団としての氏《ウヂ》が確立した段階で、古伝（一系系譜と両属系譜の複雑な組み合せよりなる）に基づきつつ、それをそのまま出自系譜的観念で表現しようとした場合には、竪系図の形式では表現し得ない。『旧事本紀』（天孫本紀）、『粟鹿大神元記』(10)等はそれであって、同じく文章で表現される系譜ではあるが、本来の文章系譜とは明確に質を異にする。

すなわち、この両者はいずれも、両属系譜の形式に源を有する「娶二〇〇一生」または「為レ妻生」と、一系系譜の形式に源を有する「供奉」または「奉仕」(11)の記載を併せ有する。しかし、(C)『上宮記』系譜、(D)「山ノ上碑」等の本来の文章系譜とは決定的に異なる点として、個人に収斂する形をとらない。かわって、多くの始祖注記と、世代ごとの書き上げがその特質である。

(I)「天孫本紀」

天照国照彦天火明櫛玉饒速日尊。……

三世孫天忍人命。此命、異妹角屋姫、亦名葛木出石姫為レ妻、生二二男一。次天忍男命。……

四世孫瀛津世襲命。亦云葛木彦命。尾張連等祖。　天忍男命之子。此命、池心朝御世為二大連一供奉。次建額赤命。此命、葛城尾治置姫為レ妻、生二一男一。……孫天戸目命。天忍人命之子。此命、葛木避姫為レ妻、生二二男一。次天志男命。大蝮壬部連等祖。……

こうした二次的文章系譜を無理に図示化しようとすると、それはきわめて複雑なものとならざるを得ない。いまかりに、「天孫本紀」の始祖から四世孫までの記載を図示化するならば(I)′の如くである。個人に収斂する形をとらないこ

(I)′「天孫本紀」

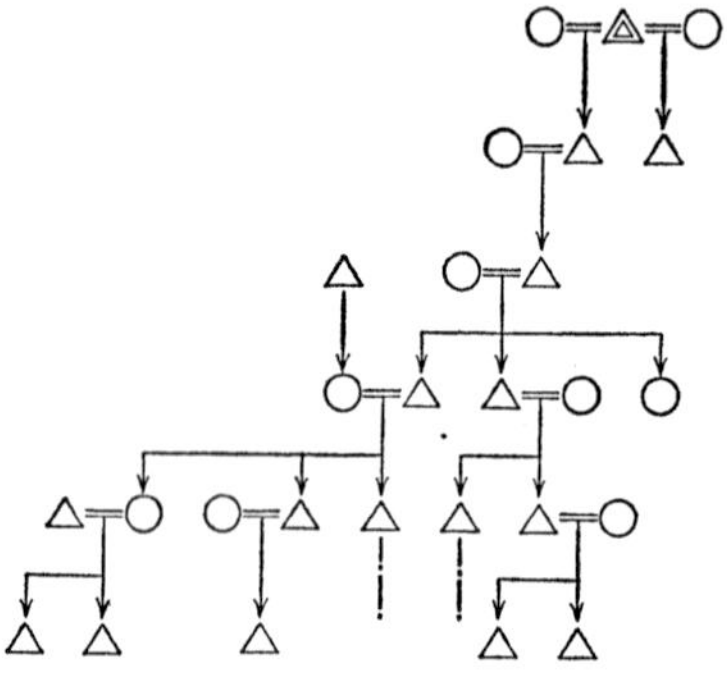

とが一目瞭然であろう。

『粟鹿大神元記』には、竪系図形式のもの[12]と、文章系譜の形式のものとの二種の写本があり、前者は後者を基にして古系譜の形式に整えたものと推定されている。[13] この場合の竪系図形式の『元記』は、いわば上の(I)′にあたるものと見ることができ、きわめて複雑な形をとっている。

「天孫本紀」等にみられる、「○世孫」という形で神話的始祖からの同世数の人間を一まとめにして記載していく形式については、中国の宗譜との類似を説く見解もあるが、[14] より直接的には、竪系図（=出自系譜）における始祖からのタテの流れの中での世代毎のヨコの対応という表現形式に源を有するとみるべきであろう。二次的文章系譜は、出自系譜の観念の成立を前提とするのである。

4　一系系譜と出自系譜

以上に明らかにしたように、（口承↓）文章系譜から竪系図へという形式の変化は、大きくいって、一系系譜と両属系譜の併存から出自系譜の成立へという系譜観念の質の変化と対応している。その背景にはさらに、個人を核とする同族関係から、始祖・別祖で結ばれる出自集団相互の同族関係へという変化があった。しかし、族長位の継承を示す一系系譜は、（口承↓）文章系譜の段階のみならず、竪系図としても作成される。丹後国与謝郡の籠名神宮祝部としての職掌世襲の次第を記した(E)の『海部系図』はその例である。一系系譜作成の伝統の根強さは何によるのであろうか。

『海部系図』は『和気系図』と並ぶ貴重な古系図であるが、そこには「娶生」「為レ妻生」「母……」等の記載は一切ない。系譜における母の記載様式は、大きくいって、(イ)「娶二〇〇一生」(両属系譜)⇒(ロ)「母〇〇」(出自系譜としての竪系図・文章系譜)⇒(ハ)「母××氏」(横系図)という変遷をたどる。(ハ)の形式は中国の宗譜にも各代ごとにみられ、[15] 父系出自集団相互の姻戚関係を示す。これと(イ)・(ロ)との違いは、前二者では原則として母が個人名をもって記されることであり、それはこうした「母」がそれぞれ固有の伝承中での位置を持つ存在であることと関わる。その中でも、母の名が本文中に組み込まれる(イ)が本来の在り方を示し、注記として記される(ロ)はその名残りである。成立期の出自系譜の様相を示す『和気系図』には(イ)と(ロ)の両様式が認められ、両属系譜たる『上宮記』系譜には「娶二〇〇一生」の本文の横に、後世に書き加えられたと推定される(ロ)の注記が存するのである。したがって、「海部系図」にこうした婚姻に関わる記載が一切含まれないことは、それが出自を示すために作成されたものではないことを如実に物語るといってよい。

一般的な出自系譜の成立後に、なおもこうした一系系譜が作られつづけたことは、実は氏《ウヂ》の族長位の継承の在り方と深く関わっている。すなわち、阿部武彦氏・井上光貞氏が明らかにされたように、古代では族長位の継承はかなりに広範囲の一族内でなされ、[16] それが嫡々相承に移行するのは地方豪族においては平安中期以降であった。[17] 井上氏の分析された『下鴨系図』はカモ社の神官一族の出自系譜であり、同じく神官についての一系系譜である『海部系図』とほぼ(原型の)成立時期を同じくする(平安初期)。『下鴨系図』では、カモ社の祝禰宜としての地位継承の次第は、出自系譜上の人名に注記として記されている。その故に、広範囲からの傍系継承の様相を如実に見てとることができるのだが、もし、この継承の次第だけを示す一系系譜が(出自系譜とは別箇に)作成されたとしたならば、彼らの関係は『海部系図』と同様に、「△△之子―△△之子―……」という形で記されるのではないだろうか。すなわち、父系出自原則の確立後も、出自系譜のみによっては、広範囲に及ぶ族長位の継承の次第は(注記による以外)明瞭には示し得ず、

第22図　系図形式の変遷

〜七世紀	八〜九・十世紀		中世〜
（口承系譜）→文章系譜	竪系図	（過渡期の多様な文章系譜・絵系図等）	横系図
一系系譜と両属系譜の併存→両者の組み合せ	出自系譜（付，一系系譜）→体系的同祖系譜		同族を派出する出自系譜（含、一系系譜）
個人を核とする同族関係	タテの流れによる同族→神話的始祖に発する観念的同族		ヨコの連合による同族
族長系譜と個人系譜	氏族系譜		家系図
伝承の共有	系譜の共有		系図の分与

そのための一系系譜が必要に応じて別箇に作成されるのである。『海部系図』についての以上の考察よりするならば、一系系譜における「児（子）」は、文字通りの血縁の子としてではなく、次代の継承者という意味に解されねばならない。稲荷山鉄剣銘文の「児」も同様であり、この銘文系譜の一系性を、たんに出自系譜からヨコの広がりをとっただけの簡略表現とみるのはあたらない。両者の質の違いを明瞭に把握する必要があろう。従来、古代の族長位が幅広く傍系親間で継承されたことは諸種の史料より明らかであるにもかかわらず、一方で「直系」継承を示す稲荷山鉄剣銘文や『海部系図』等の古系譜の例の存することが不審とされてきた。しかし、この二例が、古系譜の特徴とされる「娶二〇〇一生児」の文言を有さないことに端的に示されるように、こうした一系系譜は父から子へという「直系」継承を示すものではないのである。奉事根源に関わる族長位の継承に際しては、代々の族長は直接に始祖の子と観念され[18]、中間の世代は容易に省略され得る。[19]したがって、「〇世孫」とする世次の数え方、すなわち血の連鎖で自己の位置を認識する観念は、一系系譜ではなく、両属系譜から出自系譜への流れの中で成立するとみるべきであろう。[20]

こうした氏《ウヂ》の族長位の継承の在り方に対して、「家」の継承は嫡系相承の原則に基づく。そこでは、出自系譜が即、(原理的には)家長位の継承をも示し得る。ただし、我国の「家」は、それが広く確立した段階(近世)においては、家の継承自体を目的として存立するため、(21)頻繁な養子の介在を特色とする。しかしそうした養子(異姓を含む)も注記を付すだけで横系図の流れの中に組み込まれるのである。こうした意味で、家系図としての横系図は、一系系譜と出自系譜の(前者に規定された)統一とみることもできよう(22)(後述の宗譜・族譜は一系性を欠く出自系譜の例である)。

以上に述べた系図形式の変遷と背後にある同族観念の変化を図示するならば第22図の如くである(前頁)。

第三節　日本と朝鮮の系譜観念

前節までの考察で、日本の古代の系譜観念を構成する主要な柱として、集団の族長位の継承に関わる一系系譜と、血の連鎖に基づく個人の集団帰属に関わる両属系譜という、二つの、機能を異にする系譜があったこと、両者の組み合わせを通じて氏族系譜＝出自系譜が成立して以降の段階においても、族長位継承の在り方に規定されて一系系譜の伝統は根強く残ったこと、家系図＝出自系譜の中にもその原理は貫かれていること、を明らかにした。とするならば、両属系譜こそが古代の氏《ウヂ》に特有の系譜観念であったということになろう。ここでは、古代の氏《ウヂ》にのみみられる両属系譜と、古代以降、その後の時代にもひきつがれていく一系系譜的伝統という、二つの系譜観念の特質を、朝鮮における系譜観念の特質との対比を通じて明らかにしたい。(23)後述する如く、朝鮮においては、ほぼ十四〜十五世紀以降に、父系集団形成への歩みを見出すことができ、そこに示される系譜観念と日本のそれとの相違は、日本古代の氏《ウヂ》の特質を把握する上できわめて貴重な示唆を与えると思われるからである。

1　朝鮮の戸籍四祖記載と八高祖図

周知の如く、現在の朝鮮社会は厳格な父系集団に組織されており、そうした同本同姓（本貫を同じくする同姓の）集団の出自を示す族譜も、重要な社会的機能を依然として持ちつづけている。現行の朝鮮の族譜は中国の宗譜の体裁に倣ったもので、始祖からの父系出自をたどる全構成員を網羅することをたてまえとする、ピラミッド型の出自系譜である。その特色を完成期族譜においてみると、日本の系図のような系線は用いられず、始祖・派祖を冒頭にすえて、各世代毎に段（行列《ハンヨル》）で区切る。同世代の男性は名に共通の一字（行列字）を称し、直系の祖の下に位置するように右から左へ順次記載されていく。同世代者が尽きるまで、記載は何ページにもわたって横に続く。妻（配）は実父の本貫・姓名、女子は夫の本貫・姓名をもって記されるので、族譜上にあらわれるのは表面的には男性名のみとなる。生没年月日の他、墓地の所在地、官職（職名）の記載を伴う。

完成期族譜の構成を、竹田旦氏の紹介された「清州韓氏世譜」の一部によって略記して次頁に示す。(24) ここに記載されているのは十七世紀から十八世紀にかけての人物である。

こうした中国風族譜が支配者たる両班層において作成されはじめるのは十五世紀中葉、すなわち李朝成立以後の現象であった。その際に注目されるのは、こうした初期の族譜類に記される始祖がいずれも高麗（十世紀〜）初期の功臣に集中していることであり、これ以前には一般には系譜作成の風はなかったらしい。(25) これは、被支配層にまで及ぶ中国風姓氏の成立がみられるのは高麗朝に郡県支配と関わってである、とされていることとも合致するといえよう。(26)

(J)「清州韓氏世譜」

端川公（諱致謙）派

致謙
○○○
配 尚州金氏○○○
△△女

二十世

子 復一
○○○
配 全州崔氏○○○
△△女
配 尚州李氏○○○
△△女　二男一
女

二十一世

子 晋明
○○○
配 全州李氏△△
女
配 宝城呉氏○○○
△△女
配 温陽鄭氏○○○
△△女　二男
配 東萊鄭氏○○○
△△女　三男

二十二世

子 俊相
○○○
配 晋州柳氏○○○
△△女　二男三女
配 鎮海陳氏二男

二十三世

子 宗海
○○○
配 楊州趙氏○○○
△△女
配 安東権氏○○○
△△女　一男三女
女
子 宗漢
○○○
配 高霊金氏△△
女

二十四世

子 徳樹
○○○
配 全州李氏○○○
△△女　一男二女
配 安東権氏△△
女　一男
女 李△△　驪州人
○○○
女 朴△△　密陽人
○○○
女 李△△　月城人
系子 徳両
○○○
配 安東金氏△△
女

二十五世

子 錫圭
○○○
子 錫耆
子 李△△
韓山人
子 南△
宜寧人
子 錫倫
子 錫仁
子 錫信

字・生没年・墓は省略、○○○は職名記載、△△は男性個人名さて、このように一般的には系譜作成の風のなかったところから族譜形成へ向けての動きの中で、重要な意味を持ったと思われるのが戸籍における「四祖」の記載である。李朝初期の『経国大典』戸口式[27]によれば、戸籍には主戸（家長）の本貫と四祖、妻、妻の四祖、を職役（国家的地位）とともに記した上で、同居の幷産（子孫）を記載するのである。この四祖とは、父・祖父・曾祖父・外祖（母の父）のことである。

この四祖記載の実例を、呂恩暎氏の紹介された「西原鄭氏一件文書」[28]中の辛未年成籍戸口単子（我国でいう手実にあたる）により見てみたい。

(K)辛未年成籍（一三九一）

1　前左右衛保勝散員鄭義龍年四十　本清州
父：奉善大夫小府少尹鄭睞
祖：重大匡西原君伯鄭頔　諡文克公
2　祖：妻：平康郡夫人蔡氏
父：大匡判三司事……蔡禑　本平康県
祖：中賛致仕蔡仁揆
曾：祖：門下平章事蔡松年
外：祖：
3　曾：祖：重大匡清河君鄭憒
父：奉翊大夫……瑎……
祖：監察御史鄭儇……妻父白利臣

∴曾祖大将軍鄭顗
∴外祖綏陵直韓暉　本平州
4∴曾祖妻父判三司事上洛君金恂　諡文英公　本安東
∴父宣授中奉大夫……金方慶……
∴祖正議大夫……金孝印
∴曾祖文林郎……金敏成
∴外祖起居郎知制誥朴育靖　本竹州
5∴外祖順天寺真殿直金台璡　本安東
∴父検校軍器監金琪
∴祖方薬博士金龍
∴曾祖礼賓注簿金謙守
∴外祖及弟権永年　本安東
6∴外祖妻父正順大夫……権恒　本安東
∴父飛石別将権祐
∴祖歩班同正権大俊
∴曾祖戸長正朝権至平
∴外祖文林郎……権誼　本安東
（∴は続柄記載、〰は人名、職役記載等は適宜……で中略、数字は各血縁グループの筆頭者に仮に付した）

(K)′辛未年成籍

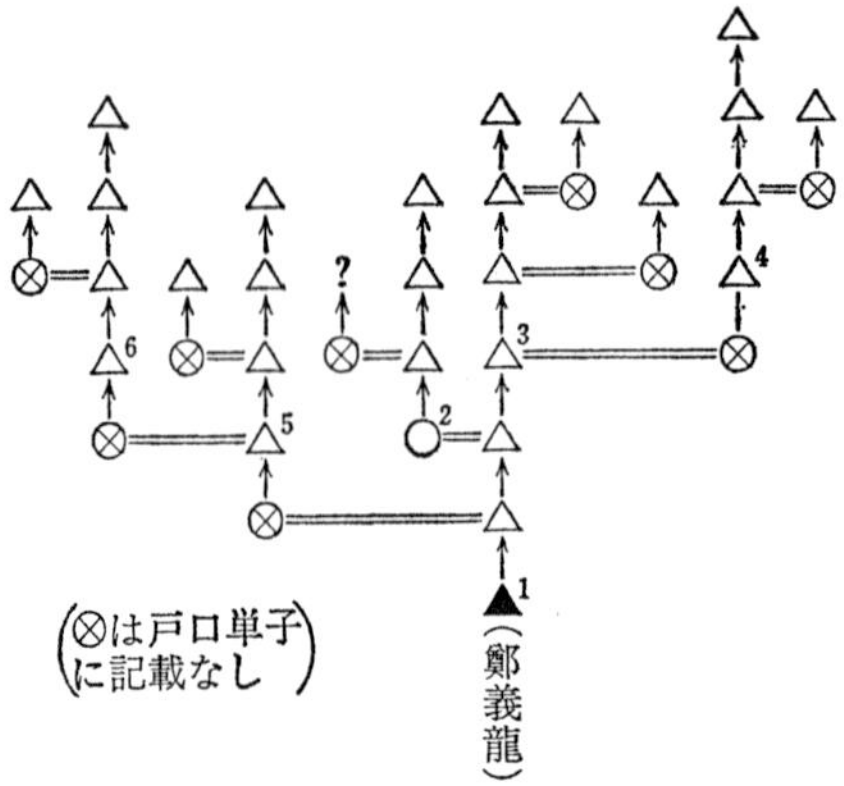

右に明らかなように、高麗末期のこの戸口単子においては、夫妻四祖よりさらに複雑な多くの祖が記載されている。この戸口単子を図示化すると(K)′のようになろう。

(K)の戸口単子の記載順序、およびそれを図示化した(K)′をみると、複雑に広がる双方的親族関係が、自己より遡る関係(↑)として、すなわち親子関係の連鎖よりなる親族関係そのものとして対象化されていることがわかる。戸籍における四祖記載は、もちろん、系譜そのものではないが、初期の族譜に併行する、八高祖図という家系の表現形式には、四祖記載と共通の原理が明らかに認められる。八高祖図とは、「自分の祖上を……あらゆる方向へ辿って行く」ことによって作られるものである。

宋俊浩氏の紹介された、金国良の八高祖図を次頁に掲げる。[29] 金国良は十七世紀前半の人物である。同氏によれば、八高祖図は「自分を起点にして、祖上へ遡っていくというのがその特徴であ」り、父の八高祖図と母の八高祖図を併記すれば十六祖図となり、八高祖図単位でさらに上にも遡及され得た、という。前節で図示したように、同じく双方的親族関係の反映としての日本古代の両属系譜(C)が、類似の構成をとりつつ、複数の祖から発して自己に収斂する系譜(↓)として対象化されていることとは、根本的に原理を異にするのである。

(L) 金国良八高祖図

諱国良八高祖図										
金駙孫○○○ 配丹陽禹氏 配礼安金氏	梁治準○○○ 配	朴承元○○○ 配晋州河氏	羅 配	張旭○○○ 配	成世功○○○ 配谷山廻氏	李保○○○ 配禹氏	金頤○○○ 配	成愼文○○○ 配	李 配	
金大壮○○○ 配南原梁氏		朴河澄○○○ 配寿城羅氏 配昌寧張氏			成鳳○○○ 配全州李氏		金名章○○○ 配昌寧成氏		李 配	
金鑑○○○ 配密陽朴氏					成徳元○○○ 配瑞興金氏 配李氏					
金致九○○○ 配昌寧成氏										
金国良										

○○○＝職役記載

2　双方的親族関係と集団形成

そもそも、親族関係とは自己より発する(ego-oriented)関係であるから、[30] 朝鮮の戸籍四祖記載および八高祖図は、親族関係を双方的にたどり表現したものとして、ごく自然の在り方を示している。それに対して、出自とは祖から発する(ancestor-oriented)関係であって、それによって形成される集団の構成を社会的に明示するのが系譜に他ならない。したがって、複数の祖から発して自己に収斂する両属系譜の存在は、日本の古代においては、双方的親族関係がたんなる親族関係の次元にはとどまらず、出自に関わるものとして、集団形成の原理として活用されていることを意味しよう。

朝鮮では、集団の記録としての族譜は、各個人についての四祖記載の積み重ね等を通じて豊富になる系譜関係の記録に基づきつつ、それとは一応別個に、ある一人の始祖より発する、裾広がりの網羅的父系系譜として作成されていく。日本古代の一系系譜と両属系譜の併存、という在り方との明瞭な相違がここにはうかがえる。

崔在錫氏によれば、朝鮮で明確な父系出自集団が社会的に広範に成立するのは李朝後期のことである。それ以前の「族」には異姓も含まれ、内外孫の区別がなく、封爵・蔭職も（何代もの女系を介した）外孫や婿に継承され得た。その背景としては「婿留婦家」（かなり長期にわたる一時的妻方居住婚）や男女均分相続の慣行がある、という(31)。したがって、初期（十五世紀中葉〜十七世紀中葉）の族譜は、まだ父系の原則で貫かれてはおらず、女子の子孫をも本孫（男系の子孫）と全く同様に収録している。現存する初期族譜の代表的なものとしては、一四七六年の安東権氏成化譜、一五六五年の文化柳氏嘉靖譜等があるが、いずれも外孫の数が本孫より多い(32)。

先にあげた『経国大典』戸口式では夫妻四祖のそれぞれに職役の記載を命じており、(J)の族譜、(K)の戸口単子、(L)の八高祖図にはいずれも実に詳細に父祖の職役が記されている。これも、内外孫に及ぶ蔭職受給の実態からすれば当然必要な記載であったことが容易に理解されよう。高麗中期には、功臣の子孫は内外孫を問わず出身上の特権を持つことが規定され(33)、科挙の応試資格として「本貫及四祖」を記載した文書の提出が義務づけられている(34)。こうして「出自への自覚が制度的に強制されたことで、各家門は社会的上昇と地位保全を企って、まず始祖からの系譜に着手し、次に始祖と本貫と（ママ）関係の明確化に努め始めたと考えられる(35)」のである。

こうして成立する族譜は、それが父系出自集団の記録として完成した形態をとる段階においても、我国における出自系譜の完成形態である家系図＝横系図とは性格を異にする。すなわち、横系図においては、兄弟関係は枝わかれしていく同族関係の明示としてのみ意味を持ち、枝わかれした後の子孫は本家筋からみた関係の重要度の減ずるに従って順次記載されなくなっていく。族譜のように、父系子孫のすべてを網羅し、兄弟にとどまらず一族間の同世代者すべてをある共通性（行列字等）を持って把握せんとするような系譜観念は、我国では遂に形成されなかった。そこに見

られるのは、古代から一貫する、何らかの対外的地位継承に関わる強烈な一系性への志向である。(36)

日本の五〜八・九世紀と朝鮮の十四・五〜十七世紀とでは社会の発展段階がまるで異なる。にもかかわらず系譜観念の発達段階としてはかなりに共通した様相がみられるとともに、また決定的な原理の相違がみとめられる。このことは、逆にいえば、日本古代の系譜先行による族集団形成の早熟性を物語っているのではないだろうか。

李朝では、日本古代とは異なり、科挙の制度が官僚の再生産の上で実質的な機能を有していた。そこからは、集団の長を通じての職掌世襲を本質とする一系継承の原理は生まれない。そこでは、蔭職受給や科挙への応試資格等、官僚としての国家的地位に関わる特権の継承については、その時の社会に現実に存在した双方的親族関係によりつつ、それと併行する形で父系出自集団の形成がすすめられた。こうして成立した同本同姓集団は、現在に至るまで強力な規制力を有して存続している。(37)

それに対して日本では、きわめて早期に、王権に求心的に結びつく形で、政治的に族集団の形成がなされた。その故に、そうした早熟的集団の形成に際しては、大王への職掌世襲を軸とする一系性と併せて、双方的親族関係そのものが集団形成の原理（両属性）として作用することを必須としたのである。(38)八世紀から九世紀にかけて両属性原理による集団が父系出自集団への転化を遂げるに際しても、そのテコとなったのは律令制官職の父系継承という、（親族集団に即していえば）他律的な要因であった。したがって、古代の氏《ウヂ》の崩壊後も、それに代わって「家」制度として結晶するに至る父系性・一系性の強固な伝統の下で、社会の基層としては、頻繁な異姓養子・婿養子の介在、母方親族の重みといった形で、双方的親族関係が生き続けたのである。

おわりに

さて、以上、系図形式の変遷とその背景にある同族関係の変容との関わりを考察し、併せて、朝鮮における系譜観念との比較を通じて、我国の系譜の特質を明らかにした。そこからは種々の興味深い論点が提起され得るが、ここでは日本の古代社会の特質の解明につながるものとして、次の四点を指摘しておきたい。

第一には、古代の氏《ウヂ》には体系的氏族系譜以前の系譜の世界があったことである。族長系譜（一系系譜）と個人系譜（両属系譜）の併存よりなる氏《ウヂ》形成期の系譜観念がそれであり、八世紀以降の『記』『紀』や『姓氏録』にみえる同祖伝承の体系を、集団としての氏《ウヂ》相互の関係として無前提に遡らせることの誤りを明瞭にさし示している。

第二には、双方的親族関係を基盤とする集団帰属の特質（両属性）こそが、氏《ウヂ》の組織、氏《ウヂ》相互の有機的結合を支えた主要な力であり、この原理が最終的に消滅したとき、氏《ウヂ》は二次的形態（未熟な「家」々の結集体）へと変質を遂げていくのである。

第三には、氏《ウヂ》は系譜先行型の集団形成を特色とし、その系譜は、大王への奉仕という政治的求心性と、他氏との相互関係性を出発点からの特質として持っていた。前者の表現が一系系譜、後者の表現が両属系譜である。したがってこの両系譜の併存は、古代の氏《ウヂ》が（この両面に規定されて）一貫して、自律的集団としては存在し得なかったことを物語る。

第四には、後者の原理（両属性）を脱却して氏《ウヂ》にとってかわった「家」も、それが確立した段階にあっては、自律的集団としての性格を貫徹させ得ず、氏《ウヂ》とは異なる形ではあるが「奉仕」（主従関係）を軸に存続し、その故に、他律的一系性を不可欠の要素として持つことである。我国の集団の組織原理としては、一系性は形をかえつつも時代を超えて貫く普遍的な特質であり、両属性こそが古代の氏《ウヂ》にのみ特徴的な原理であった。そのことは、逆説めくが、社会の基層としては、双方的親族関係こそが普遍的特質であったことをも意味していよう。

一系性と両属性を両輪として成り立つ氏《ウヂ》は、双方的親族関係に基づく社会での早熟的な国家形成に際して、支配層が必要不可欠とした族組織形態だったのである。

註

(1) 太田亮「系図と系譜」『講座日本歴史』(戦前版)第十巻、岩波書店、一九三四年。
(2) 全文は第二章第二節1参照。
(3) 全文は第二章第一節1参照。
(4) 「円珍俗姓系図」ともいう。国宝。園城寺蔵。別図および第一・二章参照。
(5) 「籠名神社祝部氏系図」ともいう。国宝。籠名神社蔵。本系図について論じたものには、石村吉甫「籠名神社祝部氏系図解説」『歴史地理』六二—三、一九三三年、同「本系帳考——籠名神社祝部氏系図再論——」『歴史地理』六四—一、一九三四年、後藤四郎「海部に関する若干の考察」『(坂本太郎博士古稀記念)続日本古代史論集』上、吉川弘文館、一九七二年、同「海部直の系譜について」『日本歴史』三二九、一九七五年、金久与市『古代海部氏の系図』学生社、一九八三年、等がある。なお佐伯有清氏は史学会例会(一九八四年六月)において、従来知られていなかった新史料である「籠名神宮祝部丹波国造海部直等氏之本記」を紹介された。
(6) いずれも『続群書類従』第六輯上、所収。
(7) 溝口睦子『日本古代氏族系譜の成立』学習院、一九八二年。
(8) 口承系譜の例としてあげた「皇祖等之騰極次第」がこれにあたる。
(9) 鉄剣銘文にみえる「上祖意富比垝《オホヒコ》」は、崇神紀に書き記された四道将軍説話の原型となる伝承中の人物であったと推定される。この始祖伝承を共有していたグループを中核として、後に、阿倍氏同祖系譜が形成されたのであろう。

(10) 溝口氏註(7)著書第三章に詳しい紹介と分析がある。

(11) 拙稿「古代の氏と家について」(『歴史と地理』三二二、一九八一年)では、「奉事根原」の意味するもの(大王への職掌世襲の由来)を氏族系譜一般の特質とみており、それがもっぱら一系系譜の機能に由来すること、古代の系譜観念を構成する主要な柱としてはもう一つ、血の連鎖に即して個人の帰属を示す両属系譜の機能があったことが認識できていない。溝口氏も「奉仕」の語に着目して拙稿と同様の指摘をされた(註(7)前掲書)が、そこにも共通する問題点がひそんでいると思われる。

(12) 是沢恭三「但馬国朝来郡粟鹿大明神元記に就いて」『書陵部紀要』九、一九五八年に紹介がある。

(13) 田中卓「一古代氏族の系譜」『日本国家成立の研究』皇学館大学出版部、一九七四年、参照。

(14) この形式を太田亮氏は竪系図から横系図への過渡期に現われるものとし、「其の儘、古書の遺文ではなく、支那の族譜の形式を真似て書き改めたものか」、あるいは「姓氏録に何世孫と云ふ事が多く見える、やはり斯う云ふ風の系譜を基としての記事かも知れぬ」とされる(註(1)前掲論文)。その上で、太田氏自身はもっぱら前者の要因を重視されるのである。なお、中国の宗譜は近世に入って盛んにつくられるが、厳格な男系同族の文字通りの枝わかれの記録であって(多賀秋五郎『中国宗譜の研究』日本学術振興会、一九八一年)、我国の竪系図とも横系図とも全く原理を異にし、系線は用いられない。

(15) 多賀氏右掲書参照。

(16) 阿部武彦「古代族長継承の問題について」『日本古代の氏族と祭祀』吉川弘文館、一九八四年(論文発表は一九五四年)。

(17) 井上光貞「カモ県主の研究」『日本古代国家の研究』岩波書店、一九六五年。なお、和気(因支首)氏においてもこうした広範囲の傍系親間での族長位継承の事例が、九世紀前半の段階でみとめられる(第一章第一節2参照)。

(18) 吉田孝『律令国家と古代の社会』岩波書店、一九八三年、一二七〜八頁、参照。

(19) 『記』で大物主から数代に及ぶ一系系譜の末尾に位置するオホタタネコは、『紀』では直接に大物主の子として語られる(第三章註(13)参照)。いずれの場合にも天皇の問いは「誰子」であった。「天つ神の御子」たる天皇についても、「○○宮治天下大王」という統治の伝承でさし示されるのみで、「第○代」という観念の成立が遅い(『記』『紀』にはみられない)こともこうした地位継承の観念と関わるのではないか。すなわち、日本古代の「子(児)」には、「祖《オヤ》の子」と「娶生子」の二義が存したのである。

(20)『上宮記』系譜（両属系譜）を奉じた継体天皇は、『記』では「品太(応神)王五世孫」、『紀』では「誉田(応神)天皇五世孫、彦主人王之子也。母曰㆓振媛㆒。振媛、活目(垂仁)天皇七世之孫也」とされる。九世紀初めの『姓氏録』（出自系譜）では、各氏の別祖がそれぞれ始祖の「〇世孫」として記されるのであり、「三世孫」の記載を有する「海部系図」はこの段階に併行する一系系譜である。

(21) 滋賀秀三『中国家族法の原理』第一章第二節二「日本の家と中国の家」、創文社、一九六七年。

(22) 古代の竪系図から中〜近世の横系図形式の確立までには、一系系譜の伝統をひく文章系譜や絵系図の多様な形態が認められる。たとえば黒田弘子氏が紹介検討された「庄司家由緒書」（近世初期の成立になる中世の系譜）は、当主名を書き上げたものであり、その中には婚姻による異系譜接合のかすかな名残りをとどめる（「千代鶴姫伝承と庄司氏――中世後期の高野山と鞆淵荘の土豪――」『（竹内理三先生喜寿記念）荘園制と中世社会』東京堂出版、一九八四年）。近藤喜博氏が紹介された「若狭国鎮守神人絵系図」（「若狭国鎮守一二宮神人絵系図攷」㈠〜㈣、『国華』六七三〜六七六、一九四八年）も過渡期の一系系譜の一例である。

(23) 朝鮮史関係の史料・文献の検索にあたっては木村誠・吉田光男・井上和枝の諸氏の御助力を得た。記して謝意を表したい。

(24) 竹田旦『木の雁――韓国の人と家――』サイエンス社、一九八三年、二一四頁。なお、族譜の一般的特質、その形成過程については、金斗憲「姓・氏・族の形成発展」『韓』二―一〇（二二）、一九七三年（原文は同氏『朝鮮家族制度研究』乙酉文化社、一九四九年）、参照。

(25) 松原孝俊「朝鮮族譜と始祖伝承」（上）『史淵』一二〇、一九八三年。ただし、王統についての系譜伝承は古くより存したらしく、五世紀初頭の「高句麗広開土王陵碑」の「惟昔始祖鄒牟王之創基也。出㆑自㆓北夫餘天帝之子㆒、母河伯女郎、……至㆓十七世孫国岡上広開土境平安好太王㆒」、『三国史記』地理志一の「金海小京、古金官国。一云伽落国。一云伽耶。自㆓始祖首露王㆒至㆓十世仇亥王㆒」等の例がしられる。ここに「〇世孫」の観念がみられることは、日本古代の一系系譜との対比において興味深い。『高麗史』所引「編年通録」によれば、高麗の太祖の祖考三代は男系女系をとりまぜた山の女神や唐皇帝・西海龍女等との神婚譚の積み重ねで示されており、広開土王陵碑の「母河伯女郎……」の段階からさほど系譜観念の発達がなかったことを物語る。

(26)　武田幸男「朝鮮の姓氏」『東アジア世界における日本古代史講座』一〇、学生社、一九八四年。

(27)　『経国大典』礼典戸口式

戸某部・某坊・第幾里外則称某面・某里住、某職、姓名、年・甲・本貫、四祖。妻某氏、年・甲・本貫、四祖宗親録自己職衔、妻四祖、儀賓録自己職衔、四祖、尚某主、庶人録自己及妻四祖、庶人不知四祖不須盡録。率居子女、某某、年・甲女婿則幷録本貫。奴婢・雇工、某某、年、甲。

(28)　呂恩暎「西原鄭氏一件文書와興海裵氏戸口単子」『慶北史学』七、一九八四年。

(29)　宋俊浩「韓国における家系記録の歴史とその解釈」『韓』九―八（九八）、一九八〇年、附図5。原文は『歴史学報』八九、一九八〇年、に所載。

(30)　ego-oriented, ancestor-oriented の概念については第一編補論参照。

(31)　崔在錫「高麗時代の家族と親族」㈠〜㈤『アジア公論』十三―五〜九、一九八四年。なお、金氏註(24)論文をも参照。

(32)　宋氏註(29)論文。

(33)　『高麗史』巻七五、選挙三、凡叙功臣子孫の条には、「内玄孫之玄孫之孫、外玄孫之玄孫之子、挟二七女一未レ蒙戸、一名許二初入仕一」等、功臣の外子孫に恩叙を及ぼす規定が数多く見られる。

(34)　『同右』巻七四、選挙二

凡試官……元宗十四年十月……其赴レ試諸生、巻首写二姓名本貫及四祖一、糊封、試前数日、呈二試院一。

(35)　松原氏註(25)論文、一六七頁。

(36)　それ故に、朝鮮の「行列字」の如き命名法は我国では成立せず、もっぱら父から子へと続くタテの通字の観念が発達した。平安後期以降にこうしたタテの通字がみられることは、「(古代に於ては）父子相承という思想に於いて中世的家族とはよほど異なっていた」ことを示し（阿部武彦『氏姓』至文堂、一九六六年）、「イエの系譜観念の発現とみられる」（飯沼賢司「人名小考――中世の身分・イエ・社会をめぐって――」註(22)前掲『荘園制と中世社会』）。すなわち、一系性においては共通しつつも、氏《ウヂ》の系譜観念（祖《オヤ》の子）から「家」の系譜観念（父の子）への転化に伴ってタテの通字が成立するのである。

(37) 現在の同姓同本集団は厳格な同姓不娶・異姓不養のたてまえをとるが、両班層において同姓不婚制が成立するのは一三〇八年、それが広く一般に浸透していくのは十七世紀中葉以降である（李丙洙「朝鮮の『同姓不婚』制」『（高梨公之教授還暦記念）婚姻法の研究』上、有斐閣、一九七六年）。

(38) 日本古代の集団形成期における系譜観念のありようは、西洋における貴族親族集団の形成期との対比においても顕著な特色をなす。西洋の貴族の親族集団が、「男系親・女系親を含む可変的ジッペ」から男系親族集団へと転化するのは十一世紀以降のことである（早川良彌「ヨーロッパ中世前期における貴族の親族集団」『西洋史学』一三一、一九八三年）。木津隆司氏が図示された「カンブレ年代記」（十二世紀中葉、北フランスの一貴族の記録）中の系譜を簡略化してその特色をみてみると、第23図の如くである（「フランス中世における貴族――その系譜意識を通して――」『学園論集（北海学園大学）』三二、一九七八年）。この系譜では、自己より発して（↑）父方・母方双方の祖父母までを明らかにした後、各世代の兄弟姉妹の子孫をたどって（↓）自己の世代までの係累を明らかにしている。すなわち、そこには一系系譜にせよピラミッド型の族譜にせよ、永続的集団の柱としての強烈な系譜観念は認められない。西洋の系譜は、諸権利の主張の基となる正式の婚姻関係の記録が眼目であって（ジョルジュ・デュビー『中世の結婚』新評論、一九八四年、および同「マコネー地方における十二世紀の家系・貴族身分・騎士身分――再論――」『家の歴史社会学』新評論、一九八三年）、双方的親族関係は関係そのものとして記録されている。「要生児」に類似の記載形式をもって連綿とつづられる王統譜においても、本質的には「カンブレ年代記」と異ならず、日本古代の両属系譜のように個人に収斂する形はとらない（レオポール・ジェニコ『歴史学の伝統と革新』九州大学出版会、一九八四年、一五九～一六二頁に紹介さ

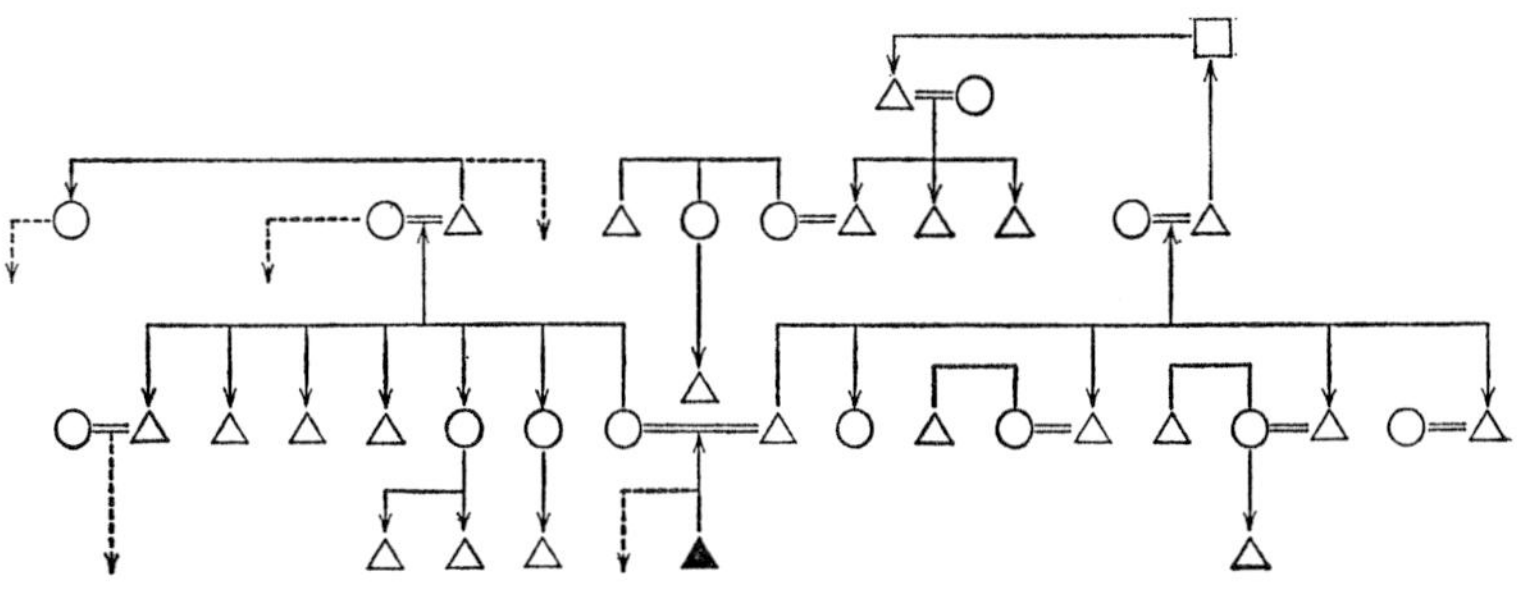

第23図　「カンブレ年代記」の系譜

れた「フランク族諸王の系図」参照)。同時代の農民家族についても事情は同様であって、教会の手になる婚姻・洗礼記録に基づいた、三〜四世代の深度の（女系に傾いた）出自記録のみを持つ（山本健氏の御教示による)。

歴史上の早い段階で、本源的な氏族の解体⇒二次的族集団（宗族）形成の過程をたどった中国の事例をも含めて、系譜観念（⇒形式）の諸類型の本格的分析については他日を期すこととして、ここでは、一系系譜と両属系譜という日本の系譜観念の独自性の確認のみをしておきたい。

まとめと展望

本編では、『和気系図』の分析を出発点として古系譜の比較考察を行なった結果、「一系系譜と両属系譜の併存」という新しい概念を提示することとなった。始祖より発して族長位の継承を示す一系系譜は、大王への職掌世襲の由来を語る奉事根源の文言を伴うことを必須とし、父方母方双方の複数集団への個人の帰属を示す両属系譜は、複数の祖より発して自己に収斂する形式と「娶生」の記載を特質とする。大王への求心性を本質とする一系性は、集団の存続を支える理念であり、集団相互の有機的関係を支える両属性は、氏《ウヂ》の結合原理そのものでもあった。この両原理がともに系譜意識として併存し、氏《ウヂ》形成期の、すなわち出自集団以前の出自概念の内容を構成している。朝鮮における系譜観念との対比よりするならば、これは双方的親族関係に基づく社会での、系譜先行型の（政治的）族集団形成の在り様を示している。

古代の氏族系譜は、七世紀後半以降、こうした一系系譜と両属系譜が複雑に組み合わされた出自系譜として成立し、次第に、氏《ウヂ》集団相互の政治的同族関係を明示する体系的同祖系譜として整えられていく。この過程で、本来、固有伝承上の始祖と分かち難く結びついていた奉事根源の理念は、（双方的な）血の流れと相即的なその原始性の故に、二次的三次的に整えられてくる系譜上の始祖とは乖離を見せつつ、存続し続ける。それが出自の理念に吸収される形で統一されるのは九世紀前半のことであり、因支首から和気公への改姓はその顕著な一例である。

一系系譜と両属系譜との併存から、両者の組み合わせによる出自系譜の成立、さらには出自系譜自体の純化という系譜意識変容の過程は、文章系譜→竪系図→横系図という、我国の系譜の形式上の変化とも密接に対応しており、その背後には、同族集団の形成から変容・分化の過程があった。

第二編で氏神の形成過程の考察を通じて明らかにしたように、「男女の法」および律令法による父系出自の原則の確立後も、現実の族結合の原理としての両属性は八世紀にも底流として存在し続け、八世紀末から九世紀前半にかけて、はじめて、両属性原理を脱した父系出自集団としての氏《ウヂ》の成立がみられた。本編で明らかにした、九世紀前半に至っての出自と系譜と帰属の一致という系譜意識の完成は、まさにこうした内実をもった父系出自集団としての氏《ウヂ》の成立という現実の動きに対応する。ここにおいて、神話的始祖から発する系譜全体が出自系譜としての性格をおびるに至り、そうした神話的始祖を「祖先」神とする狭義の氏神信仰が成立するのである。ここにみられる集団としての氏《ウヂ》の変質は、同時に、『和気系図』末尾の新たな系譜意識の芽生えに示されるように、また、先駆的に狭義の氏神信仰を成立させた藤原氏の事例にうかがえるように（第二編第三章参照）、「家」の成立への方向を内部に含み込んだものだったのである。

付編　氏《ウヂ》研究の意義

第一章　国家論と氏《ウヂ》研究

——原秀三郎氏『日本古代国家史研究』をめぐって——

はじめに

「大化改新」否定論が学界に登場したのはほぼ一五年前のことであった。『日本古代国家史研究』(1)は、否定論の最も強力な推進者である原氏が、一九六六年から一九七七年にかけて発表された諸論文に、その後の批判・反批判をとり入れて必要な補訂をほどこし、一書となしたものである。しかし同書はたんなる「改新」否定の書ではない。序論にいう如く『『大化改新』の批判的研究を足がかりに、日本古代国家史の基本問題の解明を目指した」ものであり、「日本古代国家の成立を八世紀初頭の律令国家の成立に求めるという仮説的見通しに立っている」。その際に「研究の導きの糸」(同書三頁)とされたのは、マルクス・エンゲルスの歴史理論の理解に基づいて構成された「国家的奴隷制」の概念であった。

このように同書は、日本の古代国家の形成をめぐって、実証と理論の緊密に結びついた研究となっている点に、その最大の特色を有する。したがってこれを評するにあたっても、原氏の提出した実証と理論の各々についての検討を行なった上で、両者の結合よりなる日本古代国家像の当否を論じる必要があろう。このようなことは到底、未熟な筆者のよくなし得るところではないが、筆者の理解し得る限りでの問題に限定した上で上記の課題を果すこととしたい。

第一節　原説の概要

まずはじめに同書の構成を目次で示せば、以下の如くである（章・節は略す）。

序　論
第一篇　大化改新論批判序説――律令制的人民支配の成立過程を論じていわゆる「大化改新」の存在を疑う――
前編　「改新之詔」第一項の信憑性――民部・家部を中心に――
後編　律令制的人民支配体制の成立――造籍と良賤制を中心に――
第二篇　律令国家の権力基盤――日本古代国家成立過程の再検討――
補論　民部について
第三篇　孝徳紀の史料批判と難波朝廷の復元――二つの大化年号と孝徳即位をめぐって――
第四篇　律令国家と地方豪族――郡司制の成立と展開を中心に――
付論　古代日本における国家の語義について
別　篇　日本古代国家史研究の理論的前提
跋語
索引

以下順次、簡略に内容の紹介を行ないたい。第一篇は「大化改新」否定を打ち出した画期的論文であり、従来の王政復古的な「大化改新」像は、古代天皇制の由来を記す『書紀』と近代天皇制イデオロギーが結びついて生み出されたものであるとして、「書紀の歪曲と作為を徹底的にあばきだす」(一六頁)実証を目指す。

まず前編では、(『書紀』の記す)改新の基本性格は「改新之詔」第一項の公地公民制の創出に示されている、と見た上で、他の史料から律令制的人民支配体制の成立過程を明らかにすることによって、「改新之詔」の信憑性を論じる。そこで甲子の宣(六六四年)の「氏上民部家部等事」に注目し、「亦定二其民部家部一」の「其」は氏上ではなく総論部分をさすとして、氏上と民部家部とを一応切り離す。民部は国家所有の人民、家部は豪族の所有=支配する人民であり、両者は甲子の宣で初めて概念設定された。天武四年(六七五)に家部の一部である部曲が解放され、この家部解体こそ公民体制の創始を示す。したがって「国家所有公民、大小所領人衆」の造籍を命じた大化元年(六四五)八月詔は、実は甲子の宣から天武四年の間に位置づけられ、「改新之詔」第一項は天武四年以前のものではあり得ない。

後篇では公民制の具体的な成立過程を問題として、庚午年籍(六七〇年)と庚寅年籍(六九〇年)の意義を論じる。庚午年籍は、個々の人民の帰属を判定し「氏・姓・名」で戸籍に登載する(定姓)ことにより、甲子の宣における民部・家部の区分を徹底化した。したがってそれは氏族的・部民制的支配体制の最終的形態の表現であると同時に、その克服の第一歩でもあった。法的賤民身分は庚午段階では未成立であり、家部には自営的生産を行なう部曲と令制下の家人・奴婢の前身とが共に含まれていた。天武四年(六七五)の部曲廃止が良賤制成立の契機をなし、庚寅年籍で良賤身分秩序が成立したのである。良賤間の所生子の帰属を定めた大化元年(六四五)八月の「男女之法」は、実際には持統初年に位置づけられねばならない。

前・後編を通じての考察により「改新之詔」の信憑性は否定され、これは「大化改新」そのものの根本的否定を意味する。

以上、本篇は副題にも明らかな如く、公民制の創出という意味での大化改新像の打破を行なったもの、といえよう。第二篇は国家的奴隷制論を前提に、民部家部論の深化・再検討と国家形成の段階設定を行なう。大化二年（六四六）八月の品部廃止の詔は、本来、甲子の宣と一体のものであり、そこで品部（名代・子代等の皇室私有部民と職業部民）の国家民（＝民部）化と、従来の管掌者たる臣連伴造国造等（＝氏上）の官僚への再編が図られた。その意味でこれは公民制の端緒的形成を示すが、「諸氏族の独立性の物質的根拠である部曲」（一三二頁）は対象外であり、その廃止は天武四年（六七五）をまたねばならなかった。家部（部曲を含む）は氏上とその一族によって支配・統率される私有民であり、その本質は家父長的奴隷制といえる。甲子の宣から天武四年の部曲廃止を経て大宝律令の制定（七〇一年）に至る過程は、「国際的には対外的危機の深化、国内的には族長層の階級的成長＝家父長的奴隷主化に対処」（一五三頁）して王権の強化が図られ、これによって「半国家から国家への革命的転化」（一五五頁）がなしとげられたのである。

本篇は、氏上論を入れることによって、第四篇の家父長的奴隷制論と地方豪族論への見通しを与えるものとなっている。

補論は民部＝豪族私有民とする批判に反批判を加え、新史料を追加して民部＝王民（→公民）たることを確認したもの。

第三篇は、「大化改新」否定の十分条件を求めて、大化年号と孝徳即位の問題をとりあげる。大化年号が実在したのは持統朝、孝徳が即位したのは実は大化五年（六四九）である。また孝徳の難波朝廷の性格は「律令制につながる要素も萌芽的には見られるが、基本的には推古・舒明以来の政治路線の延長線上」（二三〇頁）にあり、国内体制の大改革は白村江の敗戦（六六三年）後にはじまる。『紀』の編纂に際して、乙巳の変（蘇我氏討滅、六四五年）に大化改元・孝徳即位・国内改革が結びつけられ、「『大化改新』という虚構のロマン」（二〇四頁）が誕生したのである。

本篇は、「改新之詔」を否定し去った後に残る、乙巳の変から甲子の宣に至る過程が何であったのか、という疑問に答えようとしたものといえよう。

第四篇では、地方豪族が国家機構の末端を担う官僚に組織されていく過程を扱う。我国古代の貴・豪族の基盤は家父長制世帯共同体（＝氏族）結合にあり、非血縁の隷属民を多量に包括する点に本質を有する（家父長的奴隷制）。軍・政の未分離を特質とする評制は、孝徳期の部分立評、庚寅段階の全面立評を経て、大宝律令の制定に伴い郡制に移行し、ここに地方豪族を郡司（民政）・軍毅（軍事）・新国造（神祇）等の官僚に組織する体制が整った。古代専制国家は、上記の氏族結合を基盤とする貴・豪族を官僚として組織するところに成立したのであり、「かくして成立した社会体制は、農業を基幹とし、国家的土地所有にもとづく国家的奴隷制社会、すなわち唯一の自由人たる天皇と大多数の公民（半奴隷）と奴婢（奴隷）とからなる社会」（二四六頁）であった。

本篇は、第一篇・第二篇の「改新」否定論よりする民部家部論・氏上論と、次篇の国家的奴隷制論をつなぐものとして位置づけられよう。

付論では「国家」の古訓を問題とし、政治的統一者をさすミカドに比して国家機構を意味するオホヤケの例が極めて乏しいこと、統一国家形成期には地域的小政治体（国造のクニ）をさす「国家」概念の存したことを論じる。

別篇はマルクス・エンゲルスの理論に基づいて、日本の古代国家史研究の前提となる国家理論を明らかにする。前近代の社会階級は、分業の固定＝世襲化（身分）と生産手段の所有関係（階級）の二重規定としてあらわれ、『反デューリング論』にいう支配＝隷属関係発生の第一の道（主としてアジアの道）は、「身分関係の形成過程」（三一〇頁）と要約できる。我国では生成しつつある国家（半国家＝族長国家）と区別される「国家としての国家」は八世紀初頭にアジア的専制国家として成立した。この専制主義の基礎は、アジア的生産様式（原始共産制社会の生産様式）とは本質的に区別され、古典古代の奴隷制とも相対的に区別される、家父長的（家内）奴隷制である。家父長的奴隷制とは、家父長制（家父権力の専制）と奴隷制との結合であり、アジア諸民族の場合には、共同体的諸関係の広汎な残存と一部支配階級の奴隷蓄積を基盤として、国家的規模で専制君主を「家父長」とし、共同体成員と奴隷を専制権力のもとに統一する体制、すなわち国家的奴隷制として形成された。

これを厳密な階級関係から見れば「唯一人の自由人＝専制君主と大多数の奴隷（良・賤）」、社会階級から見れば「権力機構のにない手たる支配階級（＝貴族・豪族）と被搾取階級たる一般公民および奴婢等」によって構成され、それらが「全社会内分業体系の政治的固定化としての身分秩序として編成されている」（三四〇頁）のである。

第二節　国家的奴隷制論をめぐって

以上、原氏『日本古代国家史研究』の内容の紹介を行なってきたが、そこで若干述べた如く、同書の構成は大きくいって三つに分けてとらえることができよう。第一篇から第三篇は直接に「大化改新」否定に関わる研究であって、その中核をなすのは人民支配の成立過程の問題、すなわち、民部家部論である。これは「改新之詔」の信憑性如何というきわめて実証的レベルの問題であると同時に、家父長的奴隷制論として、別篇の理論編と緊密に結びついている。続く第四篇の地方豪族論は、「改新」否定との関わりでいえば、民部家部論が人民支配の問題を扱うのに対して、地方官僚組織の成立過程を論じたものである。そして同時に、これは第二篇の氏上論と併せて、奴隷を家内に包摂する家父長制家族の日本古代における具体的構造とその組織化を明らかにしたものとして位置づけられる。そして最後の別篇は、言うまでもなく、家父長的奴隷制の特殊アジア的形態たる国家的奴隷制の概念の理論的根拠を明らかにしたものであり、第一篇から第四篇の実証研究の「導きの糸」としての役割を持つ。

そこで以下では、この三つの部分の各々について、実証と理論の関係に留意しつつ、順次、検討を行なっていくこととしたい。

まず民部家部論について。これを「改新」論の見地から見ると、従来甲子の宣は、「改新之詔」との整合性を図るため、旧部民の一時的復活ないしは未掌握部民の把握、あるいは令制資人の前身の支給、等と見なされてきた。「改新之詔」をいったん離れることによって、甲子の宣を公民制創出の出発点として意義づけたことは、きわめて画期的なことと言わねばならない。その意味で、「改新＝公民制創始」否定説は研究史上に確かな位置を占めたといってよいであろう。

しかし一歩すすんで、公民制の具体的創出過程とその意義を考えようとするとき、一番問題となるのは、原氏の提出された民部・家部の内容の不明確さである。まず第一篇では、民部は「かつての豪族私有民」（三四頁）、「その系譜において天皇の直接的支配に属するもの」（五三頁）、甲子の宣で「国家の直接支配の対象とされ……伴造の統轄のもとに品部として把握されるものと、それとは一応別に、諸氏族の観念的同族組織の一員であるものとが存在した」（九一頁）とされる。一方の家部は、「豪族私有民一般を包括する概念で」（四七頁）、甲子の宣で「諸豪族の私的支配にゆだねられ」（九〇頁）、「令制下で公民として直接国家の支配下に再編されたもの（←部曲――義江）、および家人・奴婢、あるいは氏賤と呼ばれるものが含まれていた」（四七頁）。ところが、品部廃止の詔を手がかりに甲子の宣について再論した第二篇によれば、民部＝「国家民」の具体的内容は「名代・子代およびそれに準ずるもの」（一三一頁）である。そして家部は「氏上一族と部曲および奴婢」（一三八頁）、「族長とその一族によって所有＝支配・統率され血縁擬制によって結合された非血縁集団と奴婢」（一四四頁）であるという。

第一篇と第二篇を比較すると、「諸氏族の観念的同族組織の一員」が、前者では民部、後者では家部に含まれていることに気づくであろう。この問題の部分を除いた残りの民部については、系譜的には大王の私民でありながら現実には管掌者たる豪族の私有民化していた名代・子代を国家民化したもの、ということで、第一篇・第二篇を通じて一貫している。しかし、部制原理の揚棄→公民制の創出として問題にされるべきは、たんに名代・子代の廃止ではない。原氏も力説される通り、豪族の「私有」民一般の公民化こそが問題の焦点である。ここで言う豪族の私有民一般とは、具体的には、後世の史料に蘇我部・中臣部・宗形部等、各々の氏《ウヂ》の名を付して部姓で記されるものの前身をさす。原氏のいわれる「観念的同族組織の一員」「血縁擬制によって結合された非血縁集団」の意味するものも、(具体的言及はないが)同じものをさすとみる他ない。この最も問題の焦点となるべき部分についての理解に大きな揺れがみられるのである。

原説によれば、部曲は家部の一部であり、天武四年(六七五)の部曲廃止こそ公民制の成立を意味する。とするならば、民部に「観念的同族組織の一員」を含むとする第一篇の理解は明らかに大きな矛盾である。もしそうならば、甲子の宣＝公民制の成立とされねばならない。この民部理解は、民部・家部＝豪族私有民とする従来の説を否定して、家部のみを氏上の隷属民として限定的に解したことの結果であろう。逆に第二篇では、氏上と民部・家部との関係を改めて問い直す、という作業を行なった結果、もっぱら名代・子代の国家民化とその管掌者たる氏上の官僚化が問題とされ、そこからはみ出る「血縁擬制によって結合された非血縁集団」は家部概念のうちに包摂されることとなったのである。

それでは第二篇の民部・家部理解をもって宜しとすべきであろうか。そこで考えたいのはカキベ・ヤカベの語義をめぐってである。カキとは「限られた一区画の意」であり(2)、原氏もいわれる如く「それ自体としては誰がという支配する主体には直接的に規定されない」（三四頁）。しかし「国家に帰属する公民」そのものを、豪族に帰属する民と同次元の意味で「カキ」と観念した、とみることには肯きがたい。民部《カキベ》の語は、理念的には公民制を意図しつつ、現実の処置としては各豪族の管掌＝領有する民として「定」めた、ということの表現と見るのが最も妥当であろう。とするならば、そこには名代・子代のみならず、各豪族の私有民（＝擬制的同族員）も当然含まれているのではないか。品部廃止の詔に言う如く、この両者は実際には別ち難く「交雑」していたのである。一方のヤカベは、近年のヤケをめぐる吉田孝氏の研究(3)を参照するならば、そのような領有（カキ）関係とは相対的に区別され、氏《ウヂ》の組織に密着した隷属性の強い部分と解する以外にない。

以上のように考えるならば、原氏の民部・家部理解の不明確さ、そして天武四年（六七五）公民制成立説との矛盾の根本原因がどこにあるかはもはや明らかであろう。それは偏に部曲《カキベ》を家部の一部と解したことによる。そうではなく民部＝部曲であり、こう解することによって、天武四年の部曲廃止は、甲子の宣段階の領有＝管掌関係の廃止、すなわち、真に公民制成立の画期としての意義を持つことになろう(4)。家部の一部の公民化と残りの部分の賤身分確定とは、公民制創出の上からすれば従属的過程であり、天武四年以降庚寅年籍作成に至る間に位置づけられよう。

さて、日本古代の氏《ウヂ》（氏族結合）は、共同体首長層の構成する族組織にしてかつ政治組織たる点にその本質を有する。公民制の創出過程、すなわち豪族「私有」民の公民化とは、首長の共同体成員に対する支配の国家による組織化の問題に他ならない。したがって、民部家部論の検討から明らかになった原説に対する疑問は、直ちに、かかる首長の支配の本質をいかに把握するかという問題として、次の地方豪族論の検討へと連なっていくのである。

地方豪族論について。原氏によれば、地方豪族とは「『外国』（五畿内以外の諸国）にその生活の本拠をおく有力な一族のことであって、畿内に生活の本拠があり、権力の中枢を構成する貴族と対概念をなす」（二〇九頁）。しかしその支配の本質は、豪族・貴族ともに「家父長制世帯共同体家族を形成し」、「その家族構成において非血縁の隷属民――家人・奴婢――を多量に包括していた点に求められ」(二一〇頁)、古代専制国家は彼らを官僚として組織するところに成立した。したがって、具体的には郡司制の成立をめぐって展開された地方豪族論は、国家論の観点からするならば、官僚制の成立の問題と同時に、貴・豪族を通じての古代氏族論としての位置づけを持つ。その際に、原氏が日本古代の氏族結合の本質をいかにとらえているかという点で問題とされるべきは、①家族＝氏族とするその家族概念、②家族構成の内容、③家内に包摂される家人・奴婢等の奴隷制の理解、の三点であろう。

まず家族概念について。原氏は、家父長制世帯共同体家族という「この家族形態はわが国では同族結合として政治的な性格を併せもって機能しており、氏上を頂点とした氏族結合とはまさにこのようなものであった」(二四六頁)、「わが国で氏または氏族と呼ばれてきたものは右のような本質をもつ家族形態の一表現として理解さるべき」(二一〇頁)であるという。すなわち、氏族結合＝家父長制家族とするのであるが、このような家族概念ははたして妥当であろうか。歴史学が原始・古代社会研究の上で家族を問題とするのは、そこに氏族関係・共同体関係を打破するものを認めるからに他ならない。氏族＝家族とすることはこうした家族史研究の持つ意義をきわめて曖昧なものにしてしまうのではないか。さらに具体的に日本古代の社会について、氏族＝家族と解し難いことは、原氏の述べる家族構成の内容の検討から明確になる。

原氏によれば、我国古代の貴・豪族は「共通の祖先をもつ数世代の子孫とその妻たちとからなる複合大家族、すなわち家父長制世帯共同体家族を形成」(二一〇頁)している。この規定は直接にはエンゲルス『家族・私有財産・国家の起源』のザドルガについての記述をそのまま援用したものであるが、日本古代の氏族結合(＝家族)の実態をそのようなものとしてとらえることができるだろうか。問題のポイントは妻の位置づけにある。原氏が家父長的奴隷制家族の典型例としてあげられる肥君猪手の場合も、現在までの家族史研究の成果によれば、実質的な妻妾の別は未成立であり(5)、妻・妾は居を異にし、猪手の所有下に包摂されることなく、各々の財産・奴婢の所有主でありつづけたことが明らかである。すなわち、「一人の父の数世代にわたる子孫と彼らの妻とによって構成され、生産と消費を共同で行なう」（二四六頁）家父長制家族をここに認めることはできない。しかもこれらの妻（母）、さらには戸主猪手の奴婢所有の本質は、各々の属する氏《ウヂ》の所有物の分有であったことが、大宝戸令応分条の規定からうかがえるのである（本書第一編参照）。

戸籍に示される各人の奴婢所有の本質が上記の通りであるとするならば、戸内に家人奴婢を包摂することをもって、直ちにそれを家父長的奴隷制家族と規定することはできない。私見によれば日本古代の奴隷制は、第一義的には家父長制家族成立の問題としてではなく、首長の共同体支配、そして首長層の構成する氏族結合と国家形成との関わりの中で解かれるべき問題である。原氏の場合には、国家的奴隷制「社会の経済的基礎単位としては家父長制世帯共同体家族が基本となっていた」（二四六頁）とする理論的要請に基づき、氏族結合＝家族とされるのであり、このことは実は、我国の古代においては氏族結合以外に経営・奴隷所有の明確な主体を見出し得ない、ということの表明に他ならない、と考える。

こうした原氏の家父長制家族論は、家部を家父長的奴隷とみて、甲子の宣から天武四年（六七五）の部曲廃止（家部解体）に至る過程を「族長層の階級的成長＝家父長的奴隷主化に対処し」（一五三頁）ての国家的奴隷制の成立過程とする民部家部論と緊密に結びついている。しかしその部曲《カキベ》理解に従い得ないことはすでに述べた通りであり、氏族論についての検討もまた同様に、首長の支配の本質を家父長的奴隷制とみる原説への疑問を提起する。また原氏が地方豪族論で扱われたのは地方官僚組織の成立過程であるが、これも問題の焦点を首長の共同体成員一般に対する支配にすえ直して始めて、人民支配と領域支配の接点に位置するものとしての豪族の官僚化の意義が明確になるのではないか。「改新」論の見地からしても、原氏も認められる孝徳期（部分）立評の問題は、公民支配成立過程を領域支配の側面からも追究するならば、「改新」を依然として否定し去ってはしまえないことを意味していよう。

次に国家的奴隷制論について。原氏は日本古代の「専制国家によって総括された社会全体を一つの有機的構成体とみて、これを構造的には家父長的奴隷制と同質な、国家的規模での家父長的奴隷制と見做し、それと区別する意味から『国家的奴隷制』と命名」（三三八頁）された。すなわち、そこでは家父長的奴隷制家族の形成が「きわめて未熟」であることを前提としつつ、専制君主―公民・奴婢の関係が家父長的奴隷制と本質的に同一であるとみて、家父長的奴隷制家族の構成原理を「類比的に拡大」（三四八頁）することによって、日本古代を奴隷制の一特殊形態と規定するのである。

一九五六年度の歴史学研究会大会報告において安良城盛昭氏は、それまでの家父長的奴隷制家族（古代家族）の展開を主軸とする藤間生大・石母田正氏等の古代社会論を批判して、律令体制社会を、①天皇・寺社・官僚の奴婢（奴隷）に対する関係と、②これら奴隷所有主が構成する国家権力の班田農民（アジア的共同体成員）に対する関係の二つの生産関係の相互規定ととらえ、これを総体的奴隷制の最後段階とした(6)。原氏の場合には、総体的奴隷制を原始共産制的生産関係に相即的な人格的奴隷状態をさすにすぎないとみるので、古代一般の生産様式に照応するのは、古典古代的労働奴隷制（＝「奴隷制」）と家父長的（家内）奴隷制（＝「専制主義」）の二形態の奴隷制である。その上で、日本古代の家父長的奴隷制家族の未成熟を認め、なおかつそれと本質的に同一な構造を国家的規模で見出すことによって設定された国家的奴隷制概念は、安良城説を止揚する重要な理論的仮説として位置づけられよう。

しかし両者ははたして構造的に同一と見做し得るであろうか。またこの国家的奴隷制概念によって、奴婢所有と公民支配を真に統一的に把握する途が切り開かれたのであろうか。問題は、国家的奴隷制下の（厳密な意味での）階級関係を「唯一人の自由人＝専制君主と大多数の奴隷（良・賤）とによって構成されている」（三四〇頁）とみる点にある。ここでは貴・豪族も公民も専制君主（家父長）―奴隷の関係の中に解消され、身分的階級としてのみ意味を持つ。しかし原氏自身が別に述べられているところによれば、『アジア的小農』＝公民とは、自足的な生産有機体＝アジア的共同体の成員として……生産に従事しつつ、政治的には専制君主（＝いくつかの自足的な生産有機体を政治的に統括する上位の組織たる国家）に隷属」する「半奴隷」である。(7)とするならば、国家的規模で専制君主を「家父長」とする体制は政治的な統括の次元の問題であって、「生産手段に対する関係＝所有を指標とした狭義の階級関係」（三〇七頁）からみた「（原氏の類比に従うならば）家父長」は、この国家の下位に位置する「自足的な生産有機体」の首長（＝貴・豪族）に求められねばならない。したがって、「専制国家によって統括された社会全体を一つの有機的構成体とみて」、その構造を、非自由人（奴隷）を包摂することによって妻子等の家族員を家父権力の下に統一する「家父長的奴隷制家族」と同一のものと見做すことには賛成しがたいのである。

このことは、「『家父長制』＝原始共産制」（三三八頁）、「『家父長制』＝共同体」（三三九頁）等に示される原氏の「家父長制」概念とも密接に関わっていると思われるので、最後にこの点の検討を行ないたい。原氏によれば、『経済学批判要綱』においてマルクスのいう「家父長的」とは、「自然生的共同団体としての種族において、共同体成員の意志が首長によって代表されるような状態」のことであり、意識関係行為における所有・非所有としての人格的依存関係のことである。(8)しかし原氏もいわれる如く、『要綱』執筆当時のマルクスは『家族』なる概念を種族ないし部族とほぼ同じ意味あいをもたせて使用している(9)のであるから、その初期の用語をもって直ちに現在の研究上の概念規定を行なうべきではなく、首長に対する「人格的奴隷状態」との規定で充分であろう。

国家的奴隷制は、①共同体的諸関係の広汎な残存と、②一部支配階級のもとの奴隷集積を基礎として形成された(三三八頁)。同じことが「国家的奴隷制——構造的には……『家父長制』＝共同体と、奴隷制との有機的結合形態」(三三九頁)ともいわれているので、「共同体的諸関係の広汎な残存」とは、上記の意味での「人格的奴隷状態」の存在のことと解される。さて、古典古代の家父長的奴隷制家族は、原氏に従えば、「家族員に対する家父権力＋奴隷制」という構造の家規模での実現である。一方、国家的奴隷制とは、「アジア的共同体成員に対する(専制君主の)家父権力＋奴隷制」という構造の国家規模での実現ということになる。前者がたんなる家父長制(家族員に対する人格的支配)でなく、家父長的奴隷制とされるゆえんは、それが文字通りの(生産過程における所有・非所有関係に基づく)奴隷を包摂し、その存在が本質的要件となっていることによる。ところが、国家的奴隷制が奴隷制の一特殊形態とされるゆえんは、専制君主の下に文字通りの奴隷(奴婢)が統一されていることによるのではなく、アジア的な共同体が「それ自身本来的奴隷制(＝生産過程における所有・非所有関係としての奴隷制——義江)の一形態に転化したもの」(三三九頁)であることによる。したがって、原氏の「家父長制」概念を認めてもなお、両者を構造的に同一と見做すことは困難なように思われるのである。

おわりに

以上、原氏『日本古代国家史研究』の内容を民部・家部論、地方豪族(氏族)論、国家的奴隷制論の三部にわけて各各検討を加えてきた。そこで明らかにしたことは、原氏の国家的奴隷制(＝国家的規模での家父長的奴隷制)概念とそれに基づく国家史研究が、共同体の首長—成員の関係を把握し得ていないことに対する疑問につきる。すでに行論中にも述べた如く、首長の成員支配と奴婢所有とを統一的に把握し、日本の古代国家形成過程の中に位置づけるためには、家父長的奴隷制家族論への一元化ではなく、また首長―成員間の自足的構造（在地首長制）の究明にとどまることなく、首長層により構成される氏族結合の構造を具体的に解明していくことが必要なのではないだろうか。

註

（1）原秀三郎『日本古代国家史研究――大化改新論批判――』東京大学出版会、一九八〇年。
（2）『時代別国語辞典』上代編、三省堂、一九六七年。
（3）吉田孝「ヤケについての基礎的考察」『（井上光貞博士還暦記念）古代史論叢』中、吉川弘文館、一九七八年（改稿して同氏『律令国家と古代の社会』岩波書店、一九八三年、所収）。
（4）民部＝部曲＝豪族「私有」民とする私見は、結論的に、関口裕子氏（「『大化改新』批判による律令国家成立過程の再構成」『日本史研究』一三二・一三三、一九七三年）の見解と共通する。
（5）関口裕子「律令国家における嫡妻・妾制について」『史学雑誌』八一―一、一九七二年。
（6）安良城盛昭「律令体制の本質と解体」、歴史学研究会編『時代区分上の理論的諸問題』岩波書店、一九五六年（のちに同氏『歴史学における理論と実証』第Ⅰ部、御茶の水書房、一九六九年、所収）。
（7）原秀三郎「日本古代国家論の理論的前提」『歴史学研究』四〇〇、一九七三年。
（8）原秀三郎「階級社会の形成についての理論的諸問題」『歴史評論』二三一、一九六九年。
（9）同右。

第二章　家族論と氏《ウヂ》研究

——関口裕子氏の研究をめぐって——

はじめに

近年の日本古代の家族・親族をめぐる研究の進展には著しいものがあるが、関口裕子氏の家族論をその主たる原動力の一つにあげることには何人も異存あるまい。関口氏は一九八二年度の日本史研究会大会において「家父長制家族の未成立と日本古代社会の特質について」と題する報告をされた。本章は主としてこの大会報告を対象として、関口氏の所有論の検討を行ない、そこから古代家族史研究の抱える問題点と今後の方向を明らかにすることを意図したものである。そのためにはまず、関口氏の近年の所有論・共同体論の意義を、これまでの同氏の家族・婚姻形態をめぐる研究の発展、および他の研究者による従来の家族論との関わりにおいて明確にしておく必要があると思われるので、この点の検討からはじめたい。

第一節　関口説の概要と意義

関口氏の家族に関する既発表論文を管見の限りでほぼ年代順に整理して示すならば以下の如くである。

①「律令国家における嫡庶子制について」『日本史研究』一〇五、一九六九年。

②「律令国家における嫡妻・妾制について」『史学雑誌』八一―一、一九七二年。

③「日本古代の婚姻形態について」『歴史評論』三一一、一九七六年。

④「歴史学における女性史研究の意義」『人民の歴史学』五二、一九七七年。

⑤「日本古代家族の規定的血縁紐帯について」『(井上光貞博士還暦記念)古代史論叢』中、吉川弘文館、一九七八年。

⑥「日本古代の豪貴族層における家族の特質について」上・下『原始古代社会研究』五・六、校倉書房、一九七九年、一九八四年。

⑦「日本古代の家族形態と女性の地位」『家族史研究』2、大月書店、一九八〇年。

⑧「高群逸枝の古代女性史研究の意義について」『女性史研究と現代社会』創刊号、一九八一年。

⑨「古代における日本と中国の所有・家族形態の相違について」『日本女性史』一、東京大学出版会、一九八二年。

⑩「日本古代の家族形態の特質について」『お茶大女性文化資料館報』三、一九八二年。

⑪「大会報告のための覚書」(⑥―下の要約)『日本史研究』二四二、一九八二年。

⑫「家父長制家族の未成立と日本古代社会の特質について」『日本史研究』二四七、一九八三年。

①と②は、実態としての嫡庶子制・嫡妻妾制の未成立と、家父長制イデオロギーの上からの導入を論証し、法制と実態の乖離を明らかにしたものである。

ついで当該期における家族・婚姻形態の実態の究明を行なったのが③⑤⑧であり、一時的訪婚(妻問い)を経て妻家を基点とする独立居住婚へと移行するのが当時の主要な婚姻形態であった、とされる。そこでの家族の規定的血縁紐帯は女系(1)であるが、日本の古代社会全体の特質は双系制社会としてとらえられる。この三論文は家族形態における家父長制家族の未成立を明らかにしたものである。

家父長制家族の未成立とは、女性が個々の家父長に従属するに至っていないことを意味し、後代とは異なる特色がそこにはみられる。④はこうした観点から古代の女性の地位を論じたものであり、共同体成員権・経営・相続・婚姻・イデオロギー等、種々の側面において男女の平等性が失われていない状況が浮き彫りにされている。

さて、エンゲルスによれば、家父長制家族は原始の対偶婚家族と近代の個別家族の中間に位置づけられ、共同体を打破する私有主体としての史的意義を持つ(2)。日本の古代社会に家父長制家族の成立が認められないとすれば、そこでの所有形態の特質はいかなるものか。この点を論じたのが⑥⑦⑨⑪であり、共有の枠内での個人所有を当時の主要な所有形態としてとらえ、かかる個人産の所有主体たる男女が寄合って流動的な生活共同体を形成した、とみる。豪族層ではかかる生活共同体と経営体の一致がみられるのに対し、貴族層では男女それぞれが個人単位の所有・経営を実現しているのが日本古代の特色である、という。これら諸論文は所有・経営主体としての家父長制家族の未成立を論じたものといえよう。

私有主体としての家族の成立により原始の共同体が打破され国家の成立に至るものとするならば、かかる家族・所有形態の特質は、当然、日本古代の共同体の分解と国家の成立の特質につながるものとみなければならない。こうした問題意識をもって共同体の在り方を論じたのが⑩であり、個の成立による共同体打破のなされた中国・ゲルマンとの対比において、家父長制家族が未成立な日本の古代社会には共同体が強固に残存し続けていたことが強調される。

こうした近年の所有・共同体の在り方についての主張を前提として、⑫（大会報告）では共有の枠内での個人所有の具体的考察がなされ、日本の古代国家は共同体の上からの一定の分解によって成立した、との見解が示されている。

国家の成立が「家父長制家族の成立→共同体の下からの分解」によるのでないとすれば、家父長制の成立は古代国家の成立以降のある歴史的段階に求められねばならない。関口氏はそれを、最終的に共同体から無所有で放出された一般農民が、九世紀以降、先進的に私的所有を実現した富豪層の経営に包摂され、新たな生産・階級関係の下で家父長制家族＝自立的経営の樹立へ向けての歩みを始める、とされるのである。

以上、関口氏の古代家族史研究の歩みをたどりつつその概要を明らかにしてきた。それではこれらは従来の古代家族論に対してどのような意義をもつものであろうか。

従来の古代家族論にはほぼ三つの方向からのとり組みがみられる。その中でも主流をなすのは、日本における国家の形成と中世への移行の特質を明らかにする、という観点からの家族史研究である。それはいわば右にたどってきた関口説の発展とは逆の方向からの家族論であった、といえよう。その内容を、個々の論者による相違をあえて無視して大づかみにまとめてみるならば以下の如くである。

(i)原始の共同体は個別経営の主体たる家父長制家族（世帯共同体）の成立・発展により分解する。

(ii)日本の古代国家は、かかる家族の一定の発展と、それによって分解・変質しつつ残存する共同体の秩序との統一の上に成立する。

(iii)この統一を実現せしめているのは、先進的に家父長的奴隷制家族を形成した共同体首長層による、一般成員に対する支配である。

(iv)古代の共同体は、一般成員レヴェルでのかかる家族＝個別経営のさらなる発展により崩壊し、中世へと移行する。

現時点での通説を以上のようにまとめることができるとするならば、関口説は、まず家族・婚姻形態の実態そのものの追究から出発し、七〜八世紀段階での家父長制家族の未成立を種々の側面から論証することによって、こうした通説に対する鋭い批判を提起したものといえよう。

第二に主として籍帳の分析からする家族論があり、これには第一の観点からのとり組みも、そうでないものも含まれる。これらは、戸実態説にたつにせよ擬制説にたつにせよ、八世紀段階に父系を主たる紐帯とする家族形態を見出す点においては共通している。それに対して関口説は、一方では籍帳の作成が上からの家父長制イデオロギーに強く規定されていることを論証し、一方では籍帳以外の諸史料を総合的に検討し母系紐帯の強固さを析出することによって、籍帳に示される「父系紐帯」の見直しを迫ったものといえよう。

第三に、以上の諸研究とは全く異なり、女性史の観点から古代の家族・婚姻形態の考察を行ない、日本古代の女性の地位の高さの背景に母系氏族・母系家族の存在をみようとしたのが高群逸枝氏である。関口氏は、家族・婚姻形態についての高群説を基本的には継承しつつ、必要な補足・修正を行ない、その客観的意義を非単系制・父系二世代非同居の証明、すなわち家父長制未成立の証明としてとらえ直す(8)。さらに、所有・経営形態の考察を深めることによってこうした家族形態と共同体・国家との関わりを明らかにしようとされたことは、高群説にみられる原始礼讃(3)の克服を意味しよう。

以上、関口説の概要とそれが従来の古代家族史研究に対して持つ意義を簡略に述べた(4)。私はこうした関口説の論証内容とその意義を高く評価するものであるが、にもかかわらず、そこにはいくつかの重大な問題点がひそんでいると思われてならない。以下では、それを所有の問題を手がかりに考えていきたい。

第二節　所有概念をめぐって

関口氏は日本古代の所有形態を共有とその枠内での個人所有ととらえ、家産所有主体としての家父長制家族の未成立を説かれる。しかしはたしてこれ以外の所有形態は存在せず、あるいは存在しても何ら重要な意味を持たなかったのであろうか。私見によれば日本古代の所有形態としては大きくわけて第24図のⒶからⒹの四つの概念を設定すべきであると考える。

この図について若干の予備的説明を加えると、一括相承とはある集団の固定した共有産として、その集団の代表者により代々承け継がれていくものをさし、包括所有とは、現実には集団の個々の成員によって「所有」されているのだが、本質的にはその集団の共有産の分有である(Ⓑ)と社会的に明確に観念されており、したがって常に共有産に還元されうる、そういうものを全体としてとらえた概念である。この一括相承と包括所有とはともに集団の代表者によって体現され、本来は未分化な形で存在していたと思われるが、個人分有の進展に伴って、次第に明確に区分されるに至る。一方、共有の枠外での個人所有(Ⓒ)も当該期には存在しており、これが共有(ⒶⒷ)の私有化とからみあいつつ、二次的[5]な集団の共有(Ⓐ′)として現出するのである。私見では、この二次的な集団の変質・発展上、ほぼ十世紀以降に家産所有主体としての家の形成を予想している。したがって家産(Ⓓ)は八世紀段階ではこうした萌芽として想定できるにすぎず、その意味では家産所有主体としての家父長制家族の未成立を説かれる関口説に異論はない。しかし関口説ではⒶⒷのみに力点がおかれ、Ⓒの存在が明確につかまれていないために、家産形成の萌芽(Ⓐ′……→Ⓓ)をも切りすてる結果を招いているのではないだろうか。

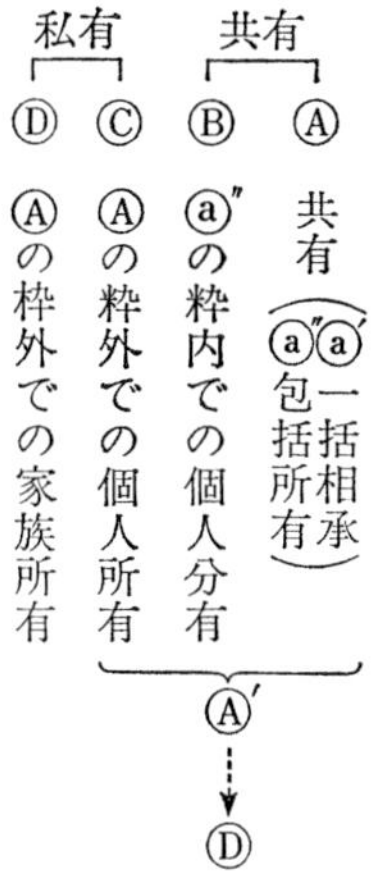

第24図 日本古代の所有形態

「Ⓐ′……→Ⓓ」の具体的内容については後で述べるが、ⒶⒷⒸの三形態が存在したことは八世紀初頭の財産相続法たる大宝戸令応

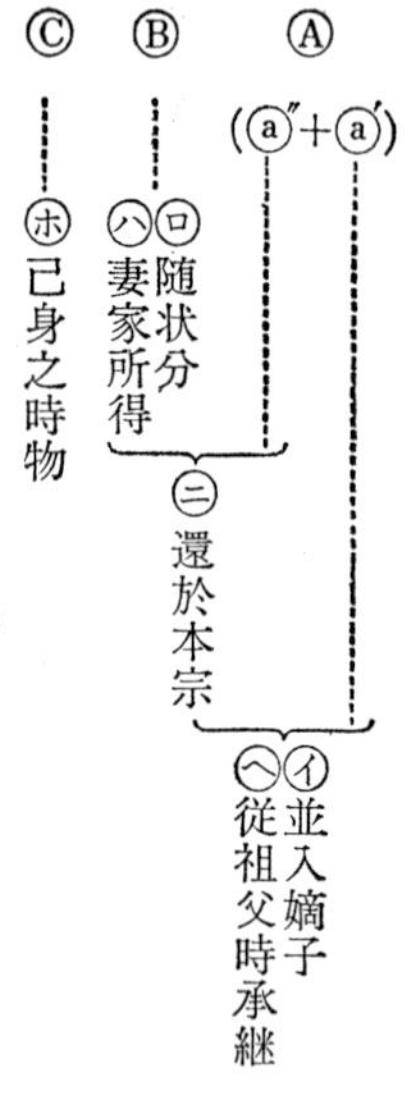

第25図　応分条にみる所有

分条の分析から確認できる。第一編で明らかにした如く、大宝戸令応分条は従来考えられていたような家産相続法ではなく、実質的には氏《ウヂ》の財産の相続法を規定したものである。そこで、条文および「古記」説から当面の問題の検討に必要な部分を摘記し、符号を付して以下に示す。

応レ分者、宅及家人奴婢㋑並入ニ嫡子一(其奴婢等、㋺嫡子随レ状分者聴)。財物半分、一分庶子均分。㋩妻家所得奴婢、不レ在ニ分限一(㋥還ニ於本宗一)。

古記所引ニ云、㋭己身之時物者得レ分也。㋬従ニ祖父時一承継宅家人奴婢者、不レ合、依レ令耳。

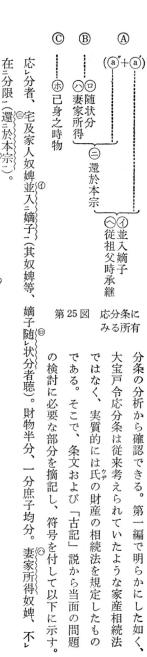

関口氏は右の史料について、㋬＝一括相承の共有産、㋭＝共有の枠内での個人産とされるのだが、これには疑問がある。第一編での応分条の分析結果を前述のⒶⒷⒸという所有形態の区分に対応させて整理して示すならば第25図の如くである。

すなわち、「随レ状分」とはまさに共有(並入ニ嫡子一)の枠内での分有を意味し、妻が「妻家」より奴婢を得るのも同様に「妻家」の一員としての分有である。その故に妻(およびその子孫)の死後は「本宗」(妻方の氏《ウヂ》)の共有産に戻されねばならず、「随レ状」って男女子成員の分有する奴婢もまた、絶戸の際にはその「本宗」に還されるのである(喪葬令13身喪戸絶条古記)。したがって、「還ニ於本宗一」とは包括所有の法的表現に他ならず、「並入ニ嫡子一」には包括所有と一括相承が(本来の未分化な形で)含まれており、後者(一括相承分)は養老令では「氏賤」規定として分離・明文化される。そして「従ニ祖父時一承継宅家人奴婢」とはこの「並入ニ嫡子一」(宅及家人奴婢)とイコールである。したがってこれに対置して、応分条の分財規定によることなく自由処分に従えとされる「己身之時物」とは、共有の枠外での所有とみなさざるを得ない。すなわち©であり、これは養老令では「亡人存日処分」規定として明文化される。

この「従二祖父時一承継」と「己身之時物」の具体例としては、大宝二年筑前国戸籍の肥君猪手戸の奴婢所有者注記があげられよう。そこの「戸主奴婢」「戸主母奴婢」等はいずれも前者であり、「戸主私奴婢」が後者を意味する。この場合、中国の戸籍では奴婢所有主体が「戸」であるのに対し、日本では、共有の枠内にせよ枠外にせよ個人単位の所有としてしか現出しない点が注目される。したがってこの時期の所有の個人性を強調される関口説には同感であるが、しかし共有の枠外の所有の存在が法的にも確認できることはきわめて重要であると考える（これと区別する意味で、関口氏のいわれる「共有の枠内の個人所有」は、あくまでも分有と規定すべきであろう）。

以上、八世紀段階においても共有の枠外の個人所有の存在が確認されることを述べた。それは、そのことによって、「共有とその枠内の個人所有（分有）」のみを問題とする関口説においては見落されがちな家産形成の方向性がつかめるのではないかと考えるからである。この点を、功田・功封の性格の検討を通じて次に述べたい。

関口氏は功田・功封について藤原氏の場合を例として、氏人の持分権を集積した「藤氏の共有産」（⑫―九頁）とされる。しかし功田・功封は氏《ウヂ》の財産とは異なるのではないか。藤原氏の場合、もし不比等に他の有力な兄弟がいて功田・功封を得たとしたならば、それは不比等の子孫には伝わらないはずである。功田・功封は官人個人に与えられ、その官人の「公的家」の経営の基礎をなし、死後はその直接の子孫に伝えられる。すなわち、出発点が©（共有の枠外の個人所有）である故に、代を重ねても氏《ウヂ》全体の所有に還元一体化はされないのである。

それではこれは「公的家」の家産であろうか。ここで共有産と対比して問題とされる家産は、私有の原理にたち（≠共有の分有）、まさに家の産として一体化し（≠個人単位）、永続的に継承されることを要件とする。功田・功封は一定の永続性を持つが、関口氏も指摘される如く子孫男女の均分的持分権の集積であって、家産とはいい得ない。氏《ウヂ》の内部に形成される擬似氏《ウヂ》的な集団の所有Ⓐ′というべきであろう。なぜⒶ（氏《ウヂ》の共有産）でもⒹ（家産）でもなくⒶ′にしかなり得ないのかといえば、それは功田・功封の基礎にある官職そのものが、本来、純粋に官人個人に対するものではなく、氏《ウヂ》の代表的成員たることによって保持されるものだったからである（第一編第一章参照）。先に功田・功封＝Ⓒとしたが、これはより正確にはⒷ（Ⓐ）＋Ⓒ、すなわち、共有と個人所有とのからみ合ったものとしてとらえられねばならない。このように「公的家」自体は永続した場合には擬似氏《ウヂ》的性格を持ち、常に容易に氏《ウヂ》に転化し得た[補1]。しかし、にもかかわらず、それは、奈良中期以降盛んになる墾田開発を媒介に、平安期に入ると私的経営機関としての性格を強める院宮王臣家を形成し、次第に家産所有主体へと転化していく。先に「Ⓐ′…→Ⓓ」、すなわち、共有と個人所有とが重なりあって、まず二次的集団の共有として現出したものの発展上に、家産の形成を見出す、とした所以である。

以上は主として貴族層についてであるが、他の階層についてはどうか。関口氏は、当時の家族形態の本質を、所有の個人性に規定された対偶婚的婚姻形態に基づく生活共同体ととらえ、所有形態・経営・生活共同体（寝食の単位）の三者のかかわり方の階層による相違を指摘されている。それを整理して示すと、

貴族層……所有と経営は個人単位。個人がよりあって生活共同体を形成。

豪族層……所有は個人単位。個人（家長と家室）がよりあって一つの経営単位＝生活共同体を形成。

農民層……所有も経営も集団に包摂されていて未熟。流動的な日常的農耕単位＝生活共同体を形成。

以上の関口氏による各階層の相違点のとらえ方には基本的に賛成である。ただし、全体として共有の枠に大きく規定されながら、その中で貴・豪族層においては所有の「個人」性が現出するのは、共有の枠外の個人所有がこの階層で芽生えつつあったことによるであろう。これがバネとなって共有の枠内の分有をも次第に個人所有へと転化させて

いく、と考えられる。功田・功封は貴族層にのみ関わるが、大宝戸令応分条は「累世相継富家」を対象とし（古記）、「戸主私奴婢」の実例は大領という在地豪族層のトップクラスにおいて見出されるのである。したがって、共有＋個人所有…→家産形成、という方向性は貴・豪族層を通じてのものといえよう。

農民層については行論の都合上第四節でふれるが、貴・豪族層については、所有の「個人」性の現出においては共通しつつ、経営単位と生活共同体が一致するか否かの点で相違がみられる。これについて関口氏は、国家権力により収入の保障される貴族層と異なり、自力で経営を展開せざるを得なかった豪族層では生活共同体が経営の拠点となった、とされる。本節でもふれた「公的家」の性格からいって右の論旨には賛意を表したいが、しかしこの点は貴・豪族層に共通する経営体としてのヤケについて検討することにより、より明確に把握し得ると考える。このヤケの性格は、関口氏の大会報告⑫における重要な論点である氏寺や奴婢の問題とも密接に関わると思われるので、以下、節を改めて検討を加えたい。

第三節　ヤケと奴婢

関口氏は、ヤケは「共同体支配の為の政治的拠点＝氏《ウヂ》結集の拠点」（⑫―一一頁）であると同時に氏産の結集の場でもあり、律令国家の成立により前者はコホリのミヤケ＝郡衙に、後者は氏寺に転化した、とされる。関口氏のこの指摘には私も賛成であり、とりわけ氏寺の機能を明確にされた点は重要であると考える。しかし関口氏の場合には「公的家」とヤケとの関係が把握されていない点に問題があるのではないか。関口氏は「公的家」の基礎に個人単位の所有経営を見出されるのだが、前節で指摘した如く、それはあくまでも氏《ウヂ》の所有・経営の機能に支えられての「個人」

とみなければならない。また地方豪族層の郡衙と併せて、藤原宮以降明確に形成される恒久的な宮都・官衙機構をも貴族層のオホヤケの結集・転化形態としてとらえる必要がある。

私見を簡略に図示すると、第26図のようである。関口氏がいわれる如く、貴族層と豪族層の経営の在り方の相違は、律令制下では豪族層が公的に保障された経営の拠点を持たない（右図の※）ことにあるが、本来、両者の基礎にはヤケが存したのである。ただし前節で述べたように「公的家」の所有はⒷ（Ⓐ）＋Ⓒであって、共有と、その枠外の個人所有の性格を併せ有する。そして、居宅や賜田・奴婢等の施入により成立する氏寺はある意味では「公的家」の転化形態であり、原理的には非永続的な「公的家」（の所有・経営機能）はこれによって永続性を持ち得た。[6]また古代の初期地方私寺の多くは、豪族層の居宅を基礎に成立している。[7]これら豪族層のヤケも、前節で述べた如く、この段階では私有の要素をも含む所有・経営の拠点となっている、と考えられる。すなわち、関口氏のいわれる氏寺の氏産再結集の機能は、氏《ウヂ》の共有産そのものではなく、擬似氏《ウヂ》的集団の所有Ⓐ′に関わる。氏産の保持・再結集の場としての氏寺の重層的存在、また藤原氏等の例に明らかな如く、平安後期以降それが家産結集の場へと結果していくことも、以上のようにとらえられることで容易に理解できよう。[補2]

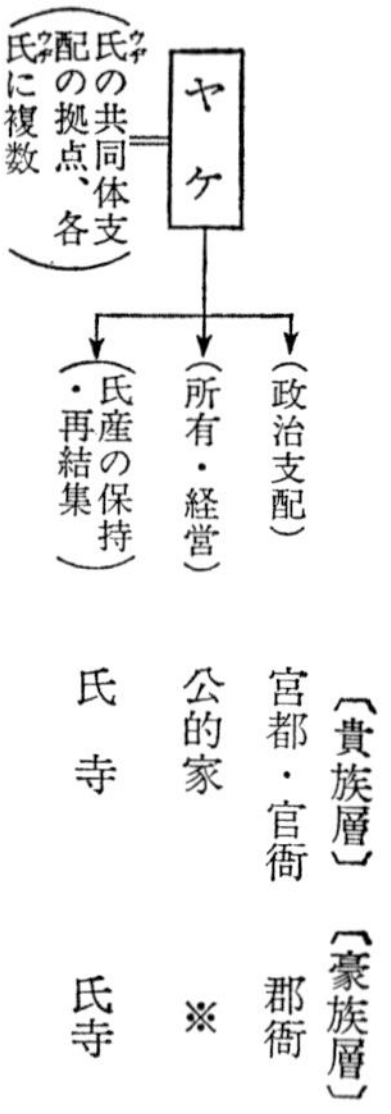

第26図　ヤケの展開

さて以上、主として関口氏の所有概念に対する疑問から発して、経営体についても、従来の集団的な経営の機能に個人所有の要素がプラスされたものとして八世紀以降の「公的家」や氏寺・宅をとらえるべきこと、その発展上に「家」が見出せるであろうことを述べた。そこで、次に経営体としてのヤケの性格と関わって、奴婢についての検討を行ないたい。

第一節で述べたように、現在の古代家族論の通説はかつての「古代家族の形成過程」を基調とする理解とは異なり、一般成員間での家父長制家族の一定度の成立とその未熟性を認めた上で、先進的に家父長的奴隷制家族を形成した共同体首長層による一般成員に対する支配にかなりの力点を置くものとなっている。したがってそれに対する関口氏の批判は、家父長制家族の存否にとどまらず、首長層に蓄積された奴婢の性格の検討にも及ぶこととなり、⑫論文では、一般農民層との共通性を示す種々の表象を手がかりにして、当時の奴婢は奴隷範疇では把握できない、との主張がなされている。第一編で述べた如く、律令制下の奴婢を即、奴隷と解することには私もかねてより重大な疑問を抱いているが、そのことは奴婢と一般成員との存在形態の共通性からは解明できないのではないか。日本古代における奴隷制の未発達そのものはすでに多くの論者により指摘されており、その故に、良・賤身分制の確立にポイントがおかれているのである。したがって、良・賤身分制の奴隷制に対して持つ本質的意義こそがここでは問われねばならない。

私見によれば、日本古代の奴婢は、本来、ヤケに付属する人間（ヤッコ、あるいはヤケヒト・ヤカベ）であり、氏《ウヂ》の結集の一つの重要な核となっていた。その主要部分は律令制の施行に伴いいわゆる五色の賤（陵戸・官戸・家人・公（官）奴婢・私奴婢）として身分的に確定された。しかし、律令制下では良身分に含まれる雑戸、あるいは貴族の近侍者たる資人等もその前身形態としてはヤッコに連なる要素を多分に持つ、と考えられる(8)。これらを、律令制下でその各々が従属する場、および所有の主体に注目して整理してみると、第27図のようにとらえられるのではないか。

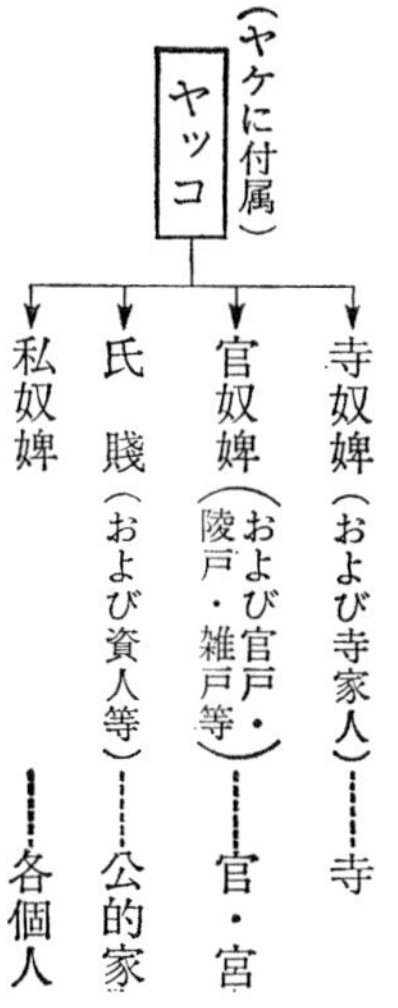

第27図　ヤケと奴婢

この図について若干の説明を加えると、まず寺奴婢については、庚午（六七〇年）～庚寅（六九〇年）籍に関わる紀寺奴(9)や、大化元年（六四五）のいわゆる「男女之法」で特に「寺家仕丁之子」の良賤所属が問題とされている如く(10)、寺に隷属する民として古くからの由来を持つ。官戸・官奴婢も、「嶋宮奴婢」「広瀬村常奴婢」等の例より知られる如く(11)、その古来からの部分は各皇族の宮ないしは本拠地に付属する形で存在していた。陵戸・雑戸等もおそらくこれらに準じてとらえることができよう(12)。氏賤は、律令制下でも特に「氏」に属するヤツコとして固定化された部分であり、「入二氏(上)宗之家一」（戸令応分条「釈」）一括相承の共有産である。そして一「氏」に一つの「公的家」というのが本来の理念であるので(13)、この「氏宗之家」とは具体的には（氏上の）「公的家」とおきかえられる。また資人は、前身形態については既述の通りであり、藤原不比等、橘三千代等が死後も食封資人の収公をとどめられたように(14)、「公的家」の実質的存続の一つの基礎をなしたと考えられる。最後の私奴婢は戸籍に各個人の所有として記されるものであり、その本質は前節で述べた如く、共有の枠内の分有と枠外の個人所有を併せ含む。

さて、先にヤケが律令制下でどのように機能分化していくのかを図示した。それと第27図を対比すると、私奴婢以外のものはそれぞれ何らかの意味でヤケの後身形態に付属して存在していることが了解されよう。そして注目すべきことには、古代の私奴婢がさほど発展することなく次第に衰退していくのに対し、それ以外のもの（すなわちヤケと結びついた部分）はかなり後に至るまで隷属性を保持し、しかもその隷属性は律令制による身分規定の如何にかかわらないのである。

すなわち、東大寺の寺奴婢は官奴婢の施入や私奴婢の買上施入を出発点とするが、平安末の時点で「其子々孫孫、相継為二寺奴婢職掌一、于レ今勤二仕寺役一供二奉法会一也」といわれている(15)。また官奴婢は八世紀後半以降、順次解放されて良身分となりながら、「今良」と呼ばれて、平安期にも依然として官司の雑役に従事している(16)。雑戸も天平十六年に解放されて「同二於平民一」されるのだが、特定職掌への緊縛はその後も続いている(17)。氏賤の場合も、氏祖たる高市皇子が母方の宗像氏から分与されたと推定される高階氏の氏賤は、そのままもとの宗像郡の地に存在し続け、寛平五年に至って、大和の宗像社（高階氏氏神）の近辺の俻丁と実質的負担を交換する形で放賤従良されたのである。(18)

以上のように、律令制下でもヤッコはヤケの機能を背景としてはじめて存続し得たのであり、しかもその隷属性は賤身分から解放されても続いている。すなわち、日本古代のヤッコは一貫して氏《ウヂ》に譜第に隷属する点にその本質を有し、中国から移入された律令制の奴隷規定および良賤身分規定は、ヤッコの隷属性にとっては本質的意味を持たないのである。研究史的にみて、奴婢所有の問題は家父長制家族の成立について論じる際の重要な指標とされているが、以上に述べたことからして、これを家父長的奴隷制と規定する通説的理解には従えない。その意味からいっても、家父長制家族の未成立を説かれる関口説には同感である。ただし、関口氏の指摘された奴婢と一般成員との存在形態の共通性は、こうしたヤッコの本質より発する現象と見るべきであろう。

第四節　氏《ウヂ》研究の意義

以上二・三節にわたって、主として貴・豪族層の氏《ウヂ》を対象として、所有・経営形態をめぐる関口説に対する疑問を述べた。それではこうした氏《ウヂ》の研究は、広く一般農民層をも含む古代家族史研究全体の中でどのように位置づけられるべきであろうか。

関口氏は、「共同体首長層はその支配維持のため階級的に結集しており、その結集の具体的形態が氏《ウヂ》」（⑫―八頁）とし、その上で、支配者階級については氏《ウヂ》単位と個人単位の所有しか検出されず、「氏《ウヂ》の在り方がそれに規定されているところの共同体」（⑫―一三頁）については、共同体的所有とその下での個人占有しか存在しなかった、とされる。

氏《ウヂ》を共同体首長層の階級的結集形態と見ることに異論はなく、また氏《ウヂ》の在り方は共同体の在り方に規定されてもいよう。しかしそのことは直ちに、氏《ウヂ》の所有・経営形態と共同体内の一般農民層についてのそれとが原理的に共通することを意味するであろうか。

日本古代の氏《ウヂ》は、首長層の構成する族組織にしてかつ政治組織たる点にその最大の特色を有する。それが族組織である限り（そして首長層のみが明確な族組織を持ち得た点が重要であると私は考えているが）、共同体内の一般農民層と、その家族・婚姻形態、また相続等をも含む族制全般において基本的に共通性を有することは当然である。しかし政治組織として、とりわけ貴族層の氏《ウヂ》が整然とした国家機構におおいかぶさるに至る律令制段階においては、その所有・経営形態は独自の発展＝特殊化を遂げると見なければならない。関口氏が力説される貴族層男女による「個人」単位の所有・経営の実現とは、まさにこの特殊化の産物に他ならない、と考える。したがって、一方ではこうした特殊化の内容とそれを規定した条件（第二・第三節で若干ふれた）を明らかにしつつ、一方で一般農民層の所有・経営の在り方については独自に追究する必要があろう。これは史料的には困難なことではあるが、関口氏も認められる農民層における日常的農耕単位と生活共同体との一致からして、その背景には（共同体所有とその下での個人占有[19]だけでなく）家族単位の占有の萌芽を想定すべきなのではないか。

右のことは、共同体の分解についての関口説に対する疑問にもつながる。関口氏は、従来の「家父長制家族の成立→共同体の下からの分解による国家成立」という理解に対して、家父長制家族の未成立を明らかにした上で、「共同体の上からの分解による国家形成→さらなる分解により成員は無所有で放出→新たな生産・階級関係の下での出発→中世村落成立」という見解を示された。しかし、農民層において未熟ではあれ家族単位の占有が想定できるとすれば、八世紀以降の墾田開発の進展からいっても、零細な開墾地に対する（共有の枠外での）個人所有を一つのテコとしつつ、こうした家族単位の占有が家族単位の私有へと転化する途が広範にあり得たのではないか。(20) 古代から中世への移行を、前代の生産関係の断絶→0《ゼロ》からの出発ではなく、緩慢で困難な過程ではあれ連続としてとらえる必要があろう。

前述の如く、首長層は自らを氏《ウヂ》として組織化し、国家機構に依拠する態勢を作り上げることで、所有・経営形態においても特殊な発展を遂げた。したがって、少なくとも六〜八世紀の段階で支配層についてまず問題とされるべきは、家父長制の成立ではなく、(用語は熟さないが)「族父権」の形成の過程であろう。関口氏による当該期における家父長制家族未成立の論証の意義は、いくら高く評価してもしすぎるということはないが、しかし支配層については家父長制の未成立を指摘することのみによっては不充分だと思われる。この「族父権」が律令制の持つ家父長制原理と結合し、私有の進展を基礎にして、九・十世紀以降次第に家父長制家族の形成へと向かって行くのであり、私見によれば、八〜九世紀は、氏《ウヂ》自体が明確な父系の組織へと変質しつつ、その内部でのかかる方向性を準備していく重大な過渡期である。

右のこととも関わって、最後に女性史的観点からの問題点を若干述べておきたい。母系制の残存から日本古代の女性の地位の高さを説く高群説に対して、関口氏は、日本の古代社会の特質を母系制ではなく家父長制の未成立としてとらえ、それが男女の平等性の基礎をなすと同時に、共同体を打破する主体の未成立をも意味していること、したがって被支配層男女は共同体に埋没した無権利状態での平等に過ぎないことを指摘された。関口氏のこの指摘は高群説の限界を克服する方向を示すものとして重要であるが、(21) しかしこのことは被支配層の問題にとどまるものではない。既述の如く、氏《ウヂ》は首長層による共同体支配の結集形態であり、支配層女性の地位はもっぱらその氏《ウヂ》の成員たることによって支えられていたからである。その故に、官職を重要な拠りどころとしつつ氏《ウヂ》内部での私有の発展、「族父権」の家父長権への転化がすすむにつれて、氏《ウヂ》の一員として国家機構に依拠するのみの支配層女性の地位は低下していかざるを得ない。(22)関口説の如く、貴族層の男女個人を「家父長制家族の家父長に当る存在」(⑫―七頁)ととらえることによっては、平安期に入って顕著になる貴族層女性の地位の低下のよってきたるところを解明できないのではないだろうか。

おわりに――家族概念をめぐって――

以上、本章で述べてきたことは、結局、共有とその枠内での分有のみでなく、共有の枠外での個人所有をも後の家産形成につながる重要な一所有形態として把握すべきであるということ、「個人」所有を現出させた貴族層の特殊性を氏《ウヂ》の特質、奴婢の性格、律令制の原理、女性の地位等種々の側面から追究すべきであるということ、の二点である。それではこうした関口氏の所有・経営論に対する疑問は、翻ってその家族・婚姻形態をめぐる研究にどのような問題点をなげかけることになるのであろうか。この点を家族概念の問題にしぼって述べることにより結びとしたい。

関口氏によれば、一定期間の妻問いを経た後、(妻家を基点としての)独立居住婚に移行するのが当時の主要な婚姻形態であり、家族形態としては母系大家族から核家族へのサイクルをくり返し、父系二世代の同居は存在しない、とされる。そしてこの場合の「家族」とは生活共同体(寝食の単位)であって、いまだ所有・経営単位としての家族は成立していない。家族・婚姻形態についての関口氏の以上の論証は、古代家族史研究上の貴重な成果である。しかしそこでは、妻問い期間中(これは一般にかなり長期にわたり、生涯の通いもあり得た)、夫と妻は別箇の(自らの父母・兄弟姉妹、および姉妹の子供の構成する)生活共同体に属することになり、非同居の夫と妻(および子供)の関係は何ら家族としてはとらえられない。はたしてそれでよいのであろうか。

いま史料的に手がかりの存する貴族層について考えた場合、非同居の父と子の間にも官職の継承を通じての明確な絆がある。これは決して制度的な枠にとどまるものではない。奈良時代の父子別々の「公的家」相互の間にも一体化への志向はうかがえ[23]、平安後期以降明確になる家業を伝える中・下級実務官僚の「家」の形成[24]は、父子の日常的かつ緊密な結びつきなしには考えられない。摂関家の確立過程にみられる父子協力しての策謀も、ある意味では同種の意義を持つ、と思われる。とするならば、明確な所有・経営単位としての家族の未成立と、寝食の単位としての生活共同体の存在の指摘だけではなく、こうした非同居の夫と妻、父と子の関係をも包摂し得るような家族概念を設定する必要があろう[25]。関口氏が明らかにされた古代の家族・婚姻形態の特質が広く一般農民層までを含めてのものである以上、こうした同居の生活共同体と、夫婦・父子を含む非同居の人間集団とのズレは、全階層を通じての普遍的な問題であるはずである。居住と経営に関わるこのズレと重なりをその背景をも含めて理論化していくことが、日本独自の家父長制家族形成の道筋――永続する経営体＝「家」としてはじめて確立され得た――を明らかにすることにつながっていくのではないだろうか。

註

（1）　母系は母→子、女系は母→娘のラインを意味するが、関口氏はこの段階では両者を区別されていない。
（2）　エンゲルス『家族・私有財産・国家の起源』。
（3）　これについては拙稿「高群逸枝の思想と家族婚姻史研究」『歴史評論』四〇七、一九八四年、参照。
（4）　なお、近年の双系制社会論にたつ家族・村落研究は、家父長制家族の未確立を説く点では関口説と多くの共通性を持つが、関口氏の場合には女性史的観点が貫かれていることと「母系」の強調とに特色があろう。関口氏の「母系家族」概念に対する私見は、「おわりに」で述べる。

（5）　ここで二次的というのは、本源的な共有とその分有という所有形態に対して、分有（……→私有）の再結集としての共有を意味している。

（6）　たとえば、不比等第は光明子により伝領され、その「公的家」の発展形態たる皇后宮職の設置を経て、後に法華寺となった。

（7）　小笠原好彦「古代寺院に先行する掘立柱建物集落」『考古学研究』二八―三、一九八一年。

（8）　たとえば、「奴軍」の一員と推定される物部守屋大連の資人捕鳥部万は、大連の「難波宅」を守っている（『日本書紀』崇峻即位前紀）。

（9）　『続日本紀』天平宝字八年七月丁未条。

（10）　『日本書紀』大化元年八月庚子条。

（11）　「天平勝宝二年官奴司解」『大日本古文書』編年三―三五九頁。

（12）　たとえば、物部乱は庚寅籍作成の時に「皇子命宮検㆓括飼丁㆒之使」により飼丁とされた（『続日本紀』和銅六年五月甲戌条）。

（13）　吉田孝「ヤケについての基礎的考察」『（井上光貞博士還暦記念）古代史論叢』中、吉川弘文館、一九七八年（前章註（3））。

（14）　『公卿補任』養老四年条不比等薨伝。『続日本紀』天平五年十二月辛酉条。

（15）　『東大寺要録』雑事章第十。

（16）　佐伯有清「今良の性格と史料」『日本古代の政治と社会』吉川弘文館、一九七〇年。

（17）　『続日本紀』天平十六年二月丙午条・天平勝宝四年二月己巳条。

（18）　『類聚三代格』巻一、寛平五年十月廿九日官符。

（19）　ここでは、「占有」が所有として現出したものを「分有」と規定している。

（20）　したがって、「家族単位の占有」を想定することは、当該期に各個人が公的債務主体であったという関口氏の論証結果と矛盾するものではない。

（21）　註（3）拙稿、参照。

(22) このこととも関連して、平安貴族層においては、家族・婚姻形態についてもある種の特殊化がみられるのではないかと予想しているが、これについては他日を期したい。なお、鷲見等曜氏も近刊の『前近代日本家族の構造——高群逸枝批判』（弘文堂、一九八三年）の中で同様の指摘をされている。ただし特殊化の原因としてはたんに生産からの遊離（同書、一〇〇頁）ではなく、貴族層独自の所有経営の在り方こそが解明されねばならない、と考える。

(23) 総論参照。

(24) たとえば、曾我良成「官務家成立の歴史的背景」『史学雑誌』九二—三、一九八三年、参照。

(25) この点からしても関口氏の「母系直系乃至合同家族」との規定には疑問がある。母系紐帯の強固さにとどまるのではないか。

(補1) ここでいう擬似氏《ウヂ》的な集団（二次的集団）とは、総論で述べた氏≒「家」にあたる。この氏≒「家」は、家族婚姻形態の変化、共同体内の私有の芽生えに対応して、未熟な私有主体たる「家」（≒家族）に発展する。この段階で、古代の氏《ウヂ》は、かかる未熟な「家」（≒家族）々の結集体、すなわち二次的氏《ウヂ》へと転化をとげるのである。

(補2) 西洋中世においても、九〜十世紀の「男系親・女系親を含む可変的ジッペ」から十一世紀以降の男系親族集団の形成に際しては、男女子均分相続の慣行の下で、分割されざる官職（グラーフシャフト）の獲得と保持が重要な機能をはたした。私領は一般に世代を経るごとに分割相続され、「細分化が阻止されるのは、その土地が修道院領となった時」であった（早川良彌「ヨーロッパ中世前期における貴族の親族集団」『西洋史学』一三一、一九八三年）。ここには平安期の氏寺の機能と共通するものを見出すことができよう。

(追補) 本論で貴族層の所有・経営形態の独自の発展・特殊化として述べたことは、首長層の共同体からの分離による明確な「私」集団の成立という、日本古代の私有形成の特質と関わって把握されねばならない（拙稿「古代の氏《ウヂ》と共同体および家族」『歴史評論』四二八、一九八五年、参照）。なお、非同居の関係を含み込んだ家族概念についても、上記拙稿において試論を提出した。併せ参照されたい。

あとがき

本書は、族制と国家と共同体の接点に位置する氏《ウヂ》の構造を、族結合の原理の特質という面から考察したものである。このような形で一書をまとめるに至った研究の歩みをふり返ってみることによって、あとがきとしたい。

本書には、一九八〇年から八五年にかけて発表した諸論考と書き下ろしとを収めた。第一編のもととなったのは、東京都立大学に修士論文として提出した「日本古代の奴婢所有の特質」であるが、これは表題にも明らかな如く、そもそもは氏《ウヂ》研究を意図したものではない。大学院で家族婚姻史の特講（関口裕子）を受講するとともに、『岩波講座日本歴史』所収論文の検討を課題とするゼミ（峰岸純夫）で「律令制と村落」（吉田孝）、「郡司と地方豪族」（原秀三郎）についての報告を行なった私は、この両者を通じて、家族論の新しい成果に立脚して国家形成の過程を見通すためには家父長的奴隷制概念を再検討する必要のあることを痛感し、修論のテーマを奴婢所有としたのである。ところが戸令応分条に焦点を絞っての分析からは、図らずも奴婢を譜第に隷属させる氏《ウヂ》の姿が浮かび上がってくることとなった。八世紀前半においても法的に奴婢所有主体としての姿をとどめ、男女子の子孫がともに成員権を有するような氏《ウヂ》とは一体何なのか。こうした氏《ウヂ》の存在は、古代国家形成の過程とどのように関わっているのか。この疑問が私の氏《ウヂ》研究の出発点となった。

成員権が男女子の子孫に錯綜しつつうけ継がれていくとすると、そうした氏《ウヂ》の存立はいかにして可能か。第二編の諸論考は、従来、氏《ウヂ》の結束の中心をなすと考えられてきた氏神信仰についての再検討を通じてこれを考えようとしたものである。そこで梅宮社・平野社・春日社という三つの著名な氏神社の成立過程を追究していく中で、八世紀を過渡期として、八世紀末から九世紀初めにかけて氏《ウヂ》の族結合の原理に決定的な転換があったことを確信するに至った。応分条を分析した段階では、八世紀以降の氏《ウヂ》をたんに律令制以前の遺制とみていた。しかし、八世紀末からの転換の意義を把握したことにより、むしろ、氏《ウヂ》が、九世紀以降にも、変質を遂げつつ新たな機能を担って存続していくことの意味を考えるようになった。狭義の氏神信仰成立の背景に「家」と氏《ウヂ》の拮抗・依存関係を見たのである。

系譜上の始祖を中核とする氏神信仰成立の背景には、氏《ウヂ》の系譜の質的な変化があるのではないか。こうした観点から古系譜の分析を行なったのが第三編（書き下ろし）である。長大な『和気系図』を順次読みといていくうちに、私は、系線のひき方に重要な意味があるらしいことに気づいた。それを手がかりに他の古系譜との比較検討をすすめる中から、両属系譜と一系系譜の概念が導き出され、五世紀後半から九世紀にかけての系譜意識の大きな変化の過程が明らかとなった。族結合の原理の転換は、たんなる父系への転化ではなく、親子関係の連鎖に基づく出自概念自体の成立、さらにいうならば「祖先」の成立としてとらえ直されたのである。

両属系譜という日本古代の氏《ウヂ》に特徴的な系譜形式を見出したことにより、戸令応分条の分析を出発点に仮に「両属性」として把握した族結合の特質は、明確な内容を持って定義づけ得るものとなった。また、共同体首長層が両属性と一系性によって自らを組織化することにより早熟的な国家形成が可能となったとみることから、八世紀末の「私氏神」観念の成立は、そうした支配層の性格の変化、さらにその基底にある共同体の変質（内部での私有の成立）の重要な指標としてとらえられることになった。本書を編むにあたっては、これらの論点をそれぞれ補論としてまとめ、第一編と第二編の末尾に収めた。

『和気系図』末尾の変化に「家」の系譜意識の芽生えをみた私は、氏《ウヂ》の原理から「家」の原理への転換の画期を八世紀初めではなく九世紀初めにおく見方をさらに強めた。氏《ウヂ》が、「家」以前の唯一の明確な永続する集団として大きな機能を有したのは、当時の家族・婚姻形態の特質と深く関わっている。総論では、第一編から第三編の考察を通じて明らかにした氏《ウヂ》の特質を、家族・婚姻形態の変化、「家」＝家族の成立への動きを基底において、氏《ウヂ》の形成・発展・変質の歴史としてとらえ得るようにつとめた。

既述の如く、氏《ウヂ》研究のきっかけとなった奴婢所有の問題へと私を向かわせたのは、一つには原秀三郎氏の研究であるが、その後、『日本古代国家史研究』の書評という形で、同氏の古代国家論を検討する機会を与えられた。もう一つのきっかけとなった関口裕子氏の家族婚姻史研究についても、同氏の一九八二年度日本史研究会大会報告の検討を通じて私見をまとめることができた。この二つの作業を通じて氏《ウヂ》研究の意味を問い直したことで、論文集をまとめるふんぎりがついたように思う。付編にはこの両者を収めた。また吉田孝氏の家族・村落・ウヂをめぐる研究からは多大の示唆を得たが、それに対する私見は第三編でまとめて述べた。

私の家族論に対する関心は、現実の問題に直面する中で高群逸枝氏の研究にふれたことに発する。その後、限定された専門研究と内在的問題関心とのギャップを自問し続けてきたが、別稿「高群逸枝の思想と家族婚姻史研究」（一九八四年）でそれまで抱えこんでいた問題を一応整理したことにより、ようやく氏《ウヂ》研究の位置づけを自身の内部でも確かなものとすることができた。高群氏の系譜研究に対する批判は第三編第三章におさめた。

第一編・第二編・付編は既発表論文を原則としてそのままに収録し、各編毎に「問題の所在」「まとめと展望」を書き加え、必要に応じて補註・追補を付した。また、総論は拙稿「古代の氏と家について」（一九八二年）を一部もとにしてはいるが、それは第三編をまとめる以前に書かれた旧稿であるので、現在の私見からすると極めて不充分なものである。したがって、今回総論としてまとめるに際しては、系譜分析の成果をとり入れ全面的に書き改めた。

本書成稿後、一九八五年六月に比較家族史研究会大会で「古代の氏《ウヂ》と出自」、同八月に歴史科学協議会大会で「古代の氏《ウヂ》と共同体および家族」と題する報告を行なった。前者は氏名《ウヂナ》の展開を手がかりに出自集団形成の過程を追い、後者では首長層の共同体からの分離の過程を軸とする考察を行ない、クラン概念の再検討についての見通しをも述べた。また後者においては、本書の総論で「家」の三つの内容として述べたことを、「経営単位としての家族」の未成立の背景にある家族の諸側面の不一致、としてとらえ直した。併せて参照していただければ幸いである（後者は『歴史評論』四二八号、一九八五年十二月、所載。前者は大会記録としていずれ三省堂より刊行予定）。

「奴婢所有主体としての氏《ウヂ》」の究明から出発した私の氏《ウヂ》研究は、そもそもは奴婢の特質と氏《ウヂ》の特質とを統一的に解明することをめざしたものであった。しかし非力の故に、本書ではほとんど奴婢の問題については深められなかった。今後は、奴婢の譜第隷属性の具体的解明を通じて、族結合の原理という側面にとどまらない氏《ウヂ》の特質を、共同体と国家との関わりの中でさらに明らかにしていきたい。また、氏神信仰・系譜の分析から浮かび上がってきた八世紀末における「祖先」の成立も、日本社会の基層をなすといわれる「祖先崇拝」との関わりにおいてさらに追究していきたい課題である。そのことによってはじめて、「家」の歴史的相対化を真に成し遂げることができると考えるからである。

本書をまとめるにあたっては、佐伯有清先生・峰岸純夫先生にひとかたならぬ御世話になった。佐伯先生は論文集をまとめることをくり返しおすすめ下さり、吉川弘文館への紹介の労をとって下さった。また峰岸先生は逡巡する私を励まし、折にふれて相談にのって下さった。両先生の暖かい御助力なしには本書はあり得なかったであろう。心から御礼を申し上げたい。

私が家族と女性と社会の未来像を探りたいとの思いを持って研究への途を志したのは十年以前に遡るが、その後、研究者養成の専門の課程に身をおいたのは、二十九歳の時からの東京都立大学人文科学研究科修士課程の二年間にとどまる。それだけに、その二年間に学び考えたことを直接の出発点とする氏《ウヂ》研究をこのような形で一書にまとめ得たことは、何にもましてうれしいことである。まわり道をした私を暖かく迎え入れて下さった歴史研究室の諸先生・院生の方々に厚く感謝の意を表したい。

学部生として在籍した東京教育大学では、家永三郎先生が家族の歴史を軸に日本史通論の講義をされ、戸令応分条についても論じられた。その時には何とも思わずきき過してしまったが、後に自身で真正面からとり組むこととなって、あらためて先生が家族史を中心に通論を展開されたことの意義を痛感させられた。また卒論を御指導いただいた和歌森太郎先生は私の都立大進学直前に亡くなられたが、氏神研究の過程で、先生の『国史に於ける協同体の研究』より多くの有益な示唆を得た。桜井徳太郎先生からも、祭祀と女性との関わりについて貴重な御教示をいただくことができた。教育大は私の卒業後まもなく廃学(筑波新大学に移行)となったが、このような形で学恩を蒙っていることに思いをいたすと、深い感慨を禁じ得ない。

修士課程終了後は、前近代女性史研究会・歴史学研究会古代史部会・総合女性史研究会・比較家族史研究会等々への参加を通じて勉強をすすめてきた。とりわけ前近代女性史研究会の諸兄姉との討論を通じて私が学び得たものは大きい。その他、一々名前をあげることはひかえさせていただくが、多くの方々の研究に支えられてきたことを、今あらためて思う。「学んで思わざれば則ち罔し、思うて学ばざれば則ち殆し」。自らの受けた学恩を無にせぬよう研究に励んでいきたい。

吉川弘文館の出版部には厄介な図版の整理を含めて大変な御面倒をおかけした。また都立大学院生の山本行彦氏・

浅野充氏には索引作成で助力を得た。記して謝意を表したい。

本書のまとめをすすめていた一昨年十一月に永らく病気がちであった舅が亡くなり、昨秋には、本書の成ることを誰よりも待ち望んでいた夫が思いがけず病を得た。夫の恢復とともに本書が上梓される運びとなったことを何よりの喜びとしたい。

本書を、夫　彰夫と娘　裕子に贈る。

一九八六年一月

義江明子

初出一覧

総　論「日本古代の氏《ウヂ》と『家』」　新稿

第一編

第一章「日本令の嫡子について——戸令応分条の再検討のために——」『史学雑誌』八九編八号　一九八〇年八月

第二章「『妻家所得奴婢』の性格」『日本歴史』三八二号　一九八〇年三月

第三章「日本古代奴婢所有の特質」『日本史研究』二〇九号　一九八〇年一月

補　論「双系制と両属性」　新稿

第二編

第一章「橘氏の成立と氏神の形成」『日本史研究』二四八号　一九八三年四月

第二章「平野社の成立と変質」『日本歴史』四二九号　一九八四年二月

第三章「春日祭祝詞と藤原氏」『歴史学研究』五三七号　一九八五年一月

補　論「古代における『私』の成立——『私氏神』をめぐって——」　新稿

第三編

第一章「古代系譜の構造——『和気系図』の分析を通じて——」　新稿

第二章「出自と系譜」　新稿

第三章　「氏族系譜の形成——高群逸枝『母系制の研究』批判——」　新稿
第四章　「系譜形式と同族関係——文章系譜〜竪系図〜横系図——」　新稿

付　編

第一章　「国家論と氏《ウヂ》研究——原秀三郎氏『日本古代国家史研究』をめぐって——」　原題「書評・原秀三郎『日本古代国家史研究』」『歴史学研究』五二二号　一九八三年十一月
第二章　「家族論と氏《ウヂ》研究——関口裕子氏の研究をめぐって——」　原題「所有〜『氏』〜『家』」（前近代女性史研究会「古代・中世の家族・親族論の現状と課題」所収）『日本史研究』二五六号　一九八三年十二月
（総論は内容的に「古代の氏と家について」『歴史と地理』三二二号、一九八二年六月、と重複する部分もあるが、今回、新たに全面的に書き起した。）

日本古代の氏の構造（オンデマンド版）

Digital Publishing

2018年10月1日　発行

著　者　義江明子《よしえあきこ》
発行者　吉川道郎
発行所　株式会社 吉川弘文館
〒113-0033 東京都文京区本郷7丁目2番8号
TEL 03(3813)9151(代表)
URL http://www.yoshikawa-k.co.jp/

印刷・製本　株式会社 デジタルパブリッシングサービス
URL http://www.d-pub.co.jp/

義江明子（1948～）
ISBN978-4-642-72204-9

著者略歴

一九四八年、大阪府に生れる

一九七一年、東京教育大学文学部史学科日本史学専攻卒業

一九七九年、東京都立大学人文科学研究科修士課程修了

現在、帝京大学文学部助教授、文学博士

〔主要論文〕

「大宝以前の戸籍制度」(上)(下)(『続日本紀研究』一七五・一七六)

「律令制下の公民の姓秩序」(『史学雑誌』八四—一二)

「高群逸枝の思想と家族婚姻史研究」(『歴史評論』四〇七)

「古代の氏《ウヂ》と共同体および家族」(『歴史評論』四二八)

日本古代の氏の構造

昭和六十一年三月十日 第一刷発行

平成 五 年十一月 一 日 第二刷発行

著者 義《よし》江《え》明《あき》子《こ》

発行者 吉川圭三

発行所 株式会社 吉川弘文館

郵便番号 一一三

東京都文京区本郷七丁目二番八号

電話〇三—三八一三—九一五一〈代〉

振替口座東京〇—二四四番

印刷＝三秀舎・製本＝誠製本

索　引

1. 件名は重点的に，史料と参考文献は網羅的にあげた。
2. 古事記および六国史については省略。
3. 配列は原則として新仮名遣の50音順によるが，適宜，内容による変更を加えた。

I　件名・史料

ア

イ

ウ

エ

オ

カ

キ

ク

ケ

コ

サ

シ

ス

セ

チ

ツ

テ

ト

ナ

ニ

ヌ

ネ

ノ

ハ

ヒ

フ

ヘ

ホ

マ

ミ

ム

メ

モ

ヤ

カ　行

II　参考文献

ア　行

サ　行

タ　行

ナ　行

ハ　行

マ　行

ヤ　行

ラ　行

ワ　行